Un itinéraire au ministère de la Coopération : une histoire

1962 - 2009

Collection « Inter-National »
dirigée par Denis Rolland, Joëlle Chassin
Françoise Dekowski et Marie-Hélène Touzalin

Cette collection a pour vocation de présenter les études les plus récentes sur les institutions, les politiques publiques et les forces politiques et culturelles à l'œuvre aujourd'hui. Au croisement des disciplines juridiques, des sciences politiques, des relations internationales, de l'histoire et de l'anthropologie, elle se propose, dans une perspective pluridisciplinaire, d'éclairer les enjeux de la scène mondiale et européenne.

Dernières parutions

Victoria MARTIN DE LA TORRE, *L'Europe, un saut dans l'inconnu. Les fondateurs de l'Union européenne (1948-1957)*, 2021.
Nathan PELTIER, *Ethique et justice internationale*, 2021.
Mark CORCORAL, *Cyber-attaques : l'Amérique désigne ses ennemis,* 2021.
Philippe MARCHESIN, *La politique française de coopération. Je t'aide, moi non plus,* 2021.
Maurizio COPPOLA, *Construire l'italianité. Traditions populaires et identité nationale (1800-1932)*, 2021.
Maria Luiza TUCCI CARNEIRO, *Dix mythes sur les Juifs*, 2021.
Marc CHAUX, *La politique étrangère de Jimmy Carter (1977-1981). De la Moralpolitik à la fin des illusions,* 2021.
Simon LATENDRESSE, *Ethnographie des sans-papiers au Pakistan. Les ombres de la frontière afghane*, 2021.
Frédéric BOURDIER, *Temps de guerre, temps de révolte chez les populations autochtones du Cambodge. Première assise populaire khmère rouge à Ratanakiri (1967-1971)*, 2020.
Enzo FASQUELLE, *Les intérimaires du risque : sécurités privées en Afrique de l'Ouest*, 2020.
Michel FABREGUET et Danièle HENKY (dir.), *Les « héros du retrait » dans les mémoires et les représentations de l'Europe contemporaine. Histoire et fictions,* 2020.
Diana MKRTCHYAN (dir.), *Journal d'une classe. Arménie 1988*, 2020.
Jean-Luc MATHIEU, *L'institution du Défenseur des droits*, 2020.
Élodie REMY, *Réfugiés : l'hébergement chez des particuliers. Des liens qui rendent libres ?*, 2020.
Garik GALSTYAN, *L'écologie en Arménie, Le lac Sevan et l'émergence du mouvement écologiste*, 2020.
Jérôme TOURBEAUX, *Les micro-États européens à l'épreuve de la modernité. Enjeux socio-démographiques*, 2020.
Jean-Pierre SCHAEKEN-WILLEMOERS, *Le gaz au-delà de 2050 ?*, 2020.

José Gohy

Un itinéraire au ministère de la Coopération : une histoire

1962 - 2009

L'Harmattan

5-7, rue de l'Ecole-Polytechnique, 75005 Paris
http://www.editions-harmattan.fr
ISBN : 978-2-343-22896-9
EAN : 9782343228969

À Paulette, trop tôt disparue,
pour Laura.

À Noëlle,
pour Aurélia, Sibylle et Annabelle.

Avant-propos

Pourquoi *Un itinéraire au ministère de la Coopération : une histoire* ? Sans doute parce que j'ai passé une part fort importante de mon existence au 20 rue Monsieur et que cette adresse correspond réellement à un lieu mythique, pour tous ceux qui y ont eu l'honneur et, presque toujours, le bonheur d'y servir.

Les souvenirs que j'en conserve sont nombreux et trois éléments fondés sur diverses lectures, faites au fil de mes années de retraite, m'ont amené à imaginer puis à entreprendre cette aventure de « remue mémoire ».

Le premier est la très intéressante conférence sur « Les ministres de la Coopération » prononcée par André Lewin le 15 février 2002 à l'Académie des Sciences d'outre-mer[1]. Avec les remarques et les réactions qu'elle a suscitées, cette conférence sert de fil conducteur à cette *histoire*. Elle a guidé l'organisation et la mise en ordre de mes souvenirs personnels.

Le second, ce sont les travaux universitaires de Julien Meimon sur l'ancien ministère de la Coopération et « ce qu'il en reste », sur les administrateurs de la France d'outre-mer, etc. C'est un peu par hasard que j'ai découvert ces articles sur la coopération.

Le troisième, ce sont les nombreux articles et publications de Pierre Jacquemot qui a été un de mes « patrons ». Il y a quelque temps, il écrivait dans un message collectif à propos d'un projet de réunion des anciens de la « Coop » : « Je me propose pour organiser au printemps une rencontre entre nous. Une rencontre non pas d'anciens nostalgiques mais d'encore jeunes, fringantes et fringants, fières et fiers d'avoir participé à une histoire de solidarité, à une aventure humaine, avec une culture spécifique, une « compétence affective » construite autour du culte du terrain, une mentalité de pionnier, une fidélité à l'Afrique (et pour certains à Haïti et à l'Asie du sud) et une certaine indocilité hiérarchique qui nous distinguaient des fonctionnaires classiques. Beaucoup sont encore aujourd'hui orientés vers l'action, ici et ailleurs. »

---

[1] Le texte de la communication d'André Lewin présentée à l'Académie des Sciences d'outremer le 15 février 2002, a été publié dans *Mondes et Cultures*, comptes rendus semestriels des séances de l'Académie, tome LXII 1-2-3-4 de 2002 (pages 57-113). Une version abrégée était déjà parue dans la "Revue Juridique et Politique (Indépendance et Coopération)", N° 3, septembre-décembre 2002.

L'un et l'autre ont d'ailleurs confronté leurs points de vue dans la première émission, diffusée en 2019, d'une série de France Culture intitulée *Les habits neufs du colonialisme.*

Pour un ministère qui était fait pour ne pas durer, *Un itinéraire au ministère de la Coopération : une histoire* relate, entre autres, le lent cheminement au cours duquel le ministère de la Coopération est passé d'une structure presque informelle à un ministère pratiquement à « part entière », aux côtés de son « grand frère » le ministère des Affaires étrangères dont il a toujours été proche mais avec lequel le caractère de fratrie s'est souvent apparenté aux relations de Caïn et d'Abel.

Cette *histoire* se veut anecdotique, sincère, humoristique parfois. Elle pourra être considérée aussi comme transgressive, peut-être. Les acteurs qui y sont présentés apparaissent sous leur vrai nom. Toutefois, lorsqu'il s'agit d'événements ou d'anecdotes susceptibles de trahir un devoir élémentaire de réserve ou de porter atteinte à l'honneur de certains des protagonistes, ces derniers sont présentés de façon anonyme.

Elle s'étale sur la période comprise entre octobre 1962, ma première visite rue Monsieur, en qualité de stagiaire à l'ACTOM (Association cinéma et télévision outre-mer), et le 5 février 2009.

Bien qu'ayant été admis à faire valoir mes droits à la retraite le 29 novembre 2006, j'ai en effet été convié en ce début d'année là, c'est-à-dire vingt-six mois plus tard, au « pot » de départ du directeur du développement, M. Régis Koetschet. J'ignore à qui je dois d'avoir été invité à ce qu'il faut bien appeler une ultime cérémonie qui s'apparentait à un enterrement. Le départ du dernier directeur du développement marquait aussi le départ définitif de la rue Monsieur vers la rue de la Convention, de l'ensemble des agents et des services, avec une intégration dans deux nouvelles directions de la direction générale de la mondialisation (DGM).

Certes, en 2009, le ministère de la Coopération n'existait plus sur le papier depuis plus de dix années, mais « l'esprit de la rue Monsieur » qui avait toujours soufflé sur ses occupants, ce groupe d'hommes et de femmes, venus d'horizons si divers, mêlant ingénieurs, médecins, techniciens, administratifs, généralistes, titulaires ou non titulaires, totalement concentrés sur leur action en faveur du développement et ignorant tout corporatisme, continuait à roder sur les lieux.

La « bête » qui avait continué à « remuer » plus de dix ans après sa mise à mort devait ainsi définitivement disparaître.

Huit ans plus tard, en septembre 2017, quelques-uns parmi ses « enfants » se retrouveront, à l'occasion des journées du patrimoine, dans les salons de l'Hôtel de Montesquiou-Fezensac, 20 rue Monsieur, Paris 7e, devenu aujourd'hui l'ambassade de Chine en France. L'opposition très marquée du Président Chirac à la cession à la Chine de cet immeuble et de l'hôtel, lorsqu'elle fût envisagée, aura été finalement contournée. D'abord consentie à un investisseur privé, la vente sera finalement rétrocédée à celui qui avait jeté son dévolu sur les lieux. Quand on observe les rapports du nouveau propriétaire de notre ancien ministère avec le continent africain, on mesure la force du symbole.

Un itinéraire au ministère de la Coopération : une histoire est constitué d'une somme de souvenirs que j'ai regroupés sous forme de chapitres, correspondant tout simplement à mes différentes affectations. Chacune d'entre elles a été un poste d'observation privilégié sur tel ou tel aspect de la coopération. Mais, forcément, il ne s'agissait à chaque fois que d'une vision très partielle des activités ou de l'organisation de ce ministère si spécifique, si original et si attachant. Cette *histoire* n'a aucune prétention académique. Elle se propose seulement de retracer, vue de l'intérieur, la longue évolution de ce qui restera sans doute le ministère le plus petit de la cinquième République et celui dont l'existence en tant que vrai ministère, avec ses services, son budget et ses corps de personnels, aura été une des plus courtes.

Septembre 1962 - premiers contacts avec la rue Monsieur

C'est par l'ACTOM (Association cinéma télévision d'outre-mer), association catholique dirigée par l'abbé Lacour, que j'ai eu mes premiers contacts avec la rue Monsieur. Cette association bénéficiait d'une subvention de fonctionnement du ministère de la Coopération. Elle avait pour objectif de promouvoir l'éducation par le cinéma en Afrique francophone. C'est dans ce cadre qu'elle avait proposé à l'Ecole Supérieure des Techniques de Diffusion (Institut Saint Luc de Tournai), où je poursuivais mes études, d'organiser les stages professionnels qui constituaient l'essentiel de la dernière année du cursus de l'Ecole. A l'occasion d'une présentation de ce programme à Tournai, nous avons été quatre à nous porter volontaires pour ces stages qui devaient se dérouler principalement en Afrique francophone où l'ACTOM, à travers le réseau des missions catholiques et des établissements scolaires privés, comptait de nombreux relais.
Nous nous retrouvons donc, à Paris d'abord, vers le 15 août 1962 pour poursuivre notre formation essentiellement sur deux plans : théorique d'abord (connaissance de l'Afrique, contact avec « l'autre », animation de ciné-clubs, notamment), pratique ensuite (fonctionnement des projecteurs cinématographiques, entretien, réparation, maintenance). Nous échangeons beaucoup également avec les permanents de l'ACTOM tant sur les évolutions des techniques de diffusion cinématographique et la puissance de leur impact que sur le contexte des pays dans lesquels nous sommes censés nous rendre, pour conduire des actions dont le contour n'est pas très défini et pour lesquels on nous indique que nous aurons une grande part d'initiative.
L'ACTOM organise début septembre 1962 une rencontre/déjeuner au bistrot « Le Jean-Bart », à l'angle de la rue de Babylone et de la rue Vanneau, avec les conseillers culturels qui sont, avant leur retour dans leurs postes respectifs, réunis pour deux jours de travail et d'échange d'expérience. J'y rencontre notamment Jean-Baptiste Fralon, Robert Thomas et Jean Coussirou. Ce sont tous les trois des anciens administrateurs de la France d'outre-mer. Ils sont respectivement conseillers culturels à Dakar, à Ouagadougou et à Niamey et semblent, pour leur part, intéressés par nos services, en qualité de stagiaires, d'une manière un peu générale, tandis que d'autres nous déclarent sans ambages que leur équipe est déjà constituée.
Il faut dire que nous sommes bien jeunes et que d'ailleurs nous le paraissons vraiment. Nous n'avons pas encore 21 ans.
Divers échanges ont ensuite lieu entre l'abbé Lacour et ses correspondants au ministère ou dans les ambassades et finalement, un échange de lettres avec Robert Thomas conclut à la possibilité de m'accueillir comme stagiaire rémunéré au centre culturel franco-voltaïque, avec le titre pompeux de « chef

de la section audio-visuelle ». Il est précisé dans cette correspondance que je pourrai pendant mon temps libre poursuivre des activités pour le compte de l'ACTOM et de l'enseignement privé en Haute-Volta.
Début novembre, je suis convoqué rue Monsieur où une collaboratrice de Robert Ginesy me remet une « réquisition de transport » à présenter à l'agence Air France des Invalides. Je rencontre à cette occasion Michel Gaud et nous échangeons quelques propos. Il me souhaite bonne chance. Effectivement celle-ci va me sourire. Parti pour un stage de six mois, je vais rester près de quatre ans en Haute-Volta, avant de travailler ensuite pendant plus de quarante ans pour le ministère.

Le lendemain, je me rends aux Invalides, à l'agence Air France où je suis surpris d'être dirigé vers un guichet intitulé « Passagers Officiels ». On m'y remet un billet d'avion pour un départ le 29 novembre à destination de Ouagadougou.
Les quatre élèves de Saint Luc, stagiaires à l'ACTOM, vont alors se séparer.
Quelques jours plus tard, j'accompagne Guy Hennebelle à Orly. Il part pour Alger où il débute comme responsable du bureau cinéma du Secrétariat national des écoles diocésaines (SNEDA) qui dépend de l'archevêché d'Alger. Guy était très engagé dans une action de formation au cinéma pour les élèves des écoles catholiques. Par la suite, Guy évoluera vers le journalisme politique et deviendra le spécialiste des cinémas télévisions du Tiers Monde et il sera notamment à la tête de la revue « CinémAction ». La liste de ses publications est impressionnante. Au début des années 1970, il contracte la poliomyélite, vraisemblablement à Ouagadougou où il s'était rendu pour le second Festival Panafricain de Cinéma de Ouagadougou (FESPACO). Lourdement handicapé, il va poursuivre avec beaucoup de courage son engagement et il sera, à l'évidence, une référence dans son domaine.
Le troisième de notre groupe, Francis Deleu, part pour le Gabon. Je n'ai jamais eu de nouvelles de lui et j'ignore ce qu'il est devenu. Lorsque les moyens informatiques ont connu leur formidable développement à la fin du siècle dernier, j'ai appris par Google que l'association des anciens de notre Ecole de Tournai, devenue l'Institut des Hautes Etudes de Communication Sociale (IHECS) était à ma recherche, ainsi qu'à celle de Francis Deleu. Je me suis bien sûr signalé et les fichiers ont pu être mis à jour en ce qui me concerne. Francis ne s'était pas encore manifesté et, à ma connaissance, il n'a plus jamais donné signe de vie.
Le quatrième, Etienne van Ackere est, quant à lui, parti pour Abidjan et a effectué le voyage à travers le Sahara en 2CV. Il a fait escale à cette occasion à Ouagadougou et a passé quelques jours avec moi. Je n'ai conservé que de très lointains contacts avec lui car nos parcours professionnels se sont développés de manière fort différente.

Le 29 novembre, jour de mon anniversaire (j'ai 21 ans), j'embarque au Bourget sur un avion de la TAI. C'est un DC6 qui après une escale à Marseille puis à Niamey, nous dépose à Ouagadougou avant de poursuivre son vol vers Abidjan.

Je découvre un nouveau monde.

La Haute-Volta

En 1960, la population de la Haute Volta compte environ 5 millions d'habitants. Elle dépasse aujourd'hui les 20 millions.
La capitale, Ouagadougou, abrite 60 000 habitants. Aujourd'hui avec l'exode rural et la croissance démographique la ville compte près de 3 millions d'habitants.
Du fait de l'histoire coloniale, le Territoire de la Haute Volta a été supprimé puis reconstitué en 1947, sans doute pour répondre à une forte demande exprimée par le peuple mossi et reconnaître ainsi sa contribution à la victoire des alliés en 1945. Les Mossi représentaient, en effet, une part importante des soldats d'Afrique noire que l'on regroupait sous l'appellation « Les tirailleurs sénégalais ».
En 1962, le pays est essentiellement rural et la population vit des cultures vivrières : mil et sorgho. On y cultive aussi quelques produits de « rente » : arachide et coton.
La population a la réputation d'être courageuse au travail et honnête. Du fait que les activités agricoles sont limitées à quelques mois (la saison des pluies s'étend de mai-juin à septembre-octobre), une partie de l'année est consacrée à l'artisanat mais correspond surtout à une émigration saisonnière à l'extérieur du pays. La main d'œuvre voltaïque est, en effet, appréciée et recherchée dans les pays voisins : Côte d'Ivoire et Ghana notamment. Nombreux sont donc les Voltaïques migrants qui travaillent six mois par an dans ces pays.
Si Ouagadougou est la capitale officielle et administrative du pays, c'est la ville de Bobo-Dioulasso qui en est la capitale économique et qui concentre, au moment de l'indépendance, les activités commerciales et les rares activités industrielles. On y fabrique notamment des vélos et le pays qui deviendra plus tard le pays des mobylettes puis des motos est, à l'époque, le pays de la bicyclette.
Au niveau culturel, Ouagadougou compte deux salles de cinéma en plein air, Bobo-Dioulasso en compte quatre.

Chapitre 1

Décembre 1962 – juillet 1966 – à l'ambassade de France en Haute-Volta

C'est mon premier poste. Je suis stagiaire rémunéré et je vais donc apprendre non seulement à travailler, mais aussi pouvoir observer, à partir du « terrain », comment fonctionne le ministère de la Coopération.

Je vais découvrir ce qui distingue l'ambassade de France, émanation du ministère des Affaires étrangères, de la mission d'aide et de coopération (MAC), émanation du tout jeune ministère de la Coopération. Je découvre aussi ce que sont le Fonds d'aide et de coopération (FAC), l'assistance technique en personnels et ce qu'est l'action culturelle, avec déjà ses spécificités.

La proclamation de l'indépendance de la Haute-Volta est encore très proche. Elle a eu lieu le 5 août 1960. Les communautés françaises et voltaïques vivent cette époque dans un climat d'amitié et de confiance réciproques qui pourrait surprendre aujourd'hui. Si les commandants de cercle français ont été remplacés par des fonctionnaires voltaïques ce sont souvent leurs anciens adjoints qui les ont relevés. Les ministres se sont presque tous entourés d'un conseiller technique français, de même que les directeurs des principaux services de l'État. Il s'agit généralement d'anciens administrateurs de la France d'outre-mer ou de fonctionnaires des corps techniques d'outre-mer.

D'importants progrès ont pu être observés au cours des dernières années, dans les domaines économique et social. Le pays est connu pour la qualité de son capital humain et chacun fonde des espoirs sur la poursuite de sa mise en valeur et les perspectives de développement qui s'ouvrent à lui. C'est donc dans une certaine euphorie que les Voltaïques, indépendants depuis deux années à peine, et les Français, « anciens colonisateurs », chargés d'inventer avec cette toute nouvelle « coopération » un nouveau type de relations, travaillent la main dans la main.

L'ambassade de France

L'ambassadeur de France en Haute-Volta est M. Jacques Ravail, ancien préfet.
En dehors du consulat qui a des tâches très spécifiques, l'ambassade comprend à côté de ce que l'on appelle aujourd'hui « la chancellerie » (premier et deuxième conseiller), un conseiller militaire qui gère notamment un avion (de type « Broussard ») à la disposition de l'ambassadeur, avec son pilote le capitaine Rouve et un sous-officier mécanicien.
Viennent ensuite le service culturel et la mission d'aide et de coopération (MAC).
Ces deux dernières entités relèvent du tout jeune ministère de la Coopération et leurs agents émargent donc au budget de ce ministère, tant sur le plan des emplois que des moyens budgétaires qui sont considérables et qui proviennent essentiellement, pour le fonctionnement comme pour les interventions, du Fonds d'aide et de coopération (FAC).

La mission d'aide et de coopération (MAC)

La MAC est dirigée par Jean Audibert, chef de mission, ancien de la FOM. Il sera une des figures les plus célèbres de la rue Monsieur. Avec son épouse, Andrée Audibert, assistante sociale de formation, très active dans son domaine professionnel, ils ont profondément marqué l'esprit de la coopération, en Haute-Volta tout d'abord puis à l'administration centrale, rue Monsieur.
Jean Audibert va être appelé à quitter son poste un peu plus tôt que prévu. En effet, les projets financés par le FAC sont à l'époque de gros projets d'investissement et d'équipement et ce sont les États bénéficiaires qui en assurent la mise en œuvre.[2] Les MAC interviennent pour l'identification des actions à financer, la préparation de leur financement et le suivi de leur exécution. Ce sont cependant les services nationaux, voltaïques dans le cas d'espèces, qui sont les « ordonnateurs » et passent les commandes, avec un contrôle formel des MAC avant que les règlements ne soient effectués par l'agence locale de la Caisse centrale de coopération économique (CCCE) qui, par dérogation aux règles de la comptabilité publique, exerce les fonctions de « comptable » du FAC. Or, dans un des projets financés par le FAC, des Mercedes ont été achetées, sans demande de dérogation, alors que la règle

[2] Ce que l'on a appelé la mise œuvre "État" après la réforme du FAC de 1987 et qui est devenue l'exception alors qu'elle était la règle au départ.

précise que les matériels acquis sur crédits FAC doivent être, sauf exception et accord préalable, de fabrication française. Les remarques et interventions faites à cette occasion par Jean Audibert lui vaudront de voir écourter son séjour à Ouagadougou.
Début 1963, il devait être nommé chef de mission à Conakry, mais à la dernière minute, son départ a été annulé, sur décision de l'Elysée, en raison de l'évolution des relations toujours difficiles entretenues par Sekou Touré avec notre pays.

Le FAC

La mission d'aide et de coopération a la « haute main » sur le Fonds d'aide et de coopération (FAC).
Le FAC concentre en 1960 la quasi-totalité des moyens du ministère de la Coopération.

Pourcentage de l'aide par rapport au PIB [3]

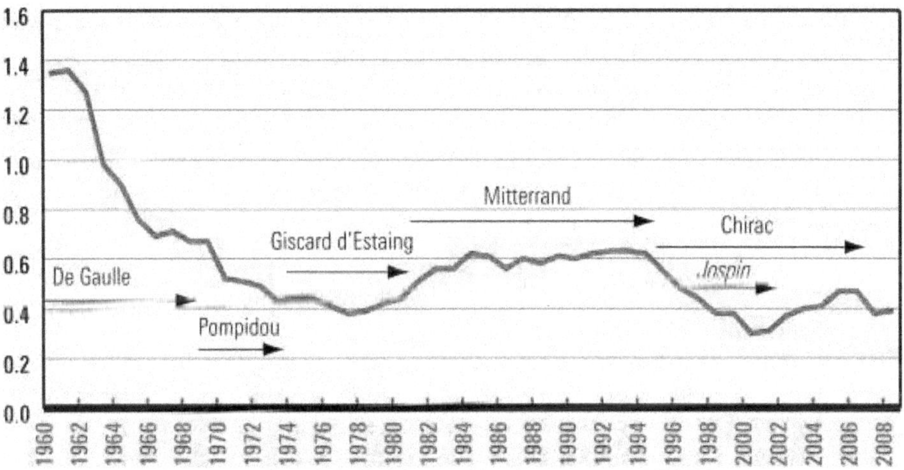

Source : Comité d'aide au développement (CAD)

L'aide se situe au plus haut de son histoire et le FAC en représentait certainement un des éléments essentiels. Il avait été mis en place pour faire face au choc des indépendances et poursuivre l'appui au développement économique et social des anciennes colonies françaises en Afrique et à

[3] François Pacquement, Dossier Afrique – *50 ans d'indépendance* Colloque - Genève, https://journals.openedition.org

Madagascar, en se substituant à l'ancien FIDES (Fonds d'investissement et de développement économique et social).
Il finançait principalement des infrastructures et des équipements dans le secteur rural, les travaux publics, la santé et l'éducation.

L'assistance technique en personnels

Le FAC couvre également le financement de l'assistance technique en personnels.
Ces assistants techniques, au nombre d'une petite centaine, sont présents dans tous les secteurs : enseignement, santé, développement rural, intérieur, finances, plan, justice, équipement. Ils interviennent très souvent en substitution, mais certains occupent cependant des postes de conseillers notamment auprès des membres du gouvernement voltaïque.
A noter que dans l'ensemble des pays du champ du ministère de la Coopération, les gouvernements bénéficiaires participent au coût de cette assistance technique, en apportant une contribution financière qui alimente un fonds de concours géré par le ministère. A l'époque, pour la Haute-Volta, cette contribution s'élève à 40 000 CFA par mois et par agent. Elle donne lieu à un état très détaillé fourni aux autorités nationales par la MAC et soigneusement vérifié par les services voltaïques, avant de faire l'objet d'un « remboursement » à l'État français. Les assistants techniques sont logés par l'État d'accueil qui leur fournit également les moyens nécessaires à la bonne exécution de leur mission, bureau, personnel de secrétariat, véhicule, frais de déplacement dans le pays et en France si nécessaire.

*

* *

Par la suite, Jean Audibert restera de nombreuses années à l'administration centrale au poste de chef du service des financements qui avait la haute main sur le FAC, avant de poursuivre sa carrière à l'ASECNA (Agence pour la Sécurité de la Navigation Aérienne en Afrique et à Madagascar), puis de revenir rue Monsieur, en qualité de directeur du développement. Il sera ensuite directeur du cabinet de Jean-Pierre Cot en 1981, avant de poursuivre une carrière d'ambassadeur à Alger et à Vienne.

A Ouagadougou, c'est René Blanchard qui lui succède. Ancien administrateur de la FOM, il sera chef de mission de coopération pendant 16 années (Dahomey, Haute-Volta, Sénégal puis Madagascar). De 1976 à 1982, il sera inspecteur général des services du ministère de la Coopération.

Ayant très jeune rejoint la France Libre, il est compagnon de la Libération. C'est également une grande figure du ministère de la Coopération.
A l'occasion d'un dîner, son jeune âge lui vaut, malgré ses fonctions, d'être contredit par le colonel, commandant le Bureau d'Aide Militaire, à propos d'un épisode de la dernière guerre et la conversation se termine malheureusement par un - « ...de toute manière, vous êtes trop jeune pour parler de cela... », adressé un peu brutalement par le colonel au chef de mission. Paroles malheureuses qui valurent à son auteur de venir dès le lendemain matin, en grand uniforme bien sûr, présenter avec la confusion que l'on imagine, ses excuses à son interlocuteur de la veille, dont les titres de guerre lui avaient été opportunément précisés par un spectateur de la scène.
Le chef de mission a autour de lui plusieurs conseillers, René Guilbaud, Michel Legrand, Bernard Danel, Gérard Chaumeil, tous anciens administrateurs de la FOM, chargés respectivement du FAC, de l'assistance technique, des bourses et autres interventions, etc.

Après trois années de service, René Blanchard est remplacé par Michel Fiemeyer, lui aussi ancien de la FOM. Son équipe à la MAC reste stable.

Le service culturel de l'ambassade

Le conseiller culturel est Robert Thomas, également ancien administrateur de la FOM. C'est son premier poste en Afrique car il a effectué après sa sortie de l'ENFOM un peu plus de douze années de service à Madagascar, avec des postes de commandement à Ihosy, notamment, en pays bar, puis de conseiller du gouverneur de province à Diego Suarez, après l'indépendance du pays.
Il fait partie de ceux qui croient à la dimension culturelle du développement, à travers notamment le développement humain, un peu par opposition à ceux qui ne veulent prendre en compte que sa dimension économique.
Le service culturel, bien que relevant de la rue Monsieur et non pas du quai d'Orsay, est en Haute-Volta, comme dans tous les autres pays du « champ » de la compétence du ministère de la Coopération[4], installé dans les locaux de l'ambassade et non pas dans ceux affectés à la MAC, même si le bâtiment est le même, ce qui est le cas à Ouagadougou. Ici, la MAC occupe l'aile droite du rez-de-chaussée et le service culturel est installé au second étage. Le

[4] Ce "champ" compte au début des années soixante, quatorze pays dont treize en Afrique francophone (Congo Brazza, Cameroun, Côte d'Ivoire, Dahomey, Gabon, Haute-Volta, Mali, Mauritanie, Niger, RCA, Sénégal, Tchad, Togo) et Madagascar.

conseiller culturel figure dans l'organigramme de l'ambassade et pas dans celui de la MAC.
Aucun des personnels de secrétariat n'est commun.
Cependant, le service culturel ne dispose pas d'une gestion financière autonome et ses moyens d'intervention, comme d'ailleurs ceux de fonctionnement, sont imputés sur des crédits du FAC, c'est-à-dire gérés par la MAC, à laquelle revient, comme on peut l'imaginer, le dernier mot en cas de divergence d'opportunité sur la réalisation de telle ou telle action ou dépense. Cela conduit parfois à des discussions houleuses, d'autant plus que Robert Thomas et René Blanchard ont des caractères susceptibles de s'opposer facilement.

L'autonomie des services culturels et leur rattachement

Ce rattachement du service culturel à l'ambassade et non pas à la mission d'aide et de coopération, relevait de la volonté du quai d'Orsay, et sans doute de la direction générale des relations culturelles, scientifiques et techniques de conserver un « pan » d'autorité sur une partie des activités menées en Afrique et à Madagascar.
Comme on le verra plus loin, la distinction entre action culturelle et coopération a toujours été fortement marquée. Elle a pris parfois un tour conflictuel. Au fil des années, de nombreuses instructions ont été rédigées pour clarifier la situation, des circulaires ont été signées par plusieurs ministres. Elles ont donné lieu à des applications « à géométrie variable » selon les États, la personnalité des chefs de mission et des conseillers culturels, certains étant plus attachés que d'autres soit à une « indépendance » quasi farouche, soit à un esprit de résistance et d'autonomie à tout prix.
Toujours est-il qu'il a fallu attendre le 17 juin 1988, pour qu'un décret précise les choses et mette ainsi fin (ou presque), au bout de près de 30 années, aux querelles et aux guerres de tranchées que la question avait entraînées. Ce décret précise que les termes « mission d'aide et de coopération » sont remplacés par les termes « mission de coopération et d'action culturelle » dans le décret du 25 juillet 1959 relatif « aux conditions d'organisation et de fonctionnement des missions permanentes d'aide et de coopération » et dans tous les textes règlementaires pris pour son application.

Cette querelle avait donc notamment débuté à Ouagadougou en 1963, entre René Blanchard et Robert Thomas. Elle s'était poursuivie entre les mêmes protagonistes à Tananarive, alors qu'ils s'étaient retrouvés dans des fonctions identiques. Elle avait repris vie à Paris, une dizaine d'années plus tard. Mais si le décret de 1988 y a mis fin, théoriquement, des poches de résistance ont ressurgi. C'est ainsi par exemple, qu'à Dakar, pour des raisons liées à la sécurité des locaux, j'ai pu observer dix ans plus tard, à l'occasion de missions effectuées entre 1996 et 1999, que l'accès direct aux bureaux occupés par le conseiller culturel n'était toujours pas autorisé aux agents de la MCAC, alors que le contraire l'était, l'un ayant la clé de la grille de séparation, les autres ne l'ayant pas. Cela ne favorisait évidemment pas la circulation de l'information et la cohésion des équipes !

La place de l'enseignement dans les attributions du service culturel

Théoriquement, l'enseignement relève des attributions du conseiller culturel. Cependant, la gestion des assistants techniques enseignants appartient à la MAC qui gère tous les personnels coopérants. Les programmes d'appui aux établissements scolaires, financés sur crédits FAC, relèvent aussi de la MAC. Les bourses d'études en France sont également imputées sur des crédits FAC et elles sont donc gérées par la MAC.
L'enseignement voltaïque bénéficie encore, à l'époque, d'une validité de plein droit avec l'enseignement français. Les enfants voltaïques, comme les quelques enfants d'expatriés scolarisés sur place dans les lycées Philippe Zinda Kaboré de Ouagadougou ou Ouezzin Coulibaly de Bobo-Dioulasso, préparent ainsi et sont, en cas de réussite, titulaires d'un baccalauréat de plein droit français. La qualité et l'organisation de l'enseignement sont d'ailleurs soumises au contrôle d'un inspecteur d'académie français, affecté en qualité d'assistant technique, conseiller du ministre voltaïque de l'éducation. Pendant mon séjour en Haute-Volta, c'est Jean Monlaü, ancien normalien, agrégé de géographie, qui occupe le poste.

Dans ce contexte, le service culturel, s'il veut exister, s'oriente plutôt sur les activités que l'on qualifiera plus tard d'appui à la dimension culturelle du développement.

L'enseignement n'occupe, en fait, dans les premières années qui suivent l'indépendance des États africains et malgache qu'une place relativement modeste. Sans doute dans le droit fil de la France d'outre-mer, l'accent est mis sur le développement économique. Le développement rural (agriculture et élevage) vu sous l'angle de la production par l'amélioration des techniques culturales et de la santé animale, la santé publique (lutte contre les grandes endémies) et l'action sociale (PMI) et le développement des infrastructures (bâtiments scolaires, hôpitaux, routes, ponts, ports, barrages), concentrent l'essentiel de l'attention des décideurs et l'essentiel des financements.
Parallèlement, la plupart des administrations du jeune État voltaïque « bénéficient » du concours d'un assistant technique. A côté des ministres ou

des directeurs d'administration, on trouve un « conseiller technique » dans presque tous les secteurs : Intérieur, Finances, Travaux Publics, Agriculture, Santé, Douanes, Impôts, Jeunesse et Sports. Ceux-ci sont habituellement issus du corps des administrateurs de la FOM ou des corps techniques de la FOM.

Le centre culturel franco-voltaïque

C'est l'organisme qui m'emploie officiellement et j'y suis recruté comme « décisionnaire », [5]c'est-à-dire comme un personnel local. Je suis rémunéré sur des crédits du titre III du FAC et mon salaire m'est directement versé par la régie d'avance de la MAC.
Ce type de situation administrative qui pourrait apparaître aujourd'hui comme tout à fait anormal (mon salaire ne donne lieu à aucune retenue salariale ni à aucun versement de charges sociales, à qui que ce soit...) n'a pourtant rien d'exceptionnel, dans le contexte de l'époque. Les secrétaires de la MAC et une des assistantes du service culturel sont soumises au même régime, leur rémunération étant imputée sur des crédits du FAC et considérée comme des mesures accompagnant la mise en œuvre des programmes de coopération. Il faut garder à l'esprit que le ministère de la Coopération était alors une entité administrative provisoire faite pour assurer une transition et non pas pour durer.
Je crois pouvoir préciser, en outre, que ce centre culturel franco voltaïque n'a, en fait, jamais eu d'existence juridique, contrairement au centre culturel franco-nigérien qui a lui vécu et vit sans doute encore aujourd'hui [6], avec un véritable statut et une gestion partagée entre la France et le Niger.
A Ouagadougou, ce centre culturel a dû simplement être le résultat d'un montage de projet, imaginé sur une vague requête du ministre de la jeunesse de Haute-Volta, visant à remplacer la minuscule maison des jeunes et de la culture de Ouagadougou, par une nouvelle entité dans des nouveaux locaux. Cette demande a ainsi débouché sur la présentation d'un projet FAC de coopération culturelle. Les crédits correspondants ont permis d'une part de construire la grande rotonde qui a constitué le premier bâtiment de ce qui est devenu plus tard une partie du centre culturel français. Ils ont permis, d'autre part, de financer pendant au moins trois ans diverses petites interventions dans le domaine de l'animation culturelle et de l'éducation de base, domaine cher à Robert Thomas qui avait obtenu la création d'un poste d'assistant technique, pourvu par André Lecourtois.

---

[5] Voir document en annexe 1.
[6] Il vivait encore en 2010 lors d'une de mes missions au Niger.

Sous cette étiquette, même si elle était artificielle, le projet approuvé par le comité directeur du FAC et les crédits correspondants, ont permis de déployer un nombre très important d'activités. Dans ces opérations, Robert Thomas a fait montre d'une grande détermination et de beaucoup d'énergie. Il a bénéficié du soutien sans faille de Claudine, son épouse qui n'a jamais ménagé ses efforts pour organiser de brillants dîners à l'occasion du passage des nombreuses personnalités qui venaient « sur le terrain » mesurer les réalités de l'action et vérifier le bien-fondé des moyens financiers déployés. On notait à ces dîners la présence régulière de Joseph Ki-Zerbo, universitaire opposant « modéré » au régime du Président Maurice Yaméogo et au RDA[7], ainsi que celle de son épouse Jacqueline, directrice de l'école normale de jeunes filles de Ouagadougou.

Les activités culturelles

Les activités du service culturel sont multiples.
Sans attendre la construction de la future salle du centre culturel franco-voltaïque qui sera entreprise en 1963 pour s'achever à la fin de l'année et sans attendre l'arrivée de son directeur, Raymond Pietton, en octobre 1963, Robert Thomas avait lancé pratiquement seul l'activité d'un centre culturel.

Le livre

Une bibliothèque de base avait été aménagée dans le grand hall d'accueil de l'ambassade et elle était gérée par un bibliothécaire voltaïque. Son alimentation en livre était assurée par le bureau du livre du ministère, dirigé par Martine Roger-Machart. La littérature africaine y est largement représentée, les œuvres des auteurs africains y étant disponibles en de nombreux exemplaires pour en faciliter la lecture par le plus grand nombre. Tous ces ouvrages sont en langue française. Un ou deux soirs par mois, Robert Thomas anime lui-même un club de lecture, autour d'un livre choisi en fin de soirée pour être discuté à la réunion suivante et ainsi de suite.

Le cinéma

A mon arrivée, une cinémathèque, déjà bien dotée, est installée au second étage de l'ambassade, dans les bureaux du service culturel. Les films, longs ou courts métrages, parviennent à l'ambassade par la valise diplomatique,

---

[7] Rassemblement Démocratique Africain (RDA), le parti unique au pouvoir dans la plupart des pays d'Afrique de l'Ouest, au moment de l'indépendance.

avec des dotations mensuelles régulières, assurées par le bureau du cinéma du ministère, dirigé par Jean-René Debrix. C'est Nicole Gaudez qui est plus particulièrement chargée de la sélection des films, de la négociation de l'achat des droits non commerciaux et de leur diffusion dans les pays du champ. Cette cinémathèque dispose d'une cinquantaine de titres de longs métrages et d'autant de courts métrages. La plupart de ces films sont en noir et blanc et ils sont tous en format 16mm.

Ces films sont projetés à la maison des jeunes et de la culture de Ouagadougou, dans les très nombreux établissements scolaires, publics ou privés, de la capitale et des principales villes de province disposant d'un réseau de distribution électrique et dans les missions catholiques, particulièrement nombreuses en Haute-Volta et généralement équipées d'un groupe électrogène.

Ce circuit de diffusion non commerciale réunit une grosse cinquantaine de relais : établissements scolaires, missions catholiques, foyers culturels, quelques maisons de jeunes, dont la plupart ont été dotés de projecteurs cinématographiques offerts par le service culturel de l'ambassade. Il s'agit de projecteurs portables, de marque DEBRIE ou HORTSON, seuls les matériels français pouvant être acquis sur crédits du FAC[8], achetés par le ministère et envoyés à Ouagadougou, selon un programme de dotation pluriannuel.

Ce matériel, comme ces films, sont entretenus par le service culturel. Réparation des copies, vérification et remplacement des amorces de départ, vérification du sens de lecture des films restitués et rembobinage éventuel, sont effectués dans une petite pièce qui comprend une table de bobinage, quelques étagères et un peu d'outillage avec un petit stock de pièces de rechanges fournis avec les projecteurs par les fabricants. Un agent voltaïque, Nikiéma, formé par mes soins, est chargé de ces opérations et s'en acquitte parfaitement[9].

La libération d'une autre petite pièce voisine permet enfin d'aménager une salle de projection « privée », avec une fenêtre occultée et des murs tendus de toile de jute plissée assurant une qualité sonore minimale, sans l'écho habituel que provoqueraient des murs nus. Cette salle nous permet de visionner les films au fur et à mesure de leur réception et de rédiger une note d'information sur son contenu, son réalisateur, ses acteurs, etc. Ces notes accompagnant chacun des films proposés par la cinémathèque sont remises aux emprunteurs, afin de faciliter leur choix et d'en assurer une exploitation aussi « intelligente » que possible. Elles sont rédigées à partir des données recueillies dans les quelques ouvrages sur le cinéma dont nous disposons

---

[8] On précisera ici que comme les services dans les États africains, ceux de l'administration centrale fonctionnaient exclusivement sur crédits du FAC.

[9] Pendant mon stage à l'ACTOM à Paris, nous avons suivi une formation pratique dans les ateliers de DEBRIE et HORTSON et nous sommes donc capables d'assurer la maintenance, les réglages et les petites réparations des projecteurs des différents modèles.

(*Histoire du cinéma mondial*, de Georges Sadoul, *Panoramique sur le 7e art* de Victor Bachy, Bernard Taufour et Robert Claude, *Les fondements de l'Art Cinématographique* de Jean-René Debrix[10] et les ouvrages de la collection 7e art, des Éditions du Cerf).
La préparation des séances de ciné-club qui ont lieu une fois par semaine dans la salle de projection du nouveau bâtiment est également facilitée par la possibilité offerte de visionner en privé les films avant leur projection publique et d'affiner certains points à développer dans la discussion publique qui suit la projection.

Le ciné bus

Au tout début de l'année 1963, nous recevons un « ciné bus ». Il s'agit d'une camionnette Renault, tous terrains, c'est-à-dire à quatre roues motrices, avec « crabotage », susceptible d'emprunter les plus mauvaises pistes. Ce véhicule est aménagé en cabine de projection mobile, avec deux hublots vitrés sur son flanc, l'un pour la projection elle-même, l'autre pour le projectionniste. Le support du projecteur est soudé sur le plancher. Des systèmes astucieux sont prévus sur les parois pour accrocher les câbles d'alimentation électrique et de sonorisation, un grand écran enroulable avec son pied et des haut-parleurs sonores de marque BOUYER, également avec leur trépied, que l'on utilise sur les stades en France. Il dispose également d'un micro avec un très long fil raccordé sur l'amplificateur du projecteur, qui permet à un animateur de faire des annonces avant la projection ou d'intervenir pendant celle-ci, en réduisant le volume du son original du film pour donner des commentaires dans la langue vernaculaire pratiquée sur le lieu de la projection, le moré le plus souvent. Tous les films dont nous disposons sont, en effet en langue française, très peu pratiquée par la plus grande partie de la population du pays.
A l'arrière, solidement fixé au plancher par des attaches amovibles se trouve un groupe électrogène de marque BERNARD, monté dans un berceau avec quatre poignées de transport prévues pour le faire manipuler par deux ou mieux par quatre hommes, compte tenu de son poids. Il s'agit d'un groupe assez puissant parce que les lampes des projecteurs réclament beaucoup d'énergie.

Pour lancer les activités de ce ciné bus, je suis chargé par Robert Thomas d'accompagner le chauffeur, le projectionniste et un animateur, lors de leurs premières tournées dans le pays. Celle-ci est annoncée aux autorités

[10] A noter que Jean-René Debrix est chef du bureau du cinéma au ministère.

voltaïques par une « note verbale »[11] et, sans objection de leur part, je vais me rendre avec le ciné bus dans la plupart des cercles[12] que compte le pays à l'époque. Les autorités voltaïques sont très satisfaites de cette proposition de l'ambassade et les commandants de cercle réservent le meilleur accueil à ces visites et à ces projections publiques, gratuites bien sûr. A cette occasion, je découvre les « résidences » des commandants de cercle, dont certaines ont été occupées par plusieurs conseillers du chef de mission, René Guilbaud, notamment, dernier commandant de cercle de Kongoussi. Son successeur voltaïque qui a bien connu René Guilbaud me parle beaucoup de lui ainsi que de son épouse Denise, et de manière fort chaleureuse.

Ces projections de cinéma dans les villes secondaires constituent souvent des premières du genre et à chaque étape, notre venue est fort appréciée. Les commandants de cercle voltaïques, dans ces années qui suivent de très près l'indépendance, sont soucieux de s'attaquer, en priorité, aux aspects humains du développement, c'est-à-dire à l'éducation et à la formation, et d'organiser le passage d'une économie de subsistance à une économie de développement, avec des cultures de rentes (arachides, coton), venant en complément des cultures vivrières dont le maintien est indispensable pour assurer l'autonomie alimentaire du pays.
La question se pose donc de pouvoir répondre à leur attente, en proposant un programme de projection adapté.
Les premières tournées de projection présentent donc quelques rares films d'actualités disponibles sur le pays (fêtes de l'indépendance dans les quatre pays du Conseil de l'entente : Niger, Haute-Volta, Côte d'Ivoire, Dahomey) suivis d'un film qui se signale par son adaptation aux objectifs que nous poursuivons par cette action de diffusion culturelle qui veut favoriser la prise de conscience d'une jeune nation indépendante et renforcer la cohésion des groupes qui la constituent.
Il s'agit de *Demain à Nanguila* de Joris Ivens.
Tourné au Mali, ce film de moyen métrage montre les efforts d'un pays africain nouvellement indépendant pour construire son développement à

---

[11] La « note verbale » est la forme traditionnellement utilisée par l'ambassade pour correspondre avec les autorités locales via, bien sûr, le ministère des Affaires étrangères. Elle débute par la formule rituelle : "L'ambassade de France présente ses compliments au ministère des Affaires étrangères de la République de Haute-Volta et a l'honneur de l'informer que, sous réserve que ce projet recueille son accord, le service culturel de l'ambassade se propose d'organiser, etc.". La MAC de son côté n'est pas tenue de se plier au même protocole et elle est autorisée à correspondre directement avec les ministères techniques, partenaires des projets ou des actions financées sur le FAC.

[12] Le cercle est le nom donné à la division administrative de l'époque, vestige de l'époque coloniale, et il a, à sa tête, un commandant de cercle, que l'on pourrait assimiler à un préfet ou à un sous-préfet.

partir de l'agriculture, en mettant l'accent sur la solidarité à travers les investissements humains.

Demain à Nanguila dénonce l'exode rural au lendemain de l'indépendance du pays et présente les efforts des autorités pour juguler les méfaits de la ruée des jeunes vers les centres urbains. Le film se veut être le miroir des normes socio-éducatives, de l'encadrement des jeunes en milieu rural des efforts de résolution des conflits en milieu traditionnel.

Les femmes y paraissent ployant sous le poids des multiples travaux domestiques champêtres. En filigrane, on peut voir dans ce film, premier moyen métrage mi-fiction, mi-documentaire, du Mali indépendant, les perles architecturales de Bamako : la Maison des artisans, le grand marché de Bamako, la gare des Chemins de fer de Bamako, l'Assemblée nationale, le cinéma VOX etc.

On y voit aussi la vie nocturne de Bamako, l'engouement des populations rurales pour le cinématographe ambulant, « puissant moyen de distraction et d'éveil des consciences des masses » comme le formule alors la fiche de présentation du film.

Détail amusant pour la Haute-Volta, on peut observer dans le film la présence d'Issaka Thiombiano, technicien voltaïque du service de l'information, collaborateur de Serge Ricci, affecté à l'époque à Bamako dans le cadre de la Fédération du Mali. On le voit notamment installer le projecteur portable DEBRIE qui va permettre à ce cinéma ambulant de présenter un film à la population d'un quartier populaire d'une petite ville du Mali.

Par la suite, en attendant les premiers films de Serge Ricci produits par le service de l'information, on projettera des westerns ou des films français de l'école du néo-réalisme qui constituent le fond de notre cinémathèque. On projettera aussi très souvent les films d'Albert Lamorisse : *Crin Blanc* ou *Bim le petit âne* qui recueillent toujours un certain succès auprès des publics de ces petites villes secondaires. En règle générale, un animateur voltaïque présente le film avant le début de la projection et de temps en temps couvre le son pour donner des explications en langue vernaculaire, le moré le plus souvent.

S'ils ont été rares, on a dû déplorer quelques incidents avec ces projections en plein air qui réunissaient souvent plusieurs centaines de spectateurs. Ainsi, un soir à Kaya, un mauvais coup de vent a arraché l'écran de ses supports, en pleine scène d'action d'un western. En tombant, avec ses personnages, sur un public assez compact, la toile a provoqué un mouvement de foule et de panique qui a fait quelques blessés, heureusement sans gravité.

*

* *

Ces différents espaces et équipements constituent la « section audiovisuelle du centre culturel franco voltaïque » dont je suis responsable.
Venu à Ouagadougou pour un stage de six mois qui en durera sept, j'y suis revenu pour une durée de trois années, sur la proposition de Robert Thomas.
En effet, j'ai encore la nationalité belge à l'époque et je bénéficie d'un sursis pour études. Mais, un peu à la manière du service national en coopération, récemment mis en place en France, la possibilité m'est offerte, par la législation belge, d'effectuer un service civil dans un pays en développement, se substituant au service militaire actif, pour lequel j'ai été présélectionné comme candidat COR[13]. A la fin de mon stage, je constitue donc le dossier correspondant qui est accepté et je repars à Ouagadougou où je dois alors effectuer un séjour de trois années pour valider ce service civil que j'effectuerai de 1963 à 1966.
C'est toujours en qualité de « décisionnaire », correspondant vaguement à un statut de recruté local, mais avec un régime très amélioré[14] que je vais poursuivre mon séjour en Haute-Volta.

Je vais ainsi travailler sous les ordres de Robert Thomas et de Raymond Pietton[15] en m'intéressant à plusieurs secteurs d'activité.

L'éducation de base

Comme dans d'autres pays de l'ex AEF et de l'ex AOF, des actions d'éducation de base avaient été lancées en Haute-Volta. Il s'agissait d'associer les services techniques de l'agriculture, de l'hydraulique rurale, de l'élevage et de la santé en vue d'assurer une formation de masse visant à donner des connaissances de base aux populations rurales, éloignées des dispositifs scolaires, tant par leur position géographique que par les capacités d'accueil de ces derniers. Cette éducation de base concernait à la fois des techniques professionnelles agricoles, un peu d'alphabétisation, de l'éducation sanitaire et de l'éducation civique. Elle était censée renforcer la cohésion sociale et jeter les bases d'une société démocratique. Elle était fortement appuyée par les services sociaux.

---

[13] Candidat élève officier de réserve.

[14] Malgré ce statut, mon voyage aller-retour et un voyage intermédiaire au bout de 20 mois de séjour me seront offerts par dérogation et imputés sur des crédits du FAC, comme des missions de contact avec l'administration centrale.

[15] Raymond Pietton, ancien élève de l'Ecole des Chartes, sera ensuite affecté à Nouakchott puis effectuera le reste de sa carrière en qualité de directeur de centre culturel ou de conseiller culturel, au Moyen-Orient, en particulier. Son fils aîné Denis, intégrera le Quai d'Orsay où il fera une très belle carrière. Plusieurs fois ambassadeur, au Liban notamment, il dirigera l'Institut français, peu de temps après sa création. Il a été emporté par une maladie brutale en 2015, à l'âge de 59 ans.

Rattachée aux centres d'éducation rurale (CER), cette action fut totalement abandonnée vers la fin des années 60. Elle a, en effet, été considérée comme trop peu démocratique et trop inégalitaire, dans la mesure ou en faisant concurrence au système éducatif traditionnel, elle privait une partie importante des populations rurales de la possibilité de suivre un enseignement traditionnel avec les perspectives de progrès qu'il supposait, par l'accès aux autres cycles d'enseignement.

Il n'empêche qu'au départ, le service culturel a été un promoteur[16] et un acteur de ces interventions. Celles-ci s'appuyaient sur les nouvelles techniques de diffusion et notamment la radio. Une expérience d'éducation de base avait été menée en RCA par Françoise Ligier, de l'OCORA (Office de coopération radiophonique), avec l'appui de l'AUDECAM (Association universitaire pour le développement de l'éducation en Afrique et à Madagascar). Intitulée la « Radio vision en RCA », elle consistait à réaliser des émissions de radio sur les thèmes de l'éducation de base (citoyenneté, agriculture, élevage, santé, PMI, etc.) illustrées par des montages de diapositives.
La fin des années 50 et le début des années 60 avaient été fortement marqués par la capacité d'impact des techniques audiovisuelles. Il était commun d'entendre des affirmations selon lesquelles : « on retient 30% de ce que l'on entend, 50% de ce que l'on voit et 70% de ce que l'on voit et entend à la fois ». Ainsi sur la base de ces considérations qui s'appuyaient sur des recherches diverses, on a vu se développer la « radio vision », le « cinéma éducatif » et la « télévision scolaire »[17], ces techniques n'étant en fait que les lointains ancêtres du « e-learning ».
Il faut préciser qu'en 1963, la télévision n'existe pas en Haute-Volta, pas plus qu'en RCA d'ailleurs et que le pays est très peu électrifié. Une projection cinématographique nécessite une grande quantité d'énergie et le déplacement d'équipements tel notre ciné bus. La radio en revanche couvre (en ondes courtes certes) la totalité du territoire et c'est le moyen d'information et d'éducation qu'il semble falloir privilégier, d'autant plus que c'est le début des postes à transistors et que le gouvernement a mis en place un programme de diffusion de postes de radio subventionnés, accessibles à tous et à coût très faible. La projection de diapositives ne réclame que peu d'énergie et l'on trouve même des projecteurs qui utilisent une lampe « PETROMAX » comme source d'énergie.

---

[16] Andrée Audibert, épouse de Jean Audibert a été assez active dans ce domaine avant de quitter la Haute-Volta et le relais a été pris par Robert Thomas qui s'est appuyé sur André Lecourtois.
[17] Au Niger notamment où a débuté l'expérience de la télévision scolaire, dirigée par Max Egly.

Le service culturel s'est donc lancé dans l'opération « Radio vision de Haute-Volta » et pratiquement sans moyen, a pu réaliser avec André Lecourtois de nombreux programmes. Les contenus sont mis au point par les assistants techniques en charge du développement rural, les agents des sociétés d'intervention, de la SATEC et du BDPA, les vétérinaires, les médecins, les assistantes sociales et les infirmières de la PMI, etc.
Je suis chargé de l'exécution de la partie « photographique » et je réalise un nombre important de photos ou de reportages, sur la traction attelée, l'entretien du matériel agricole, l'association agriculture élevage, la vaccination des troupeaux, les soins à apporter aux enfants, l'hygiène, la lutte contre les maladies hydriques, l'amélioration du régime alimentaire, etc.[18]

Les échanges culturels et artistiques

Ces activités sont mises en œuvre par l'Association pour le développement des échanges artistiques et culturels, l'ADEAC. Cette association, comprend essentiellement son secrétaire général, Maurice Guillaud, et une secrétaire. Elle sert d'opérateur au ministère et, sur les crédits du FAC, elle sélectionne, recrute des artistes et des conférenciers, français généralement, ou passe des contrats avec des compagnies théâtrales françaises également et organise leur tournée souvent dans trois ou quatre États à la fois, pour optimiser le coût des voyages. Elle occupe un bureau rue Saint-Jacques, à côté du bureau du livre.

Les activités proposées par l'ADEAC n'ont pu démarrer à Ouagadougou qu'au début de l'année 1964. En effet, jusque-là, la capitale ne disposait d'aucun lieu susceptible d'accueillir un public dépassant quelques dizaines de personnes ou équipé d'une scène se prêtant à l'accueil d'une troupe de théâtre. Il a fallu, pour cela, attendre l'achèvement de la construction du premier bâtiment du centre culturel franco-voltaïque. Ce bâtiment a été conçu par le bureau Chaumette qui avait à son actif la réalisation de tous les grands bâtiments de la capitale dont l'Hôtel Indépendance et la Poste centrale, les villas du chef de mission et les villas des conseillers de mission. C'est un excellent cabinet d'architecte et il a un représentant permanent à Ouagadougou, Marcel Proriol, assisté de Serge Lupi.
Les plans avaient été préparés avant l'arrivée de Robert Thomas, avec le concours du premier conseiller culturel en poste de 1960 à 1962, et le cahier des charges n'était pas d'une précision absolue…
C'est au moment du démarrage du chantier, après le lancement d'un appel d'offres et l'attribution du marché à la Société « Les Dragages » que l'on s'en est vraiment rendu compte.

---

[18] Ces diapositives sont simultanément versées à la photothèque de l'AUDECAM.

S'agissant d'un financement du FAC, c'est René Blanchard, le chef de mission, qui prend personnellement la direction du suivi du chantier. Il aime beaucoup le domaine de la construction et il dispose d'une expérience pratique acquise dans ses postes précédents qu'il n'aimait pas trop partager. Cependant, il associe le service culturel, futur destinataire du bien, au suivi de l'opération et, avec Robert Thomas, je suis invité chaque semaine à la réunion traditionnelle de chantier qui a pour objet de suivre avec l'architecte et l'entreprise l'exécution des travaux et de mettre au point certains détails techniques. Mon stage pratique à l'ACTOM et mon passage chez HORTSON me sont très utiles à cette occasion.
Le bâtiment est une grande rotonde qui n'est pas destinée à être climatisée et que l'architecte a dessinée pour qu'elle bénéficie d'une ventilation naturelle aussi bonne que possible. Son plafond est donc percé d'une ouverture circulaire en son milieu, censée assurer l'évacuation de l'air chaud tandis que les parois latérales sont constituées de poteaux en béton soutenant la structure du plafond lui-même en béton et recouvert d'une couche d'étanchéité. Un intervalle sur deux entre ces poteaux en béton est en « dur », le second est fermé par un volet roulant. Une fois ouverts, ceux-ci laissent entrer une grande quantité d'air extérieur aspirée par l'ouverture du plafond, créant un courant d'air naturel. Sur un tiers de la circonférence, ces volets roulants sont remplacés par des fenêtres et des cloisons isolent de la rotonde une partie de l'espace où sont aménagés le bureau du directeur, son secrétariat, la bibliothèque, un petit auditorium et un bloc sanitaire. Sur la cloison centrale, on installe un grand écran et à l'opposé entre deux volets roulants, on arrive à aménager une cabine de projection où est installé un gros projecteur à lanterne à arc, 16 mm, de marque HORTSON. On dispose ainsi d'une salle de projection pouvant accueillir une centaine de personnes.
On y organise deux séances publiques de cinéma par semaine et une ou deux fois par mois, ces séances prennent la forme d'un ciné-club avec présentation du film et un débat après la projection que je suis chargé d'animer. Ces séances réunissent une part de la population expatriée, les assistants techniques surtout et les enseignants en particulier, tandis que les personnels du secteur privé se retrouvent plutôt au Club où l'on pratique le tennis en nocturne et le bridge.
Quelques fonctionnaires voltaïques assistent aussi à ces séances mais ils ne constituent pas la majorité du public. Pour les amateurs de cinéma, elles sont l'occasion de voir ou de revoir des films de qualité que ne proposent pas toujours les deux salles commerciales de cinéma en plein air que compte la capitale : le Nader Ciné et l'Olympia, exploités par la SECMA et la COMACICO. Habituellement, ces salles proposent deux films nouveaux chaque soir, généralement un film dit « occidental », français, américain, italien, etc. suivi d'un film indien dont le public populaire africain est très friand dans les années 1960-1980. Les films ne sont projetés qu'une seule

fois et si l'on ne veut pas rater les bonnes séances, il faut passer devant les salles elles-mêmes à partir de 17 h pour prendre connaissance du programme de la soirée. On peut cependant voir des films récents et de qualité, au milieu de cette abondante programmation. Avec mon ami Jean-François Garnier qui gère pendant une année une des deux salles de Ouagadougou, avant d'être affecté à Bobo-Dioulasso où la ville compte quatre salles, nous bénéficions de places de choix du fait de son statut de propriétaire des lieux. Celles-ci se trouvent sur le toit de la cabine de projection où nous disposons des transats en toile et d'où nous avons une vue totalement dégagée sur l'écran.

C'est donc la mise en service de la salle du centre culturel franco-voltaïque qui déclenche le démarrage en Haute-Volta des activités mises en œuvre par l'ADEAC et c'est là que nous accueillons les quelques premières troupes de théâtre et d'autres artistes.
Une scène démontable constituée de « praticables » en acier et en bois est fabriquée pour permettre à ces spectacles d'être présentés à une certaine hauteur.
Parmi les premières activités, on retient un célèbre marionnettiste qui s'est produit à deux reprises et qui a rencontré un assez vif succès.
On reçoit également des « diseurs » de texte et notamment Pierre Viala qui viendra lui aussi à plusieurs reprises. Il « dit » des textes classiques ou des poèmes et dispose d'un répertoire très étendu. On reçoit aussi un des rares artistes africains reconnus au niveau international dans le même registre : Bachir Touré qui « dit » des textes, choisis surtout dans le répertoire des auteurs africains. Il rencontre un très grand succès, auprès des publics scolaires en particulier, et revient se produire au moins trois fois pendant mon séjour. Les tournées de Pierre Viala et de Bachir Touré sont particulièrement compétitives dans la mesure où en dehors du cachet de l'artiste, les seuls frais à engager se réduisent au billet d'avion et aux indemnités de séjour, sans équipement lourd à transporter ce qui n'est pas le cas des autres spectacles. Elles peuvent aussi se produire facilement en province et assez souvent, ces artistes sont invités à se produire à Bobo-Dioulasso où Robert Thomas essaie de développer une activité qui débouchera sur la création d'un centre culturel secondaire en 1966. A une occasion, on a même vu l'ambassadeur, Francis Levasseur, mettre à disposition de Pierre Viala son avion, dans le cadre des plages horaires imposées pour sa maintenance, et nous avons ainsi pu organiser des séances, fort appréciées à Ouahigouya, Dédougou ou Banfora, en évitant plusieurs journées de voitures sur de mauvaises pistes.
On reçoit aussi des musiciens français avec plus ou moins de satisfaction tant pour leur public que pour eux-mêmes… Je me souviens notamment d'une pianiste réputée et de grand talent qui a dû jouer sur un piano droit de très faible qualité et aux accords incertains, prêté par l'Hôtel Indépendance.

Des tentatives de travail collectif associant des artistes nationaux et des artistes français sont menées avec également plus ou moins de bonheur. Ainsi, Peter Brooks et une troupe un peu hétéroclite sont parvenus à Ouagadougou, après une escale à Niamey, et après avoir traversé le Sahara avec une caravane de véhicules. Ils se sont employés à des créations improvisées avec des danseurs traditionnels voltaïques sur fond de musique locale, mêlée à des accents de musique concrète…
De même, le violoniste Ivry Gitlys, homme de grand talent certes, s'est essayé après un concert un peu classique à des improvisations avec des musiciens traditionnels, joueurs de balafon notamment.
Des conférenciers viennent aussi nous rendre visite et nous recevons ainsi Emmanuel Roblès, venu nous parler d'Albert Camus. Cela a été ensuite le tour du professeur Jacques Schérer, de la Sorbonne, de tenir une conférence sur le théâtre de l'absurde où, sans surprise, à propos de la pièce de Samuel Beckett *En attendant Godot*, on a pu apprendre que Godot ne viendrait jamais…
Avec le recul, on peut penser que si la culture doit occuper une place centrale pour unir les peuples, une part importante des activités proposées à l'époque était plutôt inadaptée même si elles répondaient aux intentions les plus nobles.
Il faudra attendre beaucoup plus tard pour voir l'éveil d'une création africaine de qualité dans ces secteurs.

Cela ne sera pas le cas pour le cinéma qui, classé 7ème dans la hiérarchie des arts, occupe, et de loin, la première place en Afrique sur le plan de la consommation culturelle et artistique mais va aussi rapidement se tailler une position privilégiée dans le développement d'une création culturelle africaine. La naissance du cinéma africain sera largement abordée dans le chapitre suivant.

Le service de l'information et la production cinématographique

Le service culturel est également en relation régulière avec le service voltaïque de l'information où travaillent deux agents français. Le premier Jacques Sergent, un vieux routard parvenu je ne sais comment à Ouagadougou, est en charge de la rédaction du seul organe d'information national. Il s'agit du *Bulletin Quotidien* dit le BQ, au format A4 et ronéotypé sur un mauvais papier. Il comporte moins de dix feuillets et on y trouve essentiellement des informations officielles et administratives et quelques nouvelles extraites des dépêches de l'AFP.

La source d'information la plus importante est la radio voltaïque qui bénéficie d'un appui technique et d'un personnel spécialisé fourni par l'OCORA[19]. Cette équipe est dirigée par Jean-Louis Badgio qui arrivera à lancer, un peu contre l'avis conjugué du service culturel et de la MAC, la télévision voltaïque. Celle-ci démarrera fin 1965 avec un émetteur ne couvrant qu'une partie de la capitale au profit d'une toute petite centaine de récepteurs dont plusieurs sont disposés dans des lieux de réception publics dans les rares quartiers couverts par l'émetteur.

Le second, Serge Ricci, a commencé ses activités en Haute-Volta en tournant des films « ethnographiques », dans la veine lancée à Niamey par Jean Rouch, avec des ethno sociologues de l'IFAN : Guy Le Moal et Jean Capron, spécialistes des « Bwa »[20]. Il passe sous contrat d'assistance technique peu de temps après mon arrivée et est chargé de la réalisation de films que l'on doit qualifier de films d'éducation au développement. Il s'agit de reportages sur les projets en matière de coopération dans le secteur du développement rural et de la santé. Comme toutes les actions menées ou appuyées par le service culturel, le financement de ces films est assuré sur des crédits du FAC, une enveloppe de crédits gérés par la MAC étant affectée à ces actions indifférenciées au titre de l'accompagnement du développement économique. Les frais de laboratoires et de tirage sont supportés sur des crédits du bureau du cinéma, directement associé à ces opérations.

Un premier film *Des bras pour de l'eau* est réalisé sur l'opération « puits » mise en œuvre par François Etchegut (toujours un ancien de la FOM). On y voit comment, par l'investissement humain, des puits maçonnés peuvent être creusés et aménagés par les villageois eux-mêmes, sans rémunération, la SATEC fournissant le sable, le ciment et des moules à béton en tôle, très astucieux de forme, démontables et réutilisables. A raison de trois moules cintrés constituant un cercle de 1.20 m environ et d'une hauteur de 50 cm, assemblés par un système de chevilles et donc démontables, ces puits sont bétonnés au fur et à mesure de leur creusement et procurent une alimentation en eau de qualité tant pour les besoins de la population que pour des petites activités de maraîchage.

Un second film *Opération arachides* présente les techniques mises au point par l'Institut de recherche pour les huiles et les oléagineux (IRHO) pour moderniser, grâce à la traction animale et au semis en ligne, la technique de la culture de l'arachide qui, à l'époque, est avec le coton une des cultures dites de rente qui fournissent aux cultivateurs (80% au moins de la

[19] Office de coopération radiophonique (OCORA) qui a remplacé la SORAFOM.
[20] Les "bwa" sont une ethnie du nord-ouest du pays.

population) la possibilité de sortir d'une activité de subsistance ne présentant pas d'espoir de progrès.

Le troisième intitulé *Les grands marigots mangent les yeux* est consacré à l'onchocercose et à la lutte menée par le service des grandes endémies contre cette maladie qui conduit à la cécité et qui est responsable de la sous-utilisation des terres les plus fertiles du pays, c'est-à-dire celles qui bordent les rivières, forcément délaissées par les habitants, en raison de la présence d'une petite mouche, la « simuli », vecteur de la maladie.

La présentation de ces trois films, au fur et à mesure de leur achèvement rencontre, comme on peut facilement l'imaginer, un très grand succès auprès des publics voltaïques qui y voient la possibilité pour les populations rurales d'accéder à un monde meilleur tant sur le plan économique que sur le plan sanitaire.

Le test sur place de films éducatifs

Les services parisiens de la direction de la coopération culturelle et technique (DCT) s'intéressent beaucoup à la question de ces méthodes modernes d'éducation. Ils ont fait réaliser au Tchad et au Sénégal par Georges Rouquier et par André Cantenys, des films sur le développement rural tels *Culture attelée à Pala*, *La charrette et l'âne*, etc. Le service culturel de Ouagadougou, grâce à la personnalité de Robert Thomas, est considéré comme un partenaire de choix pour développer et tester sur le terrain ces nouveaux produits.
Comme nous disposons d'un ciné bus, en bon état de marche et d'un personnel qualifié pour en garantir le bon fonctionnement à 400 Kms de la capitale, que les conditions naturelles du nord du pays, dans la zone cotonnière, sont proches de celles du Tchad où les films ont été tournés, c'est la Haute-Volta qui est retenue pour faire une étude d'impact sur le terrain de ces films qui promeuvent le semis en ligne et la culture attelée en vue d'augmenter la productivité de la culture paysanne du coton.
C'est le réalisateur André Cantenys qui est chargé de cette évaluation et je vais l'accompagner pendant une tournée d'une dizaine de jours dans le nord-ouest du pays pour organiser chaque soir dans des villages de la zone cotonnière ou s'activent, en appui à une agriculture paysanne, les agents de la Compagnie française des textiles (CFDT). Les projections sont suivies le lendemain de réunion de « débriefing » avec les associations de cultivateurs et les agents de la CFDT pour mesurer à la fois le niveau de compréhension des messages proposés par les films et le niveau d'adhésion du public concerné aux améliorations des techniques culturales préconisées.

Cette activité me donne l'occasion de rédiger une étude sur la perception du film en milieu rural africain qui me servira pour la rédaction de mon mémoire de fin d'études que je dois préparer pour mon Ecole de Tournai et pour la présentation duquel j'ai obtenu un délai de grâce par rapport à la date limite[21].

Le pouvoir d'impact du cinéma

Certes, les films de Serge Ricci comme celui de Joris Ivens que l'on ne peut pas qualifier de films éducatifs au sens strict du terme, nous paraissent, à l'époque, devoir être considérés comme des contributions importantes au développement par la prise de conscience qu'ils provoquent chez les jeunes comme chez les adultes, de l'importance des questions économiques, sociales et politiques dans l'évolution des jeunes États tout nouvellement indépendants. Cette prise de conscience est manifeste et s'exprime de manière triomphale par les exclamations et les applaudissements qui suivent les séances de projection.
Cet aspect des choses est considéré d'un peu haut par la MAC et reflète cette relative opposition que l'on observe entre développement économique et développement culturel. Néanmoins, les moyens nécessaires, bien modestes par rapport aux programmes d'investissement ou d'équipements que le FAC subventionne[22], sont toujours mis à notre disposition, dans de grandes conditions de souplesse. Ils font l'objet d'une utilisation rigoureuse et permettent d'atteindre un niveau d'efficacité optimum que l'on verra se perdre complètement, quarante années plus tard.

Le pouvoir d'impact du cinéma est considérable et un évènement malheureux a d'ailleurs permis de le constater « en négatif », à l'occasion d'une journée de la jeunesse et des sports, organisées à Ouagadougou par les autorités voltaïques, avec notre appui.
Cette journée s'est terminée par une soirée au *Nader Ciné*, l'une des deux salles de cinéma que compte la capitale, avec la présentation du film *Un cœur gros comme ça,* de François Reichenbach. Choisi par M. Bernard Fouque, assistant technique français, conseiller du ministre de la Jeunesse et des sports, ce très beau film met en scène la venue en France d'un jeune boxeur sénégalais et l'organisation d'un combat de boxe qui doit l'opposer à un boxeur blanc. Ses images et ses gros plans sont d'une grande qualité

---

[21] Je ne serai en mesure, en fait, de ne le présenter qu'à la session de 1966 après mes quatre années passées en Haute-Volta.

[22] Le propos n'est pas ici de dresser un inventaire des projets FAC mis en œuvre en Haute-Volta, mais quelques photos retrouvées dans mes archives présentant la remise d'un lot de matériels roulants au ministère voltaïque des Travaux publics, illustrent bien le niveau de ces dotations de biens d'équipement.

esthétique mais on ne connaîtra pas l'issue du combat. On ne verra ce combat et ses résultats que sur le visage des spectateurs, filmés à travers les jambes des boxeurs et il ne se traduira pas par la victoire escomptée.
Si l'on ajoute que certaines scènes sont filmées par une caméra désaxée de 90° par rapport à la verticale, ou que d'autres séquences se passent dans un train dont le bruit de roulement couvre les conversations et les rendent inaudibles, on comprend le désappointement des spectateurs. Il se manifeste par des sifflets et des huées, à la hauteur des exclamations et des applaudissements que l'on observe généralement à la fin des films d'action habituellement présentés. L'affaire évite de peu de tourner à une manifestation antifrançaise et entraîne même quelques dégradations dans cette salle en plein air, heureusement assez rustique mais dont l'écran, un mur en dur, est sérieusement maculé par les jets de divers projectiles.
La question provoque une mini crise et la remise à disposition du gouvernement français de notre assistant technique est demandée le lendemain[23]. Il faut tous les talents de négociateurs de Robert Thomas pour faire retomber la pression et obtenir l'annulation de cette mesure.

*

* *

Les enseignements de ce séjour en Haute-Volta

De ces presque quatre années passées à Ouagadougou, je retiens une expérience formidable et un apprentissage multiforme dans de nombreux domaines, y compris administratif, dispensé par les anciens de la France d'outre-mer, dont les méthodes, la rigueur et la façon d'être ont profondément imprimé leur marque aux services du ministère de la Coopération. Ce sont cette méthode et cette rigueur qui, alors que ce ministère n'était pas fait pour exister ni pour durer, lui ont permis de se démarquer du ministère des Affaires étrangères et de conserver pendant quarante ans le Fonds d’aide et de coopération, avec les moyens considérables qu'il a mobilisés et qui, souvent à tort, ont été décriés.

Je conserve également le souvenir d'une administration très efficace : la construction et l'équipement du centre culturel ont été menés « tambour battant », en moins d'une année. C'était une administration performante et

[23] Tous les accords de coopération culturelle et technique signés en 1960 précisaient notamment que les assistants techniques français étaient placés pour emploi sous l'autorité des services nationaux. Ceux-ci les notaient sur le plan administratif, leur accordaient leurs congés, les logeaient, leur donnaient les moyens de travail quotidien et pouvaient, à tout moment, les remettre à disposition, en cas de manquement à leurs obligations professionnelles ou à leur loyauté à l'égard de leur hiérarchie.

très productive : nos petits programmes de développement culturel étaient financés avec un minimum de frais de structure (une secrétaire comptable de la MAC était régisseur et payait directement sur la régie les fournitures nécessaires) et la mise en œuvre de nos activités était ainsi particulièrement fluide. Dans le même temps, même si certaines procédures pouvaient paraître acrobatiques[24], l'ensemble était géré avec une grande rigueur et par les différents acteurs mobilisés.

Les personnels qui participaient à la mise en œuvre de ces activités exerçaient leurs fonctions avec beaucoup d'enthousiasme et ils croyaient sincèrement que leurs efforts convergeaient vers un objectif de progrès, basé sur le développement économique et social de ces anciens territoires de la France coloniale, récemment devenus indépendants, auxquels le contexte de ce que l'on appellera plus tard les trente glorieuses permettait de croire à un futur heureux, fait de progrès partagé et de vie meilleure.

L'esprit était le même chez les coopérants, y compris chez les premiers volontaires du service national en coopération avec lesquels j'avais forcément des contacts moins « formalisés » en raison de l'appartenance à la même génération. C'était notamment le cas avec Michel Chirman, affecté à la direction du plan, sous l'autorité de Pierre-Claver Damiba, qui deviendra plus tard ministre du Plan et des travaux publics dans le gouvernement voltaïque de 1966 à 1972. Nous entretenions aussi des relations amicales avec d'autres futurs responsables voltaïques et nous partagions une vision optimiste de l'avenir. Je pense notamment à Ali Lankoandé, un des premiers professeurs voltaïques au Lycée Philippe Zinda Kaboré, qui sera plus tard ministre de l'Éducation.

En lisant plus de quarante ans plus tard un des articles de Julien Meimon [25], je dois dire que l'expérience acquise pendant mes premières années d'activités professionnelles m'amène à considérer comme des éléments très positifs et comme des qualités très spécifiques la manière dont il présente les « bons fonctionnaires » de la coopération, dans un extrait de cet article [26].

---

[24] Les conditions de mon recrutement et de mon emploi sur près de quatre ans n'auraient pas pu être envisagées à une autre époque.

[25] Je rappelle ici que c'est un peu la lecture des articles de Julien Meimon qui m'a donné envie de livrer ce témoignage sur le rôle des anciens de la FOM dans le fonctionnement du ministère de la Coopération.

[26] Julien Meimon, *Culte du terrain à la rue Monsieur. Les fonctionnaires de la France d'outre-mer et de la coopération*, Afrique contemporaine, 2010/4 (n°236).

Je le cite :

> « ... Les catégories mobilisées dans ces "portraits" dessinent progressivement ce qu'est – ou devrait être –, aux yeux de ces agents, un "bon fonctionnaire" de la Coopération et s'avèrent particulièrement proches de la définition d'un "bon fonctionnaire colonial". On retrouve en effet un certain culte du terrain, de l'autonomie, ce "goût de l'action" qui fait d'eux des "entrepreneurs", et qui tend à les distinguer de tout bureaucrate, c'est-à-dire, finalement, de tout fonctionnaire métropolitain. L'expérience africaine, largement mise en avant, à la fois sous la forme d'une sorte de compétence technique et comme une sensibilité particulière ou une forme de "compétence affective", renvoie directement à leur passé outre-mer et à leur expatriation antérieure sur le continent noir. On retrouve aussi la contestation d'une certaine docilité hiérarchique dans leurs critiques concernant le "souci de plaire au Quai" ou "l'ambition", qui présentent a contrario les anciens "colos" comme des agents mobiles (administrativement et géographiquement) et peu formalistes, c'est-à-dire assez autonomes bureaucratiquement, dans la prise de décision ».

Ce sont sans doute de tels éléments et une première expérience du terrain qui m'ont permis d'être recruté à la centrale après la fin de mon séjour en Haute-Volta.
En effet, Jean-René Debrix me propose un emploi au bureau du cinéma que je m'empresse bien sûr d'accepter. Je vais y servir pendant presque dix années. J'y ai retrouvé le même état d'esprit, l'absence de bureaucratie, le goût d'entreprendre et une grande liberté d'action.

Pour sourire, quelques écarts à la rigueur

A propos de cette rigueur dont je viens de faire l'éloge, et au titre des anecdotes que je m'amuse à évoquer, sans vouloir stigmatiser qui que ce soit, il me plait de rappeler que les textes en vigueur « autorisaient » les fonctionnaires de catégorie A, à utiliser la première classe pour leurs voyages, par train, par bateau ou par avion, qu'il s'agisse de missions ou de congés. Ce droit était étendu à leur famille, enfants compris. L'unique liaison hebdomadaire aérienne que nous avions avec Paris et la taille de la cabine de première classe de l'avion, ne permettait pas, tant s'en faut, à tous les bénéficiaires de ce droit d'y prétendre et la compagnie aérienne, au moment du rush des vacances annuelles, organisait une savante répartition des places à attribuer en priorité, les agents non admis à ce « privilège », se voyant remis « en compensation » des MCO[27] qui leur permettaient de s'offrir quelques beaux voyages lointains [28] !

Cela ferait sourire aujourd'hui, pour ne pas dire que l'on trouverait des esprits chagrins pour condamner avec la plus grande fermeté de tels « errements ».

Mais je retiens aussi et surtout les contacts professionnels et personnels que j'ai pu avoir avec Robert Thomas et Claudine, son épouse. Dans le contexte très particulier de ce nouveau monde où je me suis retrouvé très jeune, j'ai, grâce à eux, appris à me débrouiller dans les labyrinthes de l'administration et à en apprendre le fonctionnement, suivant un principe de base qui voulait que les règles doivent évidemment être respectées mais qu'elles ne sont jamais la finalité de l'action !

Les contacts avec les nombreuses personnalités de passage en Haute-Volta (fonctionnaires du ministère, conférenciers, artistes, chercheurs, universitaires, journalistes, etc.) à la réception desquels j'ai toujours été associé ainsi que la richesse des échanges auxquels ces rencontres donnaient lieu, m'ont conduit à découvrir ce que l'on appelle aujourd'hui les « codes » du milieu dans lequel j'ai évolué pendant les quarante années suivantes.

J'ajoute que Robert et Claudine ont joué pour moi le rôle d'une famille d'accueil et je termine ce premier chapitre par une autre anecdote à propos de laquelle, je dirais en plaisantant, que je n'ai jamais su si c'était pour moi ou pour un agent du ministère en mission, que Robert Thomas avait, bien involontairement mais bien réellement, risqué sa vie et, sans aucun doute, frôlé une mort horrible dans l'histoire qui suit.

Une aventure tragi-comique

Elle s'est déroulée en juillet 1965.

Parmi, les nombreuses visites d'agents du ministère, nous recevions ces jours-là, Aurée d'Esneval, collaboratrice de Martine Roger-Machart au bureau du livre, venue à Ouagadougou pour faire le point des activités du cntre culturel en matière de promotion de la lecture. C'est elle qui est mise en

---

[27] Le MCO ou Miscellaneous Charges Order que l'on appelle aussi MPD (Multiple Purpose Document) est un titre dans le transport aérien que l'on peut utiliser pour toutes sortes de services. Tout comme un billet d'avion, il porte un numéro. Ce document pourra être utilisé pour le paiement d'un PTA, l'hôtel, les Unaccompanied Minors, l'achat d'un autre billet, etc.

[28] On notera ici, toujours sous l'angle de la plaisanterie, qu'à peu près à la même époque, l'un de nos futurs ministres de la coopération, Bernard Debré, dont le père Michel Debré était député de la Réunion, avait pu dans sa jeunesse "bénéficier" du même dispositif de "déclassement" compensé par des MCO ouvrant droit à des billets y compris pour d'autres destinations. Bien plus tard, il avait révélé avec saveur que c'est grâce à ces "facilités"qu'il avait pris goût aux voyages…

balance dans cette anecdote, avec ma modeste personne, pour savoir laquelle des deux avait conduit le conseiller culturel à entreprendre une action de sauvetage désespérée.
Comme nous n'avions qu'une liaison hebdomadaire directe avec Paris, les missions de nos visiteurs comprenaient habituellement un week-end sur place et il était alors habituel de leur proposer une sortie « récréative ». C'est ainsi que nous avions projeté de faire découvrir à Aurée, avec mon ami Jean-Alain Brault, chirurgien effectuant son service national en coopération, une zone assez giboyeuse située au lieu dit « la petite Suisse » à une cinquantaine de Kms de Ouagadougou sur la route de Fada N'Gourma.
S'agissant d'un déplacement considéré comme « de service », nous sommes partis avant l'aube le dimanche matin, avec la jeep de l'ambassade et le chauffeur Abdoulaye. Nous avons quitté, au lever du jour, la route principale à la bifurcation d'une mauvaise piste secondaire pour nous enfoncer dans la zone recherchée.
Nous sommes au début de la saison des pluies et après avoir tourné, un peu dans tous les sens, pendant une bonne heure, à la recherche d'une faune hypothétique, notre jeep s'enfonce des quatre roues, jusqu'au moyeu, dans un terrain qui ne semblait pas particulièrement infranchissable.
Très sincèrement, il aurait été mal venu d'imputer une quelconque faute de conduite à notre chauffeur car n'importe qui se serait laissé surprendre.
Mais, nos efforts pour dégager le véhicule étant restés vains, nous voilà partis à pied avec une boite à glace comprenant des casse-croûtes et un jerrican de 20 l d'eau. Faisant confiance à notre chauffeur qui estimait que le retour « en trace arrière » laissé par la jeep aurait été trop long, nous sommes partis suivant une ligne supposée droite pour rejoindre la route de Fada N'Gourma. Et nous y sommes finalement arrivés vers 17h30, après au moins 8 heures de marche, peu de temps avant la tombée du jour. La réserve d'eau et de nourriture nous a permis de tenir la journée. L'auto-stop ne posant aucun problème à l'époque, une camionnette Peugeot « plateau » nous embarque et nous dépose à Ouaga à proximité de mon domicile où Jean-Alain a laissé sa voiture. La mienne ne se trouve plus à sa place habituelle et je fais sur le coup la relation avec le fait que nous avons croisé en chemin un break 404 de couleur verte qui ressemblait farouchement à mon véhicule… Une brève visite au domicile de mon « patron » Robert Thomas me permet de constater que sa propre voiture n'est plus en place non plus… Le mystère reste entier.
Dans l'insouciance de la jeunesse, nous ne nous inquiétons pas directement et nous déposons Aurée à sa case de passage, son état de fatigue ne lui permettant même plus d'envisager de partager un vrai repas avec nous. Nous allons ensuite dîner dans un restaurant du centre ville avant de poursuivre la soirée chez Ricardo. Au retour à la maison, ma voiture n'étant pas de retour,

je me rends à pied au domicile de Robert Thomas et y constate une situation identique...
Sans véhicule, sans téléphone[29], je n'avais d'autres ressources que de prendre un peu de repos. Le lendemain à l'aube, la situation est toujours la même, c'est à dire pas de véhicules et pas de conseiller culturel... Je réveille alors mon voisin le capitaine Rouve, attaché militaire adjoint et pilote de l'avion de l'ambassadeur. Il appelle l'ambassadeur qui lui donne pour consigne de partir avec le « broussard » à la recherche du conseiller culturel. Une petite heure plus tard, l'avion est de retour. Il se pose et nous indique que Robert Thomas et une « seconde personne » ont été localisés dans la « petite Suisse ». Ils semblent en bonne santé et marchent sur une piste secondaire sur laquelle est immobilisé dans la boue un break Peugeot 404 vert (le mien !) L'avion leur a largué quelques rations de survie et quelques boites d'eau.
Je suis alors chargé par l'ambassadeur de partir avec le ciné bus, une camionnette Renault 4x4, très haute sur « pattes », conduit par notre autre chauffeur Bado pour récupérer les personnes repérées, suivant les indications fournies par le capitaine Rouve. Une heure plus tard, nous empruntons la piste secondaire et nous « tombons » sur la voiture du conseiller culturel, vide, en bord de piste. Nous continuons à rouler quelques centaines de mètres et nous rencontrons Robert Thomas et Jean-Pierre Goudet, un ami, directeur de l'agence locale du Centre technique forestier tropical (CTFT), qui marchent vers la piste principale.
Nous pouvons alors reconstituer l'histoire.
Nous étions attendus pour déjeuner chez Robert Thomas. Ne nous voyant pas revenir, aussitôt le café avalé, fort inquiet, pour moi ou pour Aurée d'Esneval ou pour les deux peut-être, suspectant une panne (la jeep de l'ambassade n'était pas de première jeunesse), Robert Thomas a appelé Jean-Pierre Goudet et, à deux voitures, ils sont partis à notre recherche, connaissant vaguement l'endroit où nous avions indiqué que nous irions. Arrivés au départ de la piste secondaire, il leur a semblé hasardeux de s'y aventurer avec des véhicules de tourisme et ils ont pensé qu'un break (fort usagé) serait plus adapté. Ils sont donc revenus à Ouagadougou avec l'une des deux voitures pour prendre mon « vieux » break et sont repartis à notre recherche[30]. Il devait être 17h – 17h30 et c'était donc bien mon break que

---

[29] Rappelons que le téléphone n'était que très peu répandu à l'époque.

[30] Pour la crédibilité du récit, il faut préciser qu'à l'époque, la Haute-Volta qui sera dénommée plus tard par Thomas Sakara, Burkina Faso, le "pays des hommes intègres" était un pays particulièrement sûr et que l'usage était de laisser les clés de contact sur les véhicules. J'ajouterai un détail qui surprendra mais j'ai habité pendant plus de deux ans un studio au rez-de-chaussée de « l'immeuble rose » qui fut réquisitionné plus tard pour devenir le ministère voltaïque des Affaires étrangères et la porte d'entrée de ce studio n'avait pas de clé... Je ne l'ai jamais fermée lorsque j'y habitais...la sécurité étant assurée par le gardien qui veillait donc tant sur les logements que sur les véhicules.

j'avais vu, sans en être certain, en croisant un véhicule dans la poussière lorsque nous revenions sur notre Peugeot « plateau ».
Il faisait donc quasiment nuit lorsqu'ils se sont engagés sur la piste secondaire et au bout de quelques Kms, suivant les traces laissées par notre jeep, ils se sont eux aussi embourbés et ont été incapables de sortir le break du bourbier.
L'histoire aurait pu se terminer simplement par une mauvaise nuit passée dans la voiture, le ventre vide, sans eau et à la merci des moustiques. Mais ce n'était que le premier épisode.
En effet, au lever du soleil, Robert Thomas et Jean-Pierre Goudet ont décidé de partir à pied vers la voiture qu'ils avaient laissée à l'entrée de la piste et c'est là, qu'au détour du chemin, ils tombent nez à nez avec un lion à l'allure plus que menaçante et au grondement inquiétant. Dieu merci, la zone est très boisée et ils réussissent à se mettre à l'abri en grimpant dans un arbre où, dans une position très inconfortable, y restant plusieurs heures, ils trouvent leur salut. Cela tenait un peu du miracle car l'arbre n'était pas très élevé et ne disposait pas de branches bien solides, tandis que le lion non seulement est resté longtemps au pied de l'arbre mais a tenté, à plusieurs reprises, d'attraper ses proies en essayant même d'y monter !
Nous sommes donc passés à côté d'un drame qui nous a fait sourire pendant de nombreuses années et dont les enfants de Jean-Pierre Goudet parlaient encore quarante ans plus tard.
On imagine la presse à la rubrique des faits divers :
« Le conseiller culturel de l'ambassade de France en Haute-Volta et le directeur du CTFT trouvent une mort atroce dans les griffes d'un lion » !

Chapitre 2

Août 1966 – juin 1976 - rue Monsieur - au bureau du cinéma

A mon retour de Ouagadougou, je suis donc recruté à Paris pour servir au bureau du cinéma. Je vais y rester pendant dix années.

Je découvre une administration centrale toujours en mouvement, avec des réformes successives, des tentatives de normalisation, un fonctionnement incroyablement original qui permet d'agir très vite avec beaucoup d'efficacité.

Je ne verrai pas passer ces dix années et je conserve un souvenir très agréable de cette formidable équipe que je viens de rejoindre. J'y suis à la fois le plus jeune et le seul à avoir une expérience de près de quatre années sur le terrain. A cela s'ajoute un certain savoir-faire administratif acquis auprès des anciens de la FOM, dont Robert Thomas, bien sûr.

Je trouve auprès de mon nouveau patron Jean-René Debrix et de mes nouveaux collègues, le même enthousiasme et le même engagement que celui que j'ai observé à Ouagadougou.

Ici, il s'agit d'assurer la promotion et la diffusion de la culture française en Afrique et à Madagascar et d'appuyer une création cinématographique africaine, juste naissante.

Le tout jeune ministère de la Coopération se met en place et connaît les premiers soubresauts d'une structure assez fragile qui se consolide peu à peu, au gré de l'évolution du paysage politique et des réorganisations gouvernementales, passant d'un ministère délégué à un secrétariat d'État, avant de devenir un ministère « plein », en 1974.

Mais ces soubresauts administratifs n'ont que peu d'impact sur notre activité au quotidien et l'esprit reste le même. Je retrouve, dans le développement et la diversification des activités du bureau du cinéma, l'enthousiasme et parfois même l'euphorie qui ont entouré, en Haute-Volta, mes débuts dans la vie professionnelle.

Le contexte et les conditions de mon recrutement

Les conditions dans lesquelles j'ai été recruté par le ministère de la Coopération ne manqueraient pas de surprendre, voire de « choquer » aujourd'hui. Pour les illustrer et présenter le contexte, je vais comme pour la fin du chapitre précédent faire appel à Julien Meimon [31] et le citer à nouveau:

> « Un ancien administrateur de la France d'outre-mer, promotion 1957, alternant entre les missions d'aide et de coopération et les services centraux du ministère de 1962 a 1993 parle en ces termes : " C'était un "petit ministère", où tout le monde se connaissait, aux procédures certainement moins lourdes qu'ailleurs, aux circuits moins complexes et où les contacts personnels comptaient beaucoup pour faire avancer les choses". »

C'est effectivement par Jean-Luc Toulouse, chef de la division des échanges culturels qui était venu à plusieurs reprises à Ouagadougou que Jean-René Debrix, chef du bureau du cinéma, avait entendu parler de moi. Cela l'avait conduit à envisager de me proposer de le seconder dans les activités « grandissantes » du bureau du cinéma et notamment dans le secteur de la production de films éducatifs. Dans une correspondance du 2 juin 1966, il me précise que la réalisation de ce projet est subordonnée à trois facteurs :

- La disposition d'un local (denrée très rare rue Monsieur) alors que le bureau qu'il occupe pièce 103 avec sa secrétaire Annick Le Saint (épouse Hamel quelques années plus tard) et Nicole Gaudez, ne permettait en aucun cas d'y installer une quatrième personne. Il espérait cependant qu'une solution pourrait se dessiner rue La Boétie.

- L'acceptation par M. Mandelkern de mon recrutement.

- La fixation d'un salaire qui me convienne et qui s'harmonise avec ceux de ses autres collaborateurs. La somme envisagée était de 1700 F par mois, payés par le Consortium Audiovisuel International.

---

[31] Julien Meimon, *Culte du terrain à la rue Monsieur. Les fonctionnaires de la France d'outre-mer et de la coopération, op. cit.*

Je cite à nouveau Julien Meimon[32] dont l'enquête auprès des anciens de la FOM illustre parfaitement les modes opératoires pratiqués rue Monsieur :

> « En évoquant le manque de formalisme, c'est à une grande autonomie que font référence ces agents, insistant sur la malléabilité de l'institution. On y choisit ses collaborateurs, on module ses directives en fonction des circonstances, les rapports sont peu hiérarchisés et se dégage nettement le sentiment de "travailler en équipe". Or c'est sur ce mode que semble perdurer l'institution, bien après ce que les premiers mois – marqués par l'indécision des dirigeants, le flou des compétences, et l'instabilité manifeste du département – laissent présager.
> C'est par exemple la vision qu'en donne Michel Fiemeyer[33], présent dès 1960 rue Monsieur et y restant douze ans : "Le ministère de la Coopération, jusqu'à mon départ en 1972, avait ceci de particulier qu'il ne ressemblait à aucune administration classique. Certes, on y trouvait quelques ronds-de-cuir mais ils étaient très minoritaires. La plupart des fonctionnaires étaient volontaires pour y servir, qu'ils fussent agronomes, vétérinaires, forestiers, ingénieurs TP (ou X), enseignants, administrateurs, etc. Certes, cela donnait quelquefois des clans mais qui étaient, avant tout, des groupes de travail, généralement dynamiques, percutants et soucieux d'aboutir. Le formalisme était réduit au strict nécessaire et il était toujours possible d'obtenir un accord sur un projet si on s'en donnait vraiment la peine. Bref, la meilleure ambiance que j'aie jamais connue pour définir un projet, le bâtir et le réaliser". »

Je me trouve ainsi « choisi » par Jean-René Debrix pour travailler avec lui, comme lui-même avait été « choisi » par Jean-Pierre Dannaud pour mettre en place ce bureau du cinéma.
La plupart des recrutements de l'époque se faisaient ainsi par cooptation.
Les deux premiers « préalables » à mon recrutement trouvent très vite une solution.
Pour les locaux, Jean Brérault accepte de partager son bureau avec moi, à la cinémathèque rue La Boétie, en attendant qu'une autre solution se dégage.
Pour l'accord de la hiérarchie, il se trouve qu'en mai 1965, alors que je suis toujours en poste à Ouagadougou, je me rends rue Monsieur, à la fin de mes congés, pour faire comme cela était l'usage une visite de courtoisie aux responsables des centres culturels dont Jean-Luc Toulouse. C'est par hasard que nous croisons dans le couloir Dieudonné Mandelkern qui vient de prendre ses fonctions. Jean-Luc Toulouse me présente à lui.

---

[32] Julien Meimon, *Culte du terrain à la rue Monsieur. Les fonctionnaires de la France d'outre-mer et de la coopération*, *op. cit.*
[33] Michel Fiemeyer a été mon chef de mission à Ouagadougou, début 1966, après le départ de René Blanchard pour Dakar.

- « Ah bon, me dit Mandelkern, vous travaillez dans un centre culturel en Afrique. Alors, venez avec moi, je dois me rendre au Conseil d'État et nous allons profiter du trajet en voiture pour que vous m'expliquiez ce que l'on fait dans un centre culturel ».

La distance entre la rue Monsieur et la rue de Valois n'est pas très importante mais la circulation étant ce qu'elle était à l'époque, la conversation a sans doute été plus longue qu'elle ne l'aurait été, si Dieudonné Mandelkern m'avait reçu dans son bureau. J'ai pu ainsi, en réponse à ses multiples questions, lui exposer au mieux ce que nous faisions en Haute-Volta, tant à Ouagadougou, qu'à Bobo-Dioulasso et dans les nombreux relais que constituaient les établissements scolaires et les missions catholiques dans l'ensemble du pays.

Comme de nombreux hasards de l'existence, cette rencontre fortuite et le fait que le chef de service des affaires culturelles mettait un visage sur mon nom, auront sans doute constitué un élément favorable lorsqu'il s'est agi un an plus tard de me recruter pour servir au bureau du cinéma du ministère. L'accord attendu par Jean-René Debrix a donc été donné sans problème apparent.

Quant au troisième point, le plus délicat… (ma rémunération), il a été rapidement tranché. Faute d'emploi budgétaire disponible, c'est comme prévu le C.A.I. qui me recrute sur la base qui m'avait été annoncée, soit 1 700 F mensuels nets. Mais compte tenu de son statut, le C.A.I. est obligé de me verser un treizième mois. Ainsi, sur la base d'un salaire annuel payé sur 13 mois, cela fait 1 569.23 F nets par mois. Et là, Dieudonné Mandelkern est obligé de faire remarquer à Jean-René Debrix qu'à âge égal et niveau de responsabilité comparable, je vais gagner 100 F de plus que X de Brébisson (j'ai oublié son prénom)… Que faire ? On me demande alors d'accepter de diminuer le salaire qui m'a été initialement proposé et de considérer qu'il s'agit d'un salaire brut. Je réponds positivement et je suis donc recruté avec un salaire de 1 570 F bruts par mois, avec un treizième mois. Je suis donc « embauché » le 22 août 1966 par le C.A.I., en qualité d'attaché de direction, et aussitôt « mis à disposition » auprès du ministère de la Coopération.

A propos de salaire, peu de temps après, un autre de mes collègues précédemment rémunéré par la cinémathèque française, tout en travaillant au ministère a été recruté également par le C.A.I. sur la base de son ancien salaire et, ici, c'est une différence inverse qui apparaît. Il convient donc de rechercher un équilibre et c'est son salaire que l'on augmente.

La vie à Paris pour un « ancien expatrié » étant relativement difficile à l'époque, en matière de logement notamment, j'obtiens une augmentation au bout d'une première année et mon salaire est porté à 1 920 F bruts, soit une augmentation de 350 F par mois, ce qui était loin d'être négligeable.

Tout cela se passe « en famille », avec il faut le dire très peu de discussions et de contestations. Le marché de l'emploi est tellement ouvert et les gens de notre génération sont tellement peu nombreux que celui qui n'est pas satisfait

« rend son tablier » sans aucun problème, pour aller occuper ailleurs un emploi mieux rémunéré ou plus gratifiant quant à son contenu ou aux responsabilités proposées. On était vraiment dans une période de plein emploi et au cours des années suivantes, à plusieurs reprises, j'ai décliné des propositions d'embauche soit à l'AUDECAM, dirigée à l'époque par Philippe Dechartre, soit dans des laboratoires cinématographiques avec lesquels nous travaillions, dont notamment CTM, à Gennevilliers, revenu plusieurs fois à la charge.
Avec le recul, bien m'en a pris de ne pas écouter le chant de ces sirènes.

Le service de la coopération culturelle

Le bureau du cinéma relève du service de la coopération culturelle dirigé par Dieudonné Mandelkern, haut fonctionnaire du Conseil d'État qui exercera plus tard les fonctions de secrétaire général du Gouvernement.
Dieudonné Mandelkern est un homme très ouvert qui anime son service avec beaucoup de savoir-faire et parvient, avec l'aide de son adjoint, Jean Rodes, conseiller de tribunal administratif, à insuffler - non sans mal - quelques pratiques administratives à ses troupes et au bureau du cinéma, en particulier. Or, celui-ci n'est pas, c'est le moins que l'on puisse dire, familiarisé avec ce type de culture.
Il faut dire que c'est encore l'époque de la grande aventure de la création du ministère et que les métiers du culturel y occupent une place un peu particulière. Non seulement, ces métiers incarnent partiellement l'opposition culture/économie que l'on retrouvera au sein du ministère à partir de sa naissance jusqu'à sa disparition et qui donnera lieu à des joutes régulières voire à des conflits pas toujours larvés. J'ai pu les observer à Ouagadougou et j'aurai de multiples occasions de les retrouver.
Mais aussi, il est constitué de personnels ayant des parcours professionnels originaux et des statuts divers.
Autour de Jean-René Debrix, travaille son adjointe Nicole Gaudez qui est notamment chargée de l'achat des droits non commerciaux des films que le ministère diffuse dans les centres culturels. Catherine Chedin assiste Jean-René Debrix dans les multiples tâches qui lui reviennent (administration, courrier, etc.). Ces trois personnes occupent des emplois budgétaires de contractuels. Elles sont installées rue Monsieur.

Le service de la coopération culturelle, auquel appartient le bureau du cinéma, relève quant à lui de la direction de la coopération culturelle et technique (DCT), dirigée par Jean-Pierre Dannaud.
Normalien, agrégé, Jean-Pierre Dannaud avait travaillé en Indochine avec le Maréchal de Lattre de Tassigny. Il avait ensuite été chef de la mission universitaire et culturelle française au Maroc.

Lors de sa nomination en qualité de directeur au ministère de la Coopération, il réunit autour de lui plusieurs anciens du Maroc dont notamment Georges Godon qui sera responsable pendant plusieurs années de la création et du développement des centres culturels français en Afrique francophone et à Madagascar et Jean-René Debrix, nommé chef du bureau du cinéma.

Avec Robert Thomas, auprès duquel j'ai fait mes premiers pas professionnels, Jean-René Debrix a occupé une place importante dans la poursuite de ma formation professionnelle, telle qu'elle s'est construite, au fil de l'eau.

Ce service de la coopération culturelle a été mis en place, au départ, et a été dirigé par Olivier Chevrillon, haut fonctionnaire du Conseil d'État. Quelques années après avoir quitté le ministère, Olivier Chevrillon créera l'hebdomadaire *Le Point*. Son successeur rue Monsieur est Michel Gentot, lui aussi du Conseil d'État. En 1965, il est donc remplacé par un autre haut fonctionnaire du Conseil d'État, Dieudonné Mandelkern.

Une note de service du 31 décembre 1964[34] précise les missions et l'organisation de ce service de la coopération culturelle. Elle est très détaillée, notamment en ce qui concerne les attributions de chaque entité.
Elle fait apparaître 21 noms, ceux des cadres. Les personnels de secrétariat n'y figurent pas.

Le service comprend deux divisions réunissant quatre bureaux pour l'une, trois bureaux pour l'autre et, sur le même plan hiérarchique, c'est-à-dire relevant directement du chef de service, un bureau indépendant des deux divisions : le bureau du cinéma. L'organisation du service n'a pas changé lorsque je rejoins le bureau du cinéma, le 22 août 1966.

Les missions du service sont orientées selon trois axes :

- la diffusion et l'animation culturelle, à travers notamment les centres culturels français qui se créent progressivement dans la plupart des quatorze pays de la compétence du ministère de la Coopération et qui s'attachent à faire connaître la culture française et les cultures nationales africaines (une place particulière est réservée à la littérature africaine, aux contes africains et à l'art africain en général).

---

[34] Voir annexe 2.

- la coopération culturelle, c'est-à-dire l'appui aux structures africaines qui sont encore peu nombreuses. Cette coopération culturelle est encore balbutiante et c'est dans le domaine de la radio puis de la télévision qu'elle s'exerce en particulier avec notamment l'action de l'Office de coopération radiophonique (OCORA) qui jouera un rôle très important en matière d'information, de recueil, de conservation et de valorisation de la culture orale et des musiques africaines et malgache. L'OCORA marquera aussi fortement cette époque par son action dans le domaine de la formation aux métiers de la radio et de la télévision avec son studio école de Maisons-Laffitte dirigé par Pierre Clavel.

- l'information de l'opinion française et « éventuellement internationale » sur les « problèmes » de la coopération, par la mise au point d'un programme d'information par la presse, la radio, la télévision, le film et les publications.

Si les deux premiers axes correspondent peu ou prou à la politique menée par le quai d'Orsay dans le reste du monde, ce troisième axe orienté sur la France, qui se réduira progressivement en volume avec les années, peut être considéré comme une spécificité du ministère de la Coopération. Au début des années soixante et jusqu'au milieu des années soixante dix, d'importants moyens lui ont été affectés et de nombreux agents y ont exercés. On relèvera, en particulier, les noms de Robert Perseil et de Michel Gaud[35] qui sont à cette époque affectés dans cette division de l'information.

Une mission spécifique : combattre le « Cartiérisme »

Il est un peu surprenant d'observer que ce troisième axe d'action cible l'information de l'opinion publique sur les « problèmes » de la coopération. Mais, il ne faut pas oublier que nous sommes quatre ans après l'indépendance de nos anciennes colonies d'Afrique Noire et deux ans après la fin de la guerre d'Algérie. Il s'agit donc de faire accepter par l'opinion l'important appui financier accordé à ces jeunes États indépendants, de faciliter l'arrivée et la bonne insertion des étudiants africains dans nos universités, de sensibiliser la jeunesse aux nouveaux métiers de la coopération et de préparer des vocations pour le tout jeune Service national

[35] Robert Perseil a consacré l'ensemble de sa carrière aux questions de presse et d'édition africaines, au ministère de la Coopération jusqu'en 1981 puis au ministère des Affaires étrangères où il a été affecté lors de la première "fusion" et où il est resté avec plusieurs de mes anciens collègues.
Michel Gaud a par la suite servi dans plusieurs autres services du ministère dont le Service des Etudes et Questions Economiques, avant de diriger le CPDCET puis la revue *Afrique Contemporaine* à la Documentation Française.

en coopération qui est proposé, en substitution du service militaire armé, aux jeunes disposant d'une formation utile aux pays en développement.

Depuis plusieurs années, Raymond Cartier, journaliste à *Paris Match*, écrit régulièrement que la France dilapide son argent en Afrique. Il met à profit la nomination rue Monsieur de Jean Charbonnel, député élu en Corrèze, pour relancer ses campagnes sur la base de la formule « La Corrèze avant le Zambèze »[36].

On observe ainsi en France comme dans d'autres pays une réelle hostilité à l'aide au Tiers monde qu'il s'agit donc de combattre, par des actions régulières ou ponctuelles. C'est donc ainsi que la question est identifiée comme un « problème » dans la note d'organisation du service.

Parmi les actions régulières conduites pour tenter de résoudre le « problème », on relève la diffusion de documents, de chiffres et de statistiques auprès des organes de presse et le déploiement permanent d'expositions itinérantes sur les activités du ministère. Celles-ci sont conduites par M. André Moreau qui dispose d'un atelier de fabrication de panneaux et d'une équipe de techniciens, d'un monteur et d'un chauffeur qui sillonnent les provinces françaises avec un camion, pour sensibiliser la population, surtout les jeunes, à ces questions d'aide. Tout est réalisé « en régie » à partir d'un ou deux bureaux affectés au 20 rue La Boétie, ancienne annexe du ministère de la France d'outre-mer et d'un atelier, rue Claude Decaen. Le tout fonctionne sur des moyens du FAC, bien sûr.

On compte également une série de documentaires réguliers produits par l'ORTF, subventionnés par le ministère et diffusés à des heures de grande écoute au même titre que les grands magazines d'information des années 60. Réalisés par Jean Bardin et Bernard Hubrenne, ces films d'une durée de 52 minutes constituant une série intitulée *Continent à bâtir*, présentaient les pays d'Afrique récemment devenus indépendants et les actions du ministère de la Coopération en vue de faciliter leur développement avec notamment les grands projets financés par le FAC (construction de routes, de lycées, d'hôpitaux) et l'activité des assistants techniques et des volontaires du service national (VSN).

[36] Pour la petite histoire, on retiendra que pendant le mandat de Jean Charbonnel, Jacques Chirac fait ses premières armes en politique et occupe un bureau au deuxième étage de l'hôtel de la rue Monsieur, avec comme secrétaire Jeanne Morda qui sera ensuite pendant plus de 20 ans secrétaire du chef du bureau du Cabinet.

Le bureau du cinéma

S'agissant du média sans doute considéré, au début de la décennie 60, comme le plus important pour l'Afrique, le cinéma est concerné par les trois missions attribuées au service :

- diffusion et animation culturelle,
- coopération culturelle,
- information de l'opinion publique française.

Pour cette dernière mission, le bureau du cinéma intervient en qualité de « prestataire de service » et joue en quelque sorte le rôle de producteur pour le compte de la division de l'information. Il est également en charge de la même mission pour l'ensemble des services du ministère : santé, développement rural et développement économique notamment.

Il est de manière spécifique chargé des missions suivantes :

- sélection et diffusion du film français en Afrique dans les centres culturels et leur cinémathèque, avec l'achat des droits de diffusion non commerciale, généralement pour une durée de cinq ans,
- sélection et achat de matériels de projection cinématographique ou de production lorsque l'appui est apporté à des jeunes cinéastes africains,
- appui à la production d'actualités filmées dans une dizaine d'États dans le cadre de conventions passées avec le Consortium Audiovisuel International (C.A.I.),
- appui à la production de films éducatifs ou d'autres films devant répondre à d'autres besoins du ministère,
- appui à la réalisation de films par les jeunes cinéastes africains.

Toutes les activités sont financées sur le Fonds d'aide et de coopération

Au début des années 60 et pendant cette première décennie, le ministère de la Coopération fonctionne presque essentiellement sur le FAC et ne dispose que d'un maigre budget de fonctionnement. Son budget d'intervention, confondu avec une partie de son budget de fonctionnement, est en réalité le FAC.

Ainsi pour ses interventions, le bureau du cinéma présente tous les deux ou trois ans un projet FAC. Peut-être le classait-on déjà dans la catégorie des projets d'intérêt général (IG). Sur la base des cinq axes cités ci-dessus, il

indique les objectifs poursuivis et leurs finalités. Vient ensuite un compte rendu relativement bien détaillé et chiffré des actions financées sur le projet précédent (nombre de droits non commerciaux de films achetés et nombre de copies diffusées, nombre de projecteurs cinématographiques et nombre de ciné bus équipés fournis aux centres culturels et à leurs relais, nombre de films financés totalement ou partiellement, nombre de techniciens formés, nombre de journaux d'actualités filmées aidés et nombre de copies diffusées, nombre de films africains ayant bénéficié d'un appui à la production et modalités de cette intervention, etc.).
Compte tenu des moyens disponibles à l'époque, c'est-à-dire essentiellement des documents « papier », ce travail est relativement ardu, voire fastidieux et nécessite un gros travail en équipe en raison de la diversité des informations souvent dispersées qu'il fallait réunir et exploiter. Mais la qualité de ces comptes rendus d'exécution conditionne l'avis du comité directeur du FAC qui est sollicité pour accorder un nouveau financement pour les années suivantes.
Nous devons donc apporter un soin particulier à l'élaboration de ces rapports au comité directeur.
Une fois approuvées par le comité directeur du FAC, la mise en œuvre de ces actions se révèle très simple.

Les personnels en place et leurs statuts

Au 1er janvier 1965, si l'on observe l'organigramme joint en annexe 2, le service de la coopération culturelle compte officiellement 21 agents.
Ils sont vraisemblablement plus nombreux ! On remarquera, en effet, que la note de service revêtue de la signature du directeur ne fait état (apparemment) que des agents de catégorie A, car aucune secrétaire n'y figure. Il est donc vraisemblable qu'elle ne fait apparaître que des personnels rémunérés sur de vrais emplois du ministère. L'accélération du volume des activités conduites par les équipes en place, très dynamiques, conduit effectivement à mettre en place des procédures « originales » pour recruter les agents nécessaires, généralement du cadre A ou du cadre C, les fonctions de cadre B étant quasi inexistantes à l'époque. Nombreux sont ainsi les personnels « clandestins » ou « hors statut » qui, à partir de 1966, vont apparaître dans l'annuaire intérieur du téléphone puis dans les organigrammes successifs. En dehors de ceux qui sont mis à disposition par leur ministère d'origine ou par des organismes publics comme l'OCORA, plusieurs agents sont recrutés par les associations qui gravitent autour du ministère et qui bénéficient de subventions pour assurer leurs propres activités. La technique consiste à leur attribuer un montant supplémentaire au titre de leur subvention courante et de leur demander, en contrepartie, de recruter telle ou telle personne et de la mettre à disposition du ministère.

Chaque bureau a ainsi une sorte de bras armé qui appuie ses actions et lui donne les moyens de les « piloter ». On qualifierait aujourd'hui ces emplois, sinon d'emplois « fictifs », car les personnels qui étaient recrutés de la sorte travaillaient réellement et souvent beaucoup, à tout le moins d'emplois « détournés ».

Dans certains cas, si mes souvenirs sont exacts, je pense notamment à l'ADEAC (Association pour le développement des échanges artistiques et culturels) ou au CLEF (Club des lecteurs d'expression française), les personnels et les locaux sont presque confondus, certains loyers étant supportés par les associations qui hébergent parfois une partie des services administratifs du ministère.

Cette « mécanique » un peu bizarre, il faut bien l'avouer, a quelques fois des « ratés ». Ainsi, lorsque le lien entre l'association et l'administration se relâche un tant soit peu, pour des raisons de personnes par exemple, et que la subvention est reconduite à l'identique alors que le coût des actions « commandées » ou à reconduire augmente, les responsables de l'association n'ont pas d'autre choix que de prendre comme variable d'ajustement le salaire de l'agent qu'elle rémunère à la demande et pour le compte du ministère et dont elle ignore tout des activités et des responsabilités exercées. Il s'est agi de situations réelles qui ont rapidement fait l'objet d'aménagements et qui n'ont eu d'impact sur la vie quotidienne des intéressés que pendant des périodes heureusement très courtes.

Au bureau du cinéma, un de mes collègues avait ainsi été rémunéré par la fédération du cinéma éducatif puis par la cinémathèque française avant d'être recruté par le Consortium Audiovisuel International (C.A.I.) qui était en quelque sorte notre « société d'intervention » ou notre « opérateur ». Le statut du C.A.I., son rôle et ses missions sont largement détaillés plus loin.

Une gestion des crédits spécifique aux dépenses du bureau du cinéma

Il convient de préciser que bien que s'agissant de crédits du FAC, tous les crédits affectés sur les projets concernant l'action cinématographique, dès lors qu'ils sont mis en œuvre en France, sont règlementairement gérés sur un compte spécifique ouvert au nom du ministère au Centre national de la cinématographie. Cette disposition est conforme au code du cinéma et de l'image animée qui dispose que « le C.N.C. centralise les paiements des crédits destinés à la production et à la diffusion de films au sein des budgets des ministères et établissements publics de l'État »[37].

---

[37] Cette disposition est encore en vigueur aujourd'hui. Https://www.cnc.fr/a-propos-du-cnc/directions-et-services/direction-financiere-et-juridique#Service-des-financements

Ainsi, chaque trimestre, le bureau de l'ordonnancement du FAC[38] vire au C.N.C., sur le compte ouvert au nom du ministère de la Coopération, une provision pour les paiements à venir sur la base d'un compte rendu des dépenses réalisées au cours du trimestre écoulé et sur celle d'un état prévisionnel des dépenses prévues pour le trimestre à venir. Ces documents sont préparés par le bureau du cinéma. L'exécution des opérations est assurée par le service de la dépense du C.N.C. et la régularité des opérations est vérifiée par le contrôleur financier placé auprès de cet établissement.

La « chaîne de la dépense » est particulièrement fluide. Après identification du besoin et vérification des prix proposés, une lettre de commande est adressée au fournisseur, fixant le cas échéant les conditions particulières d'exécution. Après réception de la fourniture ou exécution de la prestation, puis vérification de la conformité, la facture est liquidée, le service fait est certifié et la facture est adressée au C.N.C. pour règlement.

La cinémathèque

Elle est dirigée par Jean Brérault, grande figure du cinéma éducatif. Son nom ne m'était pas inconnu car nous avions un film à la cinémathèque de Ouagadougou dont il était le réalisateur mais dont je ne me souviens pas du titre. Né au début du siècle, instituteur, Jean Brérault utilise le cinéma à des fins pédagogiques dès 1930. Détaché de l'enseignement afin de travailler pour la société Pathé, il y tourne des dizaines de films de court métrage puis il fonde la Fédération nationale du cinéma éducatif. Dans les années 1950, il est le chef de la section cinématographique du service d'information du ministère de la France d'outre-mer. C'est donc tout naturellement qu'il est mis à disposition du ministère de la Coopération en 1959 ou 1960. La cinémathèque est installée au 20 rue La Boétie, Paris 8e, dans des locaux partagés avec la Loterie nationale. Elle occupe au 4e étage les bureaux de l'ancienne bibliothèque de la France d'outre-mer, avec des plafonds décorés et des meubles, sans doute de valeur, de style asiatique, cambodgien selon les spécialistes, qui ne manquent pas de les admirer lors de leurs visites.

« Le Service des financements du CNC assure la centralisation de tout ou partie des crédits ouverts au budget des ministères civils, établissements publics et associations consacrés à la création, la production et la diffusion d'œuvres cinématographiques, audiovisuelles et multimédias (contractualisation avec les partenaires publics, gestion et suivi de leurs crédits et établissements de conventions avec les professionnels pour versement de subventions, acquisitions de droits de diffusion et réalisations de films de commande) ».

[38] Du moins pendant la période où j'étais en service au bureau du cinéma, car sauf erreur de ma part, jusqu'en 1976 notre activité était encore imputée sur des projets FAC et ce n'est que plus tard qu'elle a été transférée sur des moyens du titre IV.

La gestion matérielle des films (vérification des amorces, des étiquettes, du sens d'enroulement des films et de l'intégrité du support) est assurée par Fernand Salomonovitch, fonctionnaire du ministère de la France d'outre-mer qui a suivi Jean Brérault lors de son « transfert » au ministère de la Coopération.

On observera que ces deux fonctionnaires, mis à disposition, ne figurent pas dans l'organigramme du 31 décembre 1964.

La cinémathèque dispose de la plupart des films concernant l'Afrique et elle en assure la distribution au réseau des établissements scolaires, des associations ou des collectivités qui s'intéressent au continent.

Au fur et à mesure des années elle s'enrichit des films sur l'Afrique financés par le ministère de la Coopération ou des films réalisés par les cinéastes africains, auxquels le ministère apporte un appui.

Ces mêmes films sont diffusés en France métropolitaine et en Afrique dans les centres culturels français.

En outre elle alimente les cinémathèques des centres culturels en films de fiction français dont elle a acquis les droits commerciaux pour 5 ans. Chaque cinémathèque est approvisionnée à raison d'un envoi de 30 films de court et de long métrage tous les deux mois.

Les principales cinémathèques, comme celles de Dakar, Abidjan et Tananarive disposent d'environ 1000 à 1200 films chacune.

Au départ de Jean Brérault, c'est Léon Dechartre[39] qui le remplace, avant de céder la place à Claude Prieux. Ils sont secondés par Michel Daugé qui occupera par la suite plusieurs postes au ministère, avant d'être affecté au Protocole, après la réforme de 1998.

Cette cinémathèque existe encore aujourd'hui. Elle a été transférée à l'AUDECAM puis à l'ADPF. Renommée « Cinémathèque Afrique », elle relève aujourd'hui de l'Institut Français[40].

---

[39] Léon Dechartre a longtemps été l'animateur du film d'amateur de Saint Cast qui, sur l'impulsion d'Yvon Bourges, a été transformé en FIFEF (Festival International du Film d'Expression Française) qui se tiendra pendant quelques années à Dinard, ville dont il est le maire.

[40] En charge de la conservation et de la diffusion du patrimoine cinématographique africain, l'Institut français détient l'une des collections les plus importantes de films africains des années 1960 à nos jours.

Créée en 1961 par le ministère de la Coopération, la Cinémathèque Afrique contribue à la conservation, la restauration, la numérisation, la promotion et la diffusion du cinéma africain dans le monde. Elle met à disposition des chercheurs et programmateurs un catalogue de plus de 1 700 titres, dont plus de 600 titres libres de droits pour une diffusion non commerciale.

Le Consortium Audiovisuel International (C.A.I.)

Regroupant les quatre sociétés françaises réalisant des actualités filmées : « Les actualités françaises », « Pathé Journal », « Gaumont actualités » et « Eclair Journal », le C.A.I. est créé, en 1961, peu après l'indépendance des pays africains et de Madagascar pour apporter un appui à la réalisation d'actualités filmées hebdomadaires, dans les pays intéressés.
Mis en place à l'initiative du ministère de la Coopération, le dispositif est cependant présenté comme émanant d'un organisme strictement privé, intervenant en qualité de partenaire professionnel et commercial, souhaitant disposer d'images filmées en provenance des pays africains partenaires pour les intégrer dans ses journaux filmés nationaux et proposant en contrepartie un appui technique à la mise en forme des images et à leur duplication. En effet, en l'absence de tout laboratoire cinématographique en Afrique, la réalisation complète de journaux filmés et le tirage de leurs copies ne peuvent, en aucun cas, être réalisés sur place. Les images brutes accompagnées d'éléments de commentaires sont ainsi tournées dans chacun des pays, signataires d'une convention, par des reporters-cameramen. A l'exception du Tchad où le pays disposait d'un cameraman national, ces reporters sont rémunérés comme des agents expatriés par le C.A.I. Les bobines de pellicules impressionnées sont expédiées par voie aérienne aux quatre sociétés constituant le C.A.I. qui se répartissaient le marché. Elles sont développées, montées, sonorisées, chaque journal national (sénégalais, ivoirien, tchadien, dahoméen, gabonais, centrafricain, camerounais et malgache) étant enrichi d'un complément international constitué d'extraits des actualités françaises ou des actualités des autres pays africains selon l'intérêt que peut présenter leur contenu au niveau international. Ils sont dupliqués en autant de copies qu'il y a de salles de cinéma dans les pays partenaires (quelques dizaines au maximum). L'ensemble de ces opérations nécessite une organisation précise et rigoureuse pour assurer à un rythme généralement hebdomadaire la réalisation et la diffusion de ces journaux filmés. Elles impliquent l'intervention de nombreux personnels : chauffeurs assurant la liaison avec les aéroports, dans les deux sens, techniciens de laboratoires, journalistes, monteurs, étalonneurs, etc.

Il est utile de préciser ici que l'intervention du C.A.I. est présentée comme strictement privée et que les conventions de partenariat signées avec les États concernés précisent un partage des coûts, répartis à hauteur de 50% entre chacun des partenaires. Le C.A.I. est censé se rémunérer sur la commercialisation des images provenant des pays signataires.

Très rapidement, la réalité du montage est apparue aux interlocuteurs du C.A.I. et la place du ministère de la Coopération dans la contribution financière aux opérations n'a plus été occultée.

Les relations du ministère avec le C.A.I. sont régies par une « convention de prestations de services » dont les termes n'ont pas été modifiés entre la date de sa signature (1961) et la fin de ses interventions (1980).
Son fonctionnement est d'une grande simplicité, car le ministère se porte de facto responsable de la conduite à bonne fin des opérations dont il prescrit l'exécution.
Ainsi, contrairement aux autres organismes d'intervention auxquels le ministère a recours (ADEAC pour les échanges artistiques, CLEF, pour le livre, AUDECAM pour les questions d'enseignement, etc.), avec lesquels il agit par le biais de subventions, le C.A.I. est une structure privée et c'est le recours à la « convention de prestations de service » qui est retenu plutôt que la subvention.
Sur le plan de la prise en charge des dépenses exposées par le C.A.I., la convention précise qu'après estimation des dépenses à prévoir pendant un trimestre (frais généraux, rémunération des reporters-cameramen, coût de fabrication des journaux télévisés dans les huit pays bénéficiaires) le ministère verse une avance destinée à couvrir les frais à engager. A la fin du trimestre, le détail des dépenses exposées est présenté avec une estimation toujours détaillée des dépenses à prévoir pour le trimestre suivant. L'avance est alors reconstituée au niveau demandé, avant de faire un réajustement le trimestre suivant et ainsi de suite.
Au départ, le C.A.I. était administré par un secrétaire général, François Héliard, exerçant déjà les fonctions de secrétaire général des « Actualités françaises » et par le personnel administratif de cette société (secrétaires, comptable, etc.), avec une participation relativement faible aux charges générales, calculée au prorata du temps passé et imputée sur la convention de prestation de service.
Cependant, avec la diminution de la place de la presse filmée dans le paysage audiovisuel, les « Actualités françaises » puis « Pathé Journal » cessent leurs activités. Il faut alors renforcer la structure du C.A.I. et procéder au recrutement d'un nouveau secrétaire général, Roger Le Franc, précédemment inspecteur des agences, et d'une secrétaire/comptable et les installer dans de nouveaux bureaux loués pour l'occasion, rue François 1er.
De ce fait, les charges fixes du C.A.I. se trouvent considérablement augmentées.
Parallèlement, dans ces années de forte inflation, la rémunération des reporters-cameramen expatriés et les charges afférentes, logement, voyages de congé, etc. connaissent de très fortes augmentations, ce qui alourdit encore la part des charges supportées par le ministère sur le projet FAC

« Action culturelle – cinéma » dont le montant est généralement reconduit presque à l'identique.
A cela s'ajoutent de plus en plus d'impayés de la part des États ou des sociétés africaines publiques, là où certaines ont été créées. Ces impayés sont souvent liés à la détérioration de la situation financière des États, mais parfois, ils correspondent à de nouvelles exigences de qualité de la part des bénéficiaires. Il devient évident que quel que soit le soin apporté à Paris par les monteurs et les journalistes pour mettre en forme des journaux filmés dignes de ce nom, à partir des images brutes qu'ils reçoivent des reporters-cameramen du C.A.I. résidant dans les pays concernés, il est de plus en plus difficile de rester à un haut niveau de qualité. En outre, ce niveau apparaît de plus en plus difficile à atteindre alors que les télévisions locales se développent et que les journalistes et techniciens formés par la France réalisent sur place des journaux d'information de bonne qualité, aux côtés desquels les actualités cinématographiques font pâle figure.
Le plus exigeant des partenaires du C.A.I. est le Cameroun. Jean-Paul N'Gassa, directeur camerounais de l'information, applique fréquemment à la lettre toutes les clauses des contrats et notamment celle qui permet de refuser des journaux pour des motifs de qualité jugée non conforme.
Pour éviter que les laboratoires et les prestataires du C.A.I. ne refusent de continuer à exécuter les travaux nécessaires, sauf apurement des arriérés, le ministère doit alors assurer leur couverture, dans l'attente – tout à fait illusoire – de les voir réglés un jour.
Pour sourire un peu, on citera parmi les pays « bons payeurs » le Gabon dont le Président Omar Bongo, principal acteur des actualités gabonaises, passe lors de l'un de ses passages à Paris, une commande spéciale expresse, de la rétrospective des actualités de l'année, pour lui permettre de les visionner pendant son voyage de retour au Gabon, dans son avion personnel. Cette commande exceptionnelle fut quant à elle bien payée.
La situation devient de plus en difficile à supporter et la part que représentent les interventions du C.A.I., pour l'aide à la réalisation des actualités filmées, par rapport aux autres axes de notre action (diffusion du film, équipements de projection, films éducatifs et aide aux cinéastes africains), ne cesse de croître.

Toutefois, le C.A.I. se révèle comme un prestataire très adapté et très apprécié pour notre appui grandissant à l'aide à la réalisation cinématographique par les jeunes cinéastes africains. Pour prolonger son existence, il convient donc impérativement de trouver la possibilité de réduire la part de charges qu'il représente dans notre budget annuel et cela, sans renouveler une erreur précédemment commise qui avait conduit le C.A.I. à modifier, avec l'accord tacite du ministère, la répartition des coûts

de confection des journaux filmés, en la portant à 60%[41] pour les États ou les sociétés partenaires. Cette mesure avait été très mal vécue par les « bénéficiaires » et il avait fallu très vite faire marche arrière.
On propose alors et on obtient le transfert des salaires des reporters-cameramen, rémunérés par le C.A.I. sur le chapitre du budget du ministère qui supporte maintenant le coût total de l'assistance technique en personnels. Ainsi, les salaires de ces reporters-cameramen vont pouvoir être imputés non plus sur le FAC, mais sur un chapitre spécifique, le chapitre 41.41 du titre IV du budget et les charges fixes du C.A.I. s'en trouveront diminuées d'autant. On considère, en effet, que ces personnels sont de plus en plus assimilés à des coopérants depuis que le montage strictement privé, tel que le C.A.I. présentait son intervention à l'origine, n'est plus maintenant qu'une vague fiction.
De ce fait, c'est une économie annuelle de plus de 500 000 F qui va être effectuée sur l'enveloppe des crédits du FAC affectés au bureau du cinéma. Cette opération de transfert s'est faite sans trop de difficultés, les intéressés sachant qu'ils perdaient le statut très avantageux des agents relevant de la convention collective de la presse filmée, mais sachant aussi qu'en refusant ce changement de statut ils se seraient mis en situation objective de perdre leur emploi[42].
Dans le même temps, s'est soldée l'affaire Jousse. Reporter opérateur du C.A.I., en poste à Dakar, M. Jousse avait intenté une action en justice au Sénégal contre son employeur, pour un motif de mauvais classement dans la grille de rémunération et de non prise en compte d'une ancienneté dans un emploi qu'il avait occupé au Sénégal avant l'indépendance, avant d'être recruté par le C.A.I.. Il avait fait valoir qu'il y avait continuité d'emploi et avait gagné son procès. En 1971, le tribunal sénégalais du travail avait condamné le C.A.I. à lui verser une indemnité de plusieurs centaines de milliers de francs de l'époque. Le jugement ayant été rendu exécutoire en France, le C.A.I. avait été contraint de s'exécuter. C'est bien entendu le ministère qui avait dû supporter la dépense correspondante, conformément aux dispositions de la convention générale qui le liait au C.A.I..
Cette affaire a d'ailleurs confirmé la nécessité de mettre fin au statut, trop spécifique, des reporters-cameramen du C.A.I. qui, en réalité, étaient des

[41] Au lieu de 50% comme proposé initialement.
[42] On peut préciser ici que fin 1968 au moment où la situation des contractuels "hors statut" devait être régularisée par la création d'emplois budgétaires, les agents de l'administration centrale rémunérés par le C.A.I., (Lucien Patry, Colette Deloute et moi-même) avaient reçu une correspondance assez comminatoire leur enjoignant de démissionner de leur emploi en renonçant à tous les avantages attachés au statut des personnels de la presse filmée. Il leur était précisé, sans détour, qu'à défaut d'acceptation, ils seraient licenciés par le C.A.I. et qu'aucun emploi ne pourrait leur être proposé même dans un avenir lointain par le ministère de la Coopération.

coopérants agissant dans le cadre d'un projet de coopération et plus du tout dans celui d'une intervention privée.
Par ailleurs, peu de temps plus tard, pour répondre à une demande spécifique présentée par Madagascar, le mode opératoire de fabrication du journal filmé malgache est profondément modifié. Le journal hebdomadaire national doit être réalisé sur place avec les moyens techniques de la télévision qui dispose d'un laboratoire de développement noir et blanc en 16 mm et de moyens techniques de montage et de sonorisation. C'est donc un journal « fini » au format 16 mm, se substituant à l'envoi de rushes et d'éléments de commentaires, qui est pendant quelques années envoyé au C.A.I.. « Gonflé » à Paris, au format 35 mm, de manière à pouvoir être projeté dans les salles commerciales et complété par la partie internationale fournie par le C.A.I., dupliqué en autant de copies que demandé, ce journal filmé survit encore pendant quelques années. Dans les autres pays, avec la montée en puissance de la production télévisuelle, l'augmentation du nombre d'émetteurs et de récepteurs, les actualités filmées disparaissent progressivement des écrans comme dans la plupart des pays du nord.

L'activité du C.A.I. s'en est trouvée considérablement réduite et il a été mis fin à son intervention, à la fin des années 1980.

Cependant, auparavant, le C.A.I. a apporté un appui considérable dans le domaine de la création cinématographique africaine où en raison de la grande souplesse qu'offraient les termes de la convention qui le liait au ministère, il a joué un rôle essentiel, en qualité d'opérateur et facilité l'exécution rapide de toutes les petites opérations nécessaires aux activités de production dans l'aide à la création du cinéma africain. Il a été dirigé pendant de très nombreuses années par Roger Le Franc, son secrétaire général, qui a tenu un rôle parfois difficile avec des interlocuteurs souvent exigeants. Il s'est toujours attaché à défendre au mieux les intérêts du ministère et à valoriser son action auprès de ses partenaires.

La section technique

Au second étage de la rue La Boétie, se trouve la « section technique » du bureau du cinéma. Elle est placée sous la responsabilité de Lucien Patry. Passionné de cinéma, Lucien Patry anime la section technique pratiquement depuis sa création jusqu'à son départ à la retraite. C'est là que sont effectués les travaux de montage et sonorisation des documents filmés intéressant l'action cinématographique du ministère dans les États africains et malgache. Des techniciens spécialisés dont Danièle Tessier, Bernard Lefèvre, Paul Seguin et d'autres, puis Andrée Davanture, plus tard, assurent la finition ou le montage de films réalisés pour le compte du ministère ou par les premiers cinéastes africains. Cet appui à la création cinématographique africaine constitue la part la plus importante de ses interventions et Lucien Patry y a consacré une part très importante de sa carrière, avec un dévouement et un investissement personnel remarquables. Après la première fusion en 1981 et le transfert à la DGRCST de la sous-direction des actions culturelles, l'appui du ministère aux cinémas du sud a changé de forme et cette section technique a été plus ou moins été mise en sommeil. Mais pendant vingt ans, comme le signalait Jean-René Debrix : « Tout réalisateur africain qui prétend “avoir un film dans le ventre“, trouve au bureau du cinéma de la coopération et à sa section technique la possibilité de le réaliser librement, sans qu'aucune censure ne s'exerce à son encontre ». Malgré les réformes, Lucien Patry continuera, jusqu'à son départ en retraite, à apporter son concours enthousiaste à ce type d'action, selon des modalités différentes, avec Andrée Davanture et l'Association ATRIA.

Le regroupement du bureau du cinéma rue Huysmans, à la manière d'une petite entreprise familiale

Depuis sa création, l'éclatement du bureau du cinéma entre la rue Monsieur et la rue La Boétie, ainsi que la suroccupation des pièces qui lui sont attribuées, constituent un handicap sérieux pour son bon fonctionnement au quotidien. Nous n'avons pas de salle de projection et l'on installe, à la demande, un projecteur cinématographique dans le bureau que je partage avec Jean Brérault lorsqu'il s'agit pour Jean-René Debrix ou pour moi-même de visionner un film. Heureusement, nous disposons d'une voiture de service, un break Peugeot 404, avec un chauffeur, rémunéré par le C.A.I., pour assurer le transport des films entre la rue Monsieur et la rue La Boétie, ou bien entre ces deux implantations et la rue de Grenelle où siège le Secrétariat général pour les affaires africaines et malgaches. Celui-ci dispose, en effet, d'un service autonome de la valise diplomatique réservé aux pays de sa compétence, totalement distinct de celui du quai d'Orsay. Il est doté de moyens suffisants pour assurer le transport des films, dans des conditions particulièrement commodes tant pour leur expédition par nos soins que pour leur réception par les services culturels. C'est donc là que notre voiture livre les copies de films destinées à nos centres culturels après qu'elles aient été conditionnées, mises en boite et étiquetées par le technicien de la cinémathèque.
Cependant, malgré cette facilité, lorsque ledit véhicule ne peut pas être mobilisé pour le transport des personnes, les liaisons entre la rue Monsieur et la rue La Boétie sont particulièrement difficiles. En effet, la ligne 13 (qui relie aujourd'hui les stations Invalides et Miromesnil) n'existe pas encore. Il faut donc emprunter trois lignes de métro différentes pour aller d'un site à l'autre.

Compte tenu de ces inconvénients très contraignants, dans un métier où il est difficile de parler de films sans les avoir visionnés, l'accord nous est alors donné de rechercher des bureaux à louer pour regrouper l'ensemble du bureau du cinéma et y installer une petite salle de projection à usage interne.

L'affaire est rondement menée. C'est le C.A.I. qui, dans le cadre de la convention de prestation de services qui le lie au ministère, est chargé de couvrir le financement de l'opération.
Nous disposons ainsi et je dois préciser que c'est quand même assez extraordinaire pour une administration, d'une marge de manœuvre et d'une liberté exceptionnelle pour mettre en œuvre, sur le plan pratique, un tel regroupement.
Une agence immobilière des Champs-Élysées, spécialisée dans l'immobilier de bureau nous propose, rue Huysmans, à l'angle du Boulevard Raspail, un ensemble constitué d'un rez-de-chaussée, assez peu lumineux, comprenant trois pièces et d'un second étage comprenant cinq bureaux spacieux, une grande pièce, une cuisine sur cour et un cabinet de toilette avec WC.
L'ensemble plait à presque toute l'équipe qui est impatiente de pouvoir se regrouper.
Seul Jean Brérault est un peu contrarié. Il va perdre un bureau lumineux au 4e étage pour un rez-de-chaussée un peu sombre… Mais il n'est qu'à quelques mois de la retraite. En outre, la surface disponible pour stocker les films est inférieure aux besoins réels. Qu'à cela ne tienne, on va remplacer les centaines de boites carrées en acier qui ne peuvent pas être rangées verticalement par des boites rondes en plastique, plus légères, susceptibles d'être rangées plus en hauteur. On commande alors et on fait installer des rayonnages tubulaires qui grâce à un rangement vertical permettent d'optimiser le métrage linéaire disponible. L'ensemble représente un volume de plus de 25 m^3.
Le C.A.I. paye la facture et nous la répercute !
Au second étage, on rachète tout le matériel de bureau appartenant aux précédents locataires. Les lignes téléphoniques étant une denrée très rare à l'époque, on fait installer des combinés modernes permettant à la fois les communications internes entre les bureaux et entre les étages, tout en donnant un accès partagé aux deux lignes obtenues sur le réseau extérieur. Là aussi, la facture est honorée par le C.A.I. et la dépense est remboursée sur le FAC.
Un artisan comme il en existe encore beaucoup dans les quartiers de Paris, est chargé d'aménager la grande pièce en salle de projection, avec une cabine séparée que l'on équipe d'un projecteur HORTSON 16 mm, avec lampe au Xénon, prélevé sur les acquisitions destinées aux centres culturels d'Afrique. La cabine est accessible à la fois par la salle de projection ou par le bureau voisin. Les fenêtres sont occultées, les murs sont tendus de toile de jute

plissée pour améliorer la qualité de la sonorisation. On achète une quinzaine de chaises. Là aussi, le C.A.I. et le FAC sont mobilisés.
L'ancienne cuisine est attribuée à la section technique et l'on y installe le matériel de montage qui quitte donc, avec la cinémathèque, la rue La Boétie.
En moins de deux mois, le site est aménagé et équipé et toute l'équipe s'y installe début décembre 1966.
Cette époque marque une forte montée en puissance de l'activité en matière de production ou d'aide à la production cinématographique du ministère.
Tout cela n'est peut-être pas très orthodoxe, mais peu importe. Ce qui compte c'est l'efficacité.

Nous ne sommes malheureusement pas restés très longtemps regroupés rue Huysmans et c'est pourtant à cette époque que la montée en puissance du bureau du cinéma a été la plus rapide et où l'activité a été la plus intense, en matière de production de films pour ou sur l'Afrique, et dans le secteur de l'aide à la réalisation des films des premiers cinéastes africains. Mais, nous devions être perçus comme des électrons libres, échappant à l'autorité administrative traditionnelle, notamment avec notre gestion spécifique de crédits par le C.N.C.. Nous mobilisions un budget annuel de près de 4,5 millions de F en 1967, ce qui n'était pas négligeable.
Une première réorganisation « a minima » de la sous-direction est alors intervenue, au début de l'année 1968. Le bureau du cinéma est « découpé » et ses agents sont dispersés dans différents étages de la rue Monsieur et rue La Boétie. On installe le service chargé de la gestion des bourses d'études et des bourses de stages, dans nos locaux de la rue Huysmans dont le bail sera repris par le BLACT (Bureau de liaison des agents de coopération technique) mais où nous conserverons notre petite salle de projection.

La production et l'aide à la production cinématographique.

Pour appuyer l'action du ministère dans le domaine de l'information du public français sur la coopération, le bureau du cinéma intervient comme « producteur » de films documentaires programmés en première partie de séance, comme cela se pratiquait habituellement, les séances de cinéma étant à l'époque presque systématiquement composée d'un documentaire précédant un « grand » film. C'est ainsi que le bureau du cinéma produit sur les crédits du FAC un film dont la réalisation est confiée à Robert Ménégoz. Ce film intitulé *Le temps du dialogue* présentait le témoignage sur les missions, les difficultés et les satisfactions dans l'exécution de leur travail de trois grands témoins de l'époque : Géraud de Galard, directeur du centre culturel français de Yaoundé, Jean-Jacques Annaud, jeune cinéaste affecté en qualité de VSN auprès du service cinématographique du ministère camerounais de l'information[43] et Philippe Laburthe-Tolra, universitaire en poste à Yaoundé. De même, à l'occasion d'une grande exposition de l'art sénégalais organisée au Grand Palais à Paris, le ministère produit le film *Un autre regard*, réalisé par Philippe Brunet qui faisait ressortir le parallèle entre l'art africain et les œuvres de plusieurs peintres contemporains (Picasso, Modigliani). Par la suite un autre film de Philippe Brunet, *Du tam-tam au jazz* sera consacré aux apports des musiciens noirs, passés des territoires de l'Afrique noire, aux Antilles, puis dans les États du Sud de l'Amérique avant de devenir les créateurs du jazz dans les États du Nord.

A la même époque, le bureau apporte son appui au comité du film ethnographique animé par Jean Rouch et aide à la réalisation de plusieurs films dans ce secteur tournés au Niger, au Tchad (*Bienvenue à Boum Kebir* de Claude Perrault), etc.

Une jeune figure montante du cinéma, Serge Moati, fait aussi ses premières armes à Niamey. Affecté en qualité de volontaire du service national en coopération, il tourne trois films au Niger avec Gérard de Baptista, chef opérateur et Jean-François Delassus comme ingénieur du son.

Initialement chargé, de manière très vague, de réaliser des films éducatifs, Serge Moati va tourner des films que l'on pourrait qualifier de films de sensibilisation au développement.

Yan Diga présente un peu à la manière de *Demain à Nanguila* la problématique de la société africaine qui évolue à grande vitesse et en particulier celle de la jeunesse, confrontée à un avenir incertain. Ces réflexions sont ponctuées par et au cours d'un voyage un peu initiatique, effectué par un jeune nigérien qui quitte la bande nord-sahélienne à la recherche d'un emploi dans la partie sud du pays.

Nouvelles histoires sur le fleuve Niger illustre la perception des changements de la société par le monde agricole, confronté aux transformations de la société, aux nouvelles méthodes culturales et à l'évolution du contexte économique pour les agriculteurs traditionnels, dans le cadre de projets de développement financés sur le FAC. Ce film de long métrage sera commercialisé, après un nouveau montage, sous la forme d'un court métrage, par Anatole Dauman et sa société Argos Films, sous le titre *Le vieil Alkassa*.

Enfin, *Pompo* présente la révolution entraînée, en matière d'élevage, par les forages profonds et les pompes électriques mises à disposition des éleveurs par l'État nigérien, à travers des projets de développement du FAC, des populations nomades de la bande sahélienne.

[43] C'est au cours de ce séjour que Jean-Jacques Annaud a trouvé les idées et imaginé le scénario de son premier film *La victoire en chantant*.

Ces trois films sont entièrement produits par le bureau du cinéma. L'équipe a été dotée d'une caméra Eclair 16 et d'un magnétophone NAGRA et d'un stock important de pellicule couleur 16mm. Elle dispose sur place de moyens prêtés soit par le service culturel de l'ambassade, soit par le service de Jean Rouch. Au fur et à mesure du tournage, les bobines de pellicules circulent par la valise diplomatique et sont transmises au laboratoire CTM à Gennevilliers pour développement. Des copies de travail sont réexpédiées, par la même voie, à Niamey où l'équipe de réalisation peut les visionner et éventuellement les compléter. L'année suivante, le montage et la finition des films sont réalisés rue Huysmans à la section technique, par un jeune monteur habitué à travailler avec Serge Moati.

Dans des conditions à peu près semblables, Dominique Cheminal va réaliser pour notre compte un film sur l'économie de l'arachide au Sénégal *Objectif un million de tonnes d'arachides*.
Des films sur les questions de santé publique sont également produits au cours des mêmes années.

Un prestataire de service « cinéma » pour l'ensemble du ministère

Dans ce contexte, le bureau du cinéma travaille donc comme prestataire de services pour toutes les directions du ministère et notamment les services chargés du développement rural, avec Lucien Bugeat, Guy Herledan, Michel Cassé ou ceux de la santé avec le médecin général Henri Journiac ou Andrée Audibert pour les questions sociales. Plusieurs films sont réalisés à leur demande et pour leur compte.

Le bureau du cinéma, ou encore tout bonnement ses agents, même lorsqu'ils ont été répartis dans d'autres structures, est associé aux activités du département de l'enseignement.
Son expertise est mobilisée dans l'opération « Télévision scolaire en Côte d'Ivoire » dont le promoteur est Yves Le Gall, un ancien de l'OCORA. Yves Le Gall est au sein du service de la coopération culturelle le « Monsieur Radio Télévision », un peu au même titre que Jean-René Debrix est le « Monsieur Cinéma ». Cette opération est destinée à exploiter, en vraie grandeur, les résultats très prometteurs obtenus, à titre expérimental au Niger par Max Egly et Denyse de Saivre, avec « La télévision scolaire à Niamey ».
Cette expérience avait paru tellement probante qu'elle avait conduit la Côte d'Ivoire à envisager de l'étendre à l'ensemble de son système éducatif avec les moyens considérables que son niveau de développement économique lui permettait de consacrer, en complément du financement assuré par la coopération française.

Avec André Cantenys, avec lequel j'ai travaillé en Haute-Volta sur les tests des films d'éducation rurale, je suis désigné pour faire partie du « pôle cinéma » d'une équipe multidisciplinaire chargée de faire les études préalables et de faisabilité du projet.
On s'initie à la méthode PERT[44] et notre travail y fait référence pour la préparation et le lancement de l'opération. Du côté de la télévision, l'équipe est composée de spécialistes du très renommé Service de la recherche de l'ORTF, dirigé par Pierre Schaeffer[45] dont Yves Le Gall est un disciple. Participent notamment à cette équipe Jacques Poulin, Pierre Rambaud, Annick Le Gall, pour l'ORTF, Martine Roger-Machart pour le ministère et bien sûr Yves Le Gall qui en est le coordinateur.
Nous passons un mois à Abidjan en avril 1968 et ce séjour nous donne l'occasion de découvrir l'intérêt de la pluridisciplinarité, avec des formations et des expériences personnelles fort intéressantes. Martine Roger-Machart qui a été chef du bureau du livre au ministère depuis pratiquement sa création, profitera de cette ouverture sur les nouvelles techniques de communication pour accomplir une mobilité professionnelle. Elle quittera peu de temps après la rue Monsieur pour être embauchée par l'ORTF, au Service de la recherche. C'est son ancienne adjointe, Régine Gouin, devenue épouse Fontaine plus tard, qui la remplacera au bureau du livre où, sauf erreur de ma part, elle restera en poste jusqu'à la fin de sa carrière.

Sur la base de ce travail préparatoire important, un « gigantesque » projet est présenté au comité directeur du FAC et approuvé. Ce projet sera piloté et mis en oeuvre, de main de maître, par Pierrette Bonnaud, à Paris, et par François Vuarcheix, sur le terrain à Abidjan.
Mais, ce projet, comme celui du Niger, sera abandonné une dizaine d'années plus tard.
Comme pour une partie de notre activité du bureau du cinéma, il reposait sur l'idée que les nouvelles technologies constituaient des solutions miracles aux problèmes de développement dans les secteurs de la santé, de l'éducation ou de la production agricole. Les mêmes idées ont conduit bien plus tard à miser sur les TIC avec les campus numériques ou autres opérations expérimentales.

Dans le même temps, les effectifs de l'assistance technique en personnels ne cessent pas d'augmenter et un fort besoin en matière de formation et de préparation de ces personnels se fait sentir au Bureau de liaison des agents

---

[44] Méthode PERT (Program Evaluation Review Technique) « technique de contrôle et d'évaluation des programmes ».
[45] Voir *Pierre Schaeffer et le Service de la recherche de l'ORTF (1960-1974)* dans Hermès, La Revue 2007/2 n°48 pp 77 à 86

de la coopération technique (BLACT) à la tête duquel vient d'être nommé Bertrand Duruflé. Avec son équipe, et notamment avec Alain Boucher, ils veulent faire réaliser des films « études de cas » sur l'assistance technique. Ils demandent au bureau du cinéma de monter l'opération et souhaitent que la réalisation soit confiée à Serge Moati. Branle-bas de combat, contact pris avec Moati, accord de l'intéressé, reconstitution de l'équipe Niger (Gérard de Baptisa et Jean-François Delassus), location de matériels chez ALGA-CINEMA, achat de pellicules, achat des billets d'avion, choix de deux pays pour le tournage des « cas » à identifier : Niger [46] et Sénégal, trois semaines de tournage sur le terrain, suivies de quatre à six semaines de montage à la section technique par Bernard Lefèvre[47], sous la direction de Serge Moati et le suivi du personnel du BLACT dont Bertrand Duruflé, en personne. Ainsi, en moins de trois mois, une quinzaine d'études de cas filmées étaient prêtes à être utilisées au cours de la session d'été de formation proposée aux nouveaux assistants techniques ou à ceux déjà en place qui souhaitaient faire connaître et partager leur expérience de terrain.
L'année de leur réalisation, ils sont exploités à l'université d'Orléans La Source où se tenaient, en résidentiel, les sessions du BLACT. Par la suite, ces films ont été utilisés pendant au moins une dizaine d'années par le BLACT au cours de ses sessions d'été.
Ils ont été produits « à prix coûtant » par le bureau du cinéma, dans des conditions que seuls la souplesse et le cadre administratif de l'époque permettaient d'atteindre.

Une mission générale de « conseil » sur le cinéma en Afrique

Du fait de son ancien positionnement professionnel, Jean-René Debrix s'est aussi beaucoup intéressé aux questions de distribution et d'exploitation cinématographiques en Afrique. Depuis l'époque coloniale, ce sont deux sociétés françaises, la COMACICO et la SECMA qui détiennent le monopole du secteur, soit en étant propriétaires d'un nombre important de salles, soit en ayant des contrats d'exclusivité avec des exploitants indépendants et en détenant un stock important de films et de droits pour les pays concernés[48].

---

[46] Mémoire oblige pour Serge MOATI.

[47] Chef monteur aux actualités françaises.

[48] Juridiquement parlant, ces deux entreprises étaient en fait des conglomérats d'entreprises. Elles n'étaient pas françaises, mais africaines dirigées par des Français. Le siège social des deux holdings était au Maroc jusqu'en 1960, au Sénégal ensuite, et les filiales régionales étaient toutes de droit local (africain). Seules leurs sociétés d'achat de droit des films seront successivement marocaines jusqu'en 1960, puis brièvement monégasques, avant de s'installer à Paris. (Précisions apportées par Claude Forest, courriel du 23 octobre 2020).

En raison du peu d'intérêt que portent ces sociétés à un cinéma d'auteur africain, Jean-René Debrix a toujours été attentif à la question et a recherché, en vain, des solutions.

En 1977, il fait le point sur la situation de l'exploitation en Afrique[49]. Je le cite :

> « En 1969, conformément aux vœux réitérés des instances africaines, j'ai moi-même présenté sous l'égide du ministère de la Coopération un plan de réformes, d'assainissement et de restructuration du marché africain du film. Ce programme d'action, fruit de trois ans de travail de la part de l'équipe de jeunes spécialistes que j'avais réunie au sein d'un Bureau d'études, est connu sous le nom de Rapport SODECINAF. Il proposait le rachat des anciens circuits COMACICO et SECMA par un groupe financier associant à égalité des intérêts africains et français, il préconisait l'instauration du contrôle des recettes et de l'exploitation au pourcentage (l'Afrique était alors le seul marché au monde à ne pas jouir de ce système). Il prévoyait enfin, après amortissement et rétribution des investissements financiers, que les Africains puissent devenir seuls propriétaires des nouveaux circuits, dans le cadre d'accords de coopération culturelle et de coproductions cinématographiques.
>
> On sait ce qu'il advint de ce projet. Les Africains le boudèrent parce que trop français, et les Français l'écartèrent parce que trop africain. Inutile d'épiloguer !
>
> Quant à la situation actuelle, là encore, vous la connaissez aussi bien que moi. L'Union Générale Cinématographique (U.G.C.), ancienne firme d'Etat devenue propriété d'un groupe dynamique d'exploitants de la région parisienne (groupe Edeline), se vit alors incitée à racheter la COMACICO et la SECMA pour les trois quarts de leurs avoirs ; ceux-ci représentant, d'une part une cinquantaine de salles en toute propriété et la possession d'un stock d'environ 3.000 films, d'autre part des contrats d'exclusivité avec le reste des 225 salles du réseau, c'est-à-dire en fin de compte un monopole de fait de la programmation cinématographique dans l'ensemble des Etats de l'ancienne Afrique française, qui n'aurait guère présenté de différence avec la situation antérieure si certains Etats n'avaient pas réagi, soit en nationalisant leurs salles (c'est le cas de la Haute-Volta, du Bénin, et en partie du Mali avec l'OCINAM), soit en se dotant de structures nationales désireuses de s'assurer une certaine indépendance (comme le Sénégal, par exemple). »

---

49 *Entretien avec Jean-René Debrix* par Guy Hennebelle, *L'Afrique littéraire et artistique*, N° 43 - 1er trimestre 1977, p 84 et 85

Mais, la question a une dimension politique, s'agissant de la défense et de la promotion de la francophonie. Le cabinet du ministre Yvon Bourges s'y intéresse de très près et c'est Gaston Heurley, ancien de la FOM, conseiller technique du ministre, qui est en charge du dossier. De nombreuses réunions sont organisées, auxquelles Jean-René Debrix et moi-même sommes associés. Le ministre lui-même suit l'affaire et porte ses commentaires manuscrits sur les notes que nous préparons à son intention sur les enjeux, le contexte, les opportunités, les risques et les conditions préalables à réunir pour que cette opération produise les résultats attendus. Mais l'évolution politique des États fera donc évoluer l'affaire autrement, comme le résume parfaitement Jean-René Debrix :

> « La nouvelle organisation n'a pas grandement modifié la qualité de la programmation, semble-t-il. Le karaté et le porno ont simplement remplacé le western et le sexy ! Il y a progrès, cependant, en ce qui concerne la programmation des films africains. La plupart des longs métrages techniquement présentables ont été exploités dans les salles africaines, à tout le moins sur les écrans nationaux, et ce à des taux généralement plus avantageux qu'en Europe au profit des réalisateurs-producteurs. En revanche, malgré les engagements pris, l'U.G.C. n'a diffusé dans ses circuits français que deux longs métrages africains : *Xala* et *Pouse-Pousse*. Des œuvres de valeur comme *Muna-Moto, Kaddu Beykat (Lettre paysanne)* et *Nationalité : immigré,* n'ont dû d'être vues sur les écrans français qu'à l'initiative de nouveaux organismes de diffusion tels que le « Comptoir du Film Africain », « Aurore Diffusion », « Diffusion Internationale des Films du Tiers Monde », ou à l'action personnelle de leurs réalisateurs. »

L'aide à la création cinématographique africaine

Cette aide au cinéma africain se met en œuvre suivant deux modalités :

1. Avant réalisation : crédit ou fourniture de prestations techniques (pellicule, travaux en laboratoire, montage et sonorisation). Les prestations techniques sont fournies par la « section technique cinéma » et/ou par le C.A.I.

2. Après réalisation : achat des droits de diffusion non commerciale dans les États africains, pour diffusion dans les centres culturels d'Afrique et en France par l'intermédiaire de la Cinémathèque.

Dans le premier cas, cet appui financier est toujours accordé en contrepartie de la cession pour une durée d'au moins trois ans des droits de diffusion non

commerciale du film aidé dans nos centres culturels et de l'autorisation de les présenter dans les festivals internationaux spécialisés ou non.
Dans les deux cas, le montant des droits payés que ce soit directement ou sous forme de prestations diverses est fixé à un montant très « concessionnel » puisqu'il s'agit en fait d'une subvention. Celle-ci peut aller, en cas de fourniture de matériels ou de prestations, jusqu'à 80 voire 90 % du coût total du projet aidé.
Le bilan des réalisations est impressionnant. En 1977 Jean-René Debrix dressera lui-même le bilan de l'action du bureau du cinéma pour la revue *L'Afrique littéraire et artistique* [50] et il dira :

> « De 1963 à 1975, il a été réalisé en Afrique noire francophone quelque 185 films, courts et longs métrages mélangés. Sur ces 185 films, environ 125 ont été produits avec le concours technique et financier de la coopération ».

Jean-Pierre Dikongue-Pipa, Oumarou Ganda, Johnson Traore, Henri Duparc, Désiré Écaré, Souleymane Cissé, Moustapha Alassane, Daniel Kamwa, Benoît Ramampy, Safi Faye, tels sont les noms de ces jeunes cinéastes qui me reviennent et dont les films ont pu voir le jour grâce à l'appui de la coopération française.

Pour avoir participé directement à cette entreprise pendant près de dix années, dont neuf aux côtés de Jean-René Debrix, je dois préciser qu'une activité d'une telle ampleur conduite dans un temps relativement concentré n'a été possible que grâce à la souplesse extraordinaire qu'autorisait le fonctionnement du ministère à l'époque, avec les crédits du FAC, géré en fait par le C.N.C., la possibilité de faire appel à un prestataire extérieur, le C.A.I. dans le cadre d'une convention aux dispositions très larges, et des procédures très allégées sur le plan administratif, toutes choses qui nous permettaient de fonctionner comme une petite entreprise privée avec un niveau de performance non négligeable.

J'ajouterai que le choix des bénéficiaires de cette forme d'aide s'est toujours fait en parfaite transparence, sans népotisme, sans favoritisme, sans censure et qu'aucun projet suffisamment bien étayé et bien présenté sur le plan professionnel n'a été « retoqué ». Nous avions une sorte de comité de lecture interne au bureau, composé de Lucien Patry et de moi-même, autour de Jean-René Debrix. Intervenaient aussi Nicole Renaudin qui était chargée de la sélection et de l'achat des films français, en vue de leur diffusion dans nos centres culturels, et bien sûr, nos chefs de service et leurs adjoints.

---

[50] *Entretien avec Jean-René Debrix* par Guy Hennebelle, *L'Afrique littéraire et artistique, op. cit.*

Tout au début, c'est Dieudonné Mandelkern qui avait été le premier à donner un accord pour que l'on apporte un appui au film *La Noire de...* de Sembene Ousmane qui n'était pas particulièrement favorable à la France. C'est ensuite René Moreau, chef de service pendant plus de six années, qui a toujours rendu des arbitrages mesurés tout en faisant confiance à son équipe. Son adjoint, Charles Léoni, inspecteur des régies financières, suivait les choses de près sur le plan administratif et apportait sa caution quant à la conformité de nos interventions.

Jean-René Debrix

Jean-René Debrix est né en 1906 et il a donc 60 ans lorsqu'il me recrute au bureau du cinéma.
Ancien directeur adjoint de l'IDHEC, il a fait tous les métiers du cinéma. Réalisateur, assistant réalisateur y compris d'Abel Gance, producteur, critique, administrateur. Il est notamment le producteur du *Bourgeois gentilhomme*.
Ecrivain, son roman *Argile*, inspiré de sa vie familiale et de sa jeunesse dans le Cotentin, est édité en 1939 et c'est pendant la drôle de guerre qu'il peut lire sur le front de l'est les critiques qui lui sont consacrées. Ce roman a été plusieurs fois cité par la critique littéraire comme un possible Prix Goncourt[51].
Fait prisonnier, il passe la guerre dans un Oflag où il crée une chaire d'enseignement du langage cinématographique qui le conduira donc plus tard à l'IDHEC.
Il est l'auteur d'un livre qui a fait autorité dans les écoles de cinéma et dans le milieu de la critique cinématographique : *Les fondements de l'art cinématographique,* publié aux Editions du Cerf, dans la collection 7ème art.
Il exerce aussi des activités dans le domaine de la production.
Parti au Maroc pour la mise en place de structures cinématographiques nationales, il y rencontre notamment Jean-Pierre Dannaud et Georges Godon qui l'appellent rue Monsieur en 1963 pour une période de trois mois. Il y restera douze ans, jusqu'en 1975. Atteint par la limite d'âge autorisée pour les agents de l'État, en 1971, Jean-René Debrix est rémunéré par le C.A.I. et reste donc en fonction, de manière officieuse, pendant près de quatre années supplémentaires.
Sa personnalité, son charisme, sa bienveillance, la sûreté de son jugement et son dynamisme ont fait que l'on ne pouvait pas se passer de lui.

[51] Ouvrage épuisé depuis longtemps, Jean-René Debrix en avait gardé quelques exemplaires et m'a fait l'amitié de m'en prêter un, pour lecture.

Il a joué un rôle essentiel dans le développement de l'activité « cinéma » du ministère mais c'est en faveur de l'aide à la création du cinéma africain qu'il a donné la pleine mesure de son exceptionnel dynamisme et de son talent.

A l'occasion de la réunion à Genève en 1975 du FIFEF, trois films africains remportent les premiers prix et *Jeune Afrique* termine son article de compte rendu par « Un beau succès pour l'Afrique et une récompense méritée pour le bureau du cinéma des services de la coopération à Paris ».[52]

*

*   *

Mais, une organisation et une activité de ce type ne peuvent avoir qu'un temps.

Leur souffle s'épuise avec les années. Si l'art est difficile, la critique est aisée. Cette aide directe aux cinéastes africains notamment interrogeait certains responsables, à Paris, comme dans les postes, en Afrique. Les habituelles critiques sur le « retour sur investissement » se firent jour. Dans quelques États, les conseillers culturels font même remonter des inquiétudes exprimées par leurs interlocuteurs nationaux quant aux contacts directs que leurs ressortissants, souvent considérés comme des contestataires sur le plan sociétal, voire comme des opposants politiques, entretiennent avec le ministère de la Coopération. Ils s'étonnent aussi de la possibilité qu'ils semblent avoir de bénéficier d'une aide financière directe, sans passer par les canaux officiels. Certains conseillers culturels partagent ce type d'avis et rappellent, de manière un peu doctrinaire, que la coopération s'exerce d'État à État et pas d'État à individus. Ceux qui expriment de tels points de vue n'étaient sans doute pas en poste lorsque le ministère a décidé d'aider ainsi à la réalisation de tel ou tel film ou d'appuyer le projet de tel ou tel auteur et ils ignorent ou ils oublient que leur avis a été sollicité. Car bien évidemment, chaque projet a été présenté avant exécution, de manière officielle, par une correspondance signée du chef de service, au service culturel de l'ambassade dans le pays concerné, assorti de la formule habituelle « …sous réserve qu'il n'appelle pas d'objection de votre part ».

On a même observé un cas limite : une protestation officielle présentée au quai d'Orsay par l'ambassadeur du Mali en France, à propos de l'aide accordée au cinéaste malien Souleymane Cissé, sans l'accord des autorités maliennes…

Heureusement, notre chef de service, René Moreau, lui-même diplomate, a pu aplanir les difficultés en sollicitant un rendez-vous auprès de l'ambassadeur et je me souviens l'avoir accompagné rue du Cherche Midi, à

---

[52] Voir en annexe 3.

l'ambassade du Mali à Paris. Cet entretien a été l'occasion de rappeler la spécificité qui s'attachait à la création artistique et de préciser qu'elle n'avait pas forcément un caractère étatique. Il a aussi été indiqué que cette réalisation individuelle, qui dans le cas d'espèces se présentait comme une critique de la société traditionnelle dans le domaine de l'émancipation féminine, ne constituait pas aux yeux du bureau du cinéma, promoteur et acteur de l'appui accordé, un caractère de critique politique susceptible d'être considéré comme donnant une image défavorable du Mali.
Je ne suis pas persuadé que ce point de vue ait été partagé par notre interlocuteur, mais l'incident n'a pas connu de rebondissement, à notre niveau tout au moins, si ce n'est, bien sûr, un regard critique porté, une fois de plus, par le quai d'Orsay sur les services de la rue Monsieur. Il n'en aurait pas été de même au Mali où Souleymane Cissé aurait fait de la prison[53].
Des rumeurs auraient également circulé selon lesquelles des envoyés de l'ambassade du Mali auraient saisi dans les locaux du ministère de la Coopération de la pellicule du film, empêchant tout remontage ultérieur.
Je les démens formellement.

[53] Précisions apportées par Claude FOREST, courriel du 23 octobre 2020

Un ministère qui se cherche avec des statuts multiples

Des personnels sans véritable statut - une tentative de « normalisation »

La situation décrite ci-dessus des personnels et de leur statut ne correspond sans doute exactement qu'à celle de notre petit service mais elle est à l'image de ce qui existe, sans doute, dans l'ensemble du ministère.
En effet, dès 1967, devant la multiplication de recrutements un peu « sauvages », Michel David, autre grand ancien de la FOM, directeur de l'administration générale, service encore embryonnaire à l'époque, ressent bien évidemment la nécessité de normaliser tout cela, en commençant par les personnels qui évoluent dans un paysage et des pratiques hétéroclites. Par exemple, alors que les fonctionnaires connaissent des augmentations mécaniques avec les modifications de la valeur du point d'indice liées à l'inflation[54], les personnels « clandestins » et « hors statut » que nous sommes, doivent solliciter des augmentations de salaire à leurs employeurs qui doivent eux-mêmes obtenir l'accord des donneurs d'ordre que ceux-ci n'octroient pas toujours, à la faveur notamment des changements de responsables.[55]
Michel David au terme de longues négociations avec la rue de Rivoli arrache un accord pour la création des emplois budgétaires nécessaires pour intégrer en qualité de contractuels, régis par l'arrêté 195 du 15 mars 1961[56], les dizaines de personnels « hors statut » en place.
Nous recevons donc individuellement, en décembre 1968, une correspondance signée Michel David nous indiquant qu'à compter du 1^er^janvier 1969, nous serons recrutés sur des emplois budgétaires, sur la base de nos rémunérations respectives. Cette correspondance nous invite, de manière ferme, à accepter cette proposition et à démissionner en conséquence de notre emploi actuel, tout en précisant qu'à défaut de donner notre démission, aucun emploi ne pourrait nous être ultérieurement proposé au ministère de la Coopération.
La totalité des agents concernés a bien sûr accepté la proposition qui ne pouvait qu'améliorer leur situation et les possibilités d'évolution de leur carrière.
Grande fut toutefois notre surprise de ne recevoir, fin janvier 1969, aucun bulletin de salaire ni aucun virement sur nos comptes bancaires. Un vent de

---

54 Heureusement encore assez faible et autour de 3 à 4 % ces années-là.
55 Pour ma part, j'ai pu bénéficier d'une telle mesure après ma première année de service, comme indiqué plus haut.
56 Voir annexe 4.

panique avait, en effet, soufflé sur les quelques bureaux de l'administration générale, à la suite d'un revirement dont les services du budget ont eu souvent le secret et les emplois promis n'avaient pas été créés.
Il a fallu attendre la troisième semaine de février pour recevoir une avance payée par le BLACT (Bureau de liaison des agents de coopération technique) et le mois de mars pour la mise en place d'un service du personnel « secondaire », chargé au BLACT d'assurer la rémunération de ces nouveaux personnels.
Cette situation va durer six années pendant lesquelles notre rémunération est assurée par le BLACT mais où nous sommes « gérés » par le bureau du personnel du ministère et alignés sur les termes de l'arrêté n°195 du 15 mars 1961 « fixant les dispositions applicables aux personnels contractuels de l'administration centrale du secrétariat d'État aux relations avec les États de la Communauté n'appartenant pas à la fonction publique en qualité de fonctionnaire titulaire ». Cet arrêté précise que les recrutements sont effectués pour une période allant du 1er janvier, ou de la date de leur prise de fonction si celle-ci est postérieure, au 31 décembre de l'année considérée. A l'issue de cette période les agents en cause sont maintenus en fonction par arrêté pour une nouvelle période d'un an, soit licenciés sans indemnités. Les conditions de rémunération sont fixées par les arrêtés qui prononcent leurs nominations.
Lorsque nous sommes « soumis » aux dispositions de cet arrêté, nous sommes alors, en fonction de notre rémunération passée, classés dans la grille indiciaire qui a été mise en place en complément de cet arrêté.
Pendant ces six années nous bénéficions des changements d'échelon selon les durées précisées dans cette grille indiciaire, tout en continuant à être rémunérés par le BLACT, jusqu'au 1er janvier 1975 où notre rémunération est imputée sur le chapitre 31-01 du budget du ministère.

Les premières réorganisations des services de la rue Monsieur

A la fin des années 60, après le départ de Jean-Pierre Dannaud et son remplacement par Maurice Cancelloni, la direction de la coopération culturelle et technique est profondément transformée et les textes qui la régissent modifient considérablement les rapports « officiels » des services de la rue Monsieur avec le quai d'Orsay. Mais, pour nous qui sommes peu sensibles à ces subtilités administratives, cela ne change pas grand-chose, si ce n'est que nous avons un nouveau « chef de service » qui remplace notre ancien « directeur », que le « bureau » du cinéma devient le « secteur » du cinéma et qu'il se trouve privé du concours de certains de ses agents, administrativement rattachés à une autre entité. Il s'agit, sans doute, d'une mesure visant à faire « rentrer dans la norme » le bureau du cinéma et son

patron Jean-René Debrix, dont la personnalité ne s'accommode pas toujours de certaines contraintes propres à l'administration.
Dans la pratique toutefois, cela change assez peu les choses, si ce n'est que nous devons quitter la rue Huysmans et que l'on nous « disperse » à différents étages dans des bureaux de la rue Monsieur, tandis que la cinémathèque reste rue Huysmans au rez-de-chaussée et que la section technique, avec sa table de montage, regagne la pièce qu'elle occupait précédemment au 2e étage de la rue La Boétie. La petite salle de projection que nous avions installée rue Huysmans reste en place dans les bureaux du 2ème étage qui sont attribués au service chargé de la gestion des bourses. Le bail souscrit par le C.A.I. est repris par le BLACT qui se substitue à toutes les opérations (personnels, locaux, notamment) qui ne peuvent pas être assurées sur le budget courant du ministère.
Quelques mois plus tard, Dieudonné Mandelkern est remplacé par René Moreau, chef de service, occupant un emploi de sous-directeur. Jean Rodes est remplacé par Philippe Chesnel, ancien de la FOM, et la quasi-totalité du service est regroupée au 9 rue Lincoln, dans des bureaux précédemment loués par l'Association française des volontaires du progrès (AFVP). Le bail est ici aussi repris par le BLACT.
Notre bureau du cinéma qui n'existe donc plus en tant que tel se retrouve « éclaté » entre la rue Lincoln, la rue La Boétie et la rue Huysmans où sont restées la salle de projection et la cinémathèque dont on signalera pour sourire qu'elle a été « oubliée », avec les deux agents qui y sont affectés, dans la note de service valant organigramme du 25 septembre 1969 [57].

Mais, encore une fois, il faut rappeler la spécificité des procédures en vigueur à l'époque, qui étaient caractérisées par :

- une grande autonomie administrative peu marquée par l'organisation officielle, malgré un grand respect de la hiérarchie,
- la souplesse de l'utilisation des moyens avec la spécificité des crédits mis en œuvre par le C.N.C. et celle offerte par la convention avec le C.A.I.,
- une disponibilité permanente de crédits avec une fongibilité absolue, dans la limite bien sûr des enveloppes trisannuelles, ou bisannuelles, voire annuelles[58] qui nous ont été accordées pendant toute cette période.

---

[57] Voir annexe 5.
[58] Il est, en effet, vraisemblable que notre enveloppe de crédits d'intervention ait été transférée, vers 1976 du FAC sur le titre IV nouvellement créé au ministère. Cette enveloppe serait alors devenue annuelle sans que cette mesure ait eu à nos yeux une autre dimension que celle d'une simple subtilité administrative dont nous ne mesurions pas la portée. En effet, quelle que soit l'imputation retenue, les crédits « cinéma » étaient transférés au CNC.

Cette spécificité a ainsi totalement occulté ces réformes, ces réorganisations internes à la direction ou à la sous-direction, ces changements d'appellation, les déménagements, etc.
Ainsi, après la rue Monsieur et la rue La Boétie, après la rue Huysmans, le bureau du cinéma, devenu le « secteur » du cinéma, va rejoindre, avec le service des affaires culturelles qui deviendra la sous-direction des actions culturelles, les bureaux du 9 rue Lincoln. La sous-direction va occuper de manière stable ces mêmes locaux pendant près de sept années, avant d'être réinstallée rue Oudinot début 1976.

La réforme de l'année 1969 – en fait, une première « fusion »

Les mois qui précèdent la signature de cette note de service, valant organigramme, du 25 septembre 1969 font l'objet d'une intense activité en matière de préparation et de publication de décrets ou d'arrêtés concernant l'organisation du ministère des Affaires étrangères pour ce qui concerne l'aide ou la coopération avec ce qui est dénommé les « États francophones d'Afrique au sud du Sahara et la République malgache », activités gérées par la rue Monsieur.
En clair, le décret 69-223 du 14 mars 1969 « institue » au ministère des Affaires étrangères une direction de l'aide au développement pour ces États et « institue » un service de coopération culturelle, scientifique et technique, toujours pour ces mêmes États, relevant directement de la « grande » DGRCST. Il supprime de fait la direction de la coopération culturelle et technique.
Un arrêté du 27 mai 1969 « institue » au sein de la direction du personnel et de l'administration générale du ministère des Affaires étrangères, une sous-direction de la coopération avec les États francophones d'Afrique au sud du Sahara et la République malgache, qui assure la gestion des personnels servant à l'administration centrale, dans les missions d'aide et de coopération et dans les centres culturels, à l'exception des personnels servant en coopération.
Un arrêté du même jour abroge tous les textes relatifs à l'organisation de l'administration centrale du secrétariat d'État aux Affaires étrangères chargé de la Coopération et les remplace par les dispositions citées ci-dessus. On conserve toutefois un cabinet pour le Secrétaire d'État qui comprend le bureau de l'information et les chargés de mission géographiques.
La nouvelle direction de l'aide au développement récupère une partie de l'ancienne direction de la coopération culturelle et technique (développement rural, équipement et communications, développement industriel et de l'artisanat).
Le nouveau service de la coopération, culturelle, scientifique et technique récupère la gestion des personnels de coopération.

Quant à nous, agents de l'administration centrale, nous sommes officiellement gérés par la direction du personnel et de l'administration générale du ministère des Affaires étrangères. La direction de l'administration générale, dirigée par Michel David est donc supprimée et c'est Camille Colonna d'Istria, sous-directeur, qui nous gère avec Jean Lindrec, par délégation de Jacques Viot, directeur du personnel et de l'administration générale du ministère des Affaires étrangères. Néanmoins, Jacques Viot tient lui-même sa propre délégation du secrétaire d'État, Yvon Bourges…

Il s'agit donc, sur le papier, d'une véritable intégration des services de la rue Monsieur dans ceux des affaires étrangères.

Dans la vie quotidienne, elle est toutefois totalement invisible, à notre « petit niveau », d'autant que, dans le cadre sans doute des grandes manœuvres qui ont précédé cette opération, les emplois budgétaires promis à Michel David n'ont pas été créés et que nous sommes devenus des agents du BLACT.

Pour sourire un peu : le rattachement des services culturels se précise…

L'autonomie, le rattachement des services culturels à l'ambassade, le positionnement des conseillers culturels par rapport aux chefs des missions d'aide et de coopération, ont toujours été des questions sensibles comme je l'ai déjà précisé, à propos de la situation à Ouagadougou.
Il s'est toujours agi d'un « caillou dans la chaussure » pour les uns comme pour les autres. Souvent, les ambassadeurs, fidèles au principe selon lequel il faut diviser pour régner, ont entretenu un climat qui n'était pas toujours favorable à la cohésion de ces entités qui dépendaient, l'une comme l'autre, de la rue Monsieur. C'est ainsi que d'une manière quasi générale, les conseillers culturels étaient invités à participer aux réunions de services de l'ambassade au même titre que les autres « chefs de service » et notamment que les chefs de mission d'aide et de coopération qui avaient pourtant un poids spécifique incomparable, pour deux raisons.
La première de ces raisons est qu'ils étaient nommés par décret du Président de la République, pris en Conseil des ministres, alors qu'en dehors de l'ambassadeur, tous les autres fonctionnaires en poste (en dehors des consuls généraux chefs de poste diplomatique, donc dans les villes où il n'y a pas d'ambassade) sont nommés par de simples arrêtés.
La seconde, plus « triviale », parce qu'ils géraient des masses de crédits, avec le FAC en particulier, dont le montant moyen quotidien était généralement supérieur au total annuel mis en œuvre localement par le chef du service

administratif et financier de l'ambassade, ce qui ne manquait pas de créer un sentiment de frustration, voire de jalousie.
Du fait du rattachement du nouveau service de la coopération culturelle de la rue Monsieur à la direction générale des relations culturelles, scientifiques et techniques, et pour tenter de régler des conflits latents dans les postes, le cabinet du secrétaire d'État avait été amené à préciser, par circulaire, la répartition des compétences entre les conseillers culturels et les chefs de MAC[59].
Cette circulaire attribuait notamment au conseiller culturel une compétence directe sur les bourses d'études et de stages, alors que celles-ci étaient habituellement gérées par les MAC.
C'est ainsi qu'à la suite d'une discussion un peu vive à Dakar, entre René Blanchard, chef de mission et Jean Sagui, conseiller culturel, le premier avait fait déposer dans la cour de l'ambassade les milliers de dossiers de bourses, actives ou archivées détenues par la MAC au second étage de l'annexe qu'elle occupait, en invitant le conseiller culturel à les récupérer. Connaissant l'organisation des locaux de notre ambassade à Dakar, que j'ai déjà eu l'occasion d'évoquer, et les moyens du conseiller culturel, l'affaire avait tourné court et le conseiller culturel avait dû battre en retraite… Les dossiers et la gestion des boursiers étaient repartis à la MAC.
Ici aussi, donc, cette « réforme » n'aura été que très théorique et n'aura eu qu'un impact fort limité sur l'organisation et le fonctionnement d'un « ministère qui n'existait pas » ou « qui n'existait plus »… !

Des réformes institutionnelles plus profondes mais dont la plupart sont sans beaucoup d'impact sur la rue Monsieur

Si après le tumulte des premières années, la situation avait été plutôt stable rue Monsieur, avec Raymond Triboulet comme ministre délégué à la coopération pendant plus de trois ans, du 28 novembre 1962 au 8 janvier 1966, les changements au sein de l'organisation gouvernementale se précipitent pendant les années suivantes. Jean Charbonnel est nommé secrétaire d'État aux Affaires étrangères, chargé de la Coopération et exerce rue Monsieur (avec Jacques Chirac, dans son cabinet) pendant une grosse année. Il est remplacé le 8 avril 1967 par Yvon Bourges qui va occuper le portefeuille pendant plus de cinq années, en perdant toutefois le 31 mai 1968 l'appellation « chargé de la Coopération ». Il devient alors simplement secrétaire d'État aux Affaires étrangères. Cela ne change pourtant

[59] Sauf erreur de ma part, c'est ce que l'on a appelé "la circulaire Luhan" du nom de Joseph Luhan, sous-préfet, chargé de mission géographique pour Madagascar, puis conseiller technique au cabinet du secrétaire d'État.

absolument pas les pratiques, ni le fonctionnement au quotidien des services de la rue Monsieur, même si la situation est très fortement modifiée sur le plan officiel et règlementaire, comme on l'a vu plus haut.
Pierre Billecocq qui le remplace le 6 juillet 1972 retrouve l'appellation « chargé de la Coopération » qui, sauf erreur de ma part, est à nouveau perdue par son successeur, Jean-François Deniau qui lui succède le 5 avril 1973.
Du 1er mars 1974 au 27 mai 1974, la rue Monsieur n'a plus ni ministre, ni secrétaire d'État, chargé ou non de la coopération…!
A propos de cet épisode sur lequel André Lewin donne des précisions dans son étude [60] :

> « En mars 1974, dans le dernier gouvernement Messmer, formé un mois avant la mort du président Pompidou, la coopération cesse même d'être une structure ministérielle à part et n'a plus de titulaire ; elle est gérée directement par le ministre des Affaires étrangères, Michel Jobert. Mais Jacques Foccart, furieux de cette décision, explique par téléphone aux chefs d'État africains alertés qu'il s'agit d'une erreur dans la composition du cabinet (in "*Foccart parle,* entretiens avec Philippe Gaillard, Fayard/Jeune Afrique, 1997, page 222") ».

Je dois préciser que, selon les informations que nous avions pu recueillir à l'époque, il s'est effectivement agi, en quelque sorte d'une erreur. C'était, en tout cas, une opération réalisée à la dernière minute et liée à une situation d'urgence au plan européen. En effet, à l'occasion de ce troisième gouvernement Messmer, on assiste à une permutation des titulaires des portefeuilles de l'Intérieur et de l'Agriculture, entre Raymond Marcellin et Jacques Chirac qui dans son dernier poste s'était beaucoup investi dans la Politique agricole commune (PAC). En fin de matinée, pendant la dernière mise au point du nouveau gouvernement, d'importantes questions surgissent à Bruxelles sur ce sujet et il est alors décidé, « au débotté », de désigner Jean-François Deniau comme secrétaire d'État à l'Agriculture, en renfort, pour appuyer Raymond Marcellin. Il ne reste pas de temps disponible pour lui trouver un successeur pour la rue Monsieur. Ainsi, Jean-François Deniau est nommé secrétaire d'État à l'agriculture et il est cité à ce poste par le secrétaire général de la Présidence de la République, dans sa déclaration officielle sur le perron de l'Elysée. Mais le communiqué qui a été remis à la presse, très peu de temps auparavant, fait figurer Jean-François Deniau comme étant reconduit dans ses attributions précédentes aux Affaires étrangères. C'est donc en cette qualité qu'il apparaît dans la première édition du journal *Le Monde* que l'on trouve dans les kiosques de Paris à partir de 13 h. Jean-François Deniau découvre lui-même cette information, qui n'est

---

[60] André Lewin *Les ministres de la Coopération, op. cit.*

plus actuelle, à la lecture du journal, dans sa voiture, en regagnant la rue Monsieur pour y faire ses adieux !!!
Pour s'amuser un peu, on indiquera que dès le 2 mars au matin, une délégation du quai d'Orsay arrive rue Monsieur, demande à visiter l'hôtel du ministre, prend des notes, dresse des plans sommaires. Elle descend ensuite au garage pour s'enquérir du nombre de voitures disponibles. Là, première désillusion, le garage est commun avec celui du ministre des Départements et territoires d'outre-mer, notre voisin de la rue Oudinot et le chef de garage appartient à cette administration. La discussion ne se prolonge pas car les véhicules, précise le chef de garage, sont immatriculés au nom des domaines et il lui faudrait un certain temps pour identifier sans risque d'erreur ce qui appartient à l'un ou l'autre de ses « clients »…
A l'hôtel du ministre, c'est Hubert Dubois précédent directeur du cabinet qui, en qualité de « chargé de mission » auprès du ministre des Affaires étrangères, vient tout juste d'être officiellement désigné pour coordonner, sous l'autorité du ministre des Affaires étrangères, les activités des services de la rue Monsieur…

Circulez ! Il n'y a rien à voir !

Et la délégation n'avait plus qu'à regagner le Quai…, un peu bredouille.

Ainsi, au niveau des services, pendant les quelques semaines qui suivent, on n'observe aucun changement.

C'est « business as usual » !

La première « vraie » secousse au plan institutionnel et organisationnel va arriver trois mois plus tard, en mai 1974, avec l'élection de Valery Giscard d'Estaing à la Présidence de la République et la nomination le 27 mai 1974 de Pierre Abelin, comme ministre de la Coopération.
Là, c'est une révolution.

Enfin, à nouveau, un ministre « plein » de la Coopération

Après cette période de quelques mois où il n'y avait même plus de secrétaire d'État chargé de la Coopération, on assiste après l'élection de Valery Giscard d'Estaing, à la nomination de Pierre Abelin, en qualité de ministre « plein » de la Coopération.
Cette nomination ne laisse pas de surprendre, après la quasi-suppression du ministère de la Coopération, telle qu'elle ressort des décrets et arrêtés d'organisation du début de l'année 1969.

Le bruit a même couru qu'une telle décision n'était, en fait, que le fruit de circonstances particulières liées à la personnalité de Pierre Abelin. Elle ne serait intervenue qu'après la proposition qui lui a été faite d'occuper cette fonction. Il n'aurait pas paru possible de le nommer sur un demi maroquin, compte tenu à la fois du poids politique du centre dont il était issu et qui avait apporté un appui décisif dans l'élection présidentielle. Il aurait également été tenu compte du fait qu'il avait déjà exercé des fonctions de secrétaire d'État dans plusieurs gouvernements de la quatrième République, et cela dès 1947.
Ainsi, aux yeux de certains observateurs, la création d'un vrai ministère n'aurait pas répondu à une volonté spécifique mais plutôt à un hasard de la vie politique, avec ses préséances et le poids respectifs des membres du gouvernement.
C'est évidemment le fruit de beaucoup de supputations, mais comme on le verra, l'administration mettra à profit cette opportunité pour donner de la consistance et du poids à une administration encore bien fragile, sans corps de personnels notamment, et marquée par le « hold up » officiellement réalisé sur ses services tout au long de l'année 1969 par les Affaires étrangères, bien qu'il soit resté pratiquement sans effet dans la pratique quotidienne de la rue Monsieur.

La suppression du Secrétariat général pour les affaires africaines et malgaches

Décidée par le Président Valery Giscard d'Estaing, la suppression du Secrétariat général emporte des conséquences matérielles directes qui vont influer à la fois sur les compétences des services du ministère de la Coopération et sur ses effectifs.
A cette occasion, le service des décorations (Ordre national de la Légion d'honneur et ordre national du Mérite) quitte l'Elysée : un cadre A, quatre agents de catégorie C. Il en est de même du service du Protocole : un cadre A, un cadre B, un chauffeur et une voiture. D'autres personnels, dont Denise Rieu qui va exercer beaucoup d'activités en matière d'immeubles et de matériels et contribuer plus tard, avec Pierre Vecchierini, à « asseoir » le ministère avec des vrais locaux et un budget pour en assurer l'entretien, la modernisation et la mise aux normes en matière de sécurité.
En effet, faute de budget depuis sa création, ce ministère « qui n'existe pas » ne dispose pratiquement d'aucun moyen pour assurer la maintenance de ses équipements et notamment de ses locaux pour lesquels il n'a pas été fait appel aux crédits du FAC.

Ce transfert ne se fait cependant que progressivement, faute de locaux notamment, et il faut attendre une bonne année avant de constater un début d'exécution du mouvement.
La valise diplomatique « dédiée » qui nous rendait tant de services est également supprimée et, pour des raisons d'économie budgétaire, si la valise diplomatique du quai d'Orsay nous est ouverte pour le courrier, elle nous refuse le transport de nos films. Il faut donc les faire acheminer par voie de fret aérien commercial, ce qui ne nous pose pas un vrai problème au départ de Paris mais rend plus complexes les opérations de sorties de douanes sur place pour nos centres culturels.
Les facilités exceptionnelles dont les services culturels ont pu bénéficier depuis la création du ministère vont peu à peu disparaître et les contraintes administratives et financières auxquelles nous avions échappé jusqu'ici vont nous faire perdre beaucoup en matière de souplesse.
On va aussi assister à de nombreux déménagements et à l'attribution au ministère de la Coopération d'un nombre relativement important de bureaux rue Oudinot[61].
C'est dans le cadre de cette nouvelle attribution de bureaux que la sous-direction des actions culturelles va quitter la rue Lincoln pour s'installer aux deuxième et troisième étages de l'aile Est du bâtiment. Le bureau du cinéma se voit attribuer une partie du troisième étage et les combles. Celles-ci vont être aménagées pour y installer la section technique qui quitte la rue La Boétie et la salle de projection qui, de son côté, quitte donc la rue Huysmans[62]. Avec la rue Lincoln, ce sont donc deux annexes supplémentaires du ministère qui sont supprimées.

Un départ pour le cabinet du ministre

Cela a été une époque passionnante et Jean-René Debrix y a joué un rôle de premier plan, tant pour son service que pour moi, à titre personnel, comme l'avait fait Robert Thomas. J'ai énormément appris à ses côtés et je lui voue beaucoup de reconnaissance.

---

[61] A noter que l'on continue à désigner comme étant situés rue Oudinot ces nouveaux bureaux, répartis précisons le de manière un peu hétéroclite dans les quatre ailes que compte le bâtiment. Bien plus tard, on abandonnera dans les usages l'adresse de la rue Oudinot au profit de l'autre entrée du ministère, celle du 54 boulevard des Invalides. Encore plus tard, pour des raisons de sécurité, on ne permettra plus aux agents du ministère venant de la rue Monsieur de pénétrer dans les locaux par la porte de la rue Oudinot, alors que certains bureaux de la coopération dont celui du personnel des services extérieurs se situent juste au-dessus du proche d'entrée et qu'il faut parcourir plus de deux cent cinquante mètres pour y parvenir par l'entrée du Boulevard des Invalides…
[62] Malheureusement, cette partie du bâtiment de la rue Oudinot va être détruite début 1979 par un incendie survenu en début d'après-midi qui n'a provoqué que des dégâts matériels. Mais une partie des agents a dû être évacuée par les toits.

C'était un service qui fonctionnait avec beaucoup d'enthousiasme, de conviction et j'ajouterai d'honnêteté y compris intellectuelle.
Nous y croyions tous, nous étions pour la plupart encore jeunes. La Coopération aussi mais elle commençait à changer...

Avec la nomination de Pierre Abelin, nous avions « perdu » Charles Léoni qui avait été « aspiré » par le nouveau cabinet du ministre ou il avait travaillé en étroite liaison avec un brillant chef de cabinet, Jean-Paul Benoit. Celui-ci a fait beaucoup pour asseoir le ministère sur des bases plus solides que celles sur lesquelles il reposait après la réforme de 1969. Il est d'ailleurs devenu quelques mois plus tard directeur du cabinet.
De son côté, Charles Léoni, après son départ de la rue Lincoln, avait gardé de très bonnes relations avec son ancienne équipe et nous avions eu souvent l'occasion de nous revoir pendant les années 74 à 76.

Le 12 janvier 1976, à l'occasion d'un remaniement ministériel, Pierre Abelin quitte la rue Monsieur et est remplacé par Jean de Lipkowski.
Fernand Wibaux, directeur de la coopération culturelle et technique est nommé directeur du cabinet et c'est Charles Léoni qui, déjà en place dans le cabinet Abelin, est nommé chef de cabinet de Jean de Lipkowski.
Quelques mois plus tard, compte tenu de la surcharge de travail qui lui incombe, Charles Léoni me propose de venir le rejoindre, en qualité d'adjoint.
Cela va faire dix années que je suis au bureau du cinéma. Je suis un des derniers arrivés et je suis encore le plus jeune. Je viens d'avoir 34 ans. Comme toujours, dans ce petit monde culturel, il est difficile de garder un caractère confidentiel à une information. Ayant connaissance de ce projet, tout le monde me met en garde, y compris notre chef de service…
Mes collègues, surtout, persuadés, et je les comprends un peu à l'époque, que rien n'est plus ennuyeux que les questions administratives et que rien ne vaut les « métiers créatifs », se demandent même comment je peux réfléchir sérieusement, un seul instant, à une telle éventualité…
Et pourtant, ici, j'écoute le vent des sirènes et je donne mon accord de principe à Charles Léoni.
Quelques semaines plus tard, début juin 1976, une fois réglé le transfert de mon emploi budgétaire de la DCT au cabinet, je quitte la rue Oudinot pour rejoindre la rue Monsieur.
C'est Alain Boucher, du BLACT qui doit, en principe, me remplacer au bureau du cinéma. Cependant, pour une raison qui nous échappe, Jean Audibert, qui exerce maintenant les fonctions de directeur de la coopération culturelle et technique, s'oppose à ce mouvement. C'est finalement mon grand ami, Luc Dariosecq, qui va occuper le poste et il en sera ravi.

Chapitre 3

Juin 1976 – novembre 1979 - au cabinet du ministre

Venant de la sous-direction des actions culturelles, je pénètre dans un autre monde. Après des années consacrées à des activités variées et souvent passionnantes, je sens, avec une certaine appréhension, que je vais être chargé de questions extrêmement ennuyeuses... Mais Charles Léoni me rassure et me garantit que je vais trouver beaucoup d'intérêt et de satisfaction professionnelle dans cette nouvelle affectation. J'en accepte l'augure.

Deux mois après cette nouvelle affectation, à la suite de la démission de Jacques Chirac du poste de Premier ministre et du remaniement du gouvernement, nous changeons de ministre et c'est Robert Galley qui prend la place de Jean de Lipkowski.

Lancées à l'époque de Pierre Abelin, les opérations de consolidation du ministère vont se poursuivre. Leurs promoteurs, à la direction de l'administration générale, connaissent le poids du statut de la fonction publique et ils savent qu'un ministère sans corps de fonctionnaires, quels que soient leur nombre et leur niveau, est un ministère très fragile. Ils savent aussi que la suppression de corps statutaires est une opération complexe et longue. L'avenir leur donnera raison et l'exemple de la France d'outre-mer est certainement présent dans les esprits de ceux qui sont aux commandes.

Ainsi, après la création d'un corps d'administrateurs civils spécifique ouvert à la sortie de l'ENA, on assiste à celle d'un corps d'attachés d'administration centrale, spécifique lui aussi au ministère de la Coopération. Suivra la création de corps de secrétaires administratifs, d'adjoints administratifs, d'agents de bureaux et même de conducteurs d'automobiles. Tous ces corps ont ou auront la double vocation, c'est-à-dire que les agents qui les constituent peuvent servir à l'administration centrale, comme dans les missions de coopération ou dans les centres culturels des pays relevant du ministère de la Coopération.

Cabinet de Jean de Lipkowski

Le ministre, Jean de Lipkowski, diplomate, homme politique, a été plusieurs fois secrétaire d'État aux Affaires étrangères. Il a choisi (où plutôt on lui a suggéré) de confier la direction de son cabinet à Fernand Wibaux, ancien ambassadeur de France au Mali et au Tchad. Fernand Wibaux quitte alors le poste de directeur de la coopération culturelle et technique qu'il occupe depuis peu de temps et ce poste est provisoirement confié à Jean Audibert.
Charles Léoni, membre officieux du cabinet de Pierre Abelin qui a travaillé avec Fernand Wibaux, comme conseiller culturel à Bamako, au début des années 60, est nommé chef de cabinet. C'est donc lui qui « m'aspire », en renfort, au cabinet et me donne donc l'occasion de m'échapper du bureau du cinéma...

Le chef de cabinet est notamment chargé du fonctionnement du cabinet, de l'organisation des voyages du ministre, des interventions et des affaires réservées, des décorations et les frais de réception[63].
Le bureau du courrier parlementaire et le bureau du cabinet sont placés sous son autorité.
Je suis « chargé de mission » auprès du chef de cabinet et je l'assiste dans toutes ses attributions.

*

*   *

Venant de la sous-direction des actions culturelles où les procédures administratives sont extrêmement simplifiées, comme je l'ai exposé au chapitre précédent, avec des crédits globalisés virés au C.N.C. et le recours au prestataire très souple qu'est le C.A.I., je découvre un autre monde.

Les « ors de la République »

Ils sont dans un triste état ces « ors » de la rue Monsieur et bien éloignés de ce que je pouvais imaginer.
L'hôtel du ministre, en l'absence de moyens, liée au statut d'un ministère qui « n'existait pas » ou qui n'était pas fait pour durer, est dans un piètre état. Certes, cet hôtel du 17ème siècle, un peu lépreux à l'extérieur, présente encore bien au niveau des bureaux et du hall d'accueil. Ce hall est occupé, par roulement, de 8h à 20h, et le samedi matin, par deux huissiers en habit noir,

[63] Il est aussi chargé de la gestion des "fonds spéciaux".

avec chaîne, venus à trois de l'Elysée à la suite de la suppression du Secrétariat général pour les affaires africaines et malgaches, renforcer l'unique huissier précédemment en service rue Monsieur. Les personnalités étrangères ou françaises y sont donc accueillies avec le cérémonial voulu.
Mais les sanitaires sont plus que vieillots et ne répondent sans doute pas aux normes requises en matière d'hygiène et de sécurité. En l'absence de représentation syndicale, il n'y a pas de comité d'hygiène et de sécurité. Cela viendra quelques années plus tard.
Le premier étage comprend en dehors de 4 ou 5 bureaux, trois salons, dont un relativement grand au-dessus du bureau du ministre. Il permet d'organiser des déjeuners et dispose de vaisselle et d'argenterie aux armes de la République. Mais, il n'y a ni cuisine équipée, ni cuisinier, ni maître d'hôtel. En cas de nécessité, les prédécesseurs de Jean de Lipkowski faisaient appel au traiteur Vigneau Desmarets dont la boutique rue de Sèvres est proche de la rue Monsieur. Quant au « nouveau » ministre, en sa double qualité de diplomate et d'ancien secrétaire d'État aux Affaires étrangères, c'est au quai d'Orsay qu'il reçoit de manière générale.

Le second étage est occupé par le service de presse et le « bureau d'études » ainsi que par le bureau des interventions parlementaires.

Pour la petite histoire, à mon arrivée au cabinet, il y a encore dans l'ancienne cuisine une cabine de douche métallique raccordée sommairement au réseau et un miroir accroché près de l'évier. On trouve aussi, dans le petit salon qui jouxte l'ancienne cuisine, un lit pliant. Cet ensemble constituait le pied-à-terre parisien de Jean-François Deniau qui résidait donc, dans des conditions bien spartiates, rue Monsieur lorsqu'il n'était pas en mission en Afrique ou dans sa résidence personnelle, dans la région de Blois. Il faut avoir vu cette installation pour le croire et mesurer le niveau d'abnégation que pouvait accepter un grand commis de l'État.
Il faut préciser que ses prédécesseurs Pierre Billecocq et Yvon Bourges résidaient à Paris et n'avaient donc pas besoin de logement de fonction. La situation est identique pour Jean de Lipkowski.
Sur la même question, j'avais pu observer peu de temps auparavant lorsque j'ai occupé pendant quelques mois un bureau rue Oudinot, comment Olivier Stirn résidait avec sa famille, dans un petit appartement de fonction, de dimension modeste et au confort très relatif, dans les étages supérieurs de l'hôtel de la rue Oudinot. Mme Stirn et ses enfants, relativement jeunes, devaient attendre la fin de la journée et le départ de la plupart des occupants des bureaux pour profiter, dans une relative discrétion, du parc intérieur de l'immeuble sur lequel donnaient des dizaines de fenêtres.
La décennie 70 était ainsi encore marquée par une grande rigueur en matière d'utilisation à des fins personnelles, même justifiée, des biens et des crédits

publics. Cette rigueur, héritée du Général de Gaulle, s'est bien estompée avec le temps et on rappellera, pour sourire, à propos du logement des ministres, le cas extrême qui avait conduit le Canard Enchaîné à utiliser, en 2005, le patronyme d'un ministre, locataire aux frais de l'État d'un très grand appartement, pour inventer de manière humoristique une nouvelle unité de mesure des surfaces, située entre l'are et l'hectare.
Il s'agissait du « g…mard ».

Le fonctionnement du cabinet

Il se règle au « quotidien »… Il s'agit surtout de faire « tourner » toutes les questions « d'intendance ». Il faut une secrétaire à chaque poste de travail, parfois à des horaires très contraints que ce soit le matin ou le soir. Des chauffeurs doivent être mobilisables à tout moment et pas seulement pour le ministre. Il faut pouvoir faire acheminer sans délai les télégrammes diplomatiques au quai d'Orsay où ils sont traités par le service du chiffre et des transmissions. L'usage des photocopieurs se généralise et remplace avantageusement les « stencils ». Ils se substituent à la ronéotypie mise en œuvre au niveau central, par un atelier bien équipé avec un personnel qualifié et compétent.
Tout cela doit être conduit dans la limite de moyens en locaux, en personnels et en crédits, assez contraints.
La grande sécheresse de l'été 1976 et la canicule frappent durement tous les services au cours des mois de juillet et d'août. Les services installés sous les toits de l'hôtel du ministre sont particulièrement inconfortables, exigus, suroccupés et donc très chauds.
D'autorité et à titre tout à fait personnel, Madame de Lipkowski, mère, vient faire une inspection surprise des bureaux et indique à son fils qu'il n'est pas possible de faire travailler son équipe dans telles conditions…! On allège alors les horaires de l'après-midi et l'on fait distribuer de l'eau au personnel.
Dans les jours qui suivent, Monique Fontaine, collaboratrice de Béatrice Méric au bureau du courrier parlementaire, a un malaise et il faut appeler René Weber, notre infirmier du cabinet médical interministériel de la rue Oudinot pour lui prodiguer les premiers soins.
Pendant cette courte période, je suis ainsi amené à travailler avec le service de l'administration générale (SAG), dirigé par Christian Graeff, ancien de la FOM devenu diplomate. Le SAG coiffe les personnels de l'administration centrale et des services extérieurs, le budget et l'ordonnancement, les immeubles et le matériel. Je découvre aussi l'existence du contrôleur financier. J'apprends à me débrouiller au milieu des subtilités des titres et des chapitres budgétaires, des articles et des paragraphes… avec leur lourdeur, leur caractère souvent absurde, leur répartition rigide, souvent éloignée dans

un sens ou dans l'autre de la réalité des besoins. J'apprends aussi une règle essentielle : ne jamais laisser en fin d'année un crédit non engagé, quel qu'il soit, faute de voir la dotation correspondante de l'année suivante diminuée à due concurrence.

Les personnels – une affaire de famille

J'ai indiqué au chapitre précédent, sur la base de mon exemple personnel, comment les recrutements au service de la coopération culturelle se faisaient par choix direct[64] et il est vrai que, début 1976, le ministère fonctionne encore de la même manière. Il n'y a pas de postes ni de corps de fonctionnaires titulaires, ni de règles pour le recrutement des contractuels. N'oublions pas que nous sommes encore, pour peu de temps, en situation de plein emploi et que les candidats sont souvent un peu moins nombreux que les postes à pourvoir.
Les recrutements se font donc « en famille », voire même au sein des familles. Les références personnelles et familiales comptent en priorité, autant que les diplômes professionnels. Ainsi, il semblerait que deux écoles de secrétariat, connues de notre bureau du personnel, soient les principales sources de candidatures pour compléter des effectifs déjà en poste dont il faut souligner la très grande compétence et conscience professionnelle.
Parmi, les secrétaires, ce sont des femmes à 100%, on trouve aussi des anciennes collaboratrices de hauts fonctionnaires du quai d'Orsay.

Je vais en citer deux qui ont marqué les cabinets successifs de la rue Monsieur.
Claude Minier, par exemple, initialement recrutée par le quai d'Orsay, a exercé les fonctions de secrétaire de Jean-Pierre Dannaud à la DCT, au début des années 60. Elle l'a suivi lorsque Jean-Pierre Dannaud a été nommé directeur du cabinet du ministre de l'Intérieur. Elle a ensuite été chef du secrétariat particulier de Philippe Dechartre, dans les trois postes qu'il a occupés en qualité de ministre dans des gouvernements successifs. Ensuite, remise à disposition du ministère de la Coopération, elle s'est naturellement retrouvée affectée au cabinet de notre ministre. Elle sera une des premières à être admise au concours pour l'accès au corps des secrétaires administratifs, lors de sa création en 1978. Elle sera ensuite responsable de la section « distinction honorifique » au bureau du cabinet et occupera, jusqu'à la fusion avec le ministère des Affaires étrangères, à l'entière satisfaction des cabinets ministériels successifs, ce poste qui nécessite beaucoup de discrétion, de précision administrative et une grande qualité de jugement.

[64] A la manière des pratiques constatées par Julien MEIMON dans : *Culte du terrain à la rue Monsieur. Les fonctionnaires de la France d'outre-mer et de la coopération*, *op. cit.*

Danièle Monego, épouse Toulza plus tard, est arrivée rue Monsieur avec les personnels de l'ancien Secrétariat général pour les affaires africaines et malgaches. D'un caractère affirmé et pas toujours très souple, elle a exercé, avec talent et constance, en qualité de secrétaire de Jean Sriber[65], directeur du cabinet pendant cinq années. Au départ de ce dernier, nommé à la tête de la société centrale immobilière de la caisse des dépôts (S.C.I.C.), elle quitte le ministère pour rejoindre la S.C.I.C..
Fidèle au ministère, elle nous rendra par la suite plusieurs services dans son nouveau poste, de manière à orienter au mieux des demandes de logement présentées par des personnels connaissant des situations familiales difficiles.

A côté d'elles, et sans aucun jugement de valeur, je vais rappeler, au risque de choquer certains tenants farouches d'un recrutement de type « républicain », anonyme et sur concours quelques situations où le recrutement se faisait au sein des mêmes familles. Je me souviens au moins de trois cas de ce type.
Ainsi, dans l'ordre, nous avons eu les sœurs Claudine et Jeannine Boismaigre, devenues épouse Brosselin et épouse Chauvelin. Collaboratrices de plusieurs conseillers techniques, contractuelles tout d'abord puis reçues, l'une comme l'autre, à des concours administratifs, de niveau A et de niveau B.
Jeannine a eu pendant de nombreuses années un privilège rare : elle a toujours été autorisée à être accompagné de son chien, un cocker roux particulièrement calme et bien élevé… C'était cela l'esprit de famille !
Il y avait aussi la famille Philippe. La maman a été secrétaire des chargés de mission géographique jusqu'à son départ à la retraite. Ses deux filles jumelles, Chantal et Nicole, recrutées à la sortie de leur école ont épousé deux frères et sont donc devenues les sœurs Dos, l'une affectée au bureau des voyages et des missions, l'autre au bureau du personnel. Elles ont également été reçues aux concours administratifs lorsqu'ils ont été proposés aux agents contractuels.
De même, il y a Mme Limare et sa fille Marguerite Limare.
Enfin, les sœurs Roulf. Claudie était la secrétaire de Charles Léoni, chef de cabinet et avait été recrutée du temps de Pierre Abelin. C'est à l'époque de Jean de Lipkowski que nous avons recruté sa soeur, Béatrice. En même temps, nous embauchons une de ses camarades de classe, Florence Maillet, devenu épouse Gueritz. Mais, ici, les deux sœurs, qui habitaient la région de Melun, ont quitté leur emploi peu de temps après leur mariage pour se consacrer à leur famille. Florence fera, quant à elle, une belle carrière, en qualité de cadre B, à la sous-direction du personnel.

[65] Parachutiste de la France libre, grand résistant, inspecteur général des finances, ancien de la FOM.

Un premier changement de ministre

Arrivé au cabinet en juin, ayant eu juste le temps de prendre mes marques, j'ai, vaille que vaille, veillé au fonctionnement du cabinet pendant la période estivale, installé dans le bureau du chef de cabinet, pendant les vacances d'été de celui-ci. J'ai également suivi les nombreuses interventions ne relevant ni du courrier parlementaire, géré par une cellule dédiée, ni de la cellule Royan, tenue essentiellement par le chef du secrétariat particulier du ministre.
Quelques jours après le retour de Charles Léoni, c'est la démission de Jacques Chirac et la nomination de Robert Galley, comme ministre de la Coopération.

Jean de Lipkowski repart pour Royan.
Fernand Wibaux rejoint son poste de directeur qu'il avait « prêté » à Jean Audibert.
Charles Léoni demande sa réintégration dans son corps d'origine aux Finances.
Les autres membres du cabinet rejoignent aussi leur administration.

Je reste seul, avec les secrétaires, les huissiers et les chauffeurs…
Le bureau de l'information et le bureau du courrier parlementaire, rattachés au cabinet du ministre restent également en place.
Une nouvelle page se tourne, à peine deux mois après la précédente…

Robert Galley – ministre de la Coopération

Le nouveau ministre, Robert Galley, fait partie du gouvernement depuis 1968, sans interruption. Il a détenu les portefeuilles de l'Équipement et du logement, de la Recherche scientifique, des Postes et télécommunications, des Transports et des Armées, avant de revenir à l'Équipement.
Il arrive donc rue Monsieur avec une équipe bien constituée de fidèles : Jean Sriber, son directeur de cabinet, André Canals, son chef de cabinet, Geneviève de Saint-Seine, son attachée de presse, et Pierre Borgne, responsable de la circonscription de l'Aube. Robert Galley est, en effet, député de l'Aube et maire de Troyes.

Les bureaux étant une denrée rare à l'hôtel du ministre, je réoccupe aussitôt la pièce qui m'a été attribuée par Charles Léoni dans le bâtiment administratif au 1er étage. C'est la pièce 101. Elle se situe à deux bureaux de celui qu'occupait Jean-René Debrix, la pièce 103, dix années auparavant, lors

de mon recrutement. Cette pièce est maintenant affectée à la mission militaire de Coopération (MMC).
Quant à la pièce 101, elle avait été occupée, du temps de Pierre Abelin, par Jacqueline Auriol, belle-fille de l'ancien Président de la République et figure féminine des as de l'aviation, titulaire de plusieurs records de vitesse. Quelques dossiers à son nom traînent encore dans les tiroirs.
Denise Rieu, ancienne du Secrétariat général pour les affaires africaines et malgaches, profite du changement de cabinet pour procéder à quelques déménagements de meubles dont elle me fait profiter. Je me retrouve ainsi avec un bureau « directoire », au-dessus recouvert de cuir, assorti à une armoire bibliothèque et à une table basse ronde avec trois chaises complétant ce très bel ensemble. Il est ainsi reconstitué après le déménagement de la rue de l'Elysée qui n'est pas si ancien et au cours duquel le mobilier a été dispersé un peu en catastrophe, selon les espaces disponibles.
Merci Denise Rieu.
Malgré ce très beau bureau et les « avantages » liés à ma très récente nouvelle affectation (une « petite » prime de cabinet et une place de stationnement dans la cour du ministère pour ma voiture personnelle) dont je n'ai profité que très beau de temps, je n'ai aucune attribution.
André Canals m'indique qu'il me sera très prochainement « donné » (on ne dit pas encore « proposé ») une nouvelle affectation dans les services.
En attendant, il me demande de rester disponible à mon poste pour faciliter la mise en place du nouveau cabinet. Je peux disposer des services de mon ancienne secrétaire qui a été rattachée au « pool » de secrétariat des conseillers techniques du ministre.
Dans les jours qui suivent, André Canals me transmet puis « m'inonde » littéralement de correspondances qui lui parviennent ou de dossiers sur lesquels son avis est sollicité. Il me charge soit d'y préparer les réponses, à la signature du ministre, soit de les « instruire » selon qu'il y ait lieu.
Il faut préciser que Robert Galley, compagnon de la Libération, grande figure du gaullisme, ancien de la 2ème DB, est de ce fait au coeur d'un réseau relationnel très étoffé. Et, il est très sollicité par ses nombreuses relations pour des questions relevant du service national de la coopération et notamment du report prévu à l'article L9 du code du service national. Soit il s'agit d'obtenir ce report d'incorporation pour permettre à des jeunes gens de poursuivre leurs études en vue d'acquérir des qualifications susceptibles de répondre à des besoins en coopération dans les pays d'Afrique ou à Madagascar, soit il s'agit quelques années plus tard, à la fin de leurs études, d'obtenir pour eux une bonne affectation en qualité de volontaire du service national en coopération (VSN) et de s'acquitter ainsi de l'engagement qu'ils ont pris de servir en coopération, le moment venu.
La masse que représente le nombre de ces demandes est telle que le bureau du courrier parlementaire qui les traite déjà en réponse aux députés ne

pourrait que difficilement les absorber. Quant à Pierre Borgne, qui croule sous la correspondance concernant la circonscription de l'Aube, il n'est pas vraiment « preneur ».
Ainsi en quelques semaines, l'idée de me donner une autre affectation va disparaître des radars et je me trouve de fait maintenu auprès d'André Canals, dans des fonctions identiques à celles que j'occupais auprès de Charles Léoni.

Un poste officieux au cabinet

Je suis ainsi « officialisé » dans des fonctions officieuses et la note d'organisation du cabinet du ministre fait apparaître mon nom parmi les chargés de mission :

C.2.2. Monsieur José GOHY
Assiste Monsieur Canals pour l'ensemble de ses attributions

Pendant trois années, je vais alors travailler avec André Canals, en qualité d'adjoint.

Une des premières affaires sur lesquelles je suis mobilisé est l'installation matérielle du cabinet.
Robert Galley ne dispose pas de logement à Paris et sa famille vit dans l'Aube, aux Riceys. Traditionnellement, il passe le week-end dans sa circonscription et revient à Paris le mardi matin pour participer aux questions au Gouvernement, le mardi après-midi, à l'Assemblée nationale. Il siège au Conseil des ministres le mercredi matin. Dans la mesure du possible, ses voyages à l'étranger commencent le mercredi soir et son retour à Paris intervient le samedi ou le dimanche.
Il convient donc que l'on puisse lui proposer un pied à terre au ministère, lorsqu'il doit passer la nuit à Paris.
Le récent renfort en personnels venus de l'Elysée, avec Denise Rieu notamment, a conduit, enfin, le ministère à entreprendre les travaux d'entretien et de mise aux normes qui s'imposaient depuis des années. Un bureau des immeubles et du matériel a été tout récemment créé ou en tout cas renforcé. Dirigé par Pierre Vecchierini, fonctionnaire des Finances, il a pu obtenir de nouveaux moyens budgétaires. Cela tombe donc bien, puisque ce bureau dispose d'un architecte et d'une entreprise sur place auxquels l'affaire est confiée dans l'urgence, en plus d'un chantier en cours.
On transforme alors le grand bureau de l'aile nord de l'hôtel en chambre à coucher et on procède à l'aménagement d'une vraie salle d'eau dans le comble qui se situe tout près. Les travaux sont réalisés en quelques

semaines. Dans le même temps, on démonte la cabine de douche de la cuisine que l'on réhabilite et que l'on équipe d'un matériel professionnel. On recrute, sur contrat de cabinet un « chef », Norbert Chauvelin[66], un maître d'hôtel Remy X et on obtient l'affectation d'un appelé du contingent pour seconder l'équipe ainsi constituée. Deux agents de service, Alain Fleury et Claude Calin rejoindront l'équipe[67].

Ainsi, finis les repas bricolés avec un traiteur venant de l'extérieur et la rue Monsieur atteint enfin, en matière d'accueil et de réception de personnalités françaises ou étrangères, le niveau que l'on trouve dans la plupart des ministères.

Tout cela est mené rondement, les désirs d'un cabinet étant difficilement contrariés, surtout dans les semaines qui suivent son installation…

Le bureau du cabinet

Habituellement, dans la plupart des ministères, le bureau du cabinet a en charge toute la partie « administration du cabinet », avec la gestion des crédits, la gestion des personnels, l'organisation des permanences, la régulation des véhicules et des chauffeurs, le courrier, etc. Il est aussi, et c'est sa fonction la « plus noble », le correspondant du Secrétariat général du Gouvernement et il est, à ce titre, chargé chaque mardi soir de la préparation du dossier du Conseil des ministres. Parmi les autres attributions, « nobles » figurent aussi les distinctions honorifiques.

Rue Monsieur, pour une raison que j'ignore, la situation est un peu différente.

Le bureau du cabinet est dirigé par Jacques Chraye, ancien lieutenant colonel qui a rejoint le ministère de l'éducation nationale, en bénéficiant des dispositions de la loi du dégagement des cadres de l'armée. Il a ensuite été détaché auprès du ministère de la Coopération quelques années plus tôt pour assurer le remplacement de M. Grisoni que j'ai toujours connu précédemment à ce poste.

Sans être directement à l'origine de la définition exacte de son champ de compétence, il n'est en charge que des activités administratives qui peuvent

[66] Recruté ainsi de manière "précaire" pour la durée du cabinet de Robert Galley, Norbert Chauvelin poursuivra son service avec tous les ministres qui vont se succéder rue Monsieur. Il y officiera ainsi avec un grand talent jusqu'au départ du ministre rue de la convention. Il servira encore quelque temps dans cette nouvelle implantation mais, compte tenu des conditions de travail difficiles qu'il va y trouver pour pratiquer son art, avec une salle à manger au 2e étage et une cuisine mal équipée au sous-sol, il demandera à faire valoir ses droits à la retraite. Norbert Chauvelin m'a fait l'amitié de me convier au pot de départ que le ministre Henri de Raincourt a offert en 2010 en son honneur.

[67] Ce dernier était encore en place au service du ministre lorsque je suis parti à la retraite le 29 novembre 2006.

être exécutées dans un cadre horaire normal, sans contraintes particulières, et après 18 h, le bureau du cabinet sonne aux abonnés absents. Seul un « cycliste » assure une permanence pour acheminer les plis urgents vers d'autres administrations ou pour déposer au quai d'Orsay, au service du chiffre et des transmissions, les télégrammes diplomatiques de la rue Monsieur. On notera avec amusement que les consignes, en matière de sécurité et de confidentialité de ces télégrammes, au contenu parfois sensible, sont assez légères et que lesdits télégrammes circulent dans la sacoche arrière d'une mobylette.

Le bureau du cabinet intervient donc essentiellement pour les relations avec le Secrétariat général du Gouvernement, le courrier départ et arrivée et les voyages et missions des fonctionnaires. Compte tenu du caractère parfois sensible de ces missions, c'est en effet le directeur de cabinet ou le chef de cabinet qui signent les ordres de mission et, en tout état de cause, c'est le cabinet qui a autorité sur l'utilisation des crédits des missions imputées sur le titre III du budget[68].
Le bureau des distinctions honorifiques est autonome, même depuis qu'il a quitté le Secrétariat général pour les affaires africaines et malgaches. Il relève directement du chef de cabinet.

Tout le reste est traditionnellement assuré par le cabinet, c'est-à-dire le chef de cabinet ou son adjoint. Ce ne sont pas des tâches très gratifiantes, précisons-le, et il y a plus de coups à prendre que de satisfactions à retirer. D'une manière générale, sur le plan des services, les conseillers des ministres ont habituellement des exigences élevées, notamment pour leurs personnels de secrétariat, la mise à leur disposition de véhicules et de chauffeurs, les frais de réception auxquels ils peuvent prétendre, la qualité du mobilier de leur bureau, etc.. Mais, le niveau de ces exigences est souvent inversement proportionnel à la hauteur des responsabilités qu'ils exercent.

[68] On indiquera à ce sujet, que le ministère, par définition gros consommateur de déplacements, a la possibilité d'imputer sur des crédits du FAC les missions qui relèvent des opérations de suivi des projets. Il y a donc aussi un bureau des missions du FAC, distinct de celui du Cabinet.

Les affaires réservées

On classe habituellement dans les « affaires réservées » toutes celles qui ne relèvent ni du courrier parlementaire, ni du courrier de la circonscription.
J'en ai instruit une bonne partie et préparé des réponses à des correspondances ou reçu des personnalités diverses françaises ou étrangères, de manière dans certains cas à faire le « filtre » nécessaire avant qu'une éventuelle suite puisse être donnée à des requêtes fort diverses et de toute nature.
Par définition, ces affaires sont réservées et je ne m'étendrai donc pas sur elles. Je peux toutefois préciser qu'elles ont été pour moi, riches d'enseignements, de contacts et de découvertes de personnes ou situations fort diverses.
Bien sûr les questions du service national en coopération sont aussi présentes dans les affaires multiformes que je suis chargé d'instruire.
Par ailleurs, la mise en œuvre de nouvelles modalités de rémunération des assistants techniques dans le cadre du décret dit de 1978 qui s'est substitué à un ancien décret dit de 1961, m'a donné l'occasion de découvrir toutes les subtilités d'interprétation des textes que l'administration est capable de manifester lorsqu'il s'agit de fixer des rémunérations ou d'allouer, ou non, à ses agents les avantages matériels prévus par les textes. Pendant toute la période de transition et de passage d'un système à l'autre, j'ai ainsi fréquemment échangé avec les collaborateurs de Gabriel Baron, le chef du service de l'assistance technique qui était chargé de la gestion d'un effectif de coopérants qui a pu atteindre près de 20 000 agents. Mes interlocuteurs pendant cette période étaient Henry Murcia pour les personnels enseignants et Raymond Ravet, pour les personnels techniques.
J'ai beaucoup appris avec eux en matière d'application de la réglementation et de référence à des décrets et des arrêtés d'application…
Cela m'a aussi beaucoup aidé à préparer avec précision les réponses aux nombreuses demandes présentées par le Médiateur de la République. Bien que, par définition, le Médiateur de la République n'eût pas compétence pour traiter des questions relevant de l'emploi des personnels par les administrations, de nombreux dossiers nous étaient présentés sous la forme de demandes d'informations, sur tel ou tel point de détail dans le calcul, souvent complexe, de la rémunération servie avec ses multiples variantes et accessoires.

Quelques anecdotes

Pour sourire un peu, pendant cette période d'activités dont certaines étaient souvent assez peu gratifiantes, il m'est arrivé d'être chargé de recevoir des

candidats, déjà retenus ou susceptibles de l'être, pour servir dans nos missions de coopération. Ces derniers souhaitaient, pour diverses raisons, se présenter ou faire une visite « de courtoisie » au cabinet du ministre, dans la mesure où, à tort ou à raison, ils pensaient que le cabinet était directement à l'origine ou serait directement au coeur de la décision concernant leur recrutement. Ne s'agissant pas de personnalités de premier plan, j'étais donc chargé de les recevoir de manière à préserver le « temps compté et précieux » des échelons supérieurs.
Généralement, cela conduisait à aborder en fin d'entretien - bien sûr - la question essentielle qui intéressait ces interlocuteurs, c'est-à-dire leur future rémunération.
Cela s'est traduit un jour par un dialogue du genre suivant, que je peux reproduire avec une relative exactitude, car j'en ris encore.

Mon interlocuteur :

- Je vous remercie beaucoup de m'avoir reçu et des précisions que vous avez pu me fournir sur le ...(nom de l'État). Mais, si vous le permettez et je vous demande d'excuser le caractère très matériel de la question, pourrais-je avoir une indication, même approximative, quant aux modalités de calcul de la rémunération du poste...
- Oui, bien sûr[69], il n'y a pas de problème. Vous allez percevoir, en complément de votre rémunération indiciaire, une indemnité d'expatriation, celle-ci étant très variable d'un État à l'autre. S'y ajouteront diverses majorations en fonction de votre situation familiale, du nombre et de l'âge de vos enfants. Le bureau des personnels vous exposera tout cela en détail le moment venu...
- Très bien, mais pourriez-vous quand même me donner un ordre de grandeur ?
- Oui, bien évidemment. Attendez, dans l'État où vous serez vraisemblablement affecté, (je sors un dossier d'un tiroir de mon bureau et je le consulte), l'indemnité d'expatriation, calculée sur la base du groupe X qui sera sans doute celui dans lequel vous serez classé, s'élève à, attendez..., je prends une règle pour ne pas lire une mauvaise ligne..., c'est bien cela..., elle est d'un montant de X Francs. Le supplément familial sera d'environ tant... et les majorations familiales, pour vos trois enfants qui ont plus de 12 ans seront de X Francs et cela pour chacun de vos enfants.
- Ah, bon...
- Cela vous surprend ?
- Pour être franc, oui !

[69] Généralement, avant ce genre d'entretien, je demandais au bureau des personnels des services extérieurs les informations requises.

- Pourquoi ? Le montant vous parait faible ?
- Non, pas vraiment. Mais dans le régime indemnitaire dont je bénéficie actuellement, j'en perçois à peine moins.
- Comment cela, vous êtes certain ? Je vous crois sur parole, mais je suis un peu surpris quand même. Je ne me doutais pas que le ministère de X (le sien) était aussi généreux avec ses agents. Ce sont des indemnités officielles ou bien vous sont-elles versées de manière officieuse[70] ?
- Non, non, tout à fait officielles, versées pour certaines au mois le mois, d'autres par trimestre…
- Ah, je comprends mieux, vous parlez en montant annuel ?
- Oui, tout à fait.
- Bon, tout s'explique maintenant, parce que le chiffre que je vous ai donné correspond lui à un montant mensuel. Il ne s'agit pas du tout d'un montant annuel ! Donc tout est plus clair.

Et l'entretien s'était terminé par une poignée de main très cordiale, voire reconnaissante. Le montant des indemnités d'expatriation dans certains États dits difficiles pouvait, effectivement, donner lieu à ce type de confusion. Seuls quelques initiés, avant d'être personnellement concernés, avaient connaissance de ces chiffres dont le secret était soigneusement, pour ne pas dire jalousement, gardé.

On a voulu « débaptiser » la rue Monsieur

Me parvient un jour, pour projet de réponse à la signature du ministre, une lettre du Conseil de Paris qui informe Robert Galley du projet visant à abandonner la dénomination de la rue Monsieur pour la renommer rue Teillard de Chardin, compte tenu que l'intéressé a longtemps résidé au 17 rue Monsieur, dans l'immeuble appartenant aux Pères jésuites, siège notamment de la revue *Etudes*.
Déjà à l'époque, mon attachement à « notre » rue Monsieur est tel que mon sang ne fait qu'un tour !
Je rédige aussitôt une réponse faisant référence aux nombreux symboles qui relient les institutions et leur adresse. La rue de Rivoli, ce sont les Finances, le quai d'Orsay, ce sont les Affaires étrangères, la rue de Valois, c'est la culture, la rue Cambon, c'est la Cour des comptes, etc. L'indépendance des États africains et de Madagascar a été marquée par l'adoption d'un nouveau type de relations, les relations de coopération qui se personnifient dans

[70] Certains ministères versaient à l'époque une partie de la rémunération complémentaire, c'est-à-dire les primes, à un nombre privilégié d'agents, sous forme d'espèces, non imposables, dans des enveloppes…

l'appellation « rue Monsieur », par opposition aux anciennes relations de tutelle de la France d'outre-mer, c'est-à-dire de la rue Oudinot. Abandonner un symbole aussi fort serait assurément perçu de manière extrêmement négative par les autorités de ces nouveaux États indépendants et signerait une marque de désintérêt de la part du gouvernement français à l'égard de cette jeune administration communément appelée « la rue Monsieur ».
Le Ministre terminait cette lettre en demandant instamment au Conseil de Paris de renoncer à ce projet qui aurait porté un très mauvais coup à l'image de son ministère.
Et fort heureusement, ce projet passa aux oubliettes…

Les services hérités de l'ancien Secrétaire général pour les affaires africaines et malgaches

Dans son très intéressant ouvrage sur la réforme de la coopération[71], David Sadoulet indique :

> « Lors de son accession à la Présidence de la République, Valéry Giscard d'Estaing a souhaité donner un signe d'inflexion de la politique africaine. Le Secrétariat général des affaires africaines et malgaches fut ainsi supprimé et la centaine d'agents qu'il comprenait transférés au ministère de la Coopération. Toutefois, il conserva (dans les mêmes murs) une petite équipe de conseillers techniques qui, pouvant s'appuyer sur les services de la rue Monsieur, continuèrent à assurer une fonction de pilotage politique du dispositif de coopération. »

Cette affirmation correspond parfaitement aux souvenirs que je conserve.
J'ajouterai qu'à la même période, comme elles l'ont été longtemps, les relations avec le quai d'Orsay, sur un plan de la politique à conduire en Afrique, étaient meilleures ce que l'on en a dit. Du temps de Robert Galley, la « tripartite » – Elysée, Affaires étrangères, Coopération – se réunissait de manière systématique tous les mercredis à 15 h pour une réunion d'information et de concertation. En dehors des grandes questions de politique et de stratégie, les questions de personnels et notamment les nominations des chefs de mission de coopération y étaient évoquées et suivies de très près.
Ces relations avec le quai d'Orsay étaient de la compétence de Jean Chesneau, un « grand monsieur ». Sa participation au cabinet de Robert

---

[71]David Sadoulet, *La coopération au développement en France – 1997-2004, Réforme et modernisation de l'État*, L'Harmattan

Galley a été marquée par sa courtoisie, son sens de l'humour, la qualité de son jugement et la sûreté de ses analyses.
En revanche, je ne pense pas que le nombre de personnels transférés ait atteint la centaine. Je pencherai plutôt pour une trentaine : soit quelques secrétaires, mises à disposition et réintégrées chez nous, soit des agents contractuels, soit des huissiers ou des chauffeurs venus de la rue Oudinot, soit des « figures », comme Denise Rieu, soit des services comme celui du protocole, dirigé par M. Cazin d'Honinchtun, ou encore celui des distinctions honorifiques, dirigé par Robert Corbet (ancien de la FOM).

Le service du protocole

La méfiance de Jacques Foccart à l'égard du quai d'Orsay l'avait, en effet, amené à constituer un service dédié destiné exclusivement aux États relevant de la compétence du Secrétariat général. Il disposait donc d'un service du protocole spécialement chargé des personnalités africaines. Curieusement, la suppression du Secrétariat général n'avait pas entraîné de facto la suppression de cette cellule spécifique comme on aurait pu l'imaginer, le quai d'Orsay étant toujours friand de conserver certaines prérogatives qui paraissaient lui revenir de droit. Cette cellule relativement autonome est restée en activité, même au-delà de la grande réforme de 1998. En effet, on retrouve encore en 2006 un service spécifique auprès de la ministre déléguée à la Coopération, au développement et à la francophonie.
Les mauvaises langues ont souvent prétendu que cette « spécificité » tenait à une particularité bien connue selon laquelle l'Afrique et les Africains n'ont jamais vraiment eu la « cote » au quai d'Orsay. On a dit aussi que le poste était peu prisé parce que la plupart des lignes aériennes en provenance des pays d'Afrique ont la « déplaisante idée » d'arriver à Roissy au petit matin, généralement vers 5h45 ou 6h, alors que les accueils au pavillon d'honneur représentent l'essentiel des activités du service. J'ignore ce qu'il en est vraiment. Depuis le transfert rue Monsieur du service, un seul diplomate, Jean-Paul Alexis, ancien de la FOM, intégré dans le corps des conseillers des affaires étrangères, a été en service au protocole rue Monsieur. Le poste de responsable du service a été longtemps occupé par Edouard-Forbes Laprun, ancien de la FOM qui avait exercé en qualité de chef de mission de coopération à Bamako et à Brazzaville. Ses successeurs seront des agents de la rue Monsieur, dont Françoise Pillot qui occupera le poste fort longtemps. Hélène Francou a servi au protocole pendant près de 20 ans, peut-être plus même, et en a été le « pilier » opérationnel.

Un personnage au service du protocole

Parmi les personnels « hérités » des services de Jacques Foccart, le chauffeur du service du protocole, Ben Amar Mimoun, mérite que l'on s'attarde un peu sur le personnage.

Engagé tout jeune, dans les années 40, dans les troupes recrutées en Afrique du Nord, Mimoun avait notamment participé en qualité de chauffeur à la campagne de Libye et au débarquement de Provence. Démobilisé à Paris à l'été 1945, âgé à peine d'une vingtaine d'années, perdu dans la capitale, le hasard l'avait conduit sur un banc de la place des États-Unis. Et cela, juste en face du domicile de François de Menthon, ministre de la Justice dans le Gouvernement du général de Gaulle de septembre 1944. En mai 1945, François de Menthon venait d'être nommé procureur au tribunal de Nuremberg. La rencontre de ce jeune homme désespéré, titulaire d'un permis de conduire militaire et de bons états de services validés par son livret, est alors suivie d'une conversation avec le ministre de la justice. Et là, notre ami Mimoun, dont chacun a pu, trente ans plus tard, apprécier rue Monsieur la qualité de la « tchatche », séduit le ministre qui l'embauche comme chauffeur, chargé notamment d'assurer des transports de dossiers importants et confidentiels pendant le procès. La qualité du travail accompli par Mimoun jusqu'à la fin du procès fut telle fait que François de Menthon le recommanda au ministère de la France d'outre-mer et obtint qu'il y soit recruté. Mimoun va y servir jusqu'à la création du Secrétariat général pour la Communauté qui deviendra le Secrétariat général à la présidence de la République pour les affaires africaines et malgaches. Apprécié à n'en pas douter par un ancien de la FOM du cabinet de la rue Oudinot, il est, en effet, transféré avec son emploi dans les services dirigés par Jacques Foccart. Comme on l'a vu plus haut, à propos d'un service de la valise diplomatique autonome et distinct de celui du quai d'Orsay, le Secrétariat général pour les affaires africaines et malgaches dispose aussi d'un service du protocole spécifiquement « africain », distinct du service du protocole de l'Elysée qui relève du quai d'Orsay. Cette spécificité illustre bien le rapport « confiant » qui entoure les relations entre ces deux administrations…C'est donc au service du protocole « africain » que Mimoun va exercer ses talents pendant près de 16 années avant d'être transféré au ministère de la Coopération qui a hérité comme on l'a vu de nombreux services relevant de la rue de l'Elysée et d'une partie de ses personnels.

Plusieurs légendes ont circulé autour de Mimoun, personnage attachant qui avait su se rendre indispensable presque partout où il est passé mais qui par moments « déraillait ». C'est ainsi que rue Oudinot où il avait été fort apprécié par François Mitterrand et par sa famille[72], il avait commis je ne sais pas quelle bêtise mais elle avait été suffisamment grave pour que le ministre Louis Jacquinot se soit emporté contre lui et ait donné instruction de le révoquer de la fonction publique, rien de moins ! Dans sa grande sagesse, l'administration de la rue Oudinot n'en avait rien fait et s'était contentée d'affecter Mimoun dans un emploi d'exécution dans les sous-sols de l'hôtel du ministre, aux cuisines semble-t-il, de manière qu'il échappe totalement aux regards du ministre. Il fut ensuite « réhabilité » et il a pu poursuivre sa carrière en qualité de chauffeur.

Pendant ces seize années passées au protocole « Foccart », Mimoun qui était très physionomiste et avait une excellente mémoire des noms propres, a su se rendre indispensable car il était le seul à être capable d'identifier les ambassadeurs ou conseillers d'ambassade des États africains en poste à Paris. La « garden party » annuelle du 14 juillet à l'Elysée était son heure de gloire et sa présence attentive et efficace auprès du responsable du protocole, permettait à ce dernier de glisser directement les informations nécessaires à l'huissier chargé d'annoncer les noms et fonctions des invités, sans leur imposer la présentation de leur carton, ce qui constituait une valeur ajoutée très appréciée…
La petite histoire veut aussi que lors d'une de ces réceptions, le ministre Roland Dumas se soit approché de Madame Mitterrand qui devisait avec Mimoun et que celle-ci lui ait dit : « Monsieur le ministre, permettez-moi de vous présenter mon professeur »…, suivi aussitôt par un « Bonjour Monsieur le professeur, » prononcé par M. Dumas avant que Madame Mitterrand n'ait pu préciser en souriant avec malice : « Mimoun a été mon professeur de conduite automobile, rue Oudinot.. ».[73] Il faut dire que Mimoun était toujours vêtu de manière impeccable, avec des costumes croisés à rayures, des chemises parfaitement repassées et des cravates assorties à ses pochettes, le tout porté très élégamment. Au lieu de rester au volant de sa voiture sur le parking et même s'il n'y était pas invité, il accompagnait le responsable du protocole dans les salons d'honneur des aéroports. Selon les dires de son patron, il y était souvent salué par les visiteurs étrangers par un « Bonjour Monsieur l'Ambassadeur » ou « Bonjour Monsieur le conseiller »…
Les qualités indéniables de Mimoun et la durée de ses services, nous ont conduit en 1985 à le retenir pour une nomination dans l'ordre national du Mérite, mais finalement, compte tenu de la personnalité de l'intéressé qui avait été au service direct de beaucoup de hautes personnalités qui l'avaient

[72] J'ai pu moi-même observer, lors de la remise à Mimoun de la Légion d'honneur à l'Elysée, que 34 ans plus tard Madame Danièle Mitterrand non seulement ne l'avait pas oublié mais évoquait avec lui de nombreux souvenirs.
[73] Il semblerait que Mimoun ait réellement donné des leçons de conduite automobile à Mme Mitterrand.

unanimement apprécié malgré ses quelques incartades, l'idée à germé de le proposer pour la Légion d'honneur. Une nomination dans notre premier ordre national au titre de la coopération n'aurait pas été appropriée et il a donc été proposé au titre de la promotion du Travail sur un contingent spécifique relevant du Premier ministre. Le Président Mitterrand, consulté à ce sujet, a annoté de sa main la proposition correspondante de la mention « j'y suis favorable ». Il a même accepté l'année suivante, après la sortie du décret, de remettre lui-même l'insigne de son grade à Mimoun, dans les salons de l'Elysée, au cours d'une cérémonie qui réunissait, comme il est d'usage, plusieurs personnalités au nombre desquelles figurait notamment Michel Piccoli et à laquelle j'ai eu l'honneur d'assister, avec ma femme[74].

Le service des distinctions honorifiques

Comme pour le protocole, sur lequel il se réservait un droit de regard, Jacques Foccart avait voulu conserver la main sur les distinctions honorifiques. C'est ainsi que jusqu'à sa suppression en 1974, c'est le Secrétariat général pour les affaires africaines et malgaches qui instruisait les dossiers de nomination ou de promotion dans l'ordre national de la Légion d'honneur ou dans l'ordre national du Mérite sur le contingent du ministre de la Coopération. Bien sûr le cabinet de la rue monsieur était associé au choix définitif et c'est le ministre de la Coopération qui signait les mémoires de proposition correspondants. Le même service chez Jacques Foccart se chargeait des propositions dans les ordres ministériels (Palmes académiques, Mérite agricole, Arts et Lettres, etc.). Il instruisait aussi les très nombreuses demandes d'avis émanant des autres départements ministériels ou des préfectures concernant des personnes susceptibles d'être nommées ou promues et ayant à un moment ou à un autre, même fort lointain, servi dans les États africains ou malgache.
Si la charge de travail de ce service ne pourrait paraître que très limitée, aux yeux d'un non initié, elle occupait en fait, à temps plein, une équipe de quatre agents autour de Robert Corbet, ancien de la FOM, et constituée de Mmes Nabart, Clerc, Jam et Venelle. La nécessité de conserver tous les dossiers, jusqu'au décès des personnes, impliquait en outre de pouvoir disposer d'un espace spécialisé facile d'accès et ce service devait conserver directement ses archives.
Il faut ajouter que les visites officielles des chefs d'État étranger en France étaient systématiquement l'occasion de remise de décorations et qu'il fallait dans l'urgence instruire des décrets de nomination, dans des conditions

[74] Mimoun m'a fait l'amitié de nous compter parmi les rares invités qu'il pouvait convier au Palais de l'Elysée, avec ma femme, à cette cérémonie et c'est ainsi que j'ai eu l'occasion de serrer la main du Président de la République.

spécifiques n'ayant aucune commune mesure avec les règles habituellement requises. Il convenait également d'acquérir les insignes, l'usage voulant qu'ils soient offerts aux personnalités étrangères[75]. Tout cela représentait un fort volume d'activités et cette équipe ne chômait pas, contrairement à ce qu'un non-initié aurait pu penser.

Les opérations de « consolidation administrative » du ministère se poursuivent tandis que la machine continue à tourner « en famille » comme avant

C'est, en effet, l'époque où depuis la reconstitution d'un vrai ministère, en 1974, - c'est encore tout récent – la « machine administrative » se remet en marche pour consolider ses fondations. Le cabinet appuie fortement ces opérations qui ont des aspects statutaires ou plus simplement matériels.
Le ministère a, en effet, à peine quinze ans, et il a déjà failli disparaître.
C'est, sans doute, le cabinet de Pierre Abelin qui a lancé un mouvement qui ne se concrétisera que deux années plus tard. Son chef de cabinet, Jean-Paul Benoit, promu plus tard directeur du cabinet, en remplacement de Pierre Toulemon, s'adresse régulièrement aux personnels, dans le cadre d'une action générale d'information, et précise que le cabinet se soucie de leur sort. Cela laisse penser que des réformes vont les concerner.
En effet, la mise à mal de l'opération conduite fin 1968 par Michel David et la suppression d'une administration autonome propre au ministère, durement constatées en 1969, doivent encore être présentes dans les esprits.

On assiste alors à la création des premiers « corps » de fonctionnaires du ministère de la Coopération ou de postes « fléchés » ministère de la Coopération. Selon mes souvenirs, le ministère ne comptait à l'époque que des emplois budgétaires de sous-directeurs. Tous les autres postes ne pouvaient accueillir que des fonctionnaires en détachement, de plus en plus nombreux, ou des agents non titulaires dont le flux de recrutement se ralentissait.
Ainsi, en 1977, deux premiers postes d'administrateur civil au ministère de la Coopération sont ouverts aux élèves de l'ENA, à la fin de leur scolarité. François Mimin fait partie de la première promotion à intégrer la rue Monsieur. On crée des postes d'administrateurs civils sur lesquels peuvent être aussi affectés ceux qui se trouvent en détachement auprès de la rue Monsieur.
La même année est créé le corps des attachés d'administration centrale du ministère de la Coopération et les premiers « jeunes » attachés intègrent

[75] Disposition non applicable pour les personnalités françaises à qui il revenait de procéder, sur leurs deniers personnels, à l'acquisition de leur insigne.

donc eux aussi la rue Monsieur. Parmi ceux-ci, on trouve notamment Michel Flesch et Claude Trouard Riolle. A noter que la spécificité du corps prévoit la possibilité pour leurs titulaires de servir non seulement à l'administration centrale mais aussi dans les missions d'aide et de coopération. On verra plus loin l'aspect déterminant qu'a joué ce point qui apparaissait comme un détail, dans la mesure où nous avions déjà en détachement dans les missions des attachés d'administration centrale venant d'autres ministères. On doit cette spécificité du corps à Christian Graeff qui en mesurait et en soulignait toute l'importance, comme je l'ai entendu l'expliquer lors d'une présentation du projet au cabinet.
On verra comment ce statut a « pesé » lors de la réforme de 1982.
L'année suivante, en 1978, ce sont des corps d'adjoints administratifs, de secrétaires sténodactylographes ou de sténodactylographes qui, à leur tour, sont créés.
L'opération se poursuit en 1980 avec la création des corps de conducteurs d'automobiles, d'ouvriers professionnels, d'agents de service ou d'agents de bureau du ministère de la Coopération.
On observe que certains corps ne comprennent qu'un nombre très limité d'agents, parfois moins de dix, ce qui apparaît comme une opération un peu dérisoire, aux yeux de certains.
Mais les promoteurs de ces opérations, à la direction de l'administration générale, parmi lesquels figure déjà Pierre Bobillo[76], connaissent le poids du statut de la fonction publique et ils savent qu'un ministère sans corps de fonctionnaires, quels que soient leur nombre et leur niveau, est un ministère très fragile. Ils savent aussi que la suppression de corps statutaires est une opération complexe et longue. L'exemple de la France d'outre-mer est certainement présent dans les esprits de ceux qui sont aux commandes...

Dans le même temps, l'administration « administrante » vient renforcer une administration de « mission » ou de « projet », comme se présentaient jusqu'ici les services de la rue Monsieur. Une partie de l'activité financée sur le FAC a été transférée sur des crédits budgétaires du titre IV. La direction de l'administration générale s'étoffe.

---

[76] On ne présentera pas ici Pierre Bobillo, ancien de la FOM, qui a fait pratiquement toute sa carrière rue Monsieur, à des postes de sous-directeurs, de directeur adjoint puis de directeur de l'administration générale. Il a joué un rôle fondamental dans la structuration de ce ministère, de son budget et de ses personnels, notamment. Au moment de la réforme de 1998, il a veillé à préserver, comme il l'avait fait au cours des vingt années précédentes, la situation des personnels de la rue Monsieur. Il s'est toujours attaché tant pour les affectations à l'administration centrale que dans les services extérieurs, à faire rechercher la meilleure adéquation possible entre les contraintes liées à chaque poste et les capacités de chacun à s'y adapter et à y être le plus utile.

Cette « nouvelle » administration demande et obtient des moyens pour réhabiliter le bâtiment administratif, le mettre aux normes en matière de sécurité incendie et d'hygiène. Les sanitaires sont rénovés. Les salles de réunion, anciens laboratoires de l'Office de la recherche scientifique et technique outre-mer (ORSTOM), sont réhabilitées et décorées. Le parc est entretenu, les arbres sont élagués. Les bureaux sont rééquipés en mobiliers, en machines à écrire, en photocopieurs. L'électricité est entièrement remise aux normes.

Peu de temps après, une « attaque » du groupe « Action Directe » est commise, sans que l'on sache vraiment si c'est notre ministre qui est visé. Mais il n'empêche que par un bel après-midi de printemps, le 18 mars 1980, un mitraillage nourri de l'hôtel du ministre est opéré à partir du boulevard des Invalides, à travers les grilles du jardin fort apprécié des habitants du quartier pour la belle vue qu'il offre aux promeneurs.
Les vitres du bureau du ministre, heureusement absent cet après-midi-là, au rez-de-chaussée, sont pulvérisées et l'on retrouvera de nombreux projectiles dans les murs ou même sur la moquette du bureau ainsi que des impacts dans le dossier de son fauteuil. Les spécialistes des armes à feu savent que le mouvement naturel d'un fusil mitrailleur est de partir vers le haut et les rafales de projectiles qui se poursuivent jusqu'à l'enrayement de l'arme, atteignent ensuite le grand salon central du premier étage de l'hôtel, lui aussi inoccupé à cette heure-là. Elles s'achèvent dans les fenêtres du second étage dans le bureau de la presse, occupé par quatre personnes. Mais là, les projectiles atteignent le plafond et les occupants de la pièce s'en sortent avec une grande frayeur bien sûr et des débris de plâtre sur leurs bureaux. Ce mitraillage « vertical » a donc aussi été « central » et il a, de ce fait, épargné les autres bureaux du rez-de-chaussée, occupés à gauche et à droite de celui du ministre par le directeur du cabinet, qui est à son poste et par le secrétariat du ministre, où travaillent deux personnes. Dieu merci et par miracle, on ne compte donc aucun blessé mais les dégâts matériels sont importants.
Dans les jours qui suivent, Denise Rieu, avec le talent et l'efficacité qu'on lui connaît, fait renforcer les huisseries des bureaux de l'hôtel du ministre côté parc pour y installer des vitrages pare-balles beaucoup plus lourds que les vitres en place. On fait également monter des plaques noires en acier sur les grilles du parc pour occulter la vue sur l'hôtel de Montesquiou-Fezensac, au grand regret des habitants du quartier et des promeneurs.

Mis à part, cet épisode et la réorganisation du Bureau du cabinet qui va me concerner très directement, je retiens surtout du cabinet de Robert Galley une grande stabilité et une organisation bien rodée qui renforce les bases de la création d'un vrai ministère qui n'est plus seulement « assis » sur les moyens du FAC.

Le ministre voyage beaucoup dans les pays de sa compétence et est aussi très présent dans sa circonscription comme à l'Assemblée nationale. C'est son directeur de cabinet, Jean Sriber, qui fait marcher la boutique. Toutefois, le ministre préside encore lui-même les réunions du comité directeur du FAC et souvent les commissions mixtes, qu'elles se réunissent à Paris ou dans les États.

Avec Yvon Bourges, Robert Galley détient un des records de durée de détention du portefeuille de la Coopération (5 ans et 3 mois pour le premier, 4 ans et 9 mois pour le second)[77].

Certains ironiseront plus tard sur son goût pour la chasse aux papillons qu'il affectionne effectivement et qu'il partage avec un talent de dessinateur animalier.

Les nominations dans les missions de coopération

Un autre point de stabilité peut s'observer dans les conditions de nomination des chefs de mission d'aide et de coopération et des conseillers de mission.

Pour les chefs de mission, les décisions correspondantes sont prises au niveau du cabinet. René Blanchard, qui exerce en qualité d'inspecteur général, proche du ministre (tous deux sont compagnons de la Libération), est associé de manière étroite à la sélection.

La majorité des chefs de missions sont encore nommés parmi les anciens administrateurs de la FOM[78].

On trouve aussi quelques diplomates issus de l'ENA : Michel de Bonnecorse à Dakar, Jacques Leclerc puis Jean-Bernard Mérimée à Abidjan, Pierre Decamps à Yaoundé puis à Tananarive [79].

Si l'on exclut ces diplomates, les titulaires de ces postes ont généralement servi à l'administration centrale. Ils y ont souvent exercé les fonctions de chargé de mission géographique et connaissent donc parfaitement la situation politique et économique des pays dans lesquels ils vont servir et les projets qui y sont déployés. Ils sont essentiellement choisis pour leurs compétences et leurs capacités à diriger une équipe.

Les conseillers de mission sont assez peu connus à l'administration centrale. On trouve généralement dans les équipes des missions de coopération un

[77] Un autre recordman du titre de ministre délégué à la Coopération sera Charles Josselin. Il occupera le poste du 4 juin 1997 au 7 mai 2002 mais à compter du 1er janvier 1999, le ministère de la Coopération sera définitivement "supprimé".

[78] L'annuaire des anciens élèves de l'ENFOM, dans son édition de 1982, recense 12 de ses membres comme exerçant les fonctions de chefs de mission.

[79] On observera que ce ne sont pas les postes les moins prestigieux qui sont attribués aux diplomates.

ingénieur des travaux publics de l'État ou un fonctionnaire des Finances, familiarisé avec les procédures de la commande publique, les appels d'offres et les marchés. La plupart de projets FAC sont encore, en effet, des projets d'infrastructures lourdes ou de fourniture de gros équipements. Les chefs de mission disposent également des conseils de techniciens ou d'ingénieurs, surtout dans le domaine du développement rural qui concentre une part importante des opérations. On y trouve également des vétérinaires dont certains occuperont plus tard des postes de chefs de mission. D'autres conseillers, enfin, sont chargés de tâches administratives comme la gestion des personnels d'assistance technique ou celle des bourses d'études ou de stages.

Ces conseillers de mission sont en majorité des fonctionnaires titulaires en détachement qui ont une expérience acquise dans l'assistance technique ou qui ont été auditeurs au centre de perfectionnement pour le développement et la coopération économique et technique (CPDCET)[80] qui dispense une formation d'une année à un petit nombre de candidats sélectionnés dans des conditions assez strictes. Il s'agit souvent d'assistants techniques ayant fait leurs preuves dans plusieurs postes et proposés par les chefs de mission.

Du fait sans doute de statuts différents et d'une relative modification des conditions générales d'emploi qui n'ont plus rien à voir avec celles des années 60, on n'observe, selon mes souvenirs, que peu, voire pas, de mouvements d'agents non titulaires entre l'administration centrale et les missions de coopération.

La place des femmes se renforce

Un fait important à relever à la fin du cabinet de Robert Galley : pour la première fois depuis 1960, en mai 1981, une femme est nommée chef de mission de coopération. Il s'agit de Thérèse Pujolle, professeur agrégé, nommée à Kigali. Thérèse Pujolle a une bonne expérience de l'Afrique acquise au Mali notamment où elle a servi en qualité d'assistant technique puis à l'administration centrale. Elle y a exercé les fonctions de sous-directeur de l'enseignement et de la formation.

Ainsi, dans un ministère très fortement « masculin », plusieurs femmes vont peu à peu occuper des postes de premier plan. Yvette Chassagne sera directeur du développement économique, Mireille Guigaz sera sous-directeur du budget puis plusieurs années après directrice du développement. Elles vont renforcer la place occupée jusqu'ici par les grandes figures

[80] Le CPDCET a été créé en 1960. Il a longtemps été installé dans les locaux du BLACT, rue Barbet de Jouy, et dirigé par M. Roquebert. C'est ensuite Michel Gaud qui en a été le directeur. Le Centre s'est déplacé à Grigny pour ses dernières promotions, à la fin des années 90.

féminines qui ont marqué la rue Monsieur : Pierrette Bonnaud, Nicole Relier à l'enseignement, Andrée Audibert, pour les affaires sociales et j'en oublie sans doute beaucoup d'autres.

Le « champ » s'élargit, comme la compétence du ministre.

C'est l'époque également où le « champ » s'élargit avec l'indépendance de Djibouti, des Seychelles et des Comores qui rentrent « naturellement » dans la liste des pays de la compétence de la rue Monsieur. Ce sont ensuite la Guinée Equatoriale, le Cap-Vert, la Guinée-Bissau et Sao Tomé et Principe qui viennent rejoindre la liste de ces pays.

Enfin, à la suite du décès en décembre 1980 de Joël Le Theul, ministre de la défense, Robert Galley est nommé ministre de la défense, tout en conservant le portefeuille de la coopération. Il devient donc le 22 décembre 1980 ministre de la Défense et il reste ministre de la Coopération, mais il n'est pas ministre de la Défense et de la Coopération, comme on l'a vu écrit trop souvent.
André Canals va occuper le poste de chef de cabinet civil rue Saint-Dominique et fera un saut deux fois par jour rue Monsieur.

Une réorganisation du Bureau du cabinet

L'année 1978 est celle du départ à la retraite de Jacques Chraye et c'est aussi celle du départ à la retraite de Robert Corbet.
André Canals décide alors de réorganiser ces deux services qui lui sont rattachés et de les réunir au sein d'un bureau du cabinet renforcé qui exercera la totalité des missions devant normalement lui revenir selon le schéma qu'il a connu dans les autres ministères.
Le bureau des distinctions honorifiques va donc quitter la rue Oudinot, avec ses nombreuses armoires et ses milliers de dossiers, pour s'installer rue Monsieur. C'est Claude Minier, récemment reçue au concours des secrétaires administratifs, qui dispose des qualités de discrétion, de jugement et de bon sens largement éprouvées dans ses postes précédents, notamment comme secrétaire de Jean-Pierre Dannaud puis de Philippe Dechartre, ministre de l'Équipement, qui est identifiée pour en devenir responsable. Elle sera rattachée au bureau du cabinet.
André Canals me recommande de prendre le poste de chef de bureau, mais les choses me paraissent tellement ennuyeuses que je préfère refuser. Et je maintiens ce point de vue malgré le caractère fragile de mon affectation sur un poste au cabinet, officieux, d'une part, et soumis d'autre part aux aléas des remaniements ministériels et de la vie politique.

La direction de l'administration générale lui propose alors pour le poste la candidature de Jean Sablayrolles, ancien administrateur de la FOM, qui vient de quitter son poste de chef de la mission d'aide et de coopération de Port-au-Prince.

Je connaissais un peu Jean Sablayrolles pour l'avoir rencontré à Madagascar, en 1970. J'étais à l'époque, au bureau du cinéma, chargé du suivi d'un projet du FAC « Création du centre malgache de production de films éducatifs » et j'effectuais ce que l'on appelait une mission de revue du projet, à mi-parcours. Toujours du fait des compétences insuffisamment précisées entre les services culturels et les missions de coopération, le projet était suivi à la fois par le conseiller culturel, Robert Thomas, mon premier patron à Ouagadougou, et par la mission de coopération, où Jean Sablayrolles en qualité de conseiller était responsable du FAC.

De mon point de vue, Jean Sablayrolles était surdimensionné pour le poste et je m'en étais ouvert à André Canals qui m'avait « renvoyé dans mes buts » en me rétorquant que je voyais mal les choses, que Giocanti à l'équipement, comme Roger Dupin aux DOM-TOM, tout comme de nombreux titulaires de ces postes, étaient administrateurs civils hors classe et que « c'était très bien comme cela »…

Jean Sablayrolles a donc pris ses fonctions en septembre 1978. Toutefois, au bout d'une année, étant encore détaché sur un emploi du ministère, il a demandé qu'il soit mis fin à son détachement et il a rejoint au ministère de la Défense, Louis Giard, ancien de la FOM lui aussi et ancien chef de mission de coopération à Kigali, qui lui a proposé un poste dans sa sous-direction.

Le poste de chef du bureau du cabinet étant à nouveau à pourvoir, je n'ai pas pu le refuser. Je m'en suis félicité, plus tard, car malgré beaucoup d'affaires subalternes souvent fort ennuyeuses, j'ai trouvé beaucoup de satisfactions professionnelles dans ce poste que je vais occuper pendant presque neuf années.

Chapitre 4

Novembre 1979 – septembre 1988 - chef du bureau du cabinet

Curieusement, cette nouvelle affectation va changer peu de choses pour moi car, à mon ancien poste, d'adjoint officieux du chef de cabinet, je suis déjà très souvent impliqué dans les activités qui relèvent de ce bureau du cabinet.
Responsable de la gestion des crédits dévolus au cabinet ou administrés par lui, comme le sont les crédits de missions de l'ensemble du ministère, je reçois donc une délégation de signature du ministre, « en cas d'absence ou d'empêchement du chef de cabinet », pour me permettre de signer, notamment, les nombreux documents d'engagement et de liquidation des crédits ou les ordres de mission.
Pendant cette période, cinq ministres vont se succéder rue Monsieur.
Le remplacement de Robert Galley par Jean-Pierre Cot, ministre délégué, s'illustre par une très forte volonté de changement politique, avec l'abandon d'une relation privilégiée entre la France et ses anciennes colonies. Elle donne lieu à une réforme profonde qui, si elle n'avait pas échoué, aurait abouti à la suppression du ministère de la Coopération. Les conditions de sa mise en œuvre emporteront la démission de Jean-Pierre Cot.
Son successeur, Christian Nucci, signe son passage rue monsieur par un comportement parfois peu approprié et sera victime de la désastreuse affaire « carrefour du développement » qui laissera des traces difficiles à effacer.
La première cohabitation et la nomination de Michel Aurillac comme « ministre plein » de la Coopération marquent la résurrection du ministère pour plus de vingt années. Les affaires culturelles reviennent rue Monsieur, mais sans la plupart de ses anciens agents qui optent pour leur maintien à la DGRSCT.
Sous l'autorité du nouveau ministre, les moyens du FAC sont renforcés et la concentration de l'aide bilatérale sur le « pré carré » se voit confirmée.
Cette période dans la vie du ministère de la Coopération est aussi marquée par une consolidation du statut des personnels non titulaires, par l'application d'une politique de mobilité et par la mise en œuvre d'une procédure de transparence dans les affectations et les mouvements des agents.

Une organisation très stable, à l'ancienne

En arrivant au bureau du cabinet, je retrouve des agents que je connais depuis des années et qui sont d'une fidélité « éprouvée » dans leur emploi. Jeanne Morda, ma secrétaire, est en poste depuis je ne sais pas combien de temps… Avant d'être au bureau du cabinet, elle a été la secrétaire de Jacques Chirac, à l'époque de Charbonnel, c'est-à-dire en 1966-67, puis elle a été affectée sur son emploi actuel. C'est une personne adorable, d'une grande gentillesse et d'une haute conscience professionnelle. Son mari est gendarme et elle habite à la caserne de la rue de Babylone, soit à un jet de pierre du ministère. Elle connaît tous les rouages de notre administration et c'est une personne de grande confiance. Dès que son mari pourra faire valoir ses droits à la retraite, elle quittera la région parisienne pour s'installer dans le Lot.
A côté de multiples activités, le secrétariat prépare aussi les demandes de passeports de service et est chargé du suivi des demandes de visa d'entrée dans les pays d'Afrique. En effet, par réciprocité, les États d'Afrique et Madagascar instituent progressivement l'obligation du visa pour les citoyens français, même pour des courts séjours. Un chauffeur, Saïdou Thiam est chargé de ces opérations qui sont toujours effectuées en urgence et qui réclament beaucoup de « diplomatie » dans les relations avec les consulats concernés. Le hasard fait que je retrouve ainsi Saïdou Thiam que j'ai moi-même recruté, sur un emploi « hors statut », onze années plus tôt lorsque j'étais au bureau du cinéma. Il a été affecté au bureau du cabinet, avec l'ancien véhicule du bureau du cinéma, immatriculé maintenant au nom du BLACT[81]. C'est un point de détail, bien évidemment, mais il montre, ici aussi, combien était spéciale l'architecture de l'organisation initiale de ce ministère « qui n'aurait jamais dû exister »[82].
Le secrétariat est également chargé de la tenue de l'agenda des trois salles de réunion.

---

[81] La "normalisation" de ces situations héritées des premières années se poursuit, mais à un rythme assez peu rapide…

[82] Ce point de détail m'amène à préciser que ce sont deux des premiers "énarques" nommés rue Monsieur, Jacques Gérard et Jean-François Desmazières qui ont été chargés en 1978-1979 de la "normalisation" du fonctionnement de la sous-direction des actions culturelles, fonctionnement particulièrement original comme je l'ai décrit au chapitre 2.
Cette "remise en ordre" s'est notamment traduite par la suppression du Consortium Audiovisuel International (C.A.I.) et par la mise aux normes de nos centres culturels, passés d'un statut informel à celui que j"ai connu sous le nom des Etablissements à autonomie administrative et financière (EAAF) tel qu'il était pour les centres relevant de la DGRSCT du Quai d'Orsay.
Le transfert au cabinet du véhicule du bureau du cinéma et de son chauffeur est un peu plus ancien.

Le bureau du courrier et les liaisons

Mme Noël règne depuis 20 ans sur le courrier « départ » du ministère avec autorité, zèle et dévouement. A la tête d'une petite équipe, elle voit passer tous les parapheurs de l'ensemble des courriers du ministère. Elle appose, avec un composteur numérateur, un numéro distinct à toutes les correspondances qui passent obligatoirement dans son service. Elle les date et, le cas échéant, appose aussi le tampon du signataire, avant qu'elles soient mises sous enveloppe, puis postées ou envoyées au quai d'Orsay, pour expédition par valise diplomatique. Ce travail peut faire sourire. Mais il est accompli dans une pure tradition de l'administration de la France d'outre-mer, dont Mme Noël est originaire. Le courrier est toujours préparé avec au moins quatre copies ou « pelures » produites par des feuilles carbonées. Un exemplaire est prélevé pour le « chrono » central du cabinet et les caves de l'hôtel du ministre abritent, dans des casiers métalliques roulants, la collection complète de toutes les correspondances parties de la rue Monsieur depuis 1959. Cette collection fait l'admiration d'un responsable des archives nationales qui nous rend un jour visite et elle vaut des félicitations, largement méritées, à Mme Noël. Les autres exemplaires revêtus du numéro faisant foi de leur enregistrement sont envoyés en retour au service expéditeur, avec le prélèvement, au passage d'un exemplaire pour le chrono de la direction, puis d'un exemplaire pour le chrono de la sous-direction, avant retour au bureau puis au rédacteur dudit courrier. Cela représente des piles impressionnantes de parapheurs qui circulent chaque jour entre la rue Monsieur et les annexes du boulevard des Invalides [83], de la rue Lecourbe ou de l'avenue de Villars.
Quelque 240 lettres passent chaque jour sur son bureau, soit environ 60 000 par an. Elle est assistée de deux personnes et le composteur sur lequel il faut appuyer environ 1200 fois chaque jour et changer 240 fois le numéro, passe d'une personne à l'autre car il faut éviter les tendinites…
C'est une administration qui fonctionne « à l'ancienne ». Les lettres les plus importantes, signées du ministre, du directeur de cabinet ou des directeurs de l'administration centrale, sont enregistrées avec leur objet et leur n° d'ordre dans un grand cahier toilé, soigneusement archivé, année par année. Un bordereau quotidien des plis remis à la valise diplomatique est également établi. On est dans un système ou l'on retrouve tout, sans trop de difficulté, comme si toutes les correspondances, en particulier celles émanant du cabinet étaient des courriers « recommandés ».
Dans le bureau voisin, c'est Bernard Gautier qui lui aussi « règne » depuis à peine moins longtemps sur le courrier « arrivée ». Avec ses collègues, ils reçoivent l'ensemble du courrier délivré par la poste ou par la valise

[83] Que l'on n'appelle plus rue Oudinot…

diplomatique et destiné à l'ensemble du ministère. Il assure donc avec l'aide de deux puis d'un seul agent la réception, le tri et l'attribution de l'ensemble du courrier qui arrive rue Monsieur. Ce courrier arrive par la poste, par la voie du courrier interministériel (motards), par la valise diplomatique ou par les navettes circulant entre la rue Monsieur et ses annexes (boulevard des Invalides, rue Lecourbe, avenue de Villars, rue Saint-Didier). L'ensemble est réparti dans des cases individuelles et acheminé par les huissiers dans les étages. Ce sont chaque jour entre 6 et 8 sacs de courriers de 15 kg, soit plus de 100 kg en moyenne, qui transitent par son bureau. Une bonne partie des plis se trouvent sous enveloppe et il faut donc les ouvrir et les attribuer au service concerné. Lorsque celui-ci n'est pas précisé par l'expéditeur, il appartient à Bernard Gautier de l'identifier, ce qu'il fait sans problème car il connaît parfaitement l'organisation du ministère et la répartition des compétences. Il ne commet que très peu d'erreurs « d'aiguillage ».
Deux « vaguemestres » sont chargés de l'affranchissement du courrier postal départ et de sa remise avec un pré tri aux services de la poste de la rue Clerc. Ils enregistrent également des télégrammes diplomatiques qui sont transmis sous forme papier au quai d'Orsay.
Depuis peu de temps, il s'agit d'agents d'exploitation des PTT venus en détachement grâce à l'intervention d'André Canals, lui-même administrateur des PTT.
C'est ainsi que nous accueillons Alain Denouhier, Gilles Schmocker, Nicole Noël et Edith Dufournier, en détachement[84].

Deux cyclistes, disposant de « mobylettes », assurent les liaisons pour tous les plis urgents avec les autres ministères et le quai d'Orsay. Habituellement, dans les autres ministères ce sont des motards de la Gendarmerie ou de la Police Nationale qui sont chargés de ces missions. Ici, rue Monsieur, on retrouve un système de « pauvres » résultant de dotations traditionnellement faibles en moyens de fonctionnement d'un ministère « qui n'était pas fait pour durer ». Cela fait un peu sourire quand on observe le « confort » que donnaient les moyens du FAC aux autres services. La comparaison avec la voiture et le chauffeur du bureau du cinéma illustre bien cet écart.

Les voyages et missions

De tout temps, à ma connaissance, le bureau des voyages et des missions a été rattaché directement au cabinet. Il gère les rares missions sur le territoire métropolitain et les très nombreuses missions à l'étranger, imputées sur le

[84] Certains d'entre eux demanderont par la suite à être intégrés dans un des corps du ministère de la Coopération et après la fusion avec le quai d'Orsay, ils poursuivront leur carrière dans des corps des affaires étrangères et ils obtiendront notamment des affectations à l'étranger.

titre III du budget, c'est-à-dire celles qui ne peuvent pas être imputées sur le FAC, dès lors qu'elles ne concernent pas directement le suivi d'un projet en cours.

Le bureau des missions est chargé de l'organisation des voyages à l'étranger ou en France lorsqu'elles sont imputées sur le titre III du budget. Il assure donc l'établissement des ordres de mission, des bons individuels de transport (BIT), le retrait des billets auprès des compagnies, l'engagement des crédits du chapitre correspondant, les décomptes d'indemnités dues aux agents, la préparation des fiches financières ouvrant droit aux avances, la liquidation des indemnités, la vérification et la liquidation des factures de transport.

Toutes ces sections du bureau du cabinet ont une « obligation de résultat » qui se mesure à la journée, voire à la demi-journée. Les levées de courrier postal ou diplomatique, comme les départs de télégrammes, les remises des ordres de mission, des billets d'avion et les passeports revêtus de visa n'autorisent pas un traitement différé, contrairement à de nombreuses autres activités du ministère.
La qualité du travail de la section « voyages et missions » est particulièrement sensible. Le billet d'avion et le passeport avec son visa ne peuvent évidemment pas être remis au « missionnaire » avec le moindre retard. Dans un souci de facilité, l'usage est d'établir un décompte d'indemnités prévisionnelles et d'en faire payer 80% par le régisseur d'avance. Au retour, l'agent doit remettre son ordre de mission, portant la signature du chef de mission attestant les dates et heures d'arrivée sur le lieu de la mission et les dates et heures de départ de ce lieu. Il est fréquent que les « missionnaires » qui ont perçu 80% de leurs indemnités de déplacement négligent cette obligation ou tardent à remettre le document concerné, pourtant indispensable à la liquidation définitive et à la clôture du dossier. Il faut alors demander à la mission de coopération concernée d'établir un certificat attestant la présence de l'agent, faute de quoi le contrôle financier rejettera le dossier de paiement. Dans la pratique, le paiement de ces indemnités est une source de pertes de temps et on observe qu'il est presque toujours effectué à « temps perdu », les mises en route étant toujours privilégiées dans l'établissement du programme de travail de la section. Il n'est donc souvent effectif que plusieurs mois après la mission…
Pour sortir de cette situation, on a alors proposé et réussi ce qui était un véritable « pari » avec les missionnaires. Il consistait à s'engager auprès de l'intéressé à lui assurer le règlement des indemnités dues le jour de son retour, sur présentation d'un ordre de mission dûment tamponné. Et ce « pari » a été gagné. Ainsi, au lieu de faire un état des sommes dues prévisionnel (80%) payées par le régisseur puis un état des sommes dues

définitif, payées par virement bancaire[85], d'une manière quasi générale le décompte définitif était préparé avec l'intéressé lui-même qui sortait du bureau pour aller percevoir directement ce qui lui était dû.

Le bureau des distinctions honorifiques

Il est, quant à lui, dirigé par Claude Minier qui a remplacé Robert Corbet. Elle a quatre collaboratrices, venues de l'ancien Secrétariat général pour les affaires africaines et malgaches. C'est un bureau qui fonctionne selon la tradition que requière la matière abordée, avec beaucoup de soin, d'attention et de confidentialité. Claude Minier va occuper, à la totale satisfaction des cabinets successifs, le même poste jusqu'à son départ à la retraite à la fin des années 90.

Du fait de sa compétence et de son expérience professionnelle étendue, c'est Claude Minier qui exerce, de fait, les fonctions d'adjointe et qui me remplace en cas d'absence.

Des gains de productivité et de qualité du service

Cette organisation pratiquement inchangée depuis des années est, objectivement, plutôt performante, mais il devient de plus en difficile de faire face à une augmentation de l'activité unanimement observée et, surtout, à une exigence accrue d'un cabinet ayant connu plusieurs autres ministères et qui demande, en conséquence, à trouver rue Monsieur une réponse identique à celle qu'il a connue ailleurs.
Au même moment, le ministère de l'Économie et des finances met à la disposition de l'ensemble des ministères des « consultants » d'un bureau d'études indépendant qui viennent observer et évaluer nos modes de fonctionnement et nous aider à les rendre plus performants. Ceux-ci parcourent donc tous les services du ministère, y compris, bien sûr, le bureau du cabinet. En ce qui nous concerne, leurs conclusions sont relativement simples et rapides. C'est essentiellement la procédure mise en œuvre au courrier départ qui doit être revue et allégée. Il faut donc « casser » ce système centralisé de numérotation du courrier qui est « chronophage » et qui entraîne des transports de volumes de parapheurs « invraisemblables ».
C'est comme l'œuf de Christophe Colomb, il aurait suffi d'y penser. Aussitôt recommandé, aussitôt mis en application. Ce seront alors les bureaux d'ordre des directions qui seront chargés de numéroter le courrier au départ. Chaque direction se voit ainsi attribuer une série débutant par 10 001, 20 001, 30 001

[85] Dès lors qu'un paiement partiel avait été fait en régie, le paiement du solde ne pouvait plus être assuré par le régisseur et devait donc être mandaté.

ou 41 001 et transmettra au bureau du cabinet un seul exemplaire papier de chaque correspondance. On va ainsi être en mesure de poursuivre une mission considérée comme essentielle, c'est-à-dire la constitution d'une collection unique du courrier qui va aller enrichir les archives traditionnellement conservées dans les caves de l'hôtel du ministre.
A la faveur de cette modification mineure des habitudes et du départ à la retraite d'une des collaboratrices de Mme Noël, on va gagner un emploi budgétaire.
La sacro-sainte organisation ayant été ébranlée, on va alors, un peu à la manière des « cercles de qualité » que l'on verra fleurir plus tard, examiner d'autres aspects du fonctionnement des sections et voir comment améliorer leur fonctionnement.

Le bureau du cabinet exerce surtout une fonction « support » comme on les dénommera plus tard. C'est une petite « usine » qui doit répondre au « quart de tour » de 8h30 à 20h tous les jours de la semaine et le samedi matin.
La rapidité de sa capacité de réaction, l'étendue de sa disponibilité en termes de plages horaires comme la polyvalence des services qu'il doit être en mesure de rendre, vont être renforcées par la mise en place d'horaires de travail « spécifiques ».
Selon un système d'horaires, importé des PTT et qui est déjà en vigueur dans certains secrétariats au cabinet, tous les secteurs de « services » du bureau du cabinet vont alors fonctionner en « brigades ».
Répartis en binômes, les agents vont ainsi assurer alternativement un service continu de 8h30 à 13h le premier jour puis de 13 à 20h le second et ainsi de suite. Ils sont donc soit du matin pendant 2 jours et du soir les 3 autres jours de la semaine, soit du matin pendant 3 jours et du soir les 2 jours restant de la semaine suivante. En contrepartie de ces assouplissements d'horaires, ils s'organisent pour que la continuité du service soit assurée quoi qu'il arrive (congés, maladie, etc.). Ils se forment à l'ensemble des tâches requises et doivent être « polyvalents » entre les différentes sections.
Et cela fonctionne très vite et même très bien. On dispose ainsi d'un service « d'intendance » sur lequel le cabinet peut compter en permanence. Cette organisation se substitue, de manière fort heureuse, à une ancienne routine où il était fort difficile de trouver quelqu'un capable, en dehors des heures ouvrables, de donner une autre réponse que « je suis de permanence…ce sera transmis au service demain matin… » qui irritait beaucoup les responsables du cabinet. On cesse aussi d'avoir des agents qui consacrent plus de temps à expliquer pourquoi ils ne peuvent pas faire ce qu'on leur demande, au motif qu'ils ne « savent pas faire », plutôt que d'apprendre à le faire. C'est une petite révolution.

Ces changements dans le quotidien avec lesquels les agents des PTT sont évidemment familiarisés ne seront pas acceptés par tous les agents en place et, dans la pratique, un seul parmi les anciens, Bernard Gautier, va jouer le jeu et s'adapter à une organisation où la disponibilité et la polyvalence doivent être la règle. Par le système dit des « récupérations » et le principe voulant que les heures de travail accomplies après 18h comptent double, il va trouver un plus grand intérêt dans son travail quotidien, avec l'ouverture sur l'ensemble des activités du bureau, et une amélioration de ses temps de loisirs avec des après-midi de liberté.

Bernard Gautier

Bernard Gautier est un très bon exemple du contexte « familial » dans lequel ont été mis en place les premiers personnels de la rue Monsieur lorsqu'ils n'étaient pas « puisés », comme sa collègue Mme Noël dans les effectifs de la rue Oudinot.
Bernard Gautier doit avoir douze ou treize ans en 1959 et il habite rue Pierre Leroux avec sa famille qui y occupe un appartement depuis au moins deux générations.
C'est Robert Lecourt, ministre d'État, chargé de la Coopération avec les États africains et malgache, qui le recrute, en voisin, alors qu'il est encore en culottes courtes. En effet, Robert Lecourt demeure dans l'immeuble qui fait l'angle de la rue Oudinot et de la rue Rousselet, soit à un jet de pierre de la rue Monsieur et de la rue Pierre Leroux. Il doit ainsi, depuis qu'il habite là, voir Bernard Gautier qui joue à vélo dans les rues du quartier. Et, c'est en qualité de « cycliste » qu'il est embauché dans ce jeune ministère qui ne dispose que de peu de personnels. C'est donc en culottes courtes, qu'il va alors assurer à vélo la distribution des plis urgents à Matignon, à l'Elysée, au quai d'Orsay, etc.
Sa proximité individuelle avec le ministre l'amène à rendre des services divers et il assure ainsi les liaisons personnelles du ministre entre son bureau et son domicile. Un de ces services les plus cocasses, qu'il se plait souvent à rapporter, le conduit un matin à se rendre de toute urgence chez le ministre afin de demander à Madame Lecourt de lui donner une chaussure manquante afin de l'assortir à l'autre. En effet, la secrétaire a remarqué à l'arrivée du ministre que les chaussures qu'il avait chaussées, sans doute un peu rapidement, avant de quitter son domicile, n'étaient pas assorties !!! Dieu merci, Bernard Gautier était là pour réparer l'erreur et le domicile du ministre n'était pas très éloigné de son bureau…
Je ne sais pas comment, ni par quel hasard, Bernard Gautier a abandonné son emploi de cycliste pour être affecté sur un emploi de bureau, mais je me souviens parfaitement de l'avoir toujours vu à ce poste, depuis ma première

affectation rue Monsieur en 1966. Il officiait déjà dans ce même grand bureau du rez-de-chaussée dont une grande baie s'ouvre sur le couloir. On y passe pour se rendre dans les étages et dans l'aile qui abrite les salles de réunion.
C'est donc un personnage connu que je retrouve lorsque j'arrive au cabinet et que je vais voir quotidiennement lorsque je suis nommé chef du Bureau du cabinet, car il me présente chaque matin le courrier destiné au cabinet du ministre.
Depuis l'époque de mai 1968, Bernard Gautier porte les cheveux mi-longs et la barbe. Cet ensemble d'un très beau blond, aux dires des dames auxquelles il sait parler avec finesse et auprès desquelles il ne manque pas de succès, lui vaut de voir son visage souvent comparé à celui du Christ. Par ailleurs, il est toujours d'une grande élégance, vêtu avec soin, souvent de costumes rayés, trois-pièces. Il porte une montre à gousset, avec une chaîne, glissée dans la poche de son gilet, et il arbore toujours des pochettes soigneusement assorties à ses cravates, elles-mêmes toujours choisies selon la saison ou l'humeur de celui qui les arbore.
Bernard Gautier est un agent très fidèle au poste et très consciencieux. C'est avec bonheur que je le vois accepter d'élargir les tâches qu'il exécute et de participer ainsi aux permanences « actives » du service que l'on met en place à côté des « brigades ». Un tout petit peu réticent au départ, il va trouver ainsi une qualité de vie nouvelle et pourra mettre à profit ses après-midi de récupération pour fréquenter les musées et les expositions. C'est en effet un grand amateur d'arts et de meubles anciens et il dispose de connaissances étendues dans de nombreux domaines artistiques. Il s'essaie d'ailleurs lui-même à la peinture et il réalise des tableaux inspirés des artistes du 18ème siècle dont il est friand. Il les apporte fréquemment dans son bureau pour les faire admirer.
Il sera plus tard titularisé et fera valoir ses droits à la retraite après, je crois, avoir été un peu malmené par la réforme et avoir dû quitter la rue monsieur pour le boulevard Saint-Germain.

*

*   *

Assez routinier jusqu'ici, le bureau du cabinet va progressivement, au fur et à mesure des relèves des agents, devenir un service dynamique et très réactif. Je suis beaucoup aidé dans ce domaine par le chef du bureau du personnel de l'administration centrale, Alain Koegler et par son adjointe, Simone de Gélibert, lorsqu'il s'agit d'opérer des mutations ou de promouvoir un agent.

*

*   *

Les relations avec le quai d'Orsay – des mondes différents

En dehors des contacts politiques à haut niveau qui s'établissent surtout dans le cadre des réunions tripartites du mercredi après-midi, les services de la rue Monsieur ont, à cette époque, selon mes souvenirs, très peu de contact avec ceux du quai d'Orsay.

Cependant, depuis la suppression du Secrétariat général pour les affaires africaines et malgaches et de son service autonome de la valise diplomatique, c'est maintenant le quai d'Orsay qui a repris cette activité pour le compte de la coopération. Ce serait un euphémisme de dire qu'il s'en acquitte avec plaisir, d'autant que ce service coûte de plus en plus cher et que la rue Monsieur a toujours considéré que la charge devait en revenir totalement au quai d'Orsay. Ainsi, en qualité de chef du bureau du cabinet, par lequel transite tout le courrier, je suis régulièrement l'objet de réclamations voire de refus d'expédition de documents ou de colis considérés comme trop lourds ou comme trop volumineux pour être chargés dans la valise diplomatique. Celle-ci est, en effet, constituée de sacs postaux fermés par des liens, revêtus des étiquettes et sceaux « diplomatiques » scellés à la cire.

Je suis alors régulièrement amené à établir des contacts avec le service de la valise d'abord, puis avec les services du chiffre, dont la modernisation avance à très grands pas et avec le service des passeports diplomatiques par lequel passent les demandes des passeports de service, dont bénéficient tous les agents du ministère. C'est Pierre Enfoux qui est responsable de ce bureau.

Cela me donne l'occasion de prendre la mesure de ce qui sépare nos deux mondes et j'essaie de rendre ces contacts moins rugueux qu'ils ne l'étaient.

Quelles sont les différences que je peux observer à mon niveau ?

Le ministère de la Coopération met en œuvre des projets de développement en faveur d'États étrangers. Ces opérations nécessitent certes beaucoup d'échanges avec les bénéficiaires de ces projets, c'est-à-dire les autorités des États concernés, et avec nos missions d'aide et de coopération, chargées de leur exécution. Mais, si certaines informations ou décisions doivent garder un caractère confidentiel, il ne s'agit pas d'une règle absolue, nos projets s'exécutant dans un cadre partenarial. Les transmissions quel que soit le mode d'acheminement, postal, valise, télex, puis télécopie ont essentiellement un caractère « opérationnel » et seuls certains télégrammes, du cabinet du ministre notamment, justifient d'une protection.

De leur côté, le ministère des Affaires étrangères et les ambassades produisent essentiellement des idées, des analyses, des synthèses qui doivent faire des allers-retours entre l'administration centrale et les postes à l'étranger de manière à être partagées, enrichies, discutées. Cette activité immatérielle nécessite beaucoup d'échanges soit sous forme de papiers soit sous forme de télégrammes dont le caractère confidentiel revêt une importance toute particulière. Elle s'établit à plusieurs niveaux de confidentialité ou de secret. Mais, les progrès technologiques accomplis en matière de transmissions s'accélèrent et le chiffrement des télégrammes, est maintenant largement automatisé. Il n'a plus rien à voir avec celui que j'ai connu à Ouagadougou où le chiffreur utilisait des carnets à souche afin de trouver les correspondances requises entre caractères pour chiffrer, ou pour déchiffrer, avec ces mêmes codes, des messages qui par conséquent devaient être assez brefs. Aujourd'hui, l'acheminement des télégrammes se fait par télex, avec un chiffrement automatique en ligne. Mais cela conduit à retaper les textes dactylographiés produits par les secrétariats pour les transformer en bandes perforées qui vont être lues par les téléscripteurs.

Les « dépêches » diplomatiques moins contraintes en termes de longueur sont établies sur papier et circulent donc dans ces fameux sacs postaux, appelés valise diplomatique. A un niveau de confidentialité supérieur, ces sacs postaux acheminés par fret aérien, sont remplacés par une sacoche plus petite soigneusement fermée, appelée « valise accompagnée » et attachée au poignet d'un agent du ministère qui l'apporte à son destinataire, sans le lâcher ne serait-ce qu'un court instant. En raison de la contrainte très forte que cela impose et de l'impossibilité de conserver n'importe où, attachée au poignet la dite sacoche, l'agent chargé de ce convoyage que l'on dénomme « un courrier de cabinet » voyage en première classe, puis en classe business lorsque cette classe intermédiaire a été mise en place.

C'était un des seuls avantages dont bénéficient les agents affectés dans ce service, le reste de leur travail étant plutôt ingrat. Les chefs de service que j'y ai connus accomplissent eux-mêmes certains de ces voyages qui n'étaient pas toujours désagréables, mais s'efforçent aussi d'en faire bénéficier leurs collaborateurs, en fonction des mérites qu'ils avaient pu acquérir. Pour le reste, comme toujours lorsqu'il s'agit d'intendance, il y a, à ce poste, plus de coups à prendre que de compliments à recevoir.
Mais la récompense à en attendre se trouve dans l'affectation suivante ou dans une promotion accélérée à un niveau supérieur du corps. C'est ainsi que les trois responsables que j'ai connus au service de la valise, ont obtenu, après deux années passées à faire ce travail de « soutier », de très beaux

postes de consul général dans des pays plutôt agréables, suivis pour deux d'entre eux d'un poste d'ambassadeur.

Il n'en est pas tout à fait de même au service du chiffre qui offre, par la matière traitée et son niveau de confidentialité, un caractère beaucoup plus noble. D'ailleurs, le titulaire du poste est généralement ministre plénipotentiaire et se voit habituellement accéder à la classe supérieure avant d'être nommé ambassadeur.

Mais, une autre différence fondamentale apparaît entre le Quai et la rue Monsieur. C'est celle qui sépare la constitution et les modes de fonctionnement des équipes.
D'un côté, celui de la rue Monsieur, on peut observer le fonctionnement d'un groupe relativement soudé et enthousiaste, constituée de bric et de broc, fait de titulaires ou de contractuels encore très « précaires », venant d'horizons très variés, mais conjuguant leurs efforts en faveur du développement économique, social et culturel d'un tout petit nombre de pays, sans aucun esprit de caste ni de corporatisme, croyant généralement à la nécessité d'aider au développement des pays concernés et fortement engagés, à titre personnel, pour contribuer à cette mission.

De l'autre côté, celui du quai d'Orsay, on peut distinguer quatre sphères.

La première rassemble la noblesse des directions politiques et regroupe les élites, qui produisent des idées, font des analyses, des prévisions, d'ailleurs plus ou moins fiables et clairvoyantes. Elles sont assez détachées pour ne pas dire qu'elles méprisent tout ce qui a trait à l'intendance (gestion des crédits et des personnels, valise, chiffre, etc.). Cependant, les membres de cette sphère sont très exigeants, pour ne pas dire gourmands, en termes de moyens disponibles (frais de réceptions et voyages notamment). Les passages de cette sphère noble aux « soutes », se font dans le sens de la descente, pour une courte période, et donnent lieu à l'octroi d'un très bon ticket de remontée. Les questions de « haute intendance », c'est-à-dire les affectations sur les postes de premier plan, se traitent, avec les membres de cette même sphère, en petit comité, dans le secret du cabinet du ministre et du secrétariat général, derrière un écran qui n'a comme « transparence » que sa dénomination.

La seconde sphère rassemble les services de gestion (personnel, budget, finances, comptabilité, transmissions) dans lesquels quand on fait partie des élites, il faut passer pour progresser dans la carrière, et c'est un bon point à mettre au crédit du ministère des Affaires étrangères, mais en y restant le moins longtemps possible. Le gros des effectifs de ces services est constitué d'agents titulaires qui ont été reçus à des concours administratifs d'un niveau généralement très inférieur à leur niveau de formation et qui exécutent honnêtement leur travail sans y trouver beaucoup d'intérêt[86].

La troisième, un peu à part, est constituée des services consulaires et de l'état civil. C'est un monde spécialisé qui dispose d'un savoir-faire spécifique (état civil, notariat, visas) et de qualité. Mais il est quelque peu malmené voire délaissé sur le plan matériel. Seuls, les postes de consul général, surtout quand ils sont chefs de poste diplomatique (dans les villes où il n'y a pas d'ambassadeur) sont recherchés.

Enfin, il y a la « DG », la direction générale des relations culturelles, scientifiques et techniques, une sorte de forteresse que l'on pourrait comparer à un ministère « interne » de la Coopération au sein du grand ministère des Affaires étrangères. Elle dispose de quelques moyens, mais qui sont mis en œuvre dans des conditions très spécifiques[87]. Elle n'a pas les moyens du FAC, mais elle gère un nombre très important de coopérants, enseignants en grande majorité dans les établissements d'enseignement français à l'étranger. Ces coopérants n'ont, dans leur grande majorité, rien à voir avec les coopérants de la rue Monsieur. Ceux du quai d'Orsay sont des agents français en service à l'étranger qui exercent la plupart du temps leurs activités soit au sein des ambassades, soit dans les écoles françaises. A côté de quelques diplomates, en mobilité, et de quelques agents contractuels, on y trouve en très grand nombre des personnels titulaires de l'éducation nationale, en détachement.

*

* *

Au quai d'Orsay, en 1979, comme le souligne André Lewin dans son étude sur les ministres de la Coopération [88]:

> « L'année 1979 se signale par un événement d'un tout autre ordre, puisque juridique. Venant après un siècle et demi de silence réglementaire, une charte des ambassadeurs est mise au point par le décret n° 79-433 du 1er juin 1979 sur les pouvoirs des ambassadeurs.

---

[86] De nombreux agents disposant au moins d'une maîtrise occupent, en effet, des emplois de niveau B voire de niveau C qui sont ouverts aux titulaires du baccalauréat ou du BEPC.

[87] Il s'agit essentiellement de la fourniture de biens et de services aux ambassades et aux conseillers culturels qui les « dispersent » sur place mais n'ont que très peu de moyens pour financer des actions locales. Les ambassadeurs n'ont, à l'époque, pas encore la qualité d'ordonnateur. Les dépenses locales des postes sont payées dans le cadre de régies d'avance, appelées « régies diplomatiques ».

[88] André Lewin *Les ministres de la Coopération*, *op. cit.*

> Devant le développement accéléré des relations internationales et la multiplication des contacts entre administrations nationales spécialisées, le gouvernement marque ainsi sa préoccupation d'assurer l'unité d'action de l'État français dans un même pays étranger. La charte fait obligation aux ministres de correspondre avec l'ambassadeur sous couvert du ministre des Affaires étrangères. Or une exception à cette règle est formulée expressément : le ministre de la Coopération tient du décret du 6 juin 1974 le privilège de relations directes avec les chefs des postes diplomatiques ».

Pour la rue Monsieur, c'est un « non événement », car, depuis l'origine, et sauf erreur de ma part, le ministre de la Coopération, quelle que soit sa dénomination, a toujours vu figurer dans ses attributions, la formule suivante :

> « Le ministre (ou le secrétaire d'État) (ou le ministre délégué), correspond directement avec les ambassadeurs auprès des États visés à l'article, etc. (ceux de sa compétence) et leur adresse des instructions pour les affaires de sa compétence. Cette correspondance est communiquée au ministère des Affaires étrangères ».

Dans la pratique, la rue Monsieur n'a jamais communiqué de copie des milliers de correspondances que ses services adressent chaque année aux missions d'aide et de coopération. Cependant, ces correspondances étant acheminées sans être mises sous enveloppes par la valise diplomatique et celle-ci étant réceptionnée par l'ambassade, l'ambassadeur a « de facto » connaissance des correspondances échangées, dans un sens ou dans l'autre, entre la rue Monsieur et les missions de coopération.
Il n'en était pas tout à fait de même pour les télégrammes diplomatiques, par lesquels passaient de plus en plus d'informations ou d'instructions, au fur et à mesure que les avancées technologiques avec l'automatisation du cryptage, avaient rendu plus commode et généralisé leur usage, les anciennes dépêches diplomatiques tombant, de leur côté, peu à peu dans l'oubli.

Le fonctionnement des télégrammes, fondement de l'activité diplomatique, vaut que l'on s'y attarde un peu.

Le ministre de la Coopération, comme les directions du ministère, bénéficient donc de plein droit de ce mode moderne et fort commode de transmission. Le télégramme permet, en effet, non seulement d'atteindre très rapidement son destinataire, mais aussi, par le jeu des mentions « communiquer à » d'être diffusé à de nombreux services susceptibles d'être intéressés ou d'avoir à connaître du sujet abordé.

La fin des années 70 marque un progrès considérable dans le domaine des technologies de communication et la modernisation du service du chiffre du quai d'Orsay en est une belle illustration. C'est le début de la montée en puissance de l'informatique et de la bureautique qui vont révolutionner les méthodes et les attributions du service du chiffre et des transmissions du quai d'Orsay.

Installé depuis sans doute plusieurs dizaines d'années dans les combles, sous les toits de l'hôtel du ministre des Affaires étrangères, c'est un service qui fonctionne 24 h sur 24 et qui « déchiffre » puis diffuse à de très nombreux destinataires les télégrammes qui parviennent au quai d'Orsay, en provenance des quelque deux cents postes diplomatiques ou consulaires répartis à travers le monde et fonctionnant au gré des horaires locaux des pays considérés. Dans l'autre sens, c'est évidemment dans la journée que l'activité d'émission des télégrammes est la plus intense. C'est un service qui compte un très grand nombre d'agents et ce ne sont pas loin d'une centaine de chiffreurs qui assurent ces transmissions.

La charge la plus importante de leur travail consiste à retaper sur des télescripteurs le texte des télégrammes qui ont été dactylographiés dans les différents secrétariats. Cette opération transforme donc des textes écrits en bandes perforées, lesquelles sont superposées sur une autre bande perforée dite à perforations aléatoires, éditée en autant d'exemplaires qu'il y a de postes diplomatiques destinataires et acheminées par valises accompagnées pour en garantir la détention par ses seuls destinataires. Ces bandes aléatoires qui constituent donc l'outil moderne de chiffrement et de déchiffrement ont forcément une durée d'utilisation fort limitée et sont donc régulièrement détruites et échangées par des bandes contenant des nouveaux alcas.

La partie la plus noble du travail consiste à vérifier que l'attribution des messages, « pour action » par l'expéditeur, est bien conforme et que le message sera donc transmis pour information ou pour exécution à tous les services susceptibles d'être intéressés ou directement concernés par la question abordée.

La montée en puissance des besoins d'information et des nouvelles technologies de transmission et de chiffrement entraîne une modernisation exceptionnelle du service du chiffre et des transmissions. Le service va alors abandonner les combles de l'hôtel du ministre pour s'installer dans une sorte de « bunker » souterrain aménagé sous les jardins du ministère dans un espace protégé par une gigantesque « cage de faraday », dans laquelle on pénètre par une double porte blindée isolante avec un sas. Le chef du service et tous ses collaborateurs se trouvent ainsi installés dans des pièces complètement obscures et étanches, y compris sur le plan de l'alimentation électrique. A côté de ces nouvelles technologies de transmission sont en effet, apparues simultanément des techniques de captation des rayonnements que produisent les machines à écrire électriques et c'est tout l'arsenal de la protection des transmissions qui doit être revu et réorganisé. Ainsi, seuls des papiers imprimés, sur une petite unité offset, sortent du « bunker » dans des tubes pneumatiques, comparables aux vieux « pneus » des PTT, pour être distribués très rapidement aux services destinataires installés au quai d'Orsay.

Cette montée en puissance des transmissions par télégramme, de plus en plus performantes, va se traduire mécaniquement par une réduction de la quantité de dépêches papiers à acheminer par valise et, partant, par un rééquilibrage des moyens budgétaires correspondants.

Les pressions sur la maîtrise des envois par valise émanant de la rue Monsieur et leur réduction en poids devenaient de plus en plus insistantes et il n'était plus possible de les ignorer comme cela se faisait depuis plusieurs années. C'est Pierre Bobillo, sous-directeur des affaires administratives, qui a admis le bien-fondé de la formule que je proposais, conduisant à une participation financière de la rue Monsieur à la charge correspondante. Il ne s'agissait plus d'un forfait, comme demandé et toujours plus ou moins refusé. Sur la base de cet arbitrage, chaque dépôt de sacs postaux au service de la valise par le bureau du cabinet faisait l'objet d'un bordereau quotidien détaillé pour chaque destination avec le poids correspondant. En fin de chaque trimestre, la rue Monsieur « remboursait » au quai d'Orsay, sur la base du coût réel constaté, le coût des envois effectués pour son compte.

Ainsi réglée la question de la participation de la rue Monsieur aux frais de la valise diplomatique et oubliée la période un peu insouciante du confort que nous trouvions avec le Secrétariat général pour les affaires africaines et malgaches, nous avons pu concentrer nos efforts sur un meilleur accès aux transmissions par télégramme.

Il s'agissait d'une « épine dans le pied » pour le cabinet du ministre de la Coopération. En effet, de manière non officielle, puisqu'elle n'était pas conforme aux dispositions du décret d'attribution du ministre de la Coopération, la direction des affaires africaines et malgaches (DAM) s'était arrogé le droit (et l'avait imposé au service du chiffre) de lire et de « viser », avant expédition, les télégrammes diplomatiques émanant de la rue Monsieur. La pratique était officieuse, mais bien connue, tout en étant difficilement admise. Elle avait valu un vendredi soir une grosse colère à Philippe Ricalens, contrôleur général des armées, conseiller technique de Robert Galley, récemment promu directeur du cabinet, après le départ de Jean Sriber à la SCIC. En raison de l'urgence qu'il attachait à l'envoi dudit télégramme, Philippe Ricalens avait pris l'initiative d'appeler lui-même le service du chiffre pour signaler la nécessité d'envoyer le soir même ce télégramme « immédiat » que notre cycliste était en train d'acheminer vers le quai d'Orsay. Hélas, dans un sursaut de franchise (peu fréquent dans nos relations à l'époque), l'agent de permanence au chiffre lui avait répondu qu'il faudrait attendre le samedi matin à 10 ou 11 h pour l'expédier car lui avait-il indiqué « à cette heure-ci, je n'ai plus de visa à la DAM... » et malgré la colère de Philippe Ricalens, il s'était arc-bouté sur cette position, se retranchant derrière les consignes de sa hiérarchie.

A peu près au même moment, compte tenu de nos très bonnes relations avec les agents du service du chiffre, nous commençons à ne plus transmettre au Quai que des bandes perforées, préparées par la cellule « chiffre » du bureau du cabinet, sans les accompagner du tirage papier que nous archivions chez nous, dans les conditions de sécurité requises.

Les tâches correspondantes sont exécutées au bureau du cabinet par des agents d'exploitation des PTT qui, venus en position de détachement, avaient progressivement remplacé lors des départs à la retraite des agents plus âgés peu familiarisés avec les nouvelles technologies, comme je l'ai indiqué plus haut.
Notre équipe s'est ainsi enrichie avec l'arrivée d'Alain Denouhier, de Gilles Schmocker, de Nicole Noël et d'Edith Dufournier qui nous ont permis de progresser très vite dans ce domaine.

Et tout naturellement nos télégrammes sont aussitôt expédiés vers leur destinataire, sans passer par un quelconque visa de la DAM. Le patron du service du chiffre de l'époque, Gaston Boyer, avait estimé que ce visa était générateur de retards et qu'il ne voulait pas les voir imputés à son service.

La question est donc définitivement réglée et sans douleur apparente... Comme il est facile de l'imaginer, cela a été une belle petite victoire pour le bureau du cabinet.

22 mai 1981 - Nomination de Jean-Pierre Cot, en qualité de ministre délégué auprès du ministre des Relations extérieures, chargé de la Coopération et du développement

La victoire de François Mitterrand, le 10 mai 1981, en surprend plus d'un. Même si Valery Giscard d'Estaing pâtit d'une politique économique impopulaire dans un contexte de crise résultant notamment des chocs pétroliers, même si « l'affaire des diamants » de Bokassa l'a beaucoup desservi, il bénéficie encore d'une cote assez élevée d'opinions favorables et il est longtemps donné réélu par les sondages. C'est donc avec consternation qu'un petit groupe de proches, auquel avec ma femme j'ai été associé, réunis dans un salon au 1er étage de l'hôtel de Brienne autour de Robert Galley, pour un apéritif buffet, découvre à 20 h sur l'écran d'Antenne 2 le visage numérique de François Mitterrand qui se déroule et le désigne en tant que vainqueur de la consultation.
Comme il est facile de l'imaginer, la soirée tourne court et le champagne servi a beau être du « blanc de blanc » des Riceys, il ne s'avale qu'avec difficulté dans une ambiance pour le moins morose.

Le lendemain matin, c'est une étrange ambiance qui règne rue Monsieur.
Pour la première fois depuis la création de ce ministère, on va donc avoir un ministre de gauche ici où, qu'on le veuille ou non, depuis plus de vingt ans, la politique s'inscrit dans la plus pure des traditions gaullistes. Même si l'arrivée de Valery Giscard d'Estaing a entraîné la suppression du Secrétariat général pour les affaires africaines et malgaches, les conseillers Afrique à l'Elysée, deux anciens de la FOM, René Journiac, puis Martin Kirsch, après l'accident qui a coûté la vie au premier[89], ont maintenu une ligne politique identique. Quant à Robert Galley, gaulliste historique, il a été chargé de veiller rue Monsieur, au « maintien du cap ».
Si les sensibilités politiques des uns et des autres étaient plus ou moins connues rue Monsieur, elles n'avaient, de mon point de vue, jamais entraîné, jusqu'ici, la création de clans fortement opposés, ni influé de manière, je dirais « trop » directe, sur les affectations.

On constate cependant qu'une bonne partie des personnels de la rue Monsieur se réjouit de ce changement qui se « faisait tellement attendre » et diverses rumeurs commencent à circuler selon lesquelles, par exemple, le cabinet fait disparaître des dossiers. Il faut « les » en empêcher, etc.

---

[89] René Journiac est mort dans un accident d'avion au Cameroun, en février 1980, alors qu'il se préparait à rencontrer le Président Ahidjo.

C'est donc avec le calme des « vieilles troupes », auxquelles, à l'âge de 39 ans, je n'appartiens pas encore tout à fait, que l'on affronte la situation, tandis que des rumeurs de « grand soir » se répandent dans les étages. André Canals qui se partage toujours entre la rue Saint Dominique et la rue Monsieur, me charge d'organiser au mieux le déménagement des dossiers personnels du ministre, c'est-à-dire ceux qui concernent sa circonscription de l'Aube. Dirigée par Pierre Borgne, inspecteur des PTT mis à disposition du ministre depuis plus d'une dizaine d'années ce service fonctionne, avec la même équipe, depuis le passage de Robert Galley aux PTT, aux Transports, aux Armées et à l'Équipement. Il est donc tout à fait normal que ces dossiers qui n'ont rien à voir avec la coopération, quittent la rue Monsieur et soient rapatriés à l'Hôtel de ville de Troyes.
Quant aux autres documents, c'est-à-dire les dossiers des conseillers techniques qui n'ont pas de caractère personnel, ils restent dans les bureaux des intéressés ou dans les secrétariats.
Au risque de faire sourire certains, j'ajoute que Robert Galley réunit tout son cabinet pour donner des consignes précises en matière de transition et recommander que tout cela se passe dans des conditions conformes à l'esprit démocratique qui doit primer sur toute autre considération.

La passation des pouvoirs s'effectue le 23 au matin et nous voyons arriver Jean-Pierre Cot avec une petite équipe. Parmi ceux-ci, un grand gaillard, Renaud Vignal, qui ressemble par son allure et sa coiffure de type « afro » au nouveau ministre. Nous apprenons qu'il est diplomate. Aux côtés du nouveau ministre, on assiste au retour de Jean Audibert[90]. Il est nommé directeur de cabinet, sur ordre dit-on de Claude Cheysson, car il connaît à peine Jean-Pierre Cot. Certains des autres membres du cabinet sont des proches du ministre, notamment Jean-Pierre Mounier, collègue universitaire du ministre. Arrivent aussi d'autres personnes dont Gérard Fuchs, Jean-Hervé Lorenzi, Hugo Sada et Eric Arnoult[91] qui vont former le cabinet officiel.

Chargé du fait de mes fonctions de l'organisation matérielle du nouveau cabinet, je fais au mieux pour que la boutique tourne, sous le regard assez peu intéressé de Jean Audibert que je connais de longue date. Il m'indique que je verrai tout cela avec le nouveau chef de cabinet…
Il s'agit de Jacques Dewatre, sous-préfet en poste en Polynésie, dans la subdivision des Iles du Vent, que le ministre a bien connu lorsqu'il était

---

[90] Lors de la nomination de Robert Galley, Jean Audibert avait dû « rendre » à Fernand Wibaux le poste de directeur de la coopération culturelle et technique. Il avait été nommé président de l'ASECNA, en remplacement du gouverneur Louis San Marco
[91] Eric Arnoult a déjà écrit quelques livres sous son nom de « guerre » Erik Orsena mais il se fait encore appeler sous son nom patronymique.

sous-préfet à Saint-Jean-de-Maurienne. Il a été rappelé et il serait en route, me dit-on.

Jacques Dewatre était encore dans l'avion le jour de la prise de fonction de Jean-Pierre Cot et il n'arrive donc rue Monsieur que le surlendemain. D'entrée de jeu, il m'indique que je vais recevoir une autre affectation, mais il me demande de tout mettre en œuvre pour assurer au mieux la continuité du service[92].

La recherche d'un candidat est alors entreprise, mais les volontaires ne se bousculent pas. Il se trouve, en outre, après quelques jours que Jacques Dewatre[93] apprécie ma manière de travailler et de « manager » notre petite usine. Deux semaines plus tard, il me maintient sur le poste et, sans doute fatigué de signer la masse de documents administratifs et financiers, relatifs notamment aux missions et voyages, il fait signer au ministre un décret portant délégation de signature en ma faveur, comme je l'avais auparavant, « en cas d'absence ou d'empêchement du chef de cabinet ». Ce décret est publié au JO le 13 juin 1981 et, dans une petite maison comme la nôtre, plusieurs échos me reviennent aux oreilles, selon lesquels « Gohy a retourné sa veste »... leurs auteurs considérant sans doute que, par nature, mes activités ont un caractère politique. Mais de telles remarques n'émanent pas des très nombreux agents qui bénéficient très directement au quotidien des services du bureau du cabinet, pour les missions, les passeports, les visas ou les transmissions et dont l'efficacité et le caractère opérationnel sont plutôt appréciés.

Je vais ainsi me trouver à un poste d'observation privilégié pour assister à la transformation du ministère et au passage de ce qui devait être une sorte d'ancien monde (celui de la France d'outre-mer, ou celui de Foccart ou de ses successeurs, celui du néocolonialisme, etc.) à celui du nouveau, issu de cet immense élan d'une gauche généreuse, tiers-mondiste, adepte du développement intégré, de l'indépendance réelle, de démocratie « renforcée » et des droits de l'homme.

D'entrée de jeu, on sent que les choses vont changer et changer vite.

Le décret fixant les attributions du ministre des Relations extérieures, précise qu'il exerce les attributions précédemment dévolues au ministre des Affaires étrangères et au ministre de la Coopération.

---

[92] Je me retrouve donc dans une situation identique à celle que j'avais connue cinq ans plus tôt, avec André Canals, à l'arrivée de Robert Galley rue Monsieur.
[93] Jacques Dewatre restera chef de cabinet jusqu'en mars 1984.

Celui qui fixe les attributions de Jean-Pierre Cot, ministre délégué, indique qu'il est chargé de la coopération avec une liste d'États, annexée au décret. Il s'agit des pays du « champ » de l'ancien ministère de la Coopération. Les services de l'ancien ministère de la Coopération sont placés sous son autorité. Les décisions concernant les chefs des missions d'aide et de coopération et les personnels de ces missions sont prises par lui. Il préside le comité directeur du FAC et il en est l'ordonnateur principal. Il s'agit à peu près des mêmes attributions que celles de ses prédécesseurs, à la seule différence qu'il les exerce par délégation du ministre des Relations extérieures.

Une volonté de changement

Mais, Jean-Pierre Cot a beaucoup d'ambition et il le fait savoir. Sur le plan de la conduite des affaires, il veut, en effet, impulser un changement considérable. Selon le journal *Le Monde* [94]:

> « Si le nouveau ministre ne connaît guère le continent noir, il sait déjà qu'il veut "décoloniser la coopération", aérer le pré carré pour l'ouvrir à toutes les Afriques, lusophone, anglophone comprises. Certes, il consent à maintenir un lien privilégié avec les États de l'ex-empire. Mais cela ne saurait, à ses yeux, être exclusif d'une diplomatie plus large, mondialiste, moraliste aussi. N'a-t-il pas annoncé qu'il lirait les rapports d'Amnesty International épinglant les pays dans lesquels sa fonction le conduirait ?
>
> L'homme à la coiffure afro et aux amitiés rocardiennes ne prise guère les relations personnelles, quasi incestueuses, qui ont dominé jusqu'ici la politique franco-africaine. Fils de Pierre Cot, ancien ministre de Léon Blum, ce juriste de haut vol, à qui tout semble avoir réussi, préfère la concision à la palabre, les regards dans les yeux aux caresses dans le dos. »

Lors du sommet de Cancún, auquel Jean-Pierre Cot participe, François Mitterrand, plaide en faveur du tiers-mondisme, prônant le salut du Nord par l'appui au Sud, la dénonciation de l'échange inégal, la revendication d'un juste prix des matières premières. Il a des mots durs contre la dette, etc.

Jean-Pierre Cot insiste sur la nécessité de concentrer l'aide sur les PMA (Pays les Moins Avancés)[95] et il s'efforcera, comme le faisaient déjà ses prédécesseurs de concentrer les moyens du FAC sur ces PMA, auxquels près de 9 États africains francophones sur 10 appartiennent malheureusement.

---

[94] Journal *Le Monde,* Archives 2 - Les désillusions de Jean-Pierre Cot, par Eric Fottorino - Publié le 23 juillet 1997

[95] Il a peu de temps avant Cancún présidé une conférence internationale sur les PMA.

Cette situation de dégradation économique des pays du champ de la coopération ne découle évidemment pas d'une politique menée par la rue Monsieur depuis l'indépendance de ces pays. Elle relève du milieu naturel qui caractérise un nombre important de ces États, très inégalement dotés en matière de ressources naturelles et victimes, pour les États du Sahel notamment, de la grande période de sécheresse qui a caractérisé la décennie des années 1970.
L'ambition politique et la volonté de changement se trouvent au cœur du travail du nouveau ministre. Il veut faire partager sa vision par le personnel de la manière la plus large et, à la grande satisfaction des agents, le nouveau ministre les invite tous, généralement une fois par mois, voire une fois par semaine, à une séance d'information au cours de laquelle il retrace l'évolution de la réforme, avec ses avancées et ses difficultés. Ces réunions à la fin desquelles tout le monde partage un verre de vin blanc de Savoie, servi, démocratie oblige, dans un verre en plastique jetable après usage, sont fort appréciées. Les membres du cabinet entourent le ministre et chacun peut s'entretenir avec eux, voire présenter, à cette occasion, des doléances ou appeler l'attention sur telle ou telle situation personnelle délicate.

*

* *

Mais, c'est sur le plan quotidien du fonctionnement de l'administration et sur le sort des agents qui y sont affectés, que plusieurs changements doivent être observés :

L'administration spécifique du ministère est supprimée

L'ancien titre III du budget est très vite entièrement transféré à l'administration générale du quai d'Orsay. Il n'y a plus de contrôle financier rue Monsieur et, en ce qui concerne le cabinet, la gestion de nos crédits (voyages et missions, frais de réceptions, courrier et transmissions, véhicules, carburant, etc.) font désormais l'objet d'un contrôle des services de M. Morchouane dont les bureaux se trouvent rue La Pérouse. Présentée au départ et ressentie comme une catastrophe, cette mesure ne pose, en réalité, aucun problème dans sa mise en œuvre. Les documents qui justifient d'un visa préalable sont simplement acheminés par cycliste rue La Pérouse deux fois par jour. Chaque rotation concerne des dépôts et des retraits de documents et ce visa « déporté » ne présente pas plus de difficultés que lorsqu'il suffisait de les faire passer d'un étage à l'autre. J'ajoute, pour le plaisir, que contrairement à une légende propre aux Affaires étrangères et qui a la vie dure, M. Morchouane ne manque pas très rapidement d'indiquer à ses interlocuteurs du quai d'Orsay et de la rue La Pérouse qu'ils devraient s'inspirer des méthodes et de la rigueur des services de la rue Monsieur dans la présentation et la gestion de leurs dossiers. Venant du représentant de la direction du budget, cette attitude, très souvent confirmée, ne manque pas d'irriter nos collègues du quai d'Orsay, contrariant leur volonté permanente de nous « rééduquer » et de nous faire adopter leurs méthodes, comme on le verra un peu plus loin à propos des voyages et missions.

Le versement de nos salaires, assuré jusqu'ici par la trésorerie générale de la coopération est désormais assuré par la trésorerie générale pour l'étranger de Nantes et nos feuilles de paye sont libellées à en tête du ministère des Relations extérieures. Mis à part l'affichage, la mesure n'entraîne aucun changement de fond. En effet, les conditions de gestion des agents, qu'ils soient titulaires de la coopération (un tout petit nombre), titulaires en détachement ou contractuels ne sont pas modifiées et restent appliquées à l'identique selon leurs spécificités.

Mais les moyens du titre III ne représentent qu'une part infime de la masse de crédits gérés par la rue Monsieur et les moyens spécifiques de la coopération que sont le FAC, l'assistance technique en personnels et les autres moyens du titre IV, restent de la compétence des « services de la coopération » comme on les appelle maintenant. Ils sont gérés par la rue Monsieur et conservent un contrôle financier spécifique[96]. Une fois de plus, donc, beaucoup de bruit pour peu de choses…

Il est très vraisemblable que Jean Audibert qui a toujours été très sceptique sur la réforme a fait ce qu'il fallait pour ne transmettre que des « miettes » dans l'emballement qui suit toujours les grands changements politiques, sachant qu'avec le temps, les résistances à ces transferts trouveraient le moyen de s'organiser et de se mettre en place.

Mais, sur les « miettes » transmises, que constituaient les ressources du titre III, la mainmise des services des affaires étrangères s'est très vite manifestée. On l'a vu pour la gestion des personnels puis très rapidement aussi pour la gestion des voyages et des missions de l'administration centrale, ce qui a donné lieu à des épisodes cocasses de changement de « culture professionnelle ».

[96] Y compris, je crois bien, en ce qui concerne le titre IV hors AT.

Les voyages et missions

En 1981, la rue Monsieur disposait encore d'un « service de la régulation aérienne » qui avait en charge la négociation et la mise en œuvre des marchés de transport pour les personnels. Son fonctionnement était encore calqué sur les habitudes de la France d'outre-mer et les bons individuels de transport (BIT) avaient remplacé les réquisitions individuelles de transport. Compte tenu que la quasi-totalité des destinations était desservie par les compagnies nationales Air France et UTA et qu'elles se partageaient ces destinations, compte tenu aussi des obligations imposées par les accords de l'IATA, en termes d'affichage des tarifs sur les billets, les deux ministères bénéficiaient de tarifs avantageux, correspondant à des remises globales, non affichées sur les billets et donc non susceptibles d'être contestées par l'IATA. Ce système avait un côté régalien, avec son aspect « réquisition » qui conférait un caractère officiel à ces voyages.

Ce sont les mêmes marchés et les mêmes méthodes de travail qui ont été maintenus pour les voyages des coopérants et les missions imputées sur le FAC (90 % du volume total environ).

En revanche, pour les crédits du titre III, transférés sur le budget du quai d'Orsay, c'est à une agence de voyages privée, installée dans les locaux du ministère des Affaires étrangères, rue La Pérouse, que nous avons été invités à nous adresser pour la mise en œuvre de nos voyages et missions. Elle est dirigée par Camille Fillot, avec lequel nous avons très vite d'excellentes relations.

Les procédures sont beaucoup plus simples que celles que nous connaissons. Elles ont été mises au point essentiellement pour les besoins de la DGRCST qui envoie chaque année des milliers de coopérants, d'experts, de conférenciers dans le monde entier.

Rue Monsieur, nous devons remplir et signer un BIT pour faire émettre le billet par l'une des deux compagnies habilitées (Air France ou UTA), établir un ordre de mission, au caractère très officiel, barré d'un bandeau bleu, blanc, rouge,[97] ainsi qu'un décompte prévisionnel de frais de mission et, le cas échéant, un décompte d'avance sur frais de mission, tous ces documents devant être visés par le contrôleur financier. Il est vrai que tout cela est un peu lourd, mais comme on l'a vu dans un chapitre précédent, le système a été bien maîtrisé et amélioré, par la quasi-suppression de l'avance et la

[97] Ce document, signé du cabinet du ministre, porte la mention « *les autorités amies et alliées sont priées de faciliter les déplacements et la mission confiée au titulaire du présent ordre de mission* » et est donc fort utile dans lors des contrôles locaux et au passage des nombreux « check point » qui jalonnent les entrées et sorties de villes ou les routes de nombreux pays d'Afrique.

généralisation du paiement des indemnités, en régie, dans les 24 h suivant la remise des pièces nécessaires par l'agent à son retour de mission.

Il faut dire et reconnaître que le système mis en place par les Affaires étrangères est beaucoup plus simple. Il se réduit à un document unique auto carboné, comportant plusieurs volets, présenté au visa du contrôle financier, puis transmis à l'agence, pour exécution. Les différents volets valent bon de commande du billet pour l'agence (avec laquelle l'agent a directement mis au point les détails de son voyage), ordre de mission et fiche financière pour l'agent, lui permettant de percevoir sur place, pour ceux qui le souhaitent, leurs indemnités de déplacement, en monnaie locale, auprès du régisseur diplomatique (dans la plupart des pays) ou de la paierie de France, là où elle existe.

Pour le titre de transport, l'agence recherche le meilleur tarif, sans privilégier les compagnies françaises et recherche le « package » le plus économique. Nous sommes au début de la guerre des tarifs aériens et de nombreuses compagnies proposent des billets à coût réduit sous certaines conditions : il faut par exemple que le voyage comprenne au moins un week-end sur place, soit en début, soit en fin de séjour. Si le coût supplémentaire des indemnités journalières est inférieure à la réduction obtenue sur le transport, l'agence, en bonne gestionnaire, n'hésite pas et retient la formule la moins onéreuse, parfois au grand dam de l'agent qui n'est pas toujours consulté préalablement et qui n'a donc pas toujours donné formellement son accord.

Pour les indemnités de déplacement, si l'agent ne souhaite pas bénéficier de la facilité qui lui est proposée, il lui est loisible de demander à son retour de mission que les indemnités auxquelles il peut prétendre, lui soient versées en francs, sur son compte bancaire. Dans ce type de cas, l'administration n'est tenue à aucun délai pour régulariser la situation et l'intéressé doit souvent attendre plusieurs semaines pour percevoir ce qui lui est dû. Si ce système est bien commode dans les pays de la zone US dollar, il présente beaucoup d'inconvénients dans les pays à monnaie non convertible : comment, par exemple, couvrir les frais couverts par carte de crédit, effectués forcément en devises, ou encore, comment convertir les reliquats disponibles sur indemnités…

Mais, il faut reconnaître que cette procédure est extrêmement simple, efficace et « efficiente », comme on le dit aujourd'hui. Elle présente néanmoins certains inconvénients qui ne semblent pas poser problème aux services des Affaires étrangères. On verra, à l'usage, qu'elle est parfois un peu brutale et qu'elle ne s'applique qu'à la DGRSCT, les autres directions bénéficiant pour le choix des dates et des modes de voyage d'un traitement plus personnalisé, comparable à celui que nous appliquions rue Monsieur. Mais, dans le contexte du moment, pour le ministère des Affaires étrangères, les services de l'ancien ministère de la Coopération ne sont qu'une sorte de petite DGRSCT, qu'il convient de traiter de la même manière, dans le cadre de la fusion, et qu'il faut d'ailleurs le faire au plus vite.

Quelques « couacs » auront rapidement raison de la procédure. Par exemple, un ingénieur agronome de la direction des projets du développement devait représenter le ministère à une conférence internationale à Dakar, sur les questions de développement rural, qui débutait un lundi matin. Au lieu d'être mis en route le dimanche après-midi sur l'avion direct d'Air France, il a reçu un billet « à bas coût » émis sur une compagnie étrangère, avec un trajet comportant une escale à Madrid. Du fait du retard de son vol au départ de Paris, il a manqué la correspondance à Madrid et aurait dû attendre le lundi soir pour arriver à Dakar, à la fin de la réunion. Cette mission devenant sans objet, il n'a eu d'autre solution que de revenir à Paris le lendemain. Faute d'avoir pu prendre le vol prévu et se refusant à attendre le mercredi, il a dû acheter sur ses deniers personnels un billet Madrid/Paris, au prix fort évidemment. Le remboursement correspondant n'a pu être effectué qu'au prix de nombreuses démarches, notes et finalement sur présentation d'un certificat administratif.

Un autre agent s'est trouvé ainsi bloqué au Maroc pendant un week-end, alors que sa mission initialement prévue jusqu'au vendredi s'était terminée le jeudi. S'il avait accepté au départ, sans y prendre garde, la formule « touristique » du billet proposé par l'agence, il n'a eu d'autre solution que d'acheter un nouveau titre de retour. La pratique de billets « non modifiables, non remboursables » était en effet inconnue rue Monsieur et tous les billets émis au tarif « administratif » pouvaient être modifiés sur place, par l'agence locale de la compagnie et sur demande formelle de nos missions de coopération, selon les programmes de travail de nos missionnaires, toujours soumis à des aléas de calendrier en raison de leur caractère partenarial et de la disponibilité des responsables nationaux concernés.

Ces nouveaux modes de fonctionnement sont très mal perçus par beaucoup d'agents. Il faut ajouter que cette forme de banalisation s'accompagne de la nouvelle réglementation relative à la classe de voyage autorisée. Avant 1981, tous les agents classés aux échelles lettres pouvaient encore prétendre à voyager en première classe (la classe « affaires » n'existait pas). Si au quai d'Orsay, seuls les ministres plénipotentiaires et les conseillers des affaires étrangères hors classe (à partir d'un certain échelon) bénéficiaient d'un tel classement, la situation se présentait de manière fort différente rue Monsieur. Tous les anciens administrateurs de la FOM étaient classés aux échelles lettres, ainsi que les techniciens ou ingénieurs qui avaient atteint des grades élevés. En outre de nombreux techniciens appartenant à des corps dont l'indice terminal se situait juste en dessous des échelles lettres pouvaient bénéficier d'une majoration indiciaire, liée à leur position de détachement.

Ces nouvelles méthodes de gestion apparaissent comme très brutales et sont perçues comme une double peine, diminuant le confort du voyage tout en augmentant sa durée, avec des escales non obligatoires, et des horaires souvent moins confortables que ceux des vols Air France ou UTA.

Heureusement, ici aussi, la spécificité des activités des services de l'ancien ministère de la Coopération et la nature des missions techniques en relation avec des autorités locales, sont rapidement prises en compte et on abandonne la formule « DGRSCT » pour recommencer à fonctionner comme auparavant et à redonner à nos missionnaires des ordres de mission, barrés de bleu, blanc, rouge. Quant à l'agence de voyages de la rue La Pérouse, elle décide de bénéficier elle aussi des tarifs dits administratifs qui s'appliquent dans le cadre des marchés passés par la rue Monsieur et les voyages des agents de la DGRSCT dans les pays du « champ » de l'ancien ministère de la Coopération. Tous les bénéficiaires y trouvent beaucoup d'améliorations en termes de confort et d'horaires.

Rue Monsieur, nous inspirant du caractère commode d'une agence de voyages sur place telle que la DGRSCT en bénéficiait, notre service des transports demande et obtient, très vite, que la compagnie UTA installe dans nos locaux, un implant commun avec Air France. La préparation des voyages, comme l'émission des billets en est considérablement facilitée. On peut ainsi, sortir par le « haut » d'une situation qui malgré son caractère très secondaire était génératrice de beaucoup de pertes de temps, d'inefficacité, de mécontentement de la part des agents et, in fine, dans de nombreux cas, de dépenses supplémentaires avec de nombreux billets devenus « invalides » en cours de mission.

Tout le monde sort gagnant de cette affaire.

La réforme de juillet 1982

C'est en juillet 1982, après des mois de négociations en hauts lieux que les décrets organisant la fusion des deux ministères sont enfin publiés. Jean Audibert devient chargé de mission auprès du ministre et Renaud Vignal devient directeur du cabinet.

Dans son édition du 4 août 1982, le journal *Le Monde* indique :

> « Dans une mise au point du lundi 2 août, les services de M. Cot attirent l'attention sur le fait que le décret les concernant a avant tout pour but de créer trois directions nouvelles au ministère des Relations extérieures, la direction des politiques du développement, celle des projets de développement et celle des moyens du développement. Le communiqué indique : “Cette réforme n'aboutit en aucun cas à élargir

les compétences du ministère de la Coopération, ministère dont elle consacre au contraire la disparition au profit des trois directions nouvelles (...). Elle met fin à la dispersion des tâches qui prévalait antérieurement entre la direction générale des relations culturelles, scientifiques et techniques du ministère des affaires extérieures et les services de l'ancien ministère de la Coopération, dans la mise en œuvre de l'aide française au développement.
(...) Elle dote le ministère des Relations extérieures de deux instruments (N.D.L.R. : les services de M. Cot et ceux de M. Thibau) cohérents, essentiels à la politique extérieure de la France“.
S'agissant de la coupure qui pourrait s'instaurer entre la coopération technique, relevant désormais de M. Cot dans l'ensemble des pays du tiers-monde, et la coopération culturelle stricto sensu gérée, désormais, à l'échelle mondiale par M. Thibau, directeur général des relations culturelles, on insiste beaucoup, tant à l'Élysée qu'au quai d'Orsay et rue Monsieur, sur la présence au sein du même ministère unifié des Relations extérieures de tous les services traitant de ces deux aspects de la coopération, ce qui devrait au contraire accroître l'efficacité de celle-ci. »

Transferts de personnels, déménagements

Sur le plan pratique et bien que cette réforme soit officialisée en plein été, on assiste très vite, même avant la rentrée à une grande frénésie de mouvements et de déménagements.

En théorie, la DGRSCT voit sa compétence, réduite en matière technique et scientifique dans les États du « champ » de l'ancien ministère de la Coopération, élargie à ces mêmes pays dans le domaine de l'enseignement du français et d'une manière plus générale, de la diffusion de la culture française. La DGRSCT récupère environ cinq cents professeurs de français en poste dans vingt-cinq États d'Afrique et à Haïti et elle cède aux services de la coopération au développent, placés sous l'autorité de M. Cot, quelque douze mille coopérants techniques répartis à travers le monde, qui s'ajoutent aux dix mille cinq cents coopérants du même type que le ministère de la Coopération gérait déjà dans les vingt-six pays concernés. Quant au transfert de crédits, la DGRSCT reçoit pour 1982 436 millions de francs de la coopération tandis que la rue Monsieur « récupère » 801 millions de francs, toujours pour 1982, venant des relations culturelles[98].

Très vite, on assiste à des mouvements de personnels. Quelques cadres de la DG, responsables des actions de coopération dans les pays du hors champ

[98] Chiffres issus de l'article du monde du 4 août 1982

nous rejoignent rue Monsieur. Je me souviens notamment de l'arrivée de René Forceville, de Bernard Malauzat, de Claudine Serre, de Bernard Sexe, j'en oublie sûrement d'autres. La poursuite de leurs activités implique qu'ils effectuent des missions de suivi des projets dont ils ont la charge et nos crédits de voyages et missions, bien qu'engagés au rythme imposé d'un douzième par mois, ne bénéficient d'aucun abondement, comme on peut l'imaginer dans toute opération de fusion. On découvre, en outre, que le coût des missions hors champ, malgré le système pratiqué par l'agence de voyages de la rue La Pérouse, mais surtout en raison de montants beaucoup plus élevés des indemnités journalières, est souvent, au total, supérieur à celui des déplacements dans les pays du « champ ».

De mon poste d'observation, je ne dispose d'aucune vision sur les moyens transférés. Je me souviens toutefois d'avoir assisté à une réunion où les responsables de DGRSCT ont présenté rue Monsieur une situation faisant état d'un engagement total des crédits de l'année, égalant donc à un transfert de 0 F. Il s'agissait de crédits du titre IV et aucun transfert n'est effectué sur le titre III.

Le chiffre des douze mille assistants techniques venant de la DGRSCT transférés rue Monsieur ne me parait pas conforme à la réalité. Ce nombre doit probablement comprendre les enseignants en français et les enseignants dans les établissements d'enseignement français à l'étranger, qui ne sont pas transférés rue Monsieur. L'essentiel des autres coopérants techniques servent en Algérie, au Maroc et en Tunisie. Ils relèvent à partir de 1982 des services de la rue Monsieur. Ils donneront lieu à beaucoup de difficultés de gestion quelques années plus tard. La Loi Le Pors va leur donner vocation à une titularisation. En dépit d'une logique apparente - une logique sans faille aurait impliqué la suppression pure et simple de l'ancien ministère de la Coopération, mais l'opération aurait été délicate du fait notamment de l'existence de corps de personnels propres - la nouvelle répartition des compétences entraîne des situations ubuesques, du fait notamment de la séparation de la langue française, monopole de la DGRSCT.

Dans le sens inverse, c'est-à-dire de la coopération à la DG, c'est l'ensemble de la sous-direction des actions culturelles qui est transférée rue La Pérouse. Ainsi, mes anciens collègues, du bureau du cinéma notamment, vont quitter l'orbite de la rue Monsieur. Il s'agira pour certains d'entre eux d'un départ définitif et ils ne reviendront pas, au moment de la reconstitution de l'ancien ministère de la Coopération, quatre ans plus tard, lors de la première cohabitation et de la nomination de Michel Aurillac, en qualité de ministre « plein » de la coopération.

Au royaume d'Ubu

Au printemps suivant, on va assister à l'un des épisodes sans doute les plus cocasses que l'on puisse citer à propos des effets secondaires voire « pervers » de cette nouvelle réforme.

Les différences entre les deux « cultures » qui distinguent la coopération des affaires étrangères, vont apparaître de manière flagrante, voire risible, à l'occasion des opérations de recrutement des personnels enseignants.

Rue Monsieur, on les appelle les « commissions mixtes de recrutement » et elles associent les services du ministère (administration centrale et missions de coopération) et les autorités des pays africains et malgache, là où se trouvent les gros bataillons de coopérants. Elles concernent, à la fois, le choix des personnels à recruter, les mouvements à effectuer entre établissements, les redéploiements, les suppressions ou les créations de postes. Ces opérations ont un caractère partenarial bilatéral franco-africain (ou malgache)[99].

Rue La Pérouse, à la DG, ces commissions s'appellent les CCPM (commissions consultatives paritaires ministérielles) et elles associent, à titre consultatif, les organisations représentatives des personnels de l'éducation nationale qui « apprécient » les critères retenus pour le choix des candidats qui se portent volontaires pour enseigner à l'étranger, soit dans un établissement d'enseignement français, soit en qualité de coopérants dans le système éducatif de l'État étranger considéré. Un des principaux critères retenus est celui des services déjà effectués dans ces différents postes. On estime, en effet, que cette possibilité doit être offerte au plus grand nombre et à la manière des commissions administratives paritaires classiques, on établit un « barème » et on attribue les postes en fonction du nombre de points obtenus[100]. Un ou plusieurs séjours à l'étranger constituent des points négatifs et l'on assiste ainsi à un « turn-over » important. Ce système, il faut le reconnaître, est plus égalitaire que celui qui est pratiqué rue Monsieur. C'est certes un avantage. A l'inverse, il prive le service d'agents disposant d'une expérience en coopération et d'un certain « savoir coopérer », dont la rue Monsieur et les services du BLACT[101] estiment qu'il ne faut pas se priver. On conviendra, cependant, rue Monsieur qu'il faut éviter d'avoir des enseignants coopérants « professionnels des pays d'Afrique », qu'un certain

[99] On précisera que ces commissions de recrutement ne concernent pratiquement que les pays ex-français où, encore à cette époque, interviennent « en substitution » de nombreux coopérants affectés directement sur des tâches d'enseignement.

[100] Un peu à la manière dont le système fonctionne en France.

[101] Comme on l'a évoqué plus haut, à propos des films de Serge Moati, le BLACT est chargé de la formation des coopérants et intervient dans les préparations au départ puis dans des formations continues, associant des coopérants en poste et des « primo candidats ».

renouvellement des cadres est indispensable et qu'il faut appliquer un politique de mobilité. Cette obligation de mobilité prendra, dix ans plus tard, un caractère règlementaire dans les nouveaux décrets régissant les personnels de coopération qui seront appliqués en 1992.

Dans ses conséquences immédiates, la réforme emporte que les enseignants en service dans un même lycée à Dakar, par exemple, vont relever soit de la rue Monsieur, soit de la rue La Pérouse, selon qu'ils enseignent ou non une discipline différente du français.

Les commissions vont alors se dérouler en deux temps avec les autorités des États concernés qui sont associées de manière très formelle aux recrutements. Les travaux se tiennent, dans un premier temps, rue Monsieur pour toutes les disciplines de l'enseignement technique, de l'enseignement supérieur et de l'enseignement général, à l'exception du français. Le lendemain, les responsables concernés[102] rejoignent la rue La Pérouse où ils examinent les dossiers qui leur sont proposés, après leur sélection par la CCPM.

Dans cette nouvelle répartition des compétences, il est flagrant que chaque entité administrative campe sur ses positions, aucune des deux ne montrant une disposition particulièrement favorable à des redéploiements de postes entre des « blocs » de disciplines, qui conduiraient à des pertes ou des gains de moyens entre la rue La Pérouse et la rue Monsieur.

Heureusement, comme l'indiquaient les précisions apportées au journal Le Monde le 4 août 1982, le nouveau dispositif doit permettre de gagner *« en cohérence »* et *« en efficacité »*. On en est vraiment très loin…et on prend le parti d'en rire !

Les distinctions honorifiques

Comme on l'a vu plus haut, depuis 1959, des distinctions honorifiques ont toujours été attribuées au titre de la coopération, quelles qu'aient pu être les formes de l'entité administrative responsable qui en avait la charge. Jusqu'en 1974, c'est-à-dire jusqu'à la suppression du Secrétariat général pour les affaires africaines et malgaches, ce sont donc les services de Jacques Foccart qui instruisaient les dossiers correspondants et préparaient les décrets publiés sous le timbre « coopération ».

[102] Les postes de français ne représentent qu'une part limitée des recrutements qui sont plutôt concentrés sur les disciplines scientifiques ou techniques.

Cette compétence a été transférée rue Monsieur et relève du bureau du cabinet. J'en suis non seulement un observateur privilégié, mais j'interviens directement, assisté par Claude Minier[103], en qualité de rapporteur de la commission compétente présidée traditionnellement par le chef de cabinet.
Notre ministère n'existant plus en tant que tel, c'est au ministre des Relations extérieures qu'est attribué le quota annuel des distinctions dans nos deux ordres nationaux (Légion d'honneur et ordre national du Mérite). Il lui est demandé de répartir ce quota entre le quai d'Orsay (personnel, protocole) et la rue Monsieur et d'informer la Présidence de la République de la décision interne correspondante.
Comme on peut facilement l'imaginer, il s'agit ici d'une « proie » que les services des affaires étrangères cherchent tout de suite à s'approprier et l'arbitrage est demandé au cabinet de Claude Cheysson.
La question doit être réglée par le chef de cabinet du « grand » ministre, Remy Pautrat. Il convoque donc une réunion à laquelle Jacques Dewatre m'envoie pour représenter la rue Monsieur, afin d'éviter une sorte de confrontation entre deux chefs de cabinet qui aurait pu être délicate et créer un déséquilibre entre les parties prenantes. Malgré la « pugnacité » et les arguments très adroitement présentés par Françoise Lacroix, de la direction du personnel qui ne comprend pas pourquoi il faudrait maintenir une séparation des quotas et des propositions distinctes alors que les services doivent « fusionner », Remy Pautrat, dans sa grande sagesse, se rend à nos propositions, c'est-à-dire le maintien du statu quo. C'est avec une certaine satisfaction, je dois l'avouer, que je reçois quelques jours plus tard le relevé de décisions de cette réunion, annoté d'une mention de félicitations.
Bien que Françoise Lacroix ait quitté cette réunion avec une mine quelque peu dépitée, nous avons eu de très bons contacts par la suite et nous avons même pu savourer avec plaisir quelques gestes d'une grande générosité en lui « offrant » plusieurs rosettes rouges.
Compte tenu, sans doute, du fait que la gestion de cette question avait longtemps été assurée par les services de Jacques Foccart, nos contingents étaient plutôt généreux, tant dans la « rouge » (la Légion d'honneur) que dans la « bleue » l'ordre national du Mérite). Au quai d'Orsay, on s'intéresse très peu à l'ONM et les titulaires, ayant rang de « diplomates » portent rarement l'insigne de la « bleue », sauf peut-être au grade de commandeur. Aux grades de chevalier et même d'officier, on laisse cela au petit personnel, chiffreurs, cadres B ou cadres C. En revanche, on s'intéresse beaucoup à la

[103] La section « chancellerie » dirigée par Claude Minier assure l'instruction des dossiers présentés par nos ambassades, nos missions de coopération ou par les services de l'administration centrale. Il s'agit d'une instruction minutieuse, avec une partie « enquête » auprès de l'ensemble des autorités administratives (ambassades, consulats, préfectures, ministères, etc.) auprès desquelles les candidats ont été en service ou dont les activités ont pu être connues, lorsqu'il s'agit de personnels du secteur privé ou confessionnel.

« rouge », comme rue Monsieur d'ailleurs, où cependant on ne méprise pas la bleue dont il est d'usage de porter les insignes quel que soit le niveau de responsabilité occupé.

Beaucoup d'idées fausses et préconçues circulent depuis toujours sur les conditions d'attribution de ces distinctions honorifiques, considérées comme des « hochets » par certains, méprisées par d'autres[104]. Et pourtant, ayant été rapporteur de la commission effectuant le choix des propositions, je peux témoigner que la question était traitée avec le plus grand soin et beaucoup de sérieux. Rue Monsieur, nous avons toujours vérifié soigneusement la qualité des titres acquis pour ces distinctions, respecté un équilibre entre les candidats relevant du secteur public et ceux du secteur privé, recherché le même équilibre entre les femmes et les hommes, sachant que la place des femmes a pris du temps à s'étoffer tant à l'administration centrale que dans nos missions de coopération ou sur des postes de coopérants. Mais, le dévouement pratiqué en Afrique par les religieuses a permis de distinguer un grand nombre de celles-ci dans nos deux ordre nationaux. Fidèles à ces principes, nous n'avions pas toujours, parmi les agents du secteur public, de candidats disposant des titres requis pour prétendre à une promotion au grade d'officier de la Légion d'honneur. C'est alors que nous avons proposé à Françoise Lacroix de nous présenter des candidatures d'ambassadeurs ayant servi en Afrique francophone, dont le dossier se trouvait dans les starting-blocks au service du personnel en attente d'une croix disponible. Ces propositions ont « arraché » le cœur à Françoise Lacroix. Elle estimait, en effet, que quel que soit l'honneur d'être promu à ce grade, une promotion au titre de la coopération, paraissait moins « glorieuse » qu'une promotion au titre des affaires étrangères[105].

Ayant occupé le même poste pendant près de neuf années, je n'ai pu constater que de manière exceptionnelle la prise en compte de considérations d'ordre politique et j'ajoute que nous n'avons vu aucun dossier rejeté par le conseil de l'ordre, notre ministre, dans sa grande sagesse ou dans sa grande prudence, ayant toujours tenu compte des observations de notre rapporteur[106].

Quelques anecdotes me reviennent en mémoire.

---

[104] J'ai même vu le curriculum d'un agent présentant à la rubrique « distinctions honorifiques », la mention « Dieu merci, aucune »...

[105] Anecdote certifiée authentique...

[106] Les rapporteurs pour la coopération au conseil de l'Ordre, ont été pendant mon passage au bureau du cabinet, le Gouverneur Louis San Marco, ancien Président de l'ASECNA, puis Claude Panouillot, ancien directeur de la caisse centrale de coopération économique.

Tout d'abord, la plus choquante. Pour la promotion du 14 juillet 1980, la coopération avait proposé la nomination dans la Légion d'honneur d'un ancien administrateur de la FOM, sous-directeur rue Monsieur, dont la qualité des services était telle que sa nomination avait été envisagée au moment où il réunissait tout juste la durée de services minimum requise pour cette nomination. Malgré les qualités reconnues du candidat, notre rapporteur au conseil de l'ordre avait exprimé le souhait que cette présentation soit différée d'une année. Ce rapporteur qui coiffait les deux ministères avait fait la même observation à mon collègue des DOM-TOM, Roger Dupin, avec lequel j'étais fréquemment en contact, au sujet d'un autre ancien de la FOM, en service rue Oudinot, issu de la même (et dernière) promotion de l'ENFOM. Le secrétaire d'État aux DOM-TOM avait décidé de passer outre cet avis. La nomination de son candidat avait été alors ajournée par le conseil de l'ordre et, en conséquence, la croix avait été « perdue ». Rue Monsieur, le cabinet avait jugé prudent de suivre l'avis du rapporteur. Un autre dossier avait été prélevé dans la liste d'attente, puis présenté et retenu.
Cette candidature ajournée aurait dû mécaniquement être présentée pour la promotion du 14 juillet de l'année suivante et notre rapporteur nous l'a rappelé lorsqu'il a observé qu'elle ne figurait pas parmi nos propositions. Mais le vent du changement de mai 1981 était passé par là et les affinités politiques du candidat en question n'étaient pas notoirement les mêmes que celles du nouveau pouvoir. Lors de la réunion de la commission, alors que j'avais rappelé le caractère très spécifique du dossier, le chef de cabinet l'a discrètement écarté d'un : « il vaut mieux attendre encore un peu… » Pendant quatre années, trois fois par an, avec Claude Minier, nous avons fait figurer ce candidat en tête des propositions et il a été ajourné de manière systématique, avec la même mention : « il vaut mieux attendre encore un peu… »
Cette affaire permet de signaler, au passage, que contrairement à ce que l'on pourrait suspecter, l'aspect politique n'a jamais revêtu qu'un aspect très secondaire dans le traitement de ces dossiers de distinctions honorifiques. Certes, les recommandations étaient fréquentes, mais elles n'étaient jamais déterminantes, comme un autre cas « atypique » permet de le faire apparaître.

Nous avions enregistré pour une promotion au grade d'officier dans l'ONM, la candidature d'une personnalité qui nous était présentée par notre ambassadeur en Côte d'Ivoire. Cela devait se passer à la fin de l'année 1980. Exerçant dans le secteur privé depuis plusieurs années en Afrique, l'intéressé avait été nommé chevalier quelques années plus tôt et la qualité de ses activités professionnelles, reconnues par notre poste d'expansion économique, justifiait qu'il soit promu au grade supérieur. Il figurait donc « en file d'attente » pour être proposé dans une prochaine promotion. Sa

candidature avait, en outre, été signalée par un député de la majorité (RPR), qui avait appelé l'attention du ministre sur la qualité du candidat « proche de nous sur le plan politique » et sur le rôle important qu'il jouait pour la promotion de nos intérêts en Côte d'Ivoire. L'intéressé m'avait rendu visite, pour savoir « où en était son dossier » et je lui avais indiqué qu'il était « en bonne place dans la file d'attente ». Bien sûr la « recommandation » du député figurait elle aussi, en bonne place, dans son dossier. L'année suivante, alors que nous n'étions pas encore en train de préparer la première promotion d'après mai 1981, une correspondance émanant d'un député de la nouvelle majorité (PS) m'est adressée, avec la mention « signalé ». Grande est alors ma surprise de lire que la personnalité concernée est un des plus anciens et des plus fidèles militants du parti socialiste. Soucieux d'éviter tout mouvement d'humeur tant à l'autorité qui appuie sa candidature qu'au membre du cabinet qui m'a transmis sa correspondance « signalée », je juge préférable d'appeler directement le candidat puisque je le connais et que j'ai conservé sa carte de visite. Je tiens, lui dis-je, à le rassurer et à lui confirmer que son dossier était bien resté dans la file d'attente et qu'il n'y avait pas lieu de s'inquiéter. J'ai cru qu'il allait s'étouffer et, en tout cas, mon appel l'a beaucoup surpris. Il était, en effet, évident qu'il pensait que j'étais passé aux oubliettes, à l'occasion du changement politique de 1981.
Il aura, sans aucun doute, été encore plus surpris, mais cette fois la surprise était heureuse, lorsque quelques années plus tard - c'était sous Christian Nucci - , il a reçu, le jour de la parution du décret au journal officiel, comme c'était l'usage, une lettre du ministre le félicitant pour cette promotion si méritée, à laquelle j'avais joint une petite carte personnelle[107].

Beaucoup d'évolutions dans la gestion des personnels contractuels et des nominations dans les missions de coopération

C'est pour les personnels contractuels que le changement se fait sentir le plus rapidement et de la manière la plus importante. Régis jusqu'ici par l'arrêté 195 du 15 mars 1961[108], avec des contrats à durée déterminée, d'une durée d'une année, non renouvelables par tacite reconduction, ces personnels vont désormais voir leur contrat requalifié en contrat à durée indéterminée. Cet arrêté est signé par Jean-Pierre Cot le 23 décembre 1981.

---

[107] Pour s'amuser, on peut se référer ici au livre d'Yves Chalier, *La République corrompue*, Editions Robert Laffont. Au chapitre *La République reconnaissante,* il expose comment parmi les tâches les plus fastidieuses à remplir pour un chef de cabinet, il en est une qui dépasse toutes les autres : l'attribution des décorations. Il précise à mon sujet qu'en qualité de « rapporteur » des dossiers, je lui suis d'un grand secours dans la conduite de la procédure d'attribution…

[108] Voir annexe 4.

Quel beau cadeau de Noël !
Il s'agit, bien évidemment, d'une mesure qui apporte une plus grande sécurité à cette catégorie d'agents dont le statut était relativement précaire, depuis près de vingt ans pour certains. Elle est fort appréciée.

A la même époque, on observe la fin du caractère un peu monolithique du choix des chefs de mission de coopération. Comme on l'a vu plus haut, alors qu'ils étaient généralement occupés par d'anciens administrateurs de la FOM, après un parcours comprenant souvent un passage à l'administration centrale en qualité de chargé de mission géographique ou par des diplomates, non soumis au même parcours, leur recrutement va être profondément modifié.

Initiée sous l'autorité de Jean-Pierre Cot, cette évolution sera poursuivie sous la période Christian Nucci. Ainsi, en 1986, on peut ainsi observer que ces postes de première responsabilité sont occupés par cinq anciens FOM, quatre administrateurs civils, sept agents non titulaires, deux diplomates, deux professeurs agrégés, un professeur d'université, un vétérinaire inspecteur, un ingénieur de l'agriculture, un inspecteur des impôts.
Curieusement donc, on n'y trouve que peu de diplomates, contrairement à la période de Robert Galley où la moitié des postes les plus prestigieux (Abidjan, Tananarive, Dakar, Yaoundé) leur ont souvent été attribués.

Les voyages officiels

A l'occasion de ses voyages officiels, Jean-Pierre Cot va notamment essayer d'impulser cette nouvelle politique, mais de nombreux obstacles vont se mettre en travers de sa route.

Les nombreux voyages du nouveau ministre se démarquent très nettement de ceux de ses prédécesseurs.

Sur le plan de leurs moyens tout d'abord, alors que ses prédécesseurs circulaient habituellement sur les vols réguliers des compagnies UTA ou Air France, selon les destinations, Jean-Pierre Cot, à la manière du ministre des Affaires étrangères ou des secrétaires d'État qui lui sont rattachés, fait appel aux moyens aériens du GLAM. Toutefois, le ou les « Mystères 50 » sont réservés au « vrai » ministre des Affaires étrangères ou, bien sûr, au Président de la République et ce sont donc des « Mystère 20 » qui sont mis à la disposition du ministre délégué. Ces appareils, capables de transporter de 8 à 10 passagers sans beaucoup de bagages sont en fait des moyens courriers et pour rejoindre, ne serait-ce que les pays d'Afrique occidentale, ils doivent faire plusieurs escales techniques, dans le sud de la France d'abord, en Algérie ensuite, avant de pouvoir atteindre les premières capitales africaines.

L'organisation de ces voyages et leur prise en charge étant assurées sur d'autres crédits que ceux de la rue Monsieur, cela allège considérablement les tâches de la section « voyage » du bureau du cabinet et libère quelques moyens qui peuvent être redéployés, par simple virement, sur le paragraphe « mission des fonctionnaires ». Si le ministre y gagne, en souplesse en matière de calendrier de voyage, il y perd plutôt en termes de confort, du fait des nombreuses escales qui lui sont imposées et de l'augmentation de la durée des vols.

Mis à part cet aspect très « terre à terre » de ses déplacements, c'est sur leur programme que l'on assiste à une véritable rupture. Les ambassadeurs de France et les autorités officielles des États visités ne sont plus, en effet, les seules personnalités rencontrées. Pratiquement, chacun de ces déplacements officiels comprend une réunion avec les sections locales du parti socialiste et au moins une, voire plusieurs rencontres avec des personnalités de l'opposition locale. Ces rencontres qu'il est très difficile de garder discrètes, prennent un caractère quasi officiel et ne provoquent évidemment pas de sauts de joie, ni parmi nos ambassadeurs ni parmi les autorités officielles des États concernés. Celles-ci ne se privent pas de s'en plaindre « urbi et orbi », comme on peut facilement l'imaginer.

En outre, l'ordre quasi protocolaire des pays visités n'est pas respecté. C'est ainsi, par exemple, que la tradition aurait voulu que Jean-Pierre Cot commence ses voyages officiels par la Côte d'Ivoire, confirmant le rôle primordial joué par le Président Houphouët-Boigny dans la relation franco-africaine. Il n'en est rien et Jean-Pierre Cot se rend même au Ghana (pays du hors champ) avant d'aller en Côte d'Ivoire. Comme le disent certains commentateurs, « Cela crée une tache quasi indélébile dans la relation et augure mal ou bien, c'est selon, la suite de la relation ».

Ce faisceau de mécontentements ne facilitera pas, bien qu'il ne soit que l'un des éléments concernés, l'avancement de la réforme telle qu'elle était voulue par Jean-Pierre Cot et cette réforme ne se fera donc pas dans la forme souhaitée. Comme l'indique Julien Meimon[109] :

> « … l'impossibilité pour Cot et son équipe de mener à bien cette réforme résulte de très nombreux facteurs, ici simplement mentionnés, à défaut de pouvoir les analyser tous : l'hostilité plus ou moins nuancée de certains chefs d'États africains francophones devant la possible suppression de leur "guichet" à Paris et l'élargissement des limites du "pré carré" ; le poids corrélativement pris par le conseiller aux Affaires africaines de Mitterrand, Guy Penne, chargé de veiller

---

[109] Julien Meimon, *Se découvrir militant, Le cabinet Cot à l'épreuve de la Coopération,* (1981-1983) *Politix* 2005/2 (n° 70)

aux bonnes relations avec eux, et progressivement amené à prendre position sur des projets de la rue Monsieur, voire en imposer certains ; les divergences sensibles entre l'équipe de la rue Monsieur d'un côté, le quai d'Orsay et l'Élysée de l'autre, quant à la stratégie à adopter dans différents pays… »

La démission de Jean-Pierre Cot

Il faisait encore nuit ce mercredi matin 8 décembre 1982, lorsque j'entre dans l'hôtel du ministre pour me rendre au secrétariat du chef de cabinet, comme je le fais systématiquement en début de journée, pour actualiser notre programme, en fonction de celui du ministre. J'y croise Nicole Briot, directrice des politiques du développement, qui sort du bureau de Jacques Dewatre. Ils ont, l'une et l'autre, la mine grave. J'apprends alors qu'en dernière page de la revue de presse qui lui a été servie, comme chaque jour vers 8 h 30, Nicole Briot a trouvé la copie d'une lettre de démission adressée par Jean-Pierre Cot au Président de la République.
Consternation générale, comme on peut s'en douter. Heureusement, un examen des autres exemplaires de cette revue de presse déposés dans les différents secrétariats permet de constater que, du moins apparemment, seul l'exemplaire de Nicole Briot contenait une copie de cette correspondance. Je monte au second étage voir Marie-Christine Gourdy qui réalise cette revue de presse depuis plusieurs années pour tenter d'éclaircir le mystère. Et là, tout s'explique. Avant de pouvoir lancer le tirage sur la photocopieuse du rez-de-chaussée, elle m'indique qu'elle a dû attendre que la place soit libérée par Renaud Vignal, faisant lui-même des photocopies… Or, il s'agit d'une machine assez perfectionnée, à débit rapide, avec un « avaleur » de feuilles et une « trieuse » en sortie. On comprend alors que Renaud Vignal, peu familiarisé avec le fonctionnement de cet appareil, soit l'a trouvé, soit l'a placé, en position « triage », et qu'après avoir lancé la commande d'une ou de plusieurs copies, une de celles-ci est restée dans un des bacs de tri. Ainsi, cette démission, qui devait être gardée secrète jusqu'à midi après le Conseil des ministres, a-t-elle été connue dès le matin, car il est évident que ce type de secret ne reste pas « secret » bien longtemps.

On comprend alors qu'à force d'avaler des couleuvres dans ses rapports avec l'Elysée, d'avoir attendu plusieurs mois pour voir officialisée une réforme qui n'allait pas aussi loin qu'il l'aurait voulu dans la suppression du traitement privilégié réservé à nos anciennes colonies d'Afrique et de Madagascar, Jean-Pierre Cot a préféré « jeter l'éponge ».
On apprendra très vite par la presse que quelques jours plus tôt, Pierre Mauroy, Premier ministre, lui avait proposé l'ambassade de France à Madrid et qu'en fait, sa démission ou son annonce n'avait pas le caractère aussi secret

que celui qu'avait voulu lui conserver Renaud Vignal, en faisant lui-même des copies de cette fameuse lettre de démission…

Fidèle à sa manière de travailler et à son souci d'informer les personnels, Jean-Pierre Cot quittera la rue Monsieur le lendemain, c'est-à-dire le jeudi 9 décembre, après avoir salué l'ensemble des agents et prononcé dans les salles de réunion, remplies à leur comble, une allocution, presque improvisée, chargée d'émotion, dans laquelle, je m'en souviens parfaitement, il était question des difficultés que l'on ne peut éviter lorsque l'on s'aventure sur les « cimes » et que l'on refuse d'en redescendre, sans en avoir de bonnes raisons...

On épuisa à cette occasion, une partie des stocks de vin blanc constitués pour les séances régulières d'information que Jean-Pierre Cot, un « grand monsieur », avait organisées, pendant l'année et demie qu'il aura passée rue Monsieur, pour exposer la réforme qu'il aurait tant aimé mener à son terme.

Mais, la rue Monsieur ne deviendra pas le ministère du tiers-monde et restera pour quelque temps encore le ministère de l'Afrique.

8 décembre 1982 - Nomination de Christian Nucci, en qualité de ministre délégué auprès du ministre des Relations extérieures, chargé de la Coopération et du développement

La passation des pouvoirs entre Jean-Pierre Cot et Christian Nucci se fait le vendredi matin, dans une relative discrétion et il n'y a aucune allocution commune prononcée entre les deux hommes.

A midi, le nouveau ministre reçoit l'ensemble des agents dans les salles de réunion où l'on va après son intervention, terminer ce qui reste des caisses de vin d'Apremont et de Mondeuse.

Le nouveau cabinet n'est pas encore constitué. Une partie des membres de l'équipe de Jean-Pierre Cot reste en place pendant quelques jours. C'est ainsi qu'il revient à Erik Arnoult, la « plume » de Jean-Pierre Cot[110], d'écrire le texte de l'allocution que Christian Nucci doit prononcer à midi. Vers 11h, Jacques Dewatre qui restera comme chef de cabinet jusqu'en mars 1984 m'appelle et me dit : « - Nucci a lu ce projet d'allocution. Il ne lui convient pas du tout… Il faut lui présenter un nouveau projet avant midi ».

[110] Plus connu sous son nom d'écrivain, Erik Orsenna, il a été la « plume » de Jean-Pierre Cot, avant de devenir celle du Président François Mitterrand.

Je traverse la cour et j'appelle Claude Minier avec laquelle nous préparons les propositions de distinction honorifique et les allocutions prononcées par les ministres lorsqu'ils remettent eux-mêmes ces décorations, ce qui est fréquent rue Monsieur. Ainsi qu'on le dit couramment, il y en a plus dans deux têtes que dans l'une… C'est donc ensemble que nous « bricolons » un projet sans pouvoir retenir une seule phrase du texte initial. En effet, celui-ci est ancré sur la réforme, ses ambitions, les obstacles mis en travers de son exécution et la nécessité de poursuivre l'effort engagé… Il commence par « *L'ambition sera maintenue !* ». Erik Arnoult a sans doute voulu faire un peu de provocation.
C'est ma secrétaire Isabelle Baccarini qui dactylographie alors à « cent à l'heure » un nouveau projet. Il fait une seule page et il est constitué de lieux communs, un peu flatteurs pour les agents qui ont vécu des mois difficiles, avec tous les changements qui leur ont été imposés, etc. Il est forcément un peu « démago », mais il est lu presque intégralement par Christian Nucci, qui avec la « tchatche » qu'on lui connaît, le rend plus « coloré » et le termine avec quelques considérations plus personnelles sur son engagement et sa fidélité au Président François Mitterrand.

Une fois de plus, on change de monde…

Le jour même, on peut lire dans la revue de presse de Marie-Christine Gourdy, un article de l'Express qui conclut :

> « Désormais, il n'y aura plus de tiraillements entre l'Elysée et le ministère de la Coopération. L'homme qui succède à Cot, Christian Nucci, 43 ans, fait partie de la nouvelle garde mitterrandiste. Un de ceux à qui sont confiées les missions difficiles. Cet homme du Président sait, lui, que la politique africaine de la France n'est pas inscrite dans le programme socialiste ».

Effectivement, le parti socialiste est opposé à la distinction géographique faite entre les États anciennement français et les autres.
Cette position est d'ailleurs partagée par une partie des cadres de la rue Monsieur. C'est ainsi que le syndicat C.F.D.T. du ministère des Relations extérieures (section coopération et développement) avait dans un communiqué rappelé : « son attachement aux principes qui ont présidé à la réforme du ministère des Relations extérieures : faire de la politique de coopération et du développement une partie intégrante de l'action extérieure de la France ; mettre fin à la spécialisation géographique étroite de l'ex-ministère de la Coopération »[111].

---

[111] Les syndicats des personnels (CFDT et FO essentiellement) qui commençaient à peine à avoir une certaine « épaisseur » à l'époque de Robert Galley, bénéficient aujourd'hui d'une

Christian Nucci

Même vingt-cinq ans après la nomination rue Monsieur de Christian Nucci, il est bien rare que l'on puisse au quai d'Orsay, notamment, parler de l'ancien ministère de la Coopération sans entendre une réflexion sur cette période, du genre « Ah oui, la coopération, carrefour du développement… », susurrée avec un air entendu et plus ou moins de malveillance. Cette désastreuse affaire a, en effet, jeté un éclairage définitivement négatif sur les modalités de gestion de l'argent public par la rue Monsieur. Et le nom de Christian Nucci y est toujours attaché, peut-être plus encore que celui d'Yves Chalier.

Lorsqu'il arrive rue Monsieur, Christian Nucci vient d'avoir 43 ans. Né en Algérie, d'un père prénommé Robespierre, il a commencé sa carrière comme instituteur à Oujda.
Rapatrié dans l'Isère, à Beaurepaire, au début des années 60, il est promu PEGC et avec son épouse Dany, elle aussi PEGC, ils enseignent au collège local et s'installent dans une maison relativement modeste[112].
Animateur d'une équipe sportive locale, il se lance en politique. Conseiller municipal, puis Maire de Beaurepaire, il est remarqué par Louis Mermaz et prépare les élections de 1981 où il se présente, avec succès, à la députation.
Élu vice président de l'Assemblée nationale, en 1981, Christian Nucci est ensuite nommé haut-commissaire en Nouvelle-Calédonie. Parlementaire en mission pendant une année et maintenu à son poste sur instruction du Président de la République, il perd sa qualité de député.
Le « pouvoir » a donc une dette à son égard et la démission « surprise » de Jean-Pierre Cot, associée aux très bons résultats que l'on attribue à Christian Nucci pour son activité à Nouméa, le désignent ainsi naturellement pour la rue Monsieur.
On verra par la suite qu'il a été victime d'une certaine euphorie consécutive à la vitesse de son ascension dans un monde où il faut être prudent et bien entouré, ce qui n'a pas toujours été son cas.
En outre, un comportement atypique en matière d'usages protocolaires et un franc-parler parfois un peu brutal lui vaudront beaucoup d'inimitiés.
L'aspect un peu mythique qui entoure la vie des ministres a conduit de « mauvais » journalistes à le présenter après sa « chute », comme un bon

---

plus grande considération et leur place est mieux reconnue. Ils sont informés de manière formelle de l'avancement des réflexions sur les nouvelles structures à mettre en place et sont même souvent associés à la réflexion en cours pendant ces années.

[112] A noter que pendant toute la durée de ces différents mandats, son épouse a continué d'exercer au collège de Beaurepaire et qu'aujourd'hui encore Christian Nucci qui n'a quitté que récemment une carrière politique locale habite, semble-t-il, encore la même maison.

vivant, amateur de bons restaurants. En réalité, Christian Nucci détestait les repas qui se prolongent et était même souvent très frugal. S'il lui arrivait parfois d'inviter des journalistes dans des restaurants à la mode, il s'éclipsait après l'entrée, ayant eu le loisir d'exposer ses projets et de répondre aux questions en attendant que les autres plats soient servis. Il revenait au moment du café pour dégager les conclusions. Sur ce point, Norbert Chauvelin, notre « chef », ne cessait de se désoler, car d'une manière habituelle le ministre repoussait les plats minutieusement préparés à son intention et lui disait :

- Donne-moi plutôt une tomate, avec un peu d'huile d'olive et ce sera très bien....

Devant le déferlement des propos déplaisants que sa « chute » a provoqués, il n'est pas inutile de rappeler que Christian Nucci avait été nommé ministre à l'âge de 43 ans, ce qui permet de penser qu'on lui avait trouvé quelques qualités. Il convient aussi de souligner qu'il avait été reconduit dans ses fonctions, non seulement par Pierre Mauroy, le 24 mars 1983, mais également par Laurent Fabius le 23 juillet 1984, ce qui amène aussi à s'interroger sur le fondement des défauts qui lui ont été attribués par la suite.

La rue Monsieur est pour Christian Nucci son premier poste au gouvernement. Contrairement à la plupart des ministres, il n'a pas d'équipe constituée qui peut l'accompagner. Il constitue donc son cabinet, en conservant quelques anciens du cabinet de Jean-Pierre Cot dont le chef de cabinet Jacques Dewatre qui va essayer de structurer l'équipe et qui veillera, le mieux qu'il pourra, à la bonne marche de la boutique. Il fait venir François Cappelle qui a été un de ses collaborateurs à Nouméa. D'anciens conseillers techniques, dont Bernard Millet, restent en poste. Deux directeurs de cabinet vont se succéder : Pascal Gendreau puis Patrick Lefas. Un ancien des DOM-TOM, Jean-François Cordet est nommé directeur adjoint du cabinet. André Vallini[113] qui suit plutôt les questions de la circonscription de l'Isère rejoint aussi l'équipe. A titre officieux, François Taddei, père du député Dominique Taddei, épaule le ministre pour tout ce qui touche au travail de l'Assemblée nationale. Personnage très attachant, il est aussi un vieux routier du travail parlementaire et c'est toujours un plaisir d'échanger avec lui.

113 Si André Vallini a surtout été connu par son remarquable travail à la Présidence de la commission parlementaire chargée de l'affaire d'Outreau, il faut noter qu'il est entré au gouvernement en qualité de secrétaire d'État chargé du développement et de la francophonie, mais en 2016 seulement. Il n'a donc pas réoccupé l'hôtel de Montesquiou-Fezensac.

La dérive et quelques-unes de ses causes

C'est évidemment la préparation et l'organisation du sommet France Afrique de Bujumbura qui vont entraîner la dérive que constitue l'affaire dite « carrefour du développement ». A l'origine, une « Association carrefour du développement » (ACAD) a été créée pour faciliter la modernisation de la revue *Actuel Développement* sous la houlette de Michèle Bretin-Naquet, enseignante à Paris Dauphine. L'affaire est suivie par Yves Chalier, conseiller technique qui vient de rejoindre le cabinet. C'est un homme sympathique, jovial, ancien militaire et le hasard fait que nous nous connaissons de vue. Nous habitons, en effet, dans la même résidence pavillonnaire de Rambouillet où nous sommes tous deux locataires.
En sa qualité de conseiller technique, le ministre lui confie le dossier « Sommet de Bujumbura » et l'on va l'entendre fréquemment exprimer les plus grandes craintes sur la brièveté des délais disponibles et sur la taille des enjeux, compte tenu du haut niveau d'intérêt que porte le Président Mitterrand à la réussite de ce sommet. Yves Chalier arrive alors à convaincre facilement le ministre et son cabinet de la nécessité de sortir du carcan des procédures administratives et de déléguer à une association la mise en œuvre de l'ensemble de l'opération, faute de quoi on court au casse-pipe. Et c'est l'ACAD qui est choisie…
Malgré de très fortes réticences des responsables de la direction des moyens du développement, Yves Chalier joue de l'autorité qu'il tient du ministre et d'une relative permissivité du directeur du cabinet, concentré sur d'autres dossiers, pour forcer la main à plusieurs fonctionnaires du ministère, n'hésitant pas à faire jouer, en partie, leurs convictions politiques tout en flattant leur savoir-faire. Il s'appuie notamment sur l'agent qui a « la main » sur l'engagement et l'ordonnancement des crédits, y compris ceux du FAC, qui seront mobilisés, dans des conditions irrégulières. Ce dernier est pourtant connu pour ses qualités d'intégrité absolue, de rigueur et pour sa parfaite connaissance des procédures. Mais, il va être aveuglé par le caractère « d'intérêt supérieur de l'État » qui s'attache à la réussite de l'opération et dont Yves Chalier va très habilement jouer, pour se lancer dans une aventure qui se terminera aux assises. C'est ainsi que commence l'affaire.

On a écrit suffisamment de choses sur l'affaire « carrefour du développement » pour que je ne cite, dans *Un itinéraire au ministère de la Coopération : une histoire,* que quelques détails qui me reviennent et qui éclairent la façon dont les dérapages ont pu être masqués jusqu'à la première cohabitation et la nomination de Michel Aurillac.
J'ajoute que le départ, en mars 1984, de Jacques Dewatre, pour le ministère de l'Intérieur où il doit prochainement être nommé Préfet, a été

involontairement un facteur favorisant ce « dérapage ». Car, bien que Christian Nucci ait hésité pendant une période relativement longue (plus d'une grosse semaine), c'est finalement à Yves Chalier qu'il décide de confier la chefferie du cabinet. Ainsi, sans s'en apercevoir, il met « le ver dans le fruit », en lui confiant aussi la gestion des fonds spéciaux et en lui attribuant l'autorité de parler aux services « au nom du ministre », dont dispose naturellement le chef de cabinet. Il est vraisemblable que les irrégularités qui vont suivre n'auraient pas connu cette ampleur si Jacques Dewatre était resté en poste.

Il faut préciser qu'Yves Chalier est un personnage fort attachant qui manifeste beaucoup d'empathie et auquel toute son équipe est très attachée. Je fais directement partie de ceux qui lui sont fidèles et sur lesquels il s'appuie, pour le meilleur et, parfois, pour le pire… C'est ainsi par exemple que, par un bel après-midi d'été, je suis emmené avec lui place Vendôme, à l'agence de la BNP où est ouvert le compte bancaire de l'ACAD. Nous y sommes reçus par un fondé de pouvoir dans un bureau cossu. Il nous remet des paquets de liasses de billets de 500 F préalablement préparés à notre intention. Il y en a trop pour qu'elles tiennent dans les poches d'un seul homme et Yves Chalier me dit en sortant qu'il préférait accomplir ce retrait avec moi plutôt que de se charger d'une mallette ou de se faire accompagner de l'officier de police du ministre, ce qui aurait été moins discret. Nous arrivons tout juste à bourrer nos poches et nous repartons la veste et le pantalon bien « gonflés », en nous engouffrant dans la voiture arrêtée juste devant l'agence, conduite par Philippe Moulinet. Rue Monsieur, nous déposons tout cela dans le coffre et Chalier me confie que cette organisation du sommet de Bujumbura lui pose beaucoup de problème, de sécurité notamment et qu'il y a beaucoup d'opérations à mener sur place qui nécessite des paiements « cash ». Je n'ai, à l'époque, aucune raison de douter de son honnêteté.

Et pourtant, j'observe que son train de vie fait un sérieux bond en avant, mais j'imagine que les primes de cabinet, non imposables, sont passées par là. Il ne mange plus à la « popote » du cabinet, mais déjeune quasiment tous les jours au restaurant *La Terrasse*, en face de l'Ecole militaire. Il m'y invite parfois. Il n'aime pas manger seul et partage souvent son déjeuner avec son chauffeur, ce qui le rend encore plus sympathique.

Je suis un jour un peu surpris car il m'appelle dans son bureau, où je viens plusieurs fois dans la journée. Il reçoit un cadre de Renault et est en train de signer des documents concernant l'achat d'une Renault 25, six cylindres. Je comprendrai plus tard que ma présence ne se justifiait sans doute que par le souci d'avoir un témoin direct de cet achat, sans doute fictif. Ladite Renault 25 lui était soit offerte, soit « prélevée » sur la soixantaine de celles qui doivent être acheminées sur Bujumbura. Il est vrai qu'une voiture, sur un tel nombre, peut facilement « se perdre » au cours d'un trajet aussi long,

empruntant des voies terrestres, puis maritimes jusqu'à Monbassa, avant d'atteindre Bujumbura par des pistes fort incertaines…
Une autre fois, je prête un concours très direct à la confection de « vrais » faux passeports pour deux agents chargés d'opérations obscures toujours liées à la sécurité du sommet de Bujumbura.
Ainsi, pendant cette période, Yves Chalier va préparer le sommet de Bujumbura, tout en cumulant cette activité fort importante avec les fonctions de chef de cabinet. Il va jongler avec le compte joint qu'il détient tout à fait normalement avec le ministre, avec les espèces des fonds spéciaux et avec ceux de « carrefour du développement » A ces différents comptes, vont s'ajouter des crédits alloués par la rue Monsieur à une nouvelle association que crée Yves Chalier « La promotion française », mise en place pour sauver des activités précédemment conduites par l'APCI (Association pour la promotion communale internationale), association sous tutelle du président du Sénat, Alain Poher. Cette association est en déroute à la suite, là aussi, de détournements...
Ainsi se constitue un cocktail qui, dans ce qu'il faut bien considérer comme une folie administrative, va aboutir à des détournements de fonds considérables, incluant de très nombreuses dépenses ou voyages personnels et allant jusqu'à l'achat d'un studio et même d'un château en Sologne, sans compter les énormes sommes d'argent liquide non justifiées.
Mais comme dit le proverbe : « Qui manie le miel s'en lèche les doigts ».

La vie du ministère pendant la période Christian Nucci

Le 19 janvier 1983, soit un « gros » mois après sa nomination, un décret fixe les attributions de Christian Nucci. Il tient compte de la réorganisation intervenue en juillet 1982. Il précise que le ministre délégué est chargé de la coopération au développement avec les pays d'Afrique et des Caraïbes avec lesquels la France a des relations privilégiées et qu'il contribue à la mise en oeuvre des actions qui participent au développement dans le reste du tiers monde. Les décisions concernant les chefs des missions d'aide et de coopération et les personnels de ces missions sont prises par lui. Il préside le comité directeur du FAC et il en est l'ordonnateur principal.
Il s'agit donc à peu près des mêmes attributions que celles de son prédécesseur, la référence au développement du « reste du tiers monde » n'intervenant qu'en temps de « contribution ».

Ainsi, après le renoncement imposé à la « grande ambition », la vie rue Monsieur va reprendre un peu comme avant, mis à part que nous n'avons plus d'administration propre. C'est aussi l'époque du retour à la rigueur et à une austérité budgétaire générale.

Paradoxalement, toutefois, car j'ignore comment tout cela a pu être financé (il y avait beaucoup de questionnement du côté de la direction des moyens du développement), on va entreprendre de nombreux travaux. S'agissait-il de crédits du titre V gérés par le quai d'Orsay ? Il n'empêche que l'on assiste à la réhabilitation de la façade sur cour de l'hôtel du ministre, puis à la réfection des réseaux électriques et à un réaménagement complet de la cantine avec la création d'une cafeteria en sous-sol. Yves Chalier apparaît souvent comme le promoteur de ces opérations et se forge ainsi une réputation très favorable auprès des personnels.

Au bureau du cabinet, on observe surtout la modernisation de « l'antenne du chiffre de la rue Monsieur », comme on l'appelle. On poursuit son équipement. Une « cage de faraday » est installée et les télégrammes diplomatiques arrivent et partent de manière automatisée de terminaux installés chez nous. Nos « agents d'exploitation » détachés des PTT sont maintenant habilités « secret défense » et nous faisons partie intégrante du dispositif du quai d'Orsay, contrairement aux services de la DGRSCT qui rue La Pérouse continue à envoyer et recevoir sous forme papier leurs télégrammes, acheminés par les navettes. Nos télégrammes partent et arrivent sous le timbre « TD DIPLOMATIE » et portent la mention de service « COOP ».

Grâce à l'appui que nous lui avons toujours apporté dans la modernisation des méthodes de travail, nous avons « la cote » au service du chiffre et tous les frais d'équipement de cette antenne sont supportés sur des crédits du quai d'Orsay.

L'instantanéité de ces transmissions nous est très utile notamment pour tout ce qui a trait aux voyages du ministre.

Du fait de ses nombreuses activités et responsabilités, Yves Chalier me délègue une grande part du travail dans la préparation des voyages du ministre. Je prends en charge leur organisation matérielle et l'élaboration du programme qui comprend toujours les mêmes points forts : rencontre avec les autorités nationales, souvent avec le chef de l'État, avec les autorités françaises, bien sûr, les associations de coopérants, les sections locales du parti socialiste là où elles existent, avec l'Association démocratique des Français de l'étranger (ADFE), etc.

Le ministre voyage beaucoup. C'est un homme de contact et il est plus à l'aise en Afrique ou dans sa circonscription qu'à Paris. Pour la marche du ministère, il fait confiance à son équipe. Si Jean-Pierre Cot a provoqué beaucoup de mécontentement lors de ces voyages, il en est de même pour Christian Nucci, mais les raisons en sont radicalement différentes. Ce n'est pas la qualité des personnalités locales qu'il rencontre qui est en jeu, mais une certaine désinvolture et une manière d'être peu en phase avec les habitudes et les codes diplomatiques en vigueur. Comme je l'ai déjà indiqué, il apprécie très peu les repas officiels et leur caractère interminable. Par

exemple, je me souviens très bien d'un voyage en Guinée, dans lequel j'avais été embarqué dans la suite du ministre. Après la normalisation des relations avec Sekou Touré[114] et dans le cadre de la préparation de l'ouverture d'une mission de coopération dans ce pays, Christian Nucci s'était rendu sur place avec des représentants du secteur privé, des journalistes et bien sûr, le futur chef de mission, Daniel Jouanneau, pour préparer cette nouvelle ouverture politique. L'ambassadeur Henri Réthoré avait organisé, à cette occasion, un déjeuner officiel et Christian Nucci qui présidait pourtant ce repas n'a pas cessé de quitter la table, pour divers motifs, ce qui n'était pas du goût de l'ambassadeur, comme on peut s'en douter. Habituellement, il profitait de ces déjeuners soit pour improviser une réunion de travail avec les représentants des coopérants, soit même parfois pour partager une partie de tennis, avec un coopérant qu'il avait eu comme partenaire au cours d'une précédente visite.
On imagine les réactions et les commentaires.

*

*　　*

Quelques anecdotes

Cette époque est riche en anecdotes et certaines me reviennent en mémoire.

L'épisode du déjeuner de Conakry, par exemple, m'amène à un autre souvenir amusant à propose des voyages du ministre. Il concerne la préparation d'un de ces déplacements dont le programme est toujours sensiblement le même.

Généralement, selon un modèle type, un télégramme diplomatique informe l'ambassadeur que le ministre envisage de se rendre dans l'État concerné, qu'il voyagera selon le calendrier indiqué (Christian Nucci utilise généralement les vols commerciaux UTA ou Air France), qu'il souhaite rencontrer les autorités nationales (parmi celles-ci, figurent habituellement le ministre des Affaires étrangères et le Président de la République), les coopérants et toutes autres personnalités dont il est demandé à l'ambassadeur de proposer une liste. Le message se termine habituellement par une formule du genre : « Je vous serais obligé de bien vouloir informer les autorités nationales de l'État de votre résidence, de l'intention du ministre et, sous réserve de leur accord, tant sur le principe que sur les dates envisagées pour cette visite de travail, de me proposer un projet de programme ».
Ces télégrammes sont habituellement signés « Chalier ».

---

[114] Qui avait tant hérissé Jean-Pierre Cot.

Ce jour-là, Yves Chalier n'est pas au ministère et quelques minutes à peine après l'envoi du télégramme[115], sa secrétaire m'appelle et me dit :

- Je vous passe l'ambassadeur de France au [....][116] Je lui ai précisé que M. Chalier était absent et que c'était vous qui suiviez les voyages du ministre.

- Allo !

- Allo ! Oui, bonjour monsieur l'ambassadeur.

- Bonjour, vous êtes le chef de cabinet ?

- Non, monsieur l'ambassadeur, c'est José Gohy à l'appareil. J'assiste le chef de cabinet dans la préparation des voyages du ministre...

- Ah bon. Le chef de cabinet n'est pas là ?

- Non monsieur l'ambassadeur. Il est absent comme sa secrétaire a dû vous l'indiquer. Comment puis-je vous renseigner ?

- Mais vous êtes qui ?

- Je suis le chef du bureau du cabinet.

- De quoi ?

- Pardon, monsieur l'ambassadeur ?

- Je veux dire de quel cabinet ?

- De celui du ministre de la Coopération.

- Ah bon. Je ne comprends toujours pas pourquoi c'est vous qui m'annoncez la visite du ministre.

- Pardon, monsieur l'ambassadeur ?

- Je ne comprends pas pourquoi ce n'est pas le cabinet du ministre qui m'annonce le voyage du ministre.

- Excusez-moi, monsieur l'ambassadeur, j'ai du mal à vous suivre ...

- Ecoutez ! Normalement, si le ministre vient au [....], c'est au cabinet du ministre qu'il appartient de m'en informer.

---

[115] Comme nous disposons maintenant rue Monsieur d'une antenne du chiffre, nos télégrammes sont acheminés directement, donc en temps réel, sur le réseau du Quai d'Orsay. Ils parviennent à leurs destinataires quelques minutes à peine après avoir été déposés auprès de notre service du chiffre. On est loin de l'époque où ils étaient transmis en format papier et soumis préalablement à leur envoi au visa de la DAM.

[116] Nom de l'État à visiter.

- Pardonnez-moi, monsieur l'ambassadeur, mais j'avoue que j'ai de plus en plus de mal à comprendre …

- Vous n'avez pas compris ?

- Pour être tout à fait franc, je dois vous avouer que c'est non ! Pourriez-vous être plus explicite ?

- Voici. D'après ce que je crois comprendre maintenant, à la suite de notre conversation, c'est le ministre délégué en charge de la coopération qui vient au [….] et pas le ministre, lui-même. Or, pour nous, il n'y a qu'un ministre, celui des Relations extérieures et il ne faut pas employer le mot « ministre » pour un de ses ministres délégués !

- Bien sûr, monsieur l'ambassadeur. Vous avez tout à fait raison. Me voici rassuré. C'est donc bien de M. Nucci qu'il s'agit et c'est la raison pour laquelle le télégramme TD DIPLOMATIE que vous avez reçu, porte à la mention origine le sigle « COOP », ce qui a peut-être échappé à votre vigilance…

- Ça va, j'ai compris ! Mais, il ne s'agit pas seulement de cela. Est-ce que « votre ministre délégué » veut vraiment rencontrer le chef de l'État ?

- Oui, monsieur l'ambassadeur, M. Nucci est habituellement reçu en audience par tous les chefs d'État lors de ses voyages, ainsi bien sûr que par le ministre des Affaires étrangères et par celui de la coopération, lorsque les portefeuilles ne sont pas fusionnés. Il rencontre également les ministres concernés par nos programmes de coopération, selon l'importance de ces programmes.

- Ah, bon ! Normalement, ce n'est pas l'usage…! Le chef de l'État ne rencontre que son homologue ou, à la limite, reçoit en audience le ministre. Je veux dire le « vrai » ministre.

- Je comprends bien monsieur l'ambassadeur. Je vais rendre compte de notre conversation au chef de cabinet qui verra avec le ministre. Excusez-moi, je veux dire avec le ministre délégué, ce qu'il y a lieu de faire. Mais, peut-être, qu'en l'absence de l'un et de l'autre, vous pourriez sans attendre, informer du projet les autorités du [….] et envoyer un premier projet de programme que nous pourrons soumettre au ministre délégué.

La conversation en est restée là.

Le lendemain, nous recevions un projet de programme et le voyage concerné s'est déroulé sans incident particulier. L'anecdote illustre cependant bien la considération dont la rue Monsieur et son ministre, tout délégué qu'il fût à l'époque, bénéficiait auprès de certains responsables du « vrai » ministère.

*

*   *

Dans un autre registre, l'hebdomadaire *Le Point* avait adressé deux lettres identiques à tous les membres du gouvernement. Il avait ensuite exploité les réponses et établi un classement des performances selon le délai apporté aux réponses et selon leur pertinence.

C'est en ouvrant la revue de presse, un beau matin, que nous découvrons l'existence de cette « enquête » de performance et ses résultats comprenant un sous-titre attribuant « la noix d'honneur » à Christian Nucci…

On découvre alors les deux lettres objets du concours.

La première émane d'un personnage féminin qui fait part au ministre de la profonde admiration qu'elle lui porte et qui sollicite l'envoi d'un autographe avec une mention particulière à (nom patronymique de l'auteur). La seconde provient d'un personnage masculin qui débute par « C'est un déçu du socialisme qui s'adresse à vous aujourd'hui parce qu'il constate que la plupart de promesses faites en 1981 n'ont pas été tenues ». La correspondance se poursuit pas une longue série d'observations peu favorables sur la manière dont le gouvernement a géré certains dossiers sensibles.

Dans ses résultats du concours, que nous découvrons en même temps que l'existence du concours lui-même, « Le Point » classe les ministres selon différents critères et il en ressort que plus de la moitié des ministres se sont abstenus de répondre ou que leurs réponses ont été très tardives. Seul Christian Nucci se signale à la fois par une réponse rapide et par sa seule réponse à la lettre peu agréable…

Ayant plutôt une bonne mémoire, je retrouve tout de suite, grâce à son ton et à son début qui m'avaient amusé, la lettre concernée et ma secrétaire Isabelle Baccarini la ressort d'un dossier « correspondances diverses » avec sa réponse. Bien sûr, je me paye alors le luxe d'aller taquiner le secrétariat particulier du ministre et nous y découvrons, dans un fatras de lettres en attente, l'autre correspondance, annotée « de qui s'agit-il ? », « Voir, m'en parler »…

Habitué, depuis de longues années, à recevoir toutes les correspondances adressées aux ministres et qui ne relevaient ni des services, ni des conseillers techniques, ni du courrier parlementaire, ni de la cellule circonscription, j'avais appris que la seule bonne manière de les traiter était d'y répondre le plus vite possible, de la manière la plus attentive et de la façon la moins engageante. Cette façon de procéder limitait à la fois l'encombrement de mon bureau avec une chemise « Instances » ou « A faire », susceptibles de contenir des questions qui auraient pu être importantes et qu'une réponse banale désamorçait mécaniquement.

*

* *

Si la question ne s'était pas posée pour Jean-Pierre Cot qui disposait d'un appartement à Paris, la nomination de Christian Nucci rue Monsieur avait à nouveau soulevé le problème d'un logement de fonction pour le ministre.
Certes, le pied-à-terre aménagé pour Robert Galley aurait pu être rendu à nouveau fonctionnel mais la chambre à coucher avait été rendue à sa destination initiale de bureau et l'hôtel du ministre était plein « comme un œuf ». Heureusement, par des amitiés politiques, un appartement meublé, situé dans le 7ème arrondissement, libéré par l'affectation dans une mission de coopération de son propriétaire, a pu être proposé en location au ministre. La question a ainsi été réglée jusqu'au retour à l'administration centrale de l'occupant en titre de cet appartement. Pendant une période de moyenne durée, Christian Nucci a alors « campé » rue Monsieur, entre ses voyages en Afrique et ses retours en fin de semaine à Beaurepaire où il préparait sa campagne pour les législatives.
Mais, il faut dire que ces conditions d'hébergement manquaient à la fois de chaleur et de confort. Aussi, peu de temps avant les élections de mars 1986, il souhaite pouvoir disposer d'un studio meublé en dehors de la rue Monsieur. Yves Chalier me charge de régler l'affaire et je propose un deux-pièces meublé dans une de ces nouvelles sociétés qui proposent des appartements en location, avec une réservation de type hôtelière, sans bail. Ma proposition convenant au ministre, je vais sur place effectuer la réservation et je paie un mois d'avance avec ma carte de crédit. A mon retour rue Monsieur, je présente la facture à Yves Chalier qui sort un carnet de chèque et qui établit un chèque à mon nom.
Il m'arrive ainsi, en effet, d'être de temps à autre un peu le « factotum » du cabinet, comme on me le dira parfois sans beaucoup d'amabilité. En même temps, je suis aussi l'homme de confiance capable d'arranger des affaires pas toujours simples, tels les passeports des « agents de sécurité » du sommet de Bujumbura ou encore de préparer dans la plus grande discrétion des mesures individuelles. C'est ainsi, qu'un mardi soir, j'ai tapé moi-même les projets de décret portant nomination de trois chefs de mission, s'agissant d'une mesure dont le degré de confidentialité était tel que le chef de cabinet n'a voulu se reposer sur aucune des secrétaires. Le décret correspondant a été signé le lendemain, après la réunion du Conseil des ministres. Il va de soi que, normalement, la mesure aurait dû être connue, pour ne pas dire approuvée et

préparée par la direction des moyens du développement ou par la sous-direction des personnels…
Mais, le « fait du prince » était passé par là !

La situation des personnels

Hormis la transformation en CDI des contrats à durée déterminée, on observe peu de changements notables dans ce domaine. La priorité est, en effet, donnée à l'application de la loi Le Pors. Pour autant qu'elle ait vraiment été initiée à l'époque, la réflexion sera longue …Et, elle n'aboutira pour les agents de catégorie A, qu'à la fin des années 1990.
Il faut toutefois signaler que la rue Monsieur subira indirectement les conséquences de la réforme « Cot » lorsque se posera la question des « Leporsiens portés »[117]. En plus de la prise en charge des agents en situation de perte d'emploi après avoir servi dans un pays du « champ », celle des agents en poste dans le « hors champ », lui sera imputée dès lors que leur contrat avait été non renouvelé à l'époque où l'ensemble des coopérants techniques relevait de la rue Monsieur.
Cependant, l'essentiel de l'activité dans ce secteur portera sur la recherche de l'intégration au quai d'Orsay des personnels titulaires de la rue Monsieur ou, même, sur la possibilité de fusionner certains corps.
Et cette question constituera le talon d'Achille des services du Quai dans le combat qu'ils mènent pour achever leur entreprise d'absorption et de suppression de l'ancien ministère de la Coopération qui, en dehors précisément de ses corps spécifiques et du Fonds d'aide et de coopération, n'existe déjà plus à leurs yeux.
Comme on l'a vu plus haut, cette intégration avait été entreprise très rapidement avec le transfert du service de la solde et la fusion des crédits du titre III des deux ministères. Les agents des deux ministères conservaient donc, dans un premier temps, leurs statuts respectifs et leurs conditions de rémunération. Une seconde étape aurait normalement consisté à fusionner non seulement les crédits mais aussi les corps de fonctionnaires.
Toutefois, leurs efforts buteront sur un obstacle insurmontable dans le combat mené pour achever la suppression de l'ancien ministère de la Coopération. Ce sera la position de certaines commissions administratives paritaires dont l'accord était indispensable.

---

[117] Appellation donnée aux agents non titulaires affectés en qualité de coopérants au moment de la publication de la loi « Le Pors » que le ministère des Affaires étrangères ou le ministère de la Coopération, selon la zone géographique de la compétence de l'un ou de l'autre, ont été contraints de rémunérer comme étant en situation de perte d'emploi, à défaut de leur trouver une nouvelle affectation. Cette question a entraîné des situations dramatiques, allant jusqu'à la mort d'un ancien coopérant qui avait annoncé son suicide au Médiateur de la République, en joignant une de ses phalanges à son courrier.

« Il ne faut pas “entacher“ la pureté des corps… »

Telle a été, en effet, la « ligne rouge » sur laquelle a campé la commission paritaire des secrétaires adjoints des affaires étrangères lorsqu'il s'est agi d'intégrer dans leur corps, les attachés d'administration centrale de la coopération.
Au ministère de la Coopération, faute de corps autonomes ou spécifiques, il n'y avait pas comme au quai d'Orsay de corps spécialisés pour servir à l'étranger (les diplomates et les corps dits de chancellerie) et de corps dits d'administration centrale.
Les conditions d'affectation dans les missions de coopération ou à l'administration centrale n'étaient donc pas subordonnées à des impératifs d'ordre statutaire. Mais, tout récemment, c'est-à-dire en 1977, un corps d'attachés d'administration centrale (AAC) avait été créé à la coopération. A raison de 3 ou 4 nominations par an, ce corps ne comptait pas plus d'une grosse dizaine d'agents au moment de la réforme Cot. Par dérogation au statut général des AAC, ceux du ministère de la Coopération avaient la « double vocation » et certains d'entre eux étaient d'ailleurs déjà en service à l'étranger. Il n'en était pas de même au quai d'Orsay où coexistaient quelques rares attachés d'administration centrale qui ne pouvaient que difficilement obtenir une affectation dans les postes diplomatiques. Il n'était donc pas question pour les secrétaires adjoints des affaires étrangères d'accueillir dans leur corps, « au risque d'entacher sa pureté » (sic), les attachés d'administration de la coopération. Une telle intégration aurait forcément provoqué un déséquilibre avec les AAC du quai d'Orsay qu'il aurait fallu, à plus ou moins long terme, admettre dans le corps des secrétaires adjoints ce qui aurait eu pour conséquence de modifier la pyramide des âges dans le corps et les possibilités de promotion. Bien évidemment, de l'autre côté, il n'était pas question pour les attachés de la « coop » de perdre le privilège de leur double vocation, en acceptant d'être réunis avec les attachés du Quai.
Parmi les multiples obstacles techniques qui se sont présentés après une première « marche forcée » dans la « fusion » des deux administrations, c'est certainement celui-ci qui a été le plus « bloquant ». L'adhésion des représentants des personnels en général, à laquelle s'ajoutait le poids particulier des syndicats au quai d'Orsay, pouvait d'autant moins être contournée que le nouveau gouvernement de gauche ne manquait pas de prôner le dialogue social, en critiquant au passage le caractère parfois « autoritaire » de l'administration au cours des années précédentes.
Comme on le verra plus loin, la réforme de 1998, qui, dix-sept ans plus tard, a finalement concrétisé la suppression du ministère de la Coopération, n'a pu

pleinement aboutir que grâce à une refonte complète du statut de plusieurs des corps des agents diplomatiques et consulaires.[118]

Il semble donc que ce soit l'existence même de ces corps spécifiques au ministère de la Coopération qui ait constitué l'obstacle majeur à la première fusion dont avait rêvé le quai d'Orsay et qui, de ce fait, a autorisé la coopération à conserver son autonomie pendant près de vingt années supplémentaires.

[118] Objet du décret n°99-1153 du 29 décembre 1999 modifiant le décret n° 69-222 du 6 mars 1969 relatif au statut particulier des agents diplomatiques et consulaires.

16 mars 1986 – Nomination de Michel Aurillac, en qualité de ministre de la Coopération

Douze après la « résurrection » du ministère de la Coopération qu'avait matérialisée la nomination de Pierre Abelin, la rue Monsieur retrouve, avec la nomination de Michel Aurillac, un ministre « de plein exercice ».
Même si le résultat des législatives n'était pas une grande surprise, cette nomination d'un nouveau ministre « plein », elle, en était une à l'évidence. Elle nous a semblé signer la fin de la réforme de 1982.

La passation des « pouvoirs » entre Christian Nucci et Michel Aurillac s'effectue dans une ambiance beaucoup plus traditionnelle et conforme aux usages que celle qui avait présidé au départ de Jean-Pierre Cot et à l'arrivée de Christian Nucci. Avec Yves Chalier et Bernard Zoegger, nous formons un petit comité d'accueil sur le perron de l'Hôtel du Ministre et nous assistons à l'arrivée de Michel Aurillac, accompagné d'André Ross, secrétaire général du ministère des Relations extérieures, suivi de Michel Guillou. L'ancien et le nouveau ministre s'enferment dans leur bureau pour faire un point sur les affaires en cours[119].

Avec la nomination de Michel Aurillac rue Monsieur, un souci technique disparait. En effet, le nouveau ministre a sa résidence principale à Paris, rue Masseran, une petite rue parallèle au boulevard des Invalides, à 200 m du ministère. Plus de problème pour garder un pied à terre rue Monsieur et, en même temps, un service de chauffeurs, fort allégé !

Dans les jours qui suivent, un nouveau cabinet se met en place. Dirigé par un diplomate, Bernard de Montferrand, personnage très politique, le cabinet comprend Jean-Claude Raynaud, sous-préfet, chef de cabinet, Christian Sabbe, conseiller à la Cour des comptes[120], et Michel Guillou, très connu grâce à ses activités à l'AUPELF[121]. Michel Guillou est « chargé de mission auprès du ministre », donc numéro deux dans l'ordre protocolaire du cabinet. C'est un homme très brillant et fort sympathique. Malheureusement pour lui, il a perdu les élections législatives dans le Val de Marne, alors qu'en cas de succès, il aurait sans doute obtenu le poste de ministre de la Coopération,

[119] On l'ignore encore à ce moment-là, mais l'affaire « carrefour du développement », déjà largement connue par Michel Aurillac et qui préoccupe beaucoup Christian Nucci, sera évidemment largement évoquée à l'occasion de cet entretien.
[120] Christian Sabbe a été l'un des premiers à être alerté sur les affaires de « carrefour du développement » alors qu'il était en poste à la cour des comptes.
[121] Dont il est encore président et dont il sera recteur de 1991 à 1999.

finalement attribué à Michel Aurillac. Arriveront ensuite, Jacques Myard, diplomate, qui prépare surtout la suite de sa carrière politique dans les Yvelines[122] et Robert Bourgi, suffisamment connu pour ne pas être présenté.

Pour la première fois depuis dix ans, la question de mon maintien au poste de chef du bureau du cabinet ne semble pas se poser…
En tout cas, personne ne m'en parle…
Il faut préciser que Jean-Claude Raynaud, chef de cabinet, sous-préfet, choisi par Michel Aurillac qui l'a eu comme proche collaborateur lorsqu'il était préfet de l'Essonne, est en position de mobilité et qu'il ne peut pas, compte tenu de cette situation, être nommé officiellement au cabinet, sans être amené plus tard à recommencer intégralement cette période de mobilité qu'il est tenu de satisfaire. Comme il faut bien faire « tourner la boutique », il semblerait que je puisse faire l'affaire et je reçois ainsi une délégation de signature, « en cas d'absence ou d'empêchement », non plus du chef de cabinet, comme je la tenais précédemment, mais, cette fois, du directeur du cabinet.

Jean-Claude Raynaud aime beaucoup déléguer et il rattache très vite au bureau du cabinet toutes les petites entités administratives qui relèvent de son autorité directe (courrier parlementaire, service intérieur de l'hôtel du ministre, service du garage) et qui fonctionnaient jusqu'ici de manière plus ou moins autonome. C'est alors une petite équipe un peu renforcée (qui compte quand même une grosse cinquantaine d'agents) que je vais continuer à animer avec les mêmes méthodes fondées sur la polyvalence, le sens du service ainsi que le souci de la qualité et de l'efficacité. Une partie, en effet, du bon fonctionnement, non seulement du cabinet, mais aussi de l'ensemble du ministère repose sur la manière dont sont exécutées les différentes tâches liées aux liaisons, aux transmissions, au courrier, aux missions (chiffre, télex, courrier, vaguemestre, missions, passeports de services, billets d'avion, visas, paiements des indemnités de déplacement, gestion des crédits de réception, véhicules, etc.). La réunion au sein d'un même bureau facilite bien sûr la permutation des personnels lorsqu'un « coup de feu » est à prévoir et constitue un réel progrès en matière de productivité.

Un virage politique à 180°

On assiste aussi, avec cette première cohabitation et la nomination de Jacques Chirac à Matignon, au retour de Jacques Foccart, en qualité de

[122] D'abord élu maire de Maisons-Laffitte en 1989, Jacques Myard sera reconduit à ce poste jusqu'à aujourd'hui. En outre, il a été élu député des Yvelines de 1993 à 2017. Beau record de longévité.

conseiller Afrique du Premier ministre. Il recrée une petite cellule spécialisée, avec notamment Fernand Wibaux et Michel Lunven.

Alors que Jean-Pierre Cot s'était rendu en visite au Ghana avant de se rendre en Côte d'Ivoire, c'est à Abidjan que Jacques Chirac et Michel Aurillac font un voyage dans les premières semaines qui suivent la formation du gouvernement, pour assurer « le vieux sage » et le doyen des chefs d'États africains, du retour à une politique privilégiant les pays du « champ ».

L'administration de la rue Monsieur poursuit son travail de consolidation

Si, même du temps de Christian Nucci, nous avions déjà repris un fonctionnement à peu près autonome, il faudra attendre le 17 septembre 1986 pour qu'un nouveau décret fixe l'organisation du ministère de la Coopération « ressuscité » et le mois de novembre pour que notre paie soit à nouveau assurée par notre ministère et que le comptable assignataire ne soit plus la trésorerie générale pour l'étranger. Au même moment, les affaires artistiques et culturelles réintègrent la rue Monsieur. Mais, étrangement, si les compétences quittent la rue La Pérouse, les agents du ministère de la Coopération précédemment en charge de ce secteur rue Monsieur optent, dans leur ensemble, pour le maintien à la DGRSCT qui leur est proposé.

En 1984, la rue Monsieur avait poursuivi son travail de création de corps pour titulariser, dans le cadre de la loi Le Pors, les agents contractuels de catégorie C, mais c'est Michel Aurillac qui leur donne en 1987 la double vocation. Ainsi, ces agents pourront être indistinctement affectés soit à l'administration centrale soit dans les missions de coopération et d'action culturelle.
Il s'agit d'un détail certes, mais il caractérise et « individualise » les corps de la rue Monsieur par rapport à ceux du quai d'Orsay qui distingue, quant à lui, les corps d'administration centrale et les corps de chancellerie. Ce détail constituera un sérieux avantage lorsqu'il s'agira de fusionner la coopération et les affaires étrangères[123].

Sur le plan des transmissions, notre autonomie continue à se renforcer et compte tenu des très bonnes relations que nous entretenons avec le service du chiffre, nous gagnons encore en lisibilité avec la création d'une adresse dédiée sur le système des télégrammes diplomatiques, avec la création de

[123] Et, comme on l'a vu plus haut avec les attachés d'administration centrale, cette question est très sensible pour les syndicats du Quai d'Orsay comme d'ailleurs pour ceux de la rue Monsieur.

l'adresse « MINCOOP PARIS ». Nos télégrammes ne partent plus sous le timbre « TD DIPLOMATIE »[124] et ils arrivent directement sur notre terminal, tout en étant bien sûr communiqués au quai d'Orsay.

« Carrefour du développement »

Même si elle n'éclate au grand jour qu'au cours de l'été, l'affaire « carrefour du développement » va, dès la nomination de Michel Aurillac rue Monsieur, occuper une place importante dans les conversations de couloir du ministère, ainsi qu'au cabinet. C'est essentiellement Christian Sabbe qui mène les investigations et qui parfois « malmène » ceux qui, souvent en toute innocence, ont prêté leur concours à la conduite « au pas de charge » d'opérations assez peu orthodoxes, il faut en convenir, notamment sur le plan comptable.

On relève le montant « faramineux » des subventions versées à cette « petite » association « carrefour du développement » (ACAD), présidée par Michèle Bretin-Naquet. On apprendra que sa signature a souvent été imitée et qu'elle ne porte pas de responsabilité directe dans ce qu'il faut bien appeler « l'affaire »…

On cite six millions de francs de fausses factures qui auraient servi à payer des opérations clandestines...
On parle de graves anomalies de gestion, de double comptabilité et d'une autre association « La promotion française » qui aurait acheté le château d'Ortie, en Sologne. Des sommes importantes auraient été consacrées à une « étude sur les centres de gestion en Afrique »…
Les sommes détournées auraient permis de financer la campagne électorale de Christian Nucci…
Un scandale socialiste va éclater, « Nucci serait mouillé »…
L'autre « petite » association aurait également servi à renflouer l'Association pour la promotion communale internationale (APCI) dont le président n'est autre qu'Alain Poher, Président du Sénat…
Une partie du matériel sensible pour assurer la sécurité du sommet de Bujumbura et des barbouzes ont été payés en espèces...[125]

---

[124] Ainsi, pour sourire un peu, on peut dire qu'il n'y aura plus lieu, pour certains de nos ambassadeurs, de confondre les ministres…

[125] Je fais évidemment le rapprochement avec le retrait de plusieurs millions effectué à l'agence BNP de la Place Vendôme.

Les fonds mis en œuvre en dehors de toute procédure normale auraient aussi servi à payer la Renault 25 blindée, destinée aux déplacements à Bujumbura du Président François Mitterrand ainsi qu'une Renault 25 personnelle...[126].
On dit que la technique d'Yves Chalier était de faire pourrir le dossier et de mettre dans le coup le plus grand nombre de personnalités politiques, de tous bords, pour détourner l'attention des malversations vraisemblablement menées par l'ACAD...

Les fonds spéciaux

Comme je l'indiquais au chapitre précédent, le chef de cabinet gère les « fonds spéciaux ». Ces fonds sont attribués tous les mois par le chef de cabinet du Premier ministre, sous deux formes.
La première partie fait l'objet d'un chèque qui est ensuite, déposé sur un compte ouvert au nom du ministre et sur lequel le chef de cabinet a, traditionnellement, procuration, ou sur un compte joint, ouvert aux noms du ministre et du chef de cabinet[127].
Les dépenses qu'il permet de supporter sont donc traçables et leur montant peut donc être connu.
La seconde partie est versée, en espèces, en billets de 500 F Son montant n'est connu que d'un nombre très limité de personnes. Aucune règle ne s'applique quant à l'utilisation de cet argent et son affectation est laissée à l'entière discrétion du ministre. En fonction au cabinet du ministre depuis plus de dix ans, je peux estimer sans faire trop d'erreurs qu'elle était surtout affectée aux compléments de rémunération du ministre et de ses collaborateurs. On les appelait les « primes de cabinet ». C'était une tradition[128].

Je ne trahirai pas un grand secret en parlant de cette affaire, mais j'avoue que je n'ai jamais réussi à savoir si je n'avais pas été la « victime » si l'on peut dire, victime bien involontaire s'entend, mais « victime fort consentante, voire heureuse » d'une tentative de manipulation en vue de renforcer et d'aggraver, par des ragots, le montant « faramineux » et la manière dont ces fonds spéciaux avaient été utilisés par le cabinet Nucci.

---

[126] Peut-être s'agit-il de celle d'Yves Chalier, qui aurait fait l'objet d'un achat fictif auquel je crois avoir assisté, comme indiqué plus haut ?
[127] Contrairement à ce que l'on a souvent pu lire ou écrire, l'existence d'un compte joint au nom de Christian Nucci et d'Yves Chalier, n'avait aucun caractère irrégulier.
[128] On notera ici que cette pratique largement répandue et connue depuis longtemps a été, en principe, supprimée par Lionel Jopsin, lorsqu'il était à Matignon. Mais on sait qu'elle a perduré et qu'elle perdure encore, même si le volume des sommes concernées a été sévèrement diminué.

Dès le début des bruits qui se répandaient sur les errements de Chalier et Nucci, l'accent avait été mis sur la circulation de très grosses sommes en espèces. Il est vrai qu'Yves Chalier, devant le montant des dépenses supportées sur le compte joint, devait régulièrement faire des « avances » sur ce compte, soit en prélevant de l'argent sur le compte de l'ACAD, soit sur celui de la « promotion française », soit parfois même sur son compte personnel… Il opérait par la suite le remboursement de ces avances, en une ou plusieurs fois, parfois par chèque, parfois en espèces. Tout cela avait beau être suivi par une secrétaire au-dessus de tout soupçon, Danièle Tarrieu, il est vite apparu, par la suite, qu'il s'agissait d'un écheveau bien difficile à démêler. Il était évident que dans ce contexte, plus les sommes en jeu étaient élevées, plus l'image de « socialistes » dépensiers, voire malhonnêtes, se renforçait pour le plus grand bonheur de leurs adversaires.

C'est dans ce contexte que je n'ai jamais pu connaître la raison profonde qui avait conduit Jean-Claude Raynaud à me dire en me remettant ma première prime de cabinet :

- Ouvrez l'enveloppe, s'il vous plait ! Vous allez être surpris !

Je le fais bien sûr aussitôt et je découvre une prime multipliée par cinq, ce qui n'avait rien de désagréable…

- Qu'en dites-vous ?

- C'est plutôt une surprise agréable. Je vous remercie beaucoup. Que dire d'autre ?

- Vous le méritez largement et je dois dire que mes prédécesseurs n'ont pas été fort généreux avec vous, car je peux vous assurer que la dotation du Premier ministre est très élevée pour la rue Monsieur. Je me demande vraiment pourquoi ils ont été amenés à faire toutes ces opérations douteuses pour avoir encore plus de liquide, alors qu'ils touchaient déjà un véritable pactole…

Je n'ai jamais pu éclaircir l'affaire, ni savoir si la dotation de la rue Monsieur n'avait pas été gonflée, précisément pour renforcer l'image d'un pouvoir socialiste dépensier et peu regardant sur l'utilisation de deniers malgré tout publics, ou bien si, réellement, je ne bénéficiais auparavant que de quelques miettes d'un gâteau déjà fort important, ou bien encore tout simplement s'il ne s'agissait pas pour Jean-Claude Raynaud de ternir, une fois de plus, l'image de ses prédécesseurs tout en se conciliant ma bonne volonté, alors qu'il n'avait pourtant pas à en douter.

Quoi qu'il en soit, je suis forcément resté fort discret sur cette affaire, comme on peut le comprendre.

Cette question de « carrefour du développement » va nous empoisonner longtemps et c'est le 25 juillet 1986 que l'affaire éclate sur la place publique.

Ce matin là, comme les jours suivants, la presse étale avec des gros titres le « scandale de l'affaire carrefour du développement » et s'épanche sur les détournements de fonds publics attribués à Christian Nucci. Le hasard fait que les rares photos dont disposent les journalistes, ce jour-là, pour illustrer l'affaire, sont celles prises en mars lors de l'arrivée rue Monsieur de Michel Aurillac. Ces photos présentent bien sûr Christian Nucci et Yves Chalier, mais il se trouve que pour l'accueil du nouveau ministre, je figurais, moi aussi, à leurs côtés avec Bernard Zoegger, responsable du protocole[129].

Tout cela me vaut une publicité dont je me serais volontiers passé.

Dans le même temps, je suis régulièrement entendu par la police judiciaire et j'ai même le privilège de rencontrer rue Cambacérès à deux reprises, le commissaire Greco qui coordonne l'enquête. Mes comptes en banque vont être fouillés, mon téléphone sera placé sur écoute pendant de longs mois. Au fur et à mesure que l'enquête se poursuit, je vais être amené à apporter des précisions sur tel ou tel aspect du fonctionnement du cabinet. Je vais même découvrir que j'ai, bien involontairement, émargé aux dépenses de « La promotion française ». C'est, en effet, par un chèque tiré sur le compte de cette association que Yves Chalier m'a remboursé le mois d'avance et la caution que j'avais acquittés pour l'appartement meublé, loué pour le compte du ministre Christian Nucci en février 1986. Il s'agissait d'un chèque tiré sur la BNP (où étaient logés tous les comptes gérés par Yves Chalier) et j'étais persuadé que le chèque reçu émanait du compte joint que Chalier détenait avec le ministre. Je n'avais même pas remarqué qu'il était tiré sur « La promotion française ». Je reste persuadé qu'il s'agissait d'une simple distraction de la part d'Yves Chalier, car je ne vois pas quel intérêt il aurait pu avoir à brouiller les pistes dans cette « minuscule » opération.

Le retour de l'action culturelle rue Monsieur et la clarification des compétences

En 1988, le décret 88-763 précise que les missions d'aide et de coopération (MAC) deviennent les missions de coopération et d'action culturelle (MCAC). Il est ainsi mis fin (ou presque), au bout de près de 30 années, aux querelles et aux guerres de tranchées que la question avait entraînées. Ce décret précise que les termes « mission d'aide et de coopération » sont remplacés par les termes « mission de coopération et d'action culturelle »
Cette fois, cela semble sans appel et une circulaire précise dans le détail les attributions du « conseiller culturel » dont le titre est rétabli au sein de la

[129] Voir annexe 6.

MCAC. La circulaire datée du 20 avril 1988[130] précise de manière très claire que le chef de mission est le seul responsable de la conduite de l'ensemble de la coopération, même si l'application de l'instruction peut se faire de manière progressive en tenant compte de particularités locales.

La réforme du FAC

La rue Monsieur a certes souffert des tristes raisons qui l'ont amenée à se retrouver à la une de l'actualité lors de la prise de fonction de Michel Aurillac, avec l'affaire « carrefour du développement », mais elle a su réagir et « elle a continué à se passionner pour les choses passionnantes » que lui permettait d'entreprendre le Fonds d'aide et de coopération[131].

Depuis le début des années 80, la part du FAC n'avait cessé de diminuer dans le montant total des crédits d'aide publique au développement et le montant annuel des autorisations de programme était même tombé à un milliard de francs.
C'est sous l'autorité de Michel Aurillac que l'on a pu assister à une sorte de résurrection du FAC dont les moyens ont été considérablement augmentés (plus de 50%) et cela malgré un rapport très sévère de la Cour des comptes. Il s'agissait parallèlement de moderniser l'instrument et de le rendre irréprochable.

Sous l'impulsion de Pierre Bobillo, directeur adjoint des moyens du développement et de Mireille Guigaz, sous-directeur du budget et du contrôle, le ministère décide alors d'actualiser le mode de fonctionnement du Fonds d'aide et de coopération et de le rendre plus adapté aux nouvelles formes que prend l'aide publique au développement. A cette fin, il fait alors appel à un cabinet de conseil en organisation « Bossard Consultants » et un groupe de travail est constitué pour élaborer de nouvelles instructions et fixer des procédures actualisées. Ce travail de réflexion et de modernisation de l'instrument qu'est le FAC va concerner l'ensemble du cycle des projets. Il s'intéressera à la préparation des projets avec les partenaires, à leur présentation au comité directeur pour approbation, ainsi qu'aux conditions de leur exécution. J'aurai par la suite l'occasion d'apprendre beaucoup sur cette question grâce à deux collègues avec lesquels je travaillerai à Dakar : Nelso Cuogo puis Gérard Pourret qui ont activement participé à ce travail de réflexion et de mise au point des procédures nouvelles du FAC. Dans le même temps, une autre équipe, constituée de Michel Flesch et de Claude

[130] Voir annexe 7.
[131] *L'Afrique à cœur*, Michel Aurillac, BERGER LEVREAU

Pecastaing élabore un document de gestion intitulé « Le guide de la gestion locale »[132].

Cette époque correspond aussi à la montée en puissance de la micro-informatique et à la découverte des outils de bureautique. La comptabilité du FAC, tenue jusqu'ici avec des fiches, des gommes et des crayons, va progressivement faire l'objet d'un traitement informatique qui donnera lieu, dans une phase expérimentale, à beaucoup de querelles, avec des problèmes d'ego et de « chapelles » autour de tel ou de tel type de logiciel.

Dans les missions de coopération

Le cabinet de Michel Aurillac est marqué par un certain retour à une normalité dans la nomination des chefs de mission. On y retrouve moins d' « outsiders » que pendant la période précédente. D'une manière générale, ce sont plutôt des agents titulaires que des non titulaires qui sont nommés et ils ont une expérience acquise à la fois sur le terrain et à l'administration centrale. Dans le droit fil de la « cohabitation », on assiste aussi à des nominations « ciblées » sur la sensibilité politique et, bien sûr, à quelques règlements de compte.

Il ne faut pas oublier que certaines nominations ont eu un caractère quasi clandestin et qu'elles n'ont pas toujours suivi la voie normale, c'est-à-dire le passage par la direction des moyens et la sous-direction des personnels[133].

L'anecdote la plus symptomatique dont j'ai le souvenir concerne le remplacement du titulaire de l'un de nos plus beaux postes. Il s'agit d'un poste qui aurait dû normalement revenir à un « grand ancien » de la FOM. Il était prévu qu'il y achève sa carrière, avant de faire valoir ses droits à la retraite. Mais alors que l'affaire était pratiquement « entendue », un jeune haut fonctionnaire lui avait brûlé la politesse et avait été nommé à sa place. Non seulement il s'agissait d'un poste réputé agréable, mais son titulaire, ainsi désigné, voulait y satisfaire l'obligation de mobilité, d'une durée de deux années, qui lui était imposée pour poursuivre une carrière, s'annonçant très brillante d'ailleurs. Or, s'agissant d'un emploi dit « discrétionnaire », le ministre Michel Aurillac décide de le relever après seulement dix-huit ou vingt mois de fonction, le contraignant ainsi à recommencer sa période

[132] Ce « guide la gestion locale » va faire autorité en la matière jusqu'à la mise en œuvre des derniers projets du FSP, c'est-à-dire en 2018… Il est amusant de noter qu'il a été élaboré avec les services de la comptabilité publique. Il est donc strictement conforme, tant dans ses textes de référence que dans ses commentaires et ses très nombreux modèles aux règles officielles. Néanmoins, il a toujours été considéré par les services administratifs et financiers des ambassades comme un document de recueil de règles spécifiques au ministère de la Coopération auxquelles, au mieux, il convenait de ne pas se référer, ou dont, au pire, il fallait se méfier.

[133] Cf. certains décrets que j'ai dactylographiés moi-même, comme indiqué précédemment.

complète de mobilité de deux années entières (la juxtaposition de deux périodes n'étant pas autorisée). Et, comme on l'imagine, c'est dans une province, dont l'attrait n'était pas la caractéristique principale, qu'il a été affecté. Pour aller au bout de la cruauté de la mesure, c'est son remplaçant qui fut chargé de la lui annoncer, et de surcroît par téléphone, pour ne pas le priver sans doute du plaisir bien connu et brutal de l'effet de surprise…!
Mérité certes, mais peu glorieux tout de même.

*

*   *

L'accent est remis sur la communication

Sous le cabinet de Michel Aurillac, la nécessité d'un bon affichage des actions de coopération va prendre à nouveau de l'importance, comme au début des années soixante. Non seulement, il s'agit de « bien faire » mais aussi de « bien le faire savoir ».
Cette nouvelle campagne de communication rappelle celle de l'époque où il fallait combattre le « cartiérisme », mais, cette fois, il s'agit non seulement de sensibiliser l'opinion française mais aussi de montrer à nos partenaires ce que nous faisons à côté des autres bailleurs de fonds. Nous ne devons pas, ou mieux, nous ne devons plus avoir de fausses pudeurs. Il convient d'afficher clairement nos interventions.
C'est dans ce contexte qu'est créé un logo « Coopération française » que l'on apposera sur tous les équipements et véhicules fournis dans le cadre des projets du FAC ou sur d'autres crédits du Titre IV. Il sera reproduit sous forme d'autocollants en milliers d'exemplaires, de tailles différentes de manière à être collé sur les livres, les ordinateurs, les imprimantes, les photocopieurs, les flancs des véhicules, etc.
Pour la petite histoire, on signalera que l'utilisation de ce logo a été suspendue au début des années 2000, avant d'être carrément « interdite ». Il sera remplacé par un nouveau logo « France Coopération » d'une durée de vie fort éphémère avant d'être abandonné au profit du logo officiel « République française – *Liberté Egalité Fraternité* » du ministère des Affaires étrangères ».
Au même moment, Michel Aurillac fera réaliser un film grand public destiné tant aux pays bénéficiaires de l'aide qu'au public français, intitulé « Le cœur et la raison ». Reproduit sur bande magnétique VHS, ce film sera largement

distribué en France et en Afrique. Sa réalisation est assurée par un agent du ministère : Michel Brunet[134].

*

* *

Au début de l'année 1988, Michel Pipelier, sous-directeur des personnels, avec lequel je suis forcément en contact très fréquent me fait observer que je suis en fonction au cabinet depuis près de douze années et que c'est complètement « hors norme ». Cependant, compte tenu de la nature du poste que j'occupe, il avoue lui-même rencontrer des difficultés pour me proposer une affectation dans une des directions de la rue Monsieur, qui correspondrait à mes capacités tout en ayant une assimilation, même vague, à la position hiérarchique que j'occupe en qualité de chef du bureau du cabinet depuis fin 1979. Il me précise donc, sans ambages, qu'il ne voit pas pour moi d'autres solutions que de demander un poste dans une mission de coopération.

Je viens d'avoir 46 ans et il m'apparaît, à moi aussi, qu'il est urgent de m'échapper de mon poste actuel, au risque de m'y enkyster, et je ne vois pas dans les vacances de postes à l'administration centrale une bonne opportunité à saisir.

Je fais donc très rapidement acte de candidature pour un emploi dans les services extérieurs, sur un emploi de conseiller de mission. Au même titre que Charles Léoni m'avait parrainé pour me faire partir du bureau du cinéma, c'est cette fois Gabriel Baron qui va jouer le même rôle pour me permettre de faire un bon « atterrissage ». Gabriel Baron, ancien de la FOM, est une autre grande figure de la rue Monsieur où il a occupé plusieurs postes de direction. Il est, à cette époque, conseiller technique au cabinet. Je pourrais demander un poste de chef de mission dans un petit pays plutôt que de postuler pour un « simple » poste de conseiller de mission, comme certains m'engagent à le faire, mais Gabriel Baron me conseille fortement de maintenir ma demande sur un poste de conseiller. C'est ce que je fais et je m'en réjouirai plus tard.

Je suis alors, grâce à son appui, « fléché » sur Dakar puis confirmé sur ce poste lorsque le « mouvement » de l'année 1988 est arrêté.

---

[134] Michel Brunet est un ancien reporter cameraman du C.A.I., dont nous avions transformé, dans les années 70, le contrat de droit privé de la presse filmée en contrat de « coopérant ». Il n'a donc pas perdu au change puisqu'il poursuivra sa carrière pour le ministère jusqu'à son départ à la retraite. Il dirigera notamment le bureau du cinéma.

10 mai 1988 – Nomination de Jacques PELLETIER, en qualité de ministre de la Coopération et du développement

La réélection du Président François Mitterrand, en mai 1988, signe à nouveau la nomination d'un ministre « plein » rue Monsieur don l'appellation comprend à nouveau le mot développement (clin d'œil ou satisfaction peut-être à Jean-Pierre Cot, qui avait été proche de Michel Roccard, nouveau Premier ministre).

Au moment de l'arrivée du nouveau ministre, je suis déjà inscrit dans le mouvement qui est quasi officialisé et je dois donc rejoindre Dakar dans quelques mois seulement.
Je vais donc aider à la mise en place du nouveau cabinet, en prenant une légère distance, compte tenu que je dois « disparaître » bientôt. Je bénéficie d'un stage de formation en informatique. Je prends mes congés annuels. J'épuise leurs reliquats. Après douze années passées au cabinet dont près de neuf comme chef du bureau du cabinet, je me prépare à ce nouveau départ.

Chapitre 5

Septembre 1988 – mars 1999 - conseiller de mission de coopération

Après vingt-deux années passées à l'administration centrale, je retrouve un poste sur le terrain. Je découvre à nouveau le plaisir et l'intérêt qui s'attachent au travail en équipe.
A Dakar, je suis en charge de la gestion des personnels d'assistance technique que l'on désigne également sous le vocable « les coopérants ». Cette assistance technique en personnels est l'un des moyens les plus importants de notre politique de coopération bilatérale et un des plus spécifiques aussi, comparé aux interventions des autres bailleurs.
A Yaoundé, à côté de la gestion de l'assistance technique, je suis chargé du suivi des projets du Fonds d'aide et de coopération (FAC) dans le secteur du développement institutionnel et aussitôt après la dévaluation du franc CFA, je participe très activement à la mise en œuvre du Fonds spécial de développement (FSD).
En 1996, je reçois une nouvelle affectation en qualité de « conseiller multi missions – organisation et méthode » pour l'Afrique de l'Ouest, en résidence à Ouagadougou.
Dans ce nouveau poste, je m'intéresse surtout au fonctionnement interne de nos missions de coopération et d'action culturelle, pour la gestion des coopérants, la conduite des projets du FAC, la tenue de leur comptabilité, le déploiement de nouveaux logiciels de gestion et le traitement des archives, secteur totalement négligé depuis la création du ministère.
Sept ministres dont deux ministres délégués occupent la rue Monsieur pendant ces onze années.
Un nouveau décret, pris en 1992, précise mieux les missions de l'assistance technique en personnels dont le modèle commence à marquer des signes d'épuisement. Les projets financés par le FAC changent de nature et les modalités de leur gestion connaissent une forte évolution avec la généralisation des moyens informatiques. Les missions de coopération sont maintenant bien structurées et les pratiques professionnelles sont harmonisées.
Fin 1998, une nouvelle réforme intervient en vue de fusionner le ministère des Affaires étrangères et celui de la Coopération. Contrairement aux précédentes, cette nouvelle réforme sera menée à son terme et, cette fois, le « phénix » ne renaîtra pas de ses cendres.

Conseiller à la mission de coopération et d'action culturelle à Dakar

Les locaux et l'équipe

La mission de coopération et d'action culturelle de Dakar occupe la plupart des étages d'une aile du bâtiment de l'ambassade. Elle les partage avec les services chargés de la coopération militaire. Pour des raisons évidentes de sécurité, il n'y a pas de communication possible entre les locaux affectés à la MCAC et ceux qui relèvent des autres services de l'ambassade. L'ascenseur, par exemple, ne dispose pas d'ouverture sur l'étage occupé par la mission militaire. La MCAC accueille un public important avec non seulement les coopérants mais aussi les boursiers ou candidats boursiers. Elle dispose donc d'une entrée spécifique comme il en existe une autre pour le consulat. L'entrée des bureaux de l'ambassade proprement dite, c'est-à-dire la chancellerie, est sécurisée et des gendarmes y contrôlent les entrées. Ce n'est pas le cas pour les autres services et un public relativement important circule donc dans l'enceinte du bâtiment, situé rue Assane Ndoye. Son entrée principale est fermée par une simple barrière basculante et une petite entrée est réservée aux piétons. Ils doivent donner au vigile le motif de leur visite pour être autorisés à entrer. On n'observe pas encore la nécessité d'établir des dispositifs de sécurité pour protéger nos sites. Dakar est une ville assez sûre, même si la petite délinquance y est fort développée et s'exerce avec beaucoup d'imagination ou d'inventivité. On en parlera plus loin.

Le chef de la mission est Jean-Jacques Versière. Je l'ai bien connu rue Monsieur, lorsqu'il était sous-directeur des affaires économiques et financières. Il a exercé des fonctions de chef de mission à plusieurs reprises. Kigali doit être son premier poste, en 1967-68[135]. Après, il a été chef de mission, au moins, à Bangui, à Niamey et peut-être à N'Djamena. Dakar est son dernier poste. Il devait prendre sa retraite en septembre, mais il a été « prolongé » de quelques mois pour terminer je ne sais plus quelle opération, d'aide budgétaire peut-être.
A l'époque coloniale, Jean-Jacques Versière a exercé dans la police et il a notamment été commissaire central de la ville de Douala où son nom figure encore sur la plaque commémorative de tous les titulaires du poste. J'ai pu le constater en 1993.

[135] Il m'en parlera souvent et il me décrira notamment la magnifique résidence qu'il avait fait construire, sans que nous puissions nous douter un seul instant, l'un et l'autre, que je l'occuperai onze années plus tard.

Dakar est, à tort ou à raison, considéré comme un des plus beaux postes parmi nos missions de coopération. Il a notamment été tenu par René Blanchard de 1965 à 1969, puis par Michel de Bonnecorse de 1978 à 1982. Jean-François Cordet l'a occupé de 1984 à 1986, avant d'être remplacé par Jean-Jacques Versière.
En novembre ou décembre 1988, c'est François Chappellet qui occupera le poste jusqu'en 1993, avant d'être nommé ambassadeur à Praia.
C'est donc avec François Chappellet que je vais travailler pendant quatre années.

L'équipe de la mission est composée de :

- Robert Sorby, attaché d'administration centrale, adjoint du chef de mission,
- Bernard Massué, fonctionnaire des finances, chargé de la coopération économique et des aides budgétaires,
- Gilles Guidot, vétérinaire inspecteur, chargé du développement rural,
- Eric de La Moussaye, attaché d'administration centrale, chargé du secteur de la santé,
- Simone de Gélibert, attachée d'administration centrale, chargée des affaires générales,
- Nelso Cuogo, inspecteur des douanes, chargé du FAC,
- moi-même, chargé de la gestion des personnels.

Le service culturel fait aussi partie de la mission[136], mais dans des conditions un peu particulières. Celles-ci sont liées à l'histoire, comme indiqué précédemment, mais aussi à la géographie des lieux et des bureaux. Les bureaux affectés à ce service se situent, en effet, dans le bâtiment central de l'ambassade et ils sont séparés des nôtres par une grille fermée à clé que seul le conseiller culturel est autorisé à franchir et dont il est le seul, avec le chef de mission, à détenir la clé. De ce fait, on observe un certain cloisonnement entre les activités de ce qu'il faut bien encore appeler deux services distincts. Ainsi, seuls les activités du centre culturel, la diffusion de la culture et de la pensée française, le cinéma, le livre, la langue française, les alliances françaises et l'enseignement français relèvent du service culturel. Dakar compte une école primaire française (le petit Mermoz) et un lycée (lycée Mermoz) dirigé par Roland Fleury. S'y ajoutent deux établissements privés : l'institution Sainte Jeanne d'Arc et le cours Sainte-Marie de Hann, dirigé par M. Cabrita.

---

[136] Conformément aux dispositions du décret de 1988 et à la circulaire de Michel Aurillac, cités au chapitre précédent.

Ces deux établissements dispensent un enseignement de type français jusqu'au baccalauréat et nous y avons des coopérants. Ils ne sont pas autorisés à accueillir des élèves sénégalais et l'on n'y trouve donc que des élèves français, étrangers ou binationaux.
Pour l'enseignement primaire, il y a deux écoles franco-sénégalaises qui, dans le cadre de leur convention, doivent accueillir au maximum 50 % d'élèves sénégalais. Ce sont les écoles de Fann et l'école Dial Diop. Le directeur de la première est le représentant du Sénégal au conseil supérieur des Français de l'étranger (CSFE). La directrice de la seconde est l'épouse du ministre sénégalais de l'agriculture.

Telles sont donc les activités qui relèvent directement du service culturel qui comprend ;

- Georges Marquis, conseiller culturel,
- Denis Fleitz, attaché culturel,
- Dominique Doublier, directeur du centre culturel.

Toutes les autres activités relèvent de la mission de coopération, y compris la gestion des personnels des écoles françaises et ceux des écoles franco-sénégalaises.
Il faut noter aussi que les questions de coopération dans le secteur de l'enseignement sont suivies directement par le chef de mission avec les assistants techniques, conseillers du ministre de l'éducation nationale : Fernand Nakache, instituteur, et Claudine Bourrel, professeur agrégé, puis plus tard Yves Basset, inspecteur d'académie.

Bien sûr, en quatre ans, on va assister à des remplacements de certains membres de l'équipe. En 1989, Jean-Marie Tarrieu, ancien de la FOM, remplace Robert Sorby, Pierrick Kernen remplace Eric de La Moussaye. Simone de Gélibert part à Bamako. Joseph Philippe arrive à Dakar. En 1990, Gérard Pourret remplace Nelso Cuogo. L'équipe se renforce avec l'arrivée de Philippe Boncour, ancien élève de l'Ecole normale supérieure. En 1991, Michel Flesch, attaché d'administration centrale, remplace Bernard Massué.

On assiste aussi à des mouvements au service culturel. En 1990, Catherine Laurent, administrateur civil, remplace Georges Marquis, Alain Deray remplace Denis Fleitz et François Belorgey relève Gilles Doublier au centre culturel.

L'arrivée de Catherine Laurent entraînera un rapprochement relatif entre les deux services.

Les conditions de vie

Elles sont plutôt agréables et confortables.
Nous disposons de bureaux spacieux avec vue sur mer, même si la construction récente de la tour du Novotel nous empêche de voir l'ile de Gorée.
Nos bureaux ouvrent sur deux vastes coursives, l'une côté mer, l'autre côté cour intérieure qui permettent d'aller d'un bureau à l'autre. Les échanges et les contacts sont donc très simples et fréquents. À la nuit tombée, les centaines de milans quittent les arbres énormes qui jouxtent le bâtiment et entreprennent un impressionnant ballet volant sur la coursive extérieure, frôlant nos portes-fenêtres et nous plongeant dans une atmosphère s'approchant du film *Les Oiseaux* de Hitchcock. On ne l'emprunte donc plus le soir mais la circulation de l'information entre les membres de l'équipe reste cependant très bonne et nous passons souvent d'un bureau à l'autre. C'est particulièrement précieux pour moi, dans la mesure où les personnels de l'assistance technique interviennent dans pratiquement tous les secteurs. Si l'on veut gérer au mieux les ressources, une bonne connaissance des difficultés ou des particularités attachées à chaque poste est indispensable et doit être partagée entre le service de gestion et le responsable sectoriel.

Le coût de l'assistance technique en personnels au Sénégal (plus de huit cents agents) est le premier poste de dépenses dans le décompte de l'aide bilatérale française pour le pays.

Nous sommes bien logés. En dehors de la résidence du chef de mission qui est située sur la corniche donc pas très loin des bureaux[137], la MCAC dispose à Fann de quatre belles villas, d'un petit immeuble de quatre appartements et de deux petites cases de passage destinées aux « missionnaires », dans un campus fermé, en bord de mer. Nous avons aussi à Fann l'ancienne résidence du chef de mission, plus spacieuse mais située à l'intérieur des terres et une villa louée dans le même quartier, donc sans vue sur la mer.

Si ce n'est pas tout à fait régulier - chaque inspection ne manque pas de pointer la question – les conseillers de mission disposent d'une voiture de service, à ne pas confondre avec une voiture de fonction. Nous les utilisons pour les trajets domicile travail et pour les déplacements professionnels, en ville surtout, car leur état ne permet pas toujours de les utiliser pour des missions en province. Ce sont souvent des véhicules un peu vétustes. Il

[137] Elle est aussi et surtout située juste en face des courts de tennis, ce qui aurait justifié (dit-on…) l'abandon par Michel de Bonnecorse de la résidence de Fann qui se situe, quant à elle, à cinq kilomètres environ des bureaux et du club de tennis.

s'agit, soit de voitures « réformées », en raison de leur âge et réputées à l'état d'épaves, soit de véhicules de projet qui ont été « oubliés » dans la remise aux autorités sénégalaises, de matériels ou d'équipements divers, lors de la clôture d'un projet. On a beau les cacher lors des inspections, ils finissent cependant par réapparaître, notamment à l'occasion des conversations de fin de repas, moment privilégié pour les petites médisances de nos collègues du quai d'Orsay, en particulier, qui nous jalousent toujours un peu.

Notre parc immobilier est bien entretenu, grâce à un fonds de concours alimenté par les retenues sur salaire effectuées sur l'ensemble de notre rémunération (15% sur le traitement indiciaire et toutes les indemnités et primes y compris les suppléments et majorations familiales). Il n'en est pas de même pour les agents des affaires étrangères dont les ressources du même fonds de concours peinent à entretenir les palais de nos ambassades dans les grands pays d'Europe ou en Amérique du Nord. A l'exception de deux belles villas et de la résidence du consul général, le parc de leur logement à Dakar est très vétuste et il est mal ou peu entretenu.

Ces questions sont l'objet de petites piques, souvent échangées par les épouses, sur la qualité respective des jardins des unes et des autres et sur l'arrosage des pelouses que les conseillers de mission sont suspectés de faire payer par le contribuable. Dans la réalité, nous payons l'eau que nous consommons dans nos villas et nos jardins, mais il est exact que l'électricité et le gardiennage de nos logements sont pris en charge par l'État, ce qui n'est pas le cas aux affaires étrangères. Il s'agit d'un « avantage en nature » qui nous est officiellement accordé et qui a été rappelé par une circulaire du 6 mai 1983. Il correspond à une dérogation accordée par décision du ministre de l'Économie et des finances en date du 20 février 1978. Il s'agissait de trouver un équilibre entre les rémunérations, à responsabilité comparable, des agents des affaires étrangères et de ceux de la rue Monsieur, lorsque ces derniers ont été soumis au régime de rémunération du décret de 1967[138].

Pour la plupart d'entre nous, les week-ends se passent à Ngaparou, sur la petite côte, près de M'Bour, qui n'est pas encore envahie par les nombreux hôtels ou les ensembles de petites villas que l'on y trouve aujourd'hui. Nous

[138] Les conditions d'application de ce décret aux agents du ministère de la Coopération ont été fixées par un arrêté de 1978. Le classement des personnels de la rue Monsieur dans les groupes de rémunération prévus dans le décret avait dû être arbitré par le cabinet du Premier ministre et notamment par Daniel Doustin (ancien de la FOM), selon une confidence que m'avait faite Jean-Jacques Versière. Le ministère des Affaires étrangères s'est, en effet, toujours efforcé de classer de manière défavorable les agents extérieurs à son administration lorsqu'il s'est agi de les intégrer dans ce régime de rémunération, dit de 1967, dont il s'est toujours senti propriétaire. Ce « mauvais penchant » se manifestera de façon criante lors de la fusion de 1999.

y avons un « cabanon ». C'est une petite construction en dur, en bordure de mer, sous les filaos, avec une petite digue en blocs de latérite que nous entretenons au mieux pour lutter contre l'érosion et éviter que les vagues ne s'approchent trop de la terrasse. Ce cabanon est équipé de tables et de lits en béton. Il n'y a pas d'électricité bien sûr, mais nous avons des bidons sur le toit qui alimentent une douche et un point d'eau. Un gardien, prénommé Samb, est chargé de surveiller et d'entretenir les lieux. Il dispose d'un âne et d'une charrette pour transporter l'eau d'un puits pas trop éloigné. Une fois par semaine, avec une pompe Japy, il fait monter l'eau dans les bidons qui constituent notre château d'eau.
Giles Guidot, notre collègue, est notre voisin, à Fann comme à Ngaparou, et nous nous partageons la prise en charge du salaire de Samb. Ce dernier a une importante descendance et par affection pour nous, sans doute, il a tenu à prénommer deux de ses derniers enfants respectivement « Guidot » et « Gohy »...

Nous avons aussi des habitudes.

Ainsi, le vendredi, jour de la prière, les rues qui permettent de rejoindre Fann en partant du plateau sont fort encombrées. Une d'elles se trouve même souvent fermée par une foule de fidèles qui ne peuvent pas entrer dans une des petites mosquées du quartier du Plateau et font donc leur prière devant l'édifice, empêchant de fait la circulation des voitures et même des piétons. Avec un ou deux collègues, nous déjeunons alors au restaurant *Le Sarrault* où nous rejoint souvent Yves Marlières, conseiller à la Présidence de la République. C'est un moment d'échange privilégié.

Quant au samedi, avant de partir pour Ngaparou en fin d'après-midi, après la sieste, nous déjeunons traditionnellement à « L'abreuvoir »[139], lieu de rassemblement haut en couleur d'une partie de la société dakaroise, Sénégalais et Français réunis. C'est le docteur Jean-Claude Bernou qui a la haute main sur l'organisation de ces rencontres hebdomadaires qui avaient été lancées par maître Paul Bonifay et dont les « membres » sont nommés « à vie ». Ils prennent en charge, à tour de rôle, la facture du déjeuner du samedi qui a lieu dans les différents restaurants de la ville ou, très souvent, à la pointe des Almadies, chez Christian Bonge. Ces rencontres sont toujours très chaleureuses. Comme nos déjeuners au *Sarrault* du vendredi, elles nous permettent de sortir du milieu un peu fermé de l'ambassade et de la mission.

Le dimanche soir, nous partageons souvent une omelette/salade, à la bonne franquette, avec le ou les missionnaires arrivés par le vol Air France de

[139] Voir Pierre Biarnès, *La fin des cacahouètes,* Editions L'Harmattan

Paris, accueillis à l'aéroport par un chauffeur et déposés dans une des cases de passage du campus de Fann. Ces chambres, confortables par ailleurs, ne disposent d'aucun service hôtelier et elles sont fort éloignées de tout hôtel ou de tout restaurant. Alors, nous proposons aussi, très souvent, à ces voyageurs de partager nos petits déjeuners ou d'autres repas à la maison, pendant leur séjour. Ce sont ici encore des moments d'échanges fort appréciables, tant sur le plan personnel que sur le plan professionnel.

Les relations avec l'ambassade

Nos relations avec l'ambassade sont à la fois excellentes et inexistantes avec une partie de ses agents. Les deux ambassadeurs successivement en poste à Dakar, Jean-Louis Lucet puis Dominique Perreau, invitent systématiquement les conseillers de mission, avec leurs autres collaborateurs, aux réceptions qu'ils organisent à l'occasion d'événements ou des passages de personnalités à Dakar. Dieu sait si ces occasions sont nombreuses.
Nous nous faisons, par ailleurs, toujours un devoir d'être présents, autour du chef de mission, lors des cérémonies patriotiques (8 mai, 14 juillet, 11 novembre, remise de décorations, relève de certaines autorités militaires, etc.) qui donnent lieu à une « prise d'armes » à la base de Bel Air du 23e BIMA, à Hann. On sent bien, à ces occasions, que l'ambassadeur est plutôt satisfait d'être entouré, ces matins-là, non seulement du consul général et (parfois) de son premier conseiller, mais également de l'équipe de sept à huit personnes de la MCAC. Il faut dire que François Chappellet, fils d'amiral, attache de l'importance à ces traditions. On rappellera qu'il a vécu jeune à Dakar et qu'il a passé son baccalauréat, au milieu des années 1950, au lycée Van Vollenhoven, devenu aujourd'hui le lycée Lamine Gueye. Toute l'équipe partage le même sentiment et affiche la même attitude à l'égard du respect de ces traditions.

Nous sommes parfois en liaison avec le consul général, Jean-Pierre Guidon et sa collaboratrice, Mme Mondoloni, lorsque des problèmes d'état civil ou de décès interviennent dans la communauté des coopérants. Ces derniers ne sont pas toujours immatriculés au consulat et nous disposons quant à nous de toutes les informations utiles sur les agents que nous gérons. Dans des cas difficiles, rapatriements sanitaires ou décès, la mission a des moyens qui peuvent faire défaut au consulat, parent pauvre de l'outil diplomatique. Par exemple, lors du décès dans un accident de la route à Banjul de Jean-Marie Probst[140], nous devons affréter un petit avion de tourisme pour ramener tout

[140] La mission de Dakar assurait la gestion des coopérants affectés en Gambie. Je ne suis certain ni du prénom ni de l'orthographe exacte du nom de l'intéressé qui était chargé d'un appui au développement de la langue française en Gambie.

d'abord, le corps du défunt à Dakar, aucune installation ne permettant de le conserver en Gambie, dans des conditions satisfaisantes. J'accompagne le chef de mission lors de ce voyage puis, par le même moyen, nous repartons chercher la veuve et la fillette de notre agent, en vue de les rapatrier sur la France. Mme Probst voyage avec un bagage léger et son violon. Sa fillette tient une poupée dans sa main. Ce sont des moments très difficiles. Après un bref passage à la résidence du chef de mission où Mme Chappellet apporte du mieux qu'elle le peut tout le réconfort qu'il est possible de donner dans des circonstances comme celles-là, j'accompagne Mme Probst et sa fille à l'aéroport. Nous disposons heureusement de cartes d'accès dans la zone réservée de l'aéroport et je peux ainsi faciliter l'embarquement de Mme Probst, en lui évitant une longue et pénible attente au comptoir d'enregistrement. Ces tâches relèveraient plutôt du consulat, mais en raison de nos excellentes relations ils ne se sentent pas en situation de concurrence et ils nous laissent donc faire, tout en nous remerciant de notre action.

En dehors de ces contacts professionnels avec le consulat, nos relations avec le reste de l'ambassade sont inexistantes. Elles se limitent souvent au renouvellement de nos cartes diplomatiques, au renouvellement des papiers de nos véhicules personnels qui bénéficient de l'immatriculation en plaques « vertes », c'est-à-dire corps diplomatique. Il faut préciser que dans les pays du hors champ, les agents non diplomates qui relèvent de la DGRSCT ne bénéficient pas du même statut. S'ils sont contractuels ou titulaires d'une autre administration, ils sont traités à part et il est usuel de les regrouper sous le vocable « les culturels ». On sent bien que nos collègues et amis du quai d'Orsay, ne comprennent pas et n'approuvent pas toujours les « privilèges » et « avantages » dont bénéficient, dans les États relevant de la compétence de la rue Monsieur, les conseillers des missions de coopération. La notion de « pureté des corps » est toujours bien présente…

Dans leur vie quotidienne, les activités des personnels de l'ambassade n'ont rien à voir avec les nôtres. Le premier conseiller ne joue vraiment un rôle qu'en l'absence de l'ambassadeur où il est chargé d'affaires. Il est par ailleurs « officier de sécurité » et c'est, par exemple, grâce à lui, ou à cause de lui, que nous ne pouvons pas nous rendre librement dans les bureaux du service culturel. Leurs obligations, faites d'analyses, de contacts discrets, de rédaction de notes, d'exploitation de la presse locale, sont plus monotones que les nôtres et cette différence ne manque pas de créer un peu de jalousie quand ils nous voient circuler fréquemment en province ou être appelés par ordre à Paris pour participer à des groupes de travail ou à l'occasion des commissions de recrutement, en ce qui me concerne, par exemple.

Les coopérants

Qui sont-ils vraiment ces coopérants et de qui parle-t-on quand on parle des coopérants ?

Pour les personnels relevant de la rue Monsieur, la situation est claire.
Les « coopérants » sont des personnels qui, dans le cadre de la loi 72-659 du 13 juillet 1972, sont chargés d'une mission de coopération auprès d'un État étranger et servent, pendant l'accomplissement de leur mission, sous l'autorité du Gouvernement de l'État auprès duquel ils sont placés.
Ils ne sont pas rémunérés, comme certains coopérants relevant des affaires étrangères, sur la base du décret de 1967 qui fixe les modalités de calcul des émoluments des personnels de l'État et des établissements publics de l'État à caractère administratif en service à l'étranger.
En effet, depuis l'origine, et en tout cas depuis 1961, les coopérants relevant de la rue Monsieur sont rémunérés selon des modalités qui leur sont spécifiques.

Un premier décret pris en 1961 fixe leur rémunération essentiellement sur une base hiérarchique, par groupes, avec une majoration selon un index géographique variable selon les États.

Les conditions de rémunération de ces personnels sont modifiées par le décret de 1978 qui introduit, en plus de la rémunération de base qui est la rémunération indiciaire de l'agent, une indemnité d'expatriation et de sujétions spéciales (IESS). Son taux est modulé selon les États d'affectation et son montant est fixé plus ou moins par référence au régime de primes des fonctionnaires, selon leur corps d'appartenance ou d'assimilation, pour les contractuels. De ce fait, la rémunération des enseignants « décroche » de celle des techniciens. Ce décret introduit également une forte incitation à la mobilité. L'IESS est en effet majorée de 20 % pendant les six premières années de service dans un même État, puis de 10 % pendant les deux années suivantes.

D'une manière générale[141], conformément aux accords de coopération, les coopérants sont logés par l'État de service et sont imposables sur place. Ils sont notés par les autorités de l'État auprès desquelles ils servent. Ce sont ces

[141] Les questions relatives à l'assistance technique en personnels dont il est question ici correspondent à la situation que l'on pouvait observer dans les pays d'Afrique noire francophone, dans lesquels servent plus de 90% des coopérants. Dans les autres États, rattachés au fil du temps aux services de la rue Monsieur, on observe, en effet, des dispositions beaucoup moins homogènes, notamment en terme de fiscalité, de logement, d'autorisation de congés et de notation.

mêmes autorités qui leur délivrent les autorisations de congés, dans le cadre et les limites, bien sûr, du décret français qui fixe leurs droits en la matière.

Malgré la spécificité de ces textes qui ne leur confère pas un statut, il n'est pas toujours simple d'apporter une définition du métier de coopérant et de situer sa place dans ce qu'a été le ministère de la Coopération pendant ses presque quarante années d'existence.

Parmi ses nombreux articles sur la coopération, Julien Meimon traite d'ailleurs de cette question dans un article publié en 2014, intitulé *Faire carrière en Coopération. - Les logiques contrariées de la professionnalisation des « développeurs » (1959-1998)*[142].

Son article débute comme suit :

> « En 2015, un étudiant aspirant à travailler pour le développement des pays du Sud n'aura pas de mal à identifier le master "développement" ou "coopération internationale" qui constituera le meilleur sésame pour une carrière internationale dans le secteur humanitaire, l'administration d'État ou les collectivités locales. Cependant, c'est un fait qui trouve ses racines dans la genèse de ce secteur d'action publique, il n'existe pas aujourd'hui de cursus unique formant aux métiers du développement en France, à l'instar des écoles nationales préparant les ingénieurs, les sages-femmes, les guides de haute montagne ou les diplomates et ce "métier" peine logiquement à s'affirmer comme tel.
> Les coopérants, pourtant, constituent bel et bien une réalité française qui a traversé la deuxième partie du 20e siècle, supplantant dans l'imaginaire collectif le vieil administrateur colonial que les transformations majeures de l'Afrique dans les années 1960 avaient largement délégitimé. Ils sont même, jusque dans les années 1980-1990, l'armature d'une politique publique de coopération et l'une des spécificités du ministère éponyme chargé de veiller aux bonnes relations de la France avec ses anciennes colonies africaines devenues indépendantes.
> En effet, dans les années 1960 et 1970, le ministère de la Coopération ne repose pas sur un corps administratif autonome, mais sur des personnels aux parcours scolaires et professionnels différents, dotés de statuts divers (contractuels, fonctionnaires détachés, appelés du service

---

[142] Julien Meimon *Faire carrière en Coopération. - Les logiques contrariées de la professionnalisation des "développeurs" (1959-1998)*, In *outre-mers*, tome 101, n°384-385, 2014.

national), qui en investissent les structures, à l'étranger d'abord, dans les services centraux parisiens ensuite. Ces coopérants qui ont ensuite rejoint les services centraux du ministère ou qui se sont orientés vers d'autres directions ont écrit sur leur expérience, souvent avec un regard critique, fournissant des analyses, témoignages et anecdotes indispensables pour tenter de comprendre leur condition. »
À partir de matériaux d'enquête divers (entretiens menés depuis 2005, archives publiques et privées, mémoires, articles de presse, documents budgétaires, discussions parlementaires), l'ambition de cet article est de montrer comment les carrières des coopérants, au sens de carrière professionnelle mais aussi de "carrière morale", associées aux dispositions particulières des individus qui les embrassent, contrarient initialement l'émergence d'un métier de "développeur". »

Il parait utile, à propos de ces profils de carrières des coopérants et des autres agents qui ont constitué le ministère de la Coopération et les missions d'aide et de coopération, de mieux distinguer les époques et les catégories de personnels concernés pour éclairer la question.

Dans les années 1960, en raison du manque de cadres nationaux, ce sont souvent des anciens de la FOM et des anciens des corps techniques d'outre-mer qui occupent, en qualité de coopérants, des postes de conseillers techniques auprès des ministres ou des directeurs (voir chapitre 1). Ils exercent souvent d'importantes responsabilités qui s'apparentent à des fonctions de direction. On trouve aussi beaucoup d'enseignants et de médecins, ces derniers appartenant pour la plupart au service de santé des armées. « Tels sont bien ces "coopérants" qui constituent cette réalité qui a traversé la deuxième partie du 20e siècle » dont parle Julien Meimon. Ils ont effectivement exercé des fonctions souvent importantes pour le compte et sous l'autorité des gouvernements des États bénéficiaires de la coopération relevant de la rue Monsieur. Au cours de cette première décennie, ils exercent surtout une mission de conseil ou une fonction de « remplacement »[143], selon les cas.

143 Il parait plus juste de parler de « remplacement » plutôt que de « substitution » dans ces premières années, car la ressource en personnels nationaux n'existe pas encore. Il s'agit donc surtout de faire face à une carence de cadres nationaux. On pourra parler de « substitution », plus tard, quand on observera que des cadres africains ne rejoignent pas leur pays d'origine, après leur formation, parce qu'ils trouvent à l'étranger, en France notamment, des conditions de vie et des perspectives de carrière plus séduisantes. On observera, ainsi, à partir des années 1970, qu'il y a un plus grand nombre de médecins ou d'enseignants de nationalité africaine qui exercent dans des hôpitaux ou dans des établissements d'enseignement français, qu'il n'y a de « coopérants » dans les mêmes disciplines en service en Afrique au titre de la coopération.

On trouve parmi cette première génération de coopérants de grandes figures. Le plus célèbre d'entre eux est sans doute Michel Aurillac, futur ministre de la Coopération, qui est en poste à la Présidence de la République du Sénégal jusqu'en 1963[144]. On peut citer aussi Jean Nemo qui exercera des fonctions de conseiller de gouvernement à Madagascar, au Niger ou en RCA, avant de rejoindre rue Monsieur des postes de premier plan. De même, plus tard, Pierre Jacquemot après son service national en coopération au Sénégal, occupe plusieurs postes en coopération au Sénégal, puis en Algérie, avant d'être conseiller économique et financier du Président de la république du Sénégal. Il sera ensuite chef de la mission d'aide et de coopération à Ouagadougou puis à Yaoundé, ensuite directeur du développement rue Monsieur, avant d'être nommé ambassadeur à Nairobi, Accra puis Kinshasa. Je pourrais évoquer d'autres parcours de ce type (Jean Monlaü, Jacques Dariberre, le Docteur Bernard Durand que j'ai connus à Ouagadougou au début des années 1960, et combien d'autres…).

Sur cette assistance technique en personnels, une infographie très intéressante a été préparée en 2011 par Sciences Po, sur la base des nombreuses études qui ont été réalisées sur la question au cours des cinquante années précédentes. Elle présente, en résumé, ce qu'a été le dispositif de l'assistance technique en personnels et fait bien ressortir l'évolution des effectifs ainsi que les réorientations des secteurs d'intervention, à partir de 1985.

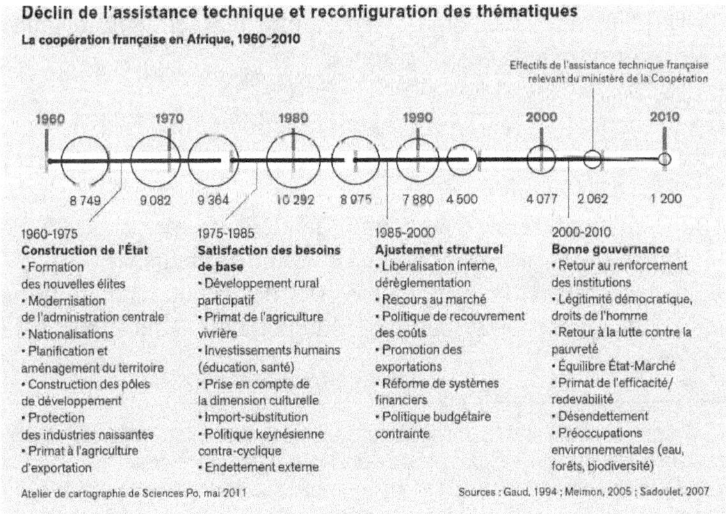

[144] Sauf erreur de ma part, ce poste sera traditionnellement occupé par un membre du Conseil d'État et c'est Philippe Bas qui exerce cette fonction lorsque je suis en poste à Dakar.

Il faut signaler que ces chiffres ne prennent en compte que les coopérants supportés budgétairement par le ministère de la Coopération.

A certaines époques, les coopérants ont été plus nombreux. Ainsi, au milieu des années 1970, en Côte d'Ivoire, dans le cadre du dispositif dit de « globalisation », les effectifs ont été considérablement augmentés. On a pu compter près d'une centaine de coopérants directs ou indirects au ministère ivoirien du Plan, que l'on désignait comme le ministère des « blancs ». En effet, la France accorde alors à cet État une aide financière « globalisée » et toutes les dépenses allant au-delà d'un « forfait », sont supportées par la Côte d'Ivoire, y compris les charges de l'assistance technique. Les effectifs bondissent alors pour atteindre près de 3 500 agents.[145]

Comment les personnels de l'administration centrale du ministère et ceux des missions de coopération se distinguent-ils de ces coopérants et comment se sont-ils fondus dans un ensemble assez unique ?

Tout au début de son existence, le ministère se crée rue Monsieur autour de quelques administrateurs de la FOM : Michel Van Greveninghe, Gabriel Baron et quelques « techniciens » dont Henri Journiac, du service de santé des armées, qui, devenu médecin général, exercera rue Monsieur en qualité de sous-directeur de la santé pendant plusieurs dizaines d'années. Alors que les bureaux sont encore occupés par l'ORSTOM, ces pionniers, mal installés dans un bureau du second étage de l'hôtel de Montesquiou-Fezensac, vont dessiner l'architecture de ce qui deviendra plus tard, et pour presque quarante années, le ministère de la Coopération.

A ceux-ci viennent se joindre de hauts fonctionnaires des finances, comme Pierre Roques, des personnalités de premier plan tels Jean-Pierre Dannaud ou Maurice Cancelloni, des membres du Conseil d'État, tels Olivier Chevrillon, Michel Gentot, Dieudonné Mandelkern, etc.
Autour d'eux, on trouve de nombreux administrateurs de la FOM (Roger Courot, Jean Audibert, Jean Pouderoux) et des fonctionnaires provenant de ministères techniques (agriculture, équipement, éducation nationale)[146]

[145] Si les charges sont supportées au final par la Côte d'Ivoire, la rémunération des agents est assurée par la rue Monsieur qui fait donc l'avance des frais correspondants. Pendant plusieurs années, la Côte d'Ivoire tarde à verser sa contribution, dans les délais requis, au fonds de concours qui doit permettre d'abonder le chapitre budgétaire correspondant. On assiste alors, généralement vers la fin du mois de juin, à un blocage général de l'ensemble des crédits d'intervention du ministère, sur ordre du ministère des Finances.

[146] Faute de corps de la coopération, il s'agit de fonctionnaires détachés, y compris pour les anciens de la FOM qui ne pourront demander à être intégrés rue Monsieur qu'après 1974 lorsque sera créé un corps des administrateurs de la coopération.

disposant généralement d'une expérience outre-mer. On y observe aussi la présence de nombreux contractuels, non seulement au service des affaires culturelles, comme je l'ai exposé au chapitre 2 (bureau du cinéma), mais également dans tous les autres services, économiques notamment : Michel Gaud, Daniel Duverger[147], par exemple.

Présenter ces agents contractuels comme le fait Julien Meimon …

> « Le ministère de la Coopération est donc composé essentiellement d'agents contractuels, dénué d'un corps administratif (par opposition au ministère des Affaires étrangères ou à celui des Finances par exemple) et peinant dans ces conditions à faire valoir un "métier" spécifique autrement que sur le registre d'une "compétence morale" ou d'une éthique particulière. Avant l'entrée en coopération, ces agents peinent à trouver "une voie", pourtant parfois présentée a posteriori comme tracée d'avance : orientation peu satisfaisante des études, absence de revenus et recherche de "jobs", réorientations esquissées, sentiment d'impasse dans la carrière professionnelle. Ils ne sont ni des "héritiers" conformes, ni des étudiants précocement installés dans une perspective professionnelle précise. Ils sont bien des représentants des nouvelles générations étudiantes des années 1960-1970, hésitants sur leurs stratégies professionnelles et à l'abri du chômage. »[148],

… parait à la fois réducteur et inexact. Ces contractuels détiennent non seulement des titres universitaires qui justifient leur recrutement, mais ils disposent également des qualités personnelles et du talent requis pour s'intégrer dans des équipes pluridisciplinaires et y « inventer » des modes d'interventions en faveur du développement des pays africains.

Dans les missions d'aide et de coopération, au cours de ces dix premières années ce sont surtout des administrateurs qui sont aux commandes.

Ainsi, sans vouloir les opposer aux coopérants, les personnels du ministère (administration centrale et missions de coopération) ne se confondent pas avec eux, même si pour certains, ils ont une origine commune, la France d'outre-mer. Les premiers servent un peu comme des « mercenaires » auprès des États étrangers, non dans le sens péjoratif du terme. Les seconds sont des agents de l'État, en service en France ou à l'étranger

---

[147] Daniel Duverger était considéré par Jean Audibert comme l'un des meilleurs économistes de France. Propos recueilli personnellement et de manière totalement incidente, en 1981, à l'occasion d'une conversation un peu générale sur l'histoire de notre ministère et de ses agents.
[148] Julien Meimon *Faire carrière en Coopération, op. cit.*

Rappelons aussi les effectifs. En 1964, le ministère de la Coopération comptait 154 agents.
Relativement réduit, cet effectif n'a donc aucune commune mesure avec celui des coopérants en service dans les quatorze États de la compétence de la rue Monsieur, dont le nombre s'élevait à 9 000 agents environ, entre 1960 et 1970.

Ce très petit effectif de départ de l'administration centrale du ministère de la Coopération va s'étoffer avec les années, pour atteindre en 1996, 637 personnes à son administration centrale et 366 dans ses missions de coopération[149].
Il sera notamment fait appel à des agents qui se sont signalés sur le terrain par leurs compétences techniques et leurs qualités personnelles, constituant pour reprendre un vocable utilisé pendant longtemps par le BLACT et notamment par Alain Boucher, le « savoir coopérer », comme il y a un « savoir-faire ».

Ainsi, à partir du début des années 1970 et jusqu'au milieu des années 1980, les coopérants vont constituer un vivier extraordinaire à partir duquel seront pourvus au ministère de la Coopération ou dans les missions de coopération, des emplois très spécialisés. Il sera aussi fait appel à ce vivier pour assurer la relève des anciens, aux côtés des personnels plus généralistes que représentent les nouveaux « corps » de la coopération que sont les administrateurs civils et les attachés d'administration centrale. Parmi ces anciens coopérants qui rejoignent les cadres permanents du ministère et des missions, on trouve de nombreux anciens volontaires du service national en coopération (VSN) qui ont été remarqués sur le terrain[150]. Les habitudes de la rue Monsieur sont décidément tenaces.

La constitution de ces équipes est donc très professionnelle. Elle échappe aux aléas qu'entraîne habituellement le recrutement par la voie des concours administratifs. Elle n'a rien à voir, sur un plan d'homogénéité avec la constitution des corps du quai d'Orsay, faits eux d'origines aussi diverses que sont l'ENA et les concours du cadre général ou du cadre d'Orient, sans oublier les multiples voies d'intégration dans les corps de catégorie B. Rue Monsieur, on sait qu'une grande différence sépare l'aptitude à passer des concours et la capacité à exercer des fonctions. Cependant, dès leur entrée dans le milieu professionnel si spécifique de la rue Monsieur, les lauréats de ces concours et notamment les attachés d'administration centrale, vont

[149] Sénat - *La Réforme de la coopération - Rapport d'information* n° 46 (2001-2002) de MM. Guy Penne, André Dulait et Mme Paulette Brisepierre
[150] Julien Meimon, *Culte du terrain à la rue Monsieur. Les fonctionnaires de la France d'outre-mer et de la coopération, op. cit.*

acquérir ou perfectionner très rapidement, dans le cadre du compagnonnage qui leur est proposé, les capacités voulues pour s'acquitter parfaitement des missions qui leur seront confiées. C'est ainsi qu'ils vont de manière presque systématique être chargés, dans un désordre chronologique, de questions de personnels, de budget ou de projets dans les différents secteurs (éducation, santé, économie, finances) et qu'ils vont pour la plupart d'entre eux être affectés dans les missions de coopérations, en qualité de conseiller de mission.

Il faut ajouter à ces observations que dès les premières années de son existence, le ministère s'est doté de son centre de formation autonome, le CPDCET qui a assuré pendant près de trente ans la formation au métier du développement d'agents aux statuts divers (fonctionnaires détachés des ministères techniques et contractuels)[151]. Réunissant des petites promotions annuelles, constituées essentiellement de coopérants remarqués sur le terrain par les chefs de mission, sélectionnés après deux épreuves, le CPDCET dispense un enseignement très pratique assuré par des professionnels, dans le domaine de l'économie du développement. Les auditeurs sont ensuite appelés à occuper des emplois de conseillers dans les missions de coopération ou des postes de conseillers dits « de haut niveau » en qualité de coopérants, tels les « conseillers de gouvernement ». Le CPDCET sera malheureusement supprimé à la fin des années 1980.

On doit donc considérer que si les coopérants ont, par définition, une mission spécifique et limitée dans le temps, ils sont en définitive très proches des agents permanents qui constituent le ministère de la Coopération, pris dans son ensemble, administration centrale et missions de coopération réunies.
Si leur statut est très différent, les coopérants, les agents du ministère et ceux des missions de coopération sont néanmoins étroitement liés. Leurs parcours professionnels s'entrecroisent fréquemment.
Il s'agit précisément d'une des spécificités et d'une des richesses de la rue Monsieur.

---

[151] *Centre de Perfectionnement pour le Développement et la Coopération Économique et Technique*. Secrétariat d'État aux Affaires Étrangères (Paris). In: La formation des coopérants. Actes du colloque organisé par la Commission nationale pour les études interethniques et interculturelles les 26 et 27 avril 1972 à Paris. Nice : Institut d'études et de recherches interethniques et interculturelles, 1973. pp. 227-230. (Publications de l'Institut d'études et de recherches interethniques et interculturelles).

Des « acteurs » de la coopération mais aussi des « usagers » du ministère de la Coopération

Si les coopérants sont, au premier chef, des acteurs de la coopération, même lorsqu'ils n'exercent que dans des postes de substitution, ce sont aussi des usagers en faveur desquels, sur place, les missions de coopération sont tenues d'assurer un certain nombre de services. La qualité des services ainsi assurée occupe une place plus importante que certains l'imaginent ou l'imaginaient. Elle influe, en fait, de manière très directe sur les conditions d'exécution de la mission, souvent difficile, de nombreux coopérants. Ils exercent très fréquemment dans un environnement professionnel inconfortable, voire dégradé. Les enseignants donnent leurs cours dans des classes envahies par la poussière et les vents de sable, avec des fenêtres cassées, un mobilier insuffisant, etc. Les logements qui leur sont proposés sont souvent vétustes et mal entretenus, avec un mobilier plus que sommaire, des literies hors d'âge, etc. Toutes ces charges incombent normalement aux États bénéficiaires dont la situation des finances publiques est d'une manière générale critique pour ne pas dire désastreuse, notamment à la suite des plans d'ajustement structurel qui ont succédé à un recours excessif à l'emprunt.

Un tel panorama s'applique, en particulier, au Sénégal où les effectifs sont considérables. Sans vouloir jouer le rôle d'une assistante sociale, le ministère de la Coopération avait bien compris l'importance que pouvait représenter un accompagnement des coopérants sur le terrain, en complément des actions de formation au départ qui étaient systématiquement organisées par le BLACT (Bureau de liaison des agents de coopération technique).
Ainsi, au milieu des années 1970, une antenne locale du BLACT avait été mise en place à Dakar. Elle était chargée d'être à l'écoute des coopérants et d'assurer une liaison entre eux et les services de la mission de coopération, cette dernière exerçant peut-être, à cette époque, ses responsabilités d'une manière trop régalienne, trop autoritaire ou trop distante.

Cet aspect des choses a été, assez justement, rapporté par Julien Meimon[152] :

> « Tout au long des années 1970, le système français de coopération est critiqué en raison de la faible emprise qu'il exerce sur "ses" agents, et de l'insuffisante définition de leur rôle sur place. Les rapports

[152] Julien Meimon, *Faire carrière en Coopération*, op. cit. Je salue dans cet article, à côté de la mémoire d'Alain Boucher, les interventions de mes ami(e)s que je crois avoir facilement reconnus dans leurs témoignages, signés des seules initiales de leur nom patronymique : CTR, CF, TP, JFL et les autres…

> parlementaires, par exemple, s'inquiètent constamment de ce problème : "les jeunes militaires du contingent ne peuvent et ne doivent être abandonnés à eux-mêmes, mais au contraire, solidement encadrés et affectés à des tâches précises et clairement définies", indique ainsi un sénateur rapporteur du budget du ministère en 1972. Les "rapports" internes ne sont pas moins loquaces à ce sujet, constatant "l'isolement" des coopérants en général par rapport à leur institution de rattachement. On peut, à la lumière des entretiens réalisés avec ces agents, préciser les modalités de cette autonomie vis-à-vis de l'institution qui les emploie : ils n'ont pratiquement pas de contact avec la mission d'aide et de coopération, qui ne leur sert que de bureau de paye et de retrait des billets d'avion pour les congés en France. »

Cette fonction d'accompagnement des agents, comme celle de leur sensibilisation et de leur formation qu'elle soit initiale ou continue, a été prise « à bras le corps » dans les années 1970 par le BLACT, dirigé à ce moment-là par Bertrand Duruflé (ancien de la FOM) et le concours direct d'Alain Boucher, plusieurs fois cité, et de manière non anonyme, par Julien Meimon.

C'est dans cette optique qu'ont été réalisés les films de Serge Moati (cf. chapitre 2, bureau du cinéma), constituant des « études de cas » sur les coopérants, à exploiter en interne par le BLACT, comme outils de base pour des débats.

Parmi ceux réalisés au Sénégal, on peut retenir une intervention très officielle du chef de mission, René Blanchard, s'exprimant, tout en marchant à grandes enjambées dans les coursives côté mer des bureaux de la mission, et donnant le point de vue très officiel d'un « grand patron » sur la problématique de l'aide technique en personnels : devoir de représenter la France à l'étranger, devoir d'exemplarité, mise à disposition d'une compétence professionnelle confirmée, modestie, respect du partenaire, etc.
On y voit aussi Jean-Pierre Narnio[153], jeune professeur agrégé, affecté au Lycée de Kaolack, évoquer la particularité de la relation du coopérant avec le fonctionnaire national et la nécessaire maîtrise de la notion d'altérité.
On doit également dans cette même série, citer la présentation, plutôt consternante, du cas d'un jeune professeur en poste dans un lycée de province (on disait encore « de brousse » et je crois qu'il s'agissait de Louga)

[153] Conformément à un principe et à une façon de faire décrits plus haut, Jean-Pierre Narnio, sera remarqué dans ses fonctions de coopérant au Sénégal. Il rejoindra l'administration centrale de la rue Monsieur, avant d'être nommé conseiller technique à la Présidence de la République.

qui tire un bilan bien sombre de son séjour en coopération. Filmé par Serge Moati, en soirée, dans la salle de séjour de son domicile, éclairée par une seule ampoule « en bout de fil », meublée d'une table et d'une seule chaise (c'est la norme, puisqu'il est célibataire…). Et, c'est dans ce décor sinistre qu'il tire la conclusion de son témoignage et de son expérience dont il ne retient qu'un seul avantage, dit-il, en laissant tomber son mégot sur le sol cimenté de sa case…, « - c'est qu'il sera ramassé demain matin !!! »

L'objectif principal du service de gestion des personnels

En 1988, l'objectif assigné au service de gestion des personnels de la mission de Dakar est clairement défini : « assurer un service de qualité aux coopérants, acteurs de la coopération, pour leur permettre de s'acquitter au mieux de leur mission ».
Ce « service » concerne le suivi leur paie (constatation de leur arrivée et de leurs mouvements), de leur situation administrative (changement d'échelon ou de grade), l'évolution de leurs carrières (dans un cas comme celui de la revalorisation de la fonction enseignante, dite réforme « Jospin »), leur notation annuelle, la communication de leur revenu imposable, l'établissement de leurs décisions de congés, leur mise en route et celle de leur famille lors de leurs vacances annuelles ou lors de leur rupture d'établissement.
Une attention particulière est apportée aux « primo arrivants » : un accueil personnalisé à l'aéroport, remise d'un bon d'hébergement à l'hôtel dans l'attente de l'attribution d'un logement administratif, une information personnalisée sur les conditions de vie au Sénégal, les précautions à prendre en matière de sécurité, les services disponibles (centre médico-social).

L'esprit dans lequel ce « service » est assuré prend en compte les principes dits de la pyramide de MASLOW, sur lesquels la plupart des agents du ministère ont été amenés à travailler, lors des nombreux stages organisés en leur faveur, à partir du début des années 1980.

Si, la classification des besoins de manière hiérarchique ne s'impose pas obligatoirement et s'il est possible d'atteindre le niveau suivant sans que le niveau inférieur soit parfaitement atteint, les principes qu'énonce cette théorie s'appliquent parfaitement aux coopérants. Ils influent de manière évidente sur la manière dont ils vivent leur situation et ils ont des répercussions

directes sur l'exécution de leur mission.
Comment, par exemple, demander à un enseignant de dispenser sereinement ses cours dans un lycée déjà souvent éloigné de son domicile, si à chaque retour à la maison, il trouve son épouse et ses enfants éplorés dans un logement qui ne répond pas aux normes minimales qu'il est en droit de réclamer. Or, il s'agit d'un besoin de sécurité essentiel sur lequel il n'a pas de prise directe puisque ce logement doit lui être contractuellement fourni. Ces questions ont donc été suivies de près et n'ont pas été négligées.
Par ailleurs, le besoin d'accomplissement et d'estime sera quant à lui sensible à la considération portée aux agents et à l'écoute qu'ils pourront trouver auprès de la mission de coopération.

Pour apprécier la nécessité d'accorder du temps et de l'argent à cette question, comme le faisait le BLACT, il peut être utile d'examiner les motivations de ceux qui se portent candidats pour occuper ces postes à l'étranger. Le goût du voyage et la recherche d'une rémunération plus attractive sont sans doute plus fréquents que le souhait parfois affiché d'aller à la rencontre d'une autre société et d'une autre culture.
Mais, à la fin des années 1980, on n'est plus dans la situation que j'avais connue au début des années 1960, à Ouagadougou, où travaillaient, côte à côte, et parfois même, la main dans la main, les anciens colonisés et les anciens colonisateurs, dans la recherche et la mise en œuvre d'un développement économique et social dont l'avènement n'avait pas encore été découragé par les dures réalités économiques des années 1970.

En effet, la génération suivante, on pourrait dire la deuxième, celle des années 1970, était plus engagée dans les mouvements tiers-mondistes et était souvent constituée de volontaires du service national, moins exigeants sur le plan matériel que ceux qui sont en poste aujourd'hui. Ce sont d'ailleurs les meilleurs parmi ceux-là qui ont poursuivi, quand ils en avaient l'opportunité, leur carrière au ministère où en coopération. A l'époque où ils étaient en fonction, les conditions matérielles qui leur étaient offertes, en matière de bureaux, d'équipement professionnel et de logement, étaient largement satisfaisantes dans la mesure où les moyens des États n'avaient pas encore été dégradés. On notera qu'en 1982, il n'y a plus parmi les coopérants que 28 anciens administrateurs de la France d'outre-mer, répartis dans dix États seulement.

Aujourd'hui, avec cette troisième génération, nous avons ici au Sénégal des centaines d'agents qui travaillent, à côté de leurs collègues sénégalais dans les mêmes conditions matérielles et professionnelles difficiles. Les locaux d'enseignement sont souvent délabrés, inconfortables, pas climatisés, sans ou avec peu de matériel pédagogique, ce qui n'empêche pas la plus grande

majorité d'entre eux d'accomplir au mieux la mission qui leur a été confiée et qu'ils ont acceptée. Encore faut-il respecter les termes du contrat qui a été signé avec eux et c'est ce que nous nous efforçons de faire.
Le logement qui doit leur être fourni n'est que l'un des termes de ce contrat et il convient d'y apporter le soin nécessaire, même si objectivement cela est assez peu intéressant.
Cette question a même parfois été posée en termes de légitimité, avec une interrogation sur le niveau de « confort » exigé ou accordé aux coopérants, comparé à celui des fonctionnaires nationaux.
C'est une vaste question à laquelle la réponse est très variable selon les pays. On trouve parfois des « cités de coopérants » ou des « immeubles de coopérants », comme il y a dans les mêmes États des cités ou des immeubles de fonctionnaires. Ce n'est pas le cas au Sénégal. Ici, la direction de l'habitat est compétente pour attribuer des logements aux ayants droit dont les coopérants font partie intégrante. On trouve donc, dans les mêmes immeubles (immeuble des Eaux, sur le Plateau, immeuble rose, quartier Mermoz à Fann, etc.) des fonctionnaires sénégalais et des assistants techniques français qui occupent des appartements identiques sur les mêmes paliers et aux mêmes étages.

Toutes ces questions avaient bien été prises en compte par le BLACT, avec la création de cette antenne et de gros efforts avaient déjà été faits en ce sens.

Aujourd'hui, l'équipe du service d'accueil des coopérants comprend :

- Bernadette Laloux, chargée de l'accueil, de l'information des agents, de leur formation et des liaisons avec le service du logement. Elle sera relevée en 1989 par Aimée Rabenandrasana. Ce service occupe, dans un petit bâtiment annexe, l'ancienne antenne du BLACT dont il a, en fait, repris une bonne partie des attributions.

Au second étage du bâtiment principal, le service du personnel reçoit les coopérants et un agent sénégalais très compétent leur remet toutes les informations utiles, les documents à compléter, leur courrier administratif ou personnel (il n'y a pas de service de distribution postale au Sénégal et le courrier des coopérants arrivent donc à la mission de coopération d'où il est « dispatché », en fonction des passages des agents affectés province ou bien remis, en mains propres souvent, à ceux qui résident à Dakar).
Chaque agent qui le demande est reçu et écouté, quelle que soit la nature des questions à aborder.

Les tâches de gestion proprement dites sont assurées par :
- Gisèle Da Veiga et une collègue, pour les enseignants du secondaire général, du primaire et des écoles françaises,
- Liliane Tillos, pour les enseignants des établissements techniques,
- Geneviève Kadah, pour les techniciens,
- Suzanne Martres, pour les enseignants du supérieur.

L'effectif total est d'environ 820 enseignants (dont plus de cent dans les établissements français ou à programme français) et 180 techniciens environ (dont de très nombreux médecins en poste à l'Hôpital Principal de Dakar).

Dans le cas de Dakar, les statuts sont très divers.

- La plus grande partie des agents relèvent du décret de 1978.
- Les médecins militaires sont soumis à un régime relevant du décret de 1967 ; on les dénomme les « militaires hors budget ».
- Certains enseignants du supérieur sont encore « en poste » à Dakar[154].
Leur régime de rémunération est très particulier. C'est Suzanne Martres qui calcule chaque mois leur traitement et transmet les éléments nécessaires à la paierie de France. Cela ne concerne qu'une petite dizaine d'agents dont la situation sera réglée dans le cadre d'un « plan de relève » pour l'enseignement supérieur, préparé vers 1986 et qui s'exécutera, avec de nombreuses dérogations, comme on peut l'imaginer, pour se terminer en 1992-1993.
- Dans les établissements d'enseignement français, on trouve des « détachés directs ». Ce sont des fonctionnaires français qui sont rémunérés directement par leur établissement. Nous n'assurons donc pas leur rémunération mais nous devons gérer leur situation administrative.

Des progrès restaient à accomplir

Rien n'est jamais parfait bien sûr et le service du personnel est une petite usine qui tourne bien mais qui se trouvait souvent en « surrégime ».

Le développement de la micro-informatique va bien changer les choses, car la gestion de ces centaines d'agents se faisait tantôt sur des fiches, tantôt sur

[154] Quelques enseignants du supérieur sont, en effet, toujours affectés à Dakar sans y servir au titre de la coopération. Ce statut très particulier, hérité de l'époque coloniale, aurait subsisté longtemps au Cameroun, en Côte d'Ivoire, à Madagascar et à Dakar. En 1988, une partie de l'université Cheikh Anta Diop de Dakar est encore assimilée à une université française. Elle délivre d'ailleurs quelques diplômes qui ont une validité de plein droit dans le système français. C'est encore le cas pour les deux premières années de médecine, aussi surprenant que cela puisse paraître. Les cycles suivants se font à l'Université de Nice.

leur dossier, tantôt sur des listes. Parallèlement, le suivi des postes était fait également à la main avec une recoupement manuel des données détenues par les services parisiens.

Pour l'agent, de nombreux éléments devaient, en effet, être pris en compte :
- les données d'état civil et les coordonnées personnelles de l'agent lui-même, de son conjoint et de ses enfants de moins de vingt ans,
- la situation administrative, le grade, l'échelon, la date de nomination, la discipline pour les enseignants,
- toutes les dates de mouvements de l'agent puisqu'elles conditionnaient les points de départ de la rémunération de service et de la rémunération de congé.

Pour les postes, il ne s'agissait pas de « postes budgétaires » au sens strict puisque la rémunération des coopérants s'imputait sur un chapitre du titre IV, donc globalement. Néanmoins, pour maîtriser les flux, les emplois étaient numérotés, par secteur, et il fallait, en principe, pouvoir mettre un numéro de poste sur chaque agent et un nom d'agent sur chaque numéro de poste.
A Paris, de gros systèmes informatiques géraient tout cela et des listings, à l'ancienne, sur des liasses pliantes de papier perforé, s'échangeaient avec les missions de coopération. Ces listings avaient beau être actualisés plusieurs fois chaque année, il était très difficile d'avoir une situation exacte, parfaitement recoupée et contrôlée entre Paris et les missions.

L'utilisation de bases de données informatiques va permettre d'effectuer un véritable « bond en avant » en simplifiant de manière considérable le suivi de l'assistance technique.
Même si on ne disposait pas encore de la possibilité d'échanger des données par Internet, on s'est très rapidement entendu avec Jean Laglace pour échanger ces données par disquettes.
Jean Laglace était le « grand responsable », à la direction de l'administration générale du suivi du coût de l'assistance technique et il avait mis au point, sur le système SMART, un logiciel permettant de suivre, pratiquement au franc près, le coût annuel de chaque coopérant. En croisant, pour chaque agent, les données de sa situation administrative qui constituait la base de son traitement, de sa situation familiale, avec ses ayants droit pour les majorations familiales et les frais de voyage de sa famille, les charges sociales, le coût des voyages et des transports de bagages, en début ou en fin de contrat, notamment, il déterminait d'une manière très précise le montant de la dépense annuelle correspondant à chacun des coopérants.

L'échange régulier de données avec Jean Laglace va nous permettre de tenir à jour à Dakar, une base de données parfaitement à jour et strictement égale, notamment en termes d'emplois occupés, à celle dont dispose Paris et qui est la seule à faire foi, en particulier pour les recrutements et les redéploiements de postes.

Cette base de données va nous permettre aussi d'automatiser tous les « documents de liaison » précédemment faits à la main et plus ou moins régulièrement pris en compte dans le dossier complet de chaque agent. Un VSN informaticien affecté à la mission va mettre au point un petit logiciel sur SMART qui dans un premier temps prend en compte l'événement, le porte dans la base de données et édite le document nécessaire sur papier. La base conserve en mémoire tous les évènements ainsi constatés, elle s'enrichit et est donc systématiquement à jour sur la situation de chaque agent. En même temps, elle assure la liaison avec l'emploi occupé dont l'historique est lui aussi conservé et actualisé. Ainsi chaque poste et chaque agent sont parfaitement identifiés et associés. Ce dispositif, pour simpliste qu'il soit, est évidement un outil de gestion performant, particulièrement utile au moment des commissions de recrutement des personnels enseignants où on va passer au peigne plusieurs centaines d'emplois, à libérer par le départ en mobilité de leur titulaire, à supprimer ou à redéployer ou encore à pourvoir par un remplacement à l'identique.
Ces dispositions facilitent énormément notre travail lors des commissions de recrutement qui se réunissent généralement en février ou début mars sous l'autorité de Nicole Adam et Jacqueline Chapotel, qui ont été responsables des recrutements des enseignants pendant de nombreuses années.

Par la suite, le même VSN nous aidera à mettre au point un autre module de logiciel qui nous aidera à maîtriser l'énorme mouvement de départ en congés des coopérants enseignants.

La grande « transhumance » des congés annuels des enseignants

A côté de l'accueil des primo arrivants et de la question de leur logement qui sont maintenant bien maîtrisés par la cellule d'accueil et de liaison (Bernadette Laloux et Aimée Rabenandrasana), qui a succédé à l'antenne du BLACT, la mise en route des coopérants enseignants et de leur famille a longtemps posé problème au poste de Dakar.

Conformément aux dispositions du décret de 1978, ces personnels bénéficient du « congé administratif spécial de vacances scolaires » qui est accordé « pendant la période des grandes vacances de fin d'année scolaire du pays de service et dont la durée coïncide en principe avec celle desdites vacances ».

En clair, cela revient à dire que tous les enseignants du secondaire général et technique vont devoir voyager pratiquement au même moment. Avec les familles, cela représente environ 1 500 à 1 800 voyages sur les 2 500 constituant le total de chaque campagne de congés annuels. Pour maîtriser ces flux, le ministère avait accepté - je pense qu'il n'avait pas fait l'effort de rechercher une solution différente -, la proposition d'Air France qui consiste à mettre en place deux ou trois vols spéciaux, réservés à nos agents pour assurer leur transport au jour J ou le lendemain, voire le surlendemain lorsqu'il y a trois vols prévus.
Chaque année, cette affaire connaissait une certaine résonance à Paris et je voyais, lorsque j'étais au bureau du cabinet, passer les télégrammes un peu catastrophés, relatifs aux « ratés » de l'opération. Il faut dire qu'Air France facturait ces vols spéciaux de manière forfaitaire et à un tarif élevé. Ainsi, tous les sièges, même s'ils étaient inoccupés, étaient à la charge du ministère qui supportait par ailleurs le transport de ceux des passagers ayants droit qui n'empruntaient pas lesdits vols spéciaux.
Pendant deux ou trois années, la mission de coopération a tenté, en vain, de faire le plein de ces appareils dont la seule mise en place, du fait des sièges inoccupés, entraînait pour le ministère une dépense plus importante que si l'ensemble des passagers avait été transporté sur les vols réguliers.
La première année de mon séjour à Dakar, j'ai été obligé de poursuivre la même procédure pour les congés de l'été 1989. Elle a donné, une fois de plus, des résultats forts incertains sur le plan strictement financier et carrément désastreux sur le plan de gestion de la ressource humaine. Il faut dire que ces vols spéciaux étaient parfois des appareils « moyen courrier », relativement inconfortables et généralement non équipés pour servir correctement des repas dits de « long courrier ». A une occasion, on avait même vu, et Air France s'était engagé à ne jamais renouveler l'opération, un vol au départ de Dakar où les passagers avaient reçu, avant l'embarquement au pied de l'échelle de coupée, un sachet en carton contenant une boisson et un petit « en-cas » en guise de repas…

Cela se traduisait par un très mauvais vécu de ces départs en congé, tant attendus, et ces anecdotes allaient bien évidement alimenter les rumeurs dans les cercles de coopérants qui redoublaient d'ingéniosité pour ne pas être placés d'office sur ces vols ou qui, carrément, ne se présentaient pas à l'embarquement, prenant argument qui d'un enfant malade, qui d'une convocation par son chef d'établissement[155] ou tout autre motif imaginable.

---

[155] Très facile à obtenir dans le contexte des excellentes relations que les coopérants entretenaient avec les autorités dont ils relevaient.

Il fallait donc sortir de ce dispositif non seulement impopulaire mais de surcroît fort coûteux. Je proposais alors au chef de mission d'y échapper en lui assurant que nous ferions beaucoup mieux et il l'accepta.

Ce fut presque un jeu d'enfants. En nous prenant très en amont, c'est-à-dire fin avril début mai, on obtint d'Air France un quota de places pré réservées sur chacun des vols commerciaux entre les derniers jours de juin et le 10 juillet. On adressa à chaque agent un formulaire de « demande de billet d'avion » en lui demandant de choisir trois dates parmi celles proposées et de faire retour de sa demande un mois avant la date de départ souhaitée. Sachant qu'il allait ainsi « échapper » au « vol charter », chacun joua le jeu et toutes les demandes furent présentées dans les délais demandés.
Au fur et à mesure de leur réception, ces demandes étaient saisies à la volée dans le petit logiciel « maison » fonctionnant sous SMART. La machine prenait en compte les demandes et les classait dans l'ordre de priorité chronologique des départs. Chaque vol était affecté d'un code figurant sur le formulaire rempli par le demandeur. La secrétaire saisissait le nom de l'agent et le code du vol proposé, dont elle ne devait même pas saisir à nouveau le détail. Le système trouvait dans la base de données tous les éléments nécessaires, proposait le cas échant à la secrétaire quelques options possibles (par exemple si tous les membres d'une même famille ne voyageaient pas sur le même vol). Après validation, le système gardait les éléments en mémoire. Tous les matins, sur demande de la secrétaire, le système éditait automatiquement les décisions de congé et les fameux BIT[156] sur la base desquels devaient être établis les billets. L'édition de ces documents se faisait trois semaines avant la date du vol concerné. Ainsi, chaque matin, notre planton Abdoulaye déposait à l'agence Air France, le lot de BIT correspondant à un départ sur le vol identifié et Air France pouvait ainsi imprimer ses billets à la chaîne. Le lendemain matin, Abdoulaye déposait un nouveau lot de BIT pour un départ à J+21 et rapportait à la mission les billets des départs à J+20, et ainsi de suite. On avait donc très simplement supprimé l'embouteillage à la fois de nos services et à la fois de ceux d'Air France qui éditait les billets correspondants, sans panique et dans l'ordre des départs. A l'usage, les quotas de places pré réservées se sont révélés suffisants. De très petits ajustements ont pu se faire grâce aux vols d'Air Afrique, qui étaient d'une excellente qualité et auquel le marché du ministère nous donnait libre accès, dans le cadre de son partenariat avec UTA.

---

[156] Je dis "fameux", parce que ce document, le « bon individuel de transport », était un vrai cauchemar pour les secrétaires lorsqu'elles devaient le remplir à la machine. Il convenait de dactylographier, de manière répétitive, toute une série de codes, spécifiques au poste et correspondant à des rubriques du gros marché que le ministère avait passé avec Air France, puis d'y porter les noms prénoms, numéros de vol et villes de destination demandée.

Sur le plan des principes de la pyramide de MASLOW, cette opération a été un grand succès. En termes de « sécurité », les agents, parmi lesquels on trouve beaucoup d'enseignants pratiquant un métier difficile, dans des conditions matérielles qui n'étaient pas optimales, ont pu ainsi éviter les difficultés qu'un départ à une date non choisie ne manquaient pas d'entraîner (location de vacances, location de voiture, inscription des enfants en colonie de vacances, ou tout autre impératif personnel ou familial). On a aussi beaucoup gagné en termes d'appartenance reconnue, avec un besoin légitime, précédemment peu pris en compte. La possibilité de choisir le jour de son départ en vacances et celui de son retour en poste, dans la limite bien sûr des règles correspondantes, a été perçue comme une marque d'estime. Ainsi, dans ce moment de l'année particulièrement sensible que représentent pour des expatriés les vacances annuelles, les agents ont apprécié de pouvoir voyager dans des conditions de confort normal offertes sur les vols commerciaux et ils ont sans doute eu le sentiment de bénéficier d'une certaine considération.
Cette grande transhumance de l'été représentait environ 2 500 billets. Les réservations et l'impression des billets constituaient, avant l'adoption de cette procédure, un cauchemar pour tout le monde et en particulier pour l'agence locale d'Air France. Mon intervention a donc été fort appréciée. Comme il est facile de l'imaginer, je n'ai jamais voyagé, à l'occasion de mes congés annuels ou de mes appels par ordre, ailleurs que dans les premiers rangs de la cabine avant de l'avion qui était vraiment très confortable…

Les commissions de recrutement des personnels enseignants

En dehors de cette « transhumance », la commission de recrutement des personnels enseignants constituait un autre grand moment de l'année.
Elle se tenait traditionnellement à Paris, avec les directeurs sénégalais de l'enseignement secondaire et de l'enseignement technique qui employaient le plus grand nombre de coopérants enseignants. Le directeur de l'habitat, chargé du logement, participait également à la réunion, de manière à préparer l'accueil et l'hébergement des nouvelles recrues.

L'ouverture des travaux donnait lieu, chaque année, à une courte présentation de la stratégie proposée par la rue Monsieur à ses partenaires sénégalais.
Les sous-directeurs de l'enseignement successifs, Jean-Claude Quirin puis Robert Peccoud, commençaient par faire observer que l'on dénombrait beaucoup plus de maîtres auxiliaires sénégalais assurant des fonctions d'enseignants en France, qu'il n'y avait d'enseignants français exerçant des fonctions identiques et dans les mêmes disciplines, au titre de la coopération, dans des établissements sénégalais.

Ils poursuivaient en insistant sur la nécessité d'organiser le recrutement par le Sénégal de ces enseignants sénégalais, tout à fait aptes à relever leurs collègues français, dont la présence au titre de la coopération ne se justifiait plus puisque les cadres nationaux, d'ailleurs formés en France, étaient susceptibles de les relever.

L'objectif était, bien sûr, de rendre plus performant le dispositif de notre coopération et de concentrer nos efforts sur la formation des cadres, dans les secteurs où jusqu'ici ils n'étaient pas encore assez nombreux.

Si ce discours était d'une logique absolue pour la partie française, qui s'employait à mettre fin à une coopération dite de substitution, la partie sénégalaise campait sur ses positions et considérait comme essentiel le maintien en coopération de cet important appui en personnels, pour assurer la qualité et le niveau de son enseignement. Chaque année, le Sénégal, enfant un peu chéri de la coopération française, grâce à son modèle démocratique et à sa bonne gouvernance, obtenait plus ou moins satisfaction et arrivait à conserver à un niveau élevé les effectifs mis à sa disposition.

Grâce à nos bases de données, qui collaient exactement avec les données des services parisiens, les relèves, les suppressions et les créations de postes ne posaient guère de problème. De mémoire, on est cependant arrivé à réduire, en 4 ans, de 100 à 150 agents l'effectif total des enseignants affectés au Sénégal dans le secondaire et le technique. Mais, on continuait avec des lots de cinquante enseignants au lycée Lamine Gueye de Dakar, de quarante enseignants au lycée technique de Pikine, par exemple.
On cherchait également à faire respecter la durée des séjours fixés à six années, en limitant les dérogations tout en essayant de satisfaire les quelques recommandations venant de multiples origines (personnalités politiques françaises et sénégalaises, organisations représentatives des personnels, etc.). On s'efforçait aussi de retenir les quelques candidatures soutenues par ces mêmes entités ou recommandées par d'autres missions de coopération, en raison des qualités personnelles et d'un « savoir coopérer », éprouvés sur le terrain[157].

Pour l'enseignement supérieur, les mouvements se faisaient sur place, à Dakar, dans le cadre d'un plan de relève, s'étendant sur au moins six ans, mis au point dans le cadre d'une étroite concertation avec le recteur de l'université et les syndicats de l'enseignement supérieur, représentés notamment par Daniel Olschwang et Edmond Fedida.

[157] On dirait aujourd'hui les "soft skills".

Quelques anecdotes sur le quotidien des coopérants

Traditionnellement, les gros bataillons de premiers arrivants étaient accueillis, en fin de journée, à l'aéroport par Bernadette Laloux ou par Aimée Rabenandrasana puis acheminés par un autobus spécialement affrété vers l'hôtel Indépendance ou vers l'hôtel La Croix du Sud où ils étaient hébergés dans l'attente de l'attribution d'un logement. Ils étaient invités à se présenter le lendemain matin à la mission pour accomplir les formalités de prise en charge. Les deux hôtels concernés n'étaient séparés des locaux de la mission que de quelques centaines de mètres et ils faisaient donc habituellement le trajet à pied. Malgré les mises en garde répétées qui leur avaient été prodiguées la veille, ils étaient de manière presque systématique victimes de vols de pickpockets, en descendant l'avenue Albert Sarrault.
Dans la majorité des cas, il ne s'agissait que d'un peu d'argent mais parfois c'était l'ensemble des papiers (passeport, carte de crédit, etc.) qui disparaissait.
Très fréquemment, des gamins qui n'étaient pas les voleurs s'adressaient au gardien de l'ambassade pour « donner » des papiers français qu'ils avaient « trouvés » sur le trottoir. Bien évidemment, cette « restitution » donnait lieu, comme ils le savaient, à l'octroi d'une petite récompense.

Il s'agissait généralement d'un vol unique. Les petits délinquants étaient très physionomistes. Ils détectaient les nouveaux arrivants, commettaient leur larcin, puis, les ayant photographiés, ils ne s'attaquaient généralement plus à eux.

Dans quelques cas plus surprenants et plus « sophistiqués », on recevait une lettre d'un ancien policier à la retraite qui « au terme d'une enquête parfois difficile et onéreuse », avait réussi à retrouver un portefeuille appartenant à une personne qu'il « suspectait » d'être un de nos coopérants et se disait disposé à le restituer moyennant bien sûr la prise en charge des frais d'enquête…Nous connaissions son adresse et il nous est arrivé quelques fois de lui faire parvenir un « avis de recherche » moyennant une promesse de prise en charge des frais d'enquête, en cas de succès bien sûr.

Une autre fois, c'était plus grave. Ainsi, un beau matin, deux ou trois VSN, arrivés quelques jours auparavant et immatriculés chez nous, demandent à me voir et m'indiquent qu'ils n'ont pas vu depuis deux jours, un de leur camarade, ingénieur en télécommunication, affecté comme enseignant à l'ENSUT[158], logé avec eux à l'hôtel de la Croix du Sud.

[158] Devenue aujourd'hui l'école supérieure polytechnique de Dakar.

Cela nous inquiète évidemment... On alerte le consulat pour savoir si un français non identifié aurait eu un accident ? Aucune nouvelle. On interroge l'hôpital principal de Dakar... Rien... On reprend contact avec ses camarades qui reconstituent leurs mouvements et selon eux, l'intéressé ne serait pas revenu déjeuner à l'hôtel après qu'ils aient quitté ensemble nos bureaux, c'est-à-dire deux jours plus tôt. Par acquit de conscience, j'appelle le commissariat central du Plateau pour exposer le cas et là, surprise, j'apprends qu'un jeune français a été arrêté deux jours plus tôt et est « détenu », à titre provisoire, dans l'attente d'être présenté à la justice...
Je rends compte au chef de mission et avec son accord, je me rends au commissariat où je suis reçu par le commissaire principal. Il m'expose alors que l'intéressé a été surpris, deux jours plus tôt, sur une petite plage située tout près de l'ambassade, et qu'il a été pris en flagrant délit de consommation de drogue, en compagnie, ajoute-t-il, d'individus notoirement connus, de manière défavorable, des services de police. Le commissaire ne me précise pas si ces individus ont également été incarcérés et je ne lui pose pas la question...
Je fais observer à mon interlocuteur que nous sommes surpris de ne pas avoir été informés de cette affaire, s'agissant d'un garçon qui effectue son service national en coopération et qui dépend de notre autorité. Il convient avec moi que ce n'est effectivement pas tout à fait normal mais les affaires de délinquance se sont tellement multipliées ces derniers temps que ses services sont débordés. En tout état de cause, me dit-il, l'intéressé a commis un délit.
Après une demi-heure de « palabre » sur les méfaits de la drogue, sur la montée de l'insécurité, sur le manque de moyens dont la police dispose, j'arrive à obtenir la libération du « coupable » en précisant qu'il se tiendra à la disposition de la justice, sous le contrôle de la mission de coopération.
L'intéressé est dans un piteux état mais il tient bien le choc, malgré les deux jours passés « au trou ». Dans la voiture, il m'indique qu'il a effectivement répondu à l'invitation de quelques jeunes gens qui souhaitaient lui faire découvrir un joli coin au pied de la corniche et il me certifie qu'à peine sur les lieux, une escouade de policiers est venue les arrêter mais que ses « camarades » n'ont pas été enfermés avec lui dans le grand cachot collectif où il a passé ces deux derniers jours. Vrai ou faux, je penche du côté de la vérité. Je le dépose à l'hôtel en l'invitant à se présenter à la mission à 15 h.
A 15 h, il s'est douché et porte des vêtements propres. Le chef de mission le reçoit avec moi et il retrace l'épisode, de la même manière. On l'invite à attendre un moment.
On se concerte avec le chef de mission et l'affaire ne nous plait pas. Le chef de mission a la même impression que moi sur la sincérité du récit. Ce garçon a sans doute été victime d'une machination policière, mais à quelle fin ? Ce n'est pas la première fois qu'un coopérant a des problèmes avec la police mais le fait que son interpellation nous ait été cachée pendant deux jours

n'est pas de bon augure. Le chef de mission prend alors la décision de le renvoyer en France, le soir même, sous réserve d'un accord de principe de l'ambassadeur. Cet accord obtenu, on fait établir un billet d'avion et j'accompagne l'intéressé à Yoff, jusqu'à la zone sous douanes après qu'il ait passé les contrôles de police. Je tiens en réserve, au cas, fort improbable, où la police de l'aéroport aurait été alertée sur son cas, un discours tout préparé : « L'autorité militaire française, informée par nos soins de la situation, a exigé une mise en route immédiate de l'intéressé afin que son cas soit traité dans les règles propres à son statut et que les sanctions prévues lui soient appliquées ».
Le départ s'est bien passé et Dieu merci, nous n'avons plus jamais entendu parler de l'affaire.

Quelle est l'évolution des structures du ministère et de la politique de coopération pendant cette période ?

Après les bouleversements de la réforme Cot, l'époque Nucci et la « re-création » d'un vrai ministère de la Coopération, l'époque est plutôt stable si ce n'est que plusieurs ministres se succèdent mais sans que cela n'ait un impact important sur l'organisation des services de la coopération.

Les personnels de catégorie C en poste dans des missions de coopération et titularisés, sur place, dans les années 1980, commencent à changer de pays d'affectation, de manière à bénéficier des avantages liés à l'expatriation. On assiste également à des premières affectations à l'étranger de personnels précédemment en poste à l'administration centrale. Cela se traduit parfois par une perte de savoir-faire mais, simultanément, cela apporte un sang nouveau dans les missions de coopération.

On peut observer, par ailleurs, que les grandes orientations politiques et le discours de la Baule, par exemple, n'ont pas eu d'incidence directe sur notre activité. Mais, sur ce plan là, comme on l'a vu précédemment à propos du recrutement des enseignants, le Sénégal et la vitrine qu'il offre de démocratie et de bonne gouvernance, bénéficiait de toutes les faveurs. Il n'était donc pas question d'infléchir notre appui ni son orientation.

Trois ans après sa nomination, Jacques Pelletier, ministre de la Coopération et du développement est remplacé le 16 mai 1991, par Edwige Avice, ministre délégué auprès du ministre des Affaires étrangères, chargé de la Coopération et du développement, elle-même remplacée, moins d'une année plus tard, le 2 avril 1992 par Marcel Debarge, qui conserve la même appellation.

La venue d'Edwige Avice, en visite à Dakar est l'occasion d'un « coup de canif » dans le respect des traditions qui s'imposent habituellement à la mission. Cette visite intervient à l'occasion d'un week-end très prolongé dont le Sénégal a le secret. Lorsqu'il s'agit d'une fête musulmane, il est, en effet, de tradition que les « mourides » et les « tidjanes » ne voient pas la lune le même soir…
Ce sont alors deux jours de congé officiels qui sont accordés, pour préserver le poids respectif de ces deux autorités musulmanes principales, et il est « usuel » que ces jours tombent soit les mercredi et jeudi, soit les mardi et mercredi. Ces fêtes étant l'occasion de retrouver les familles en province, le vendredi ou le lundi sont alors également décrétés jour de congé, pour faciliter et amortir les voyages correspondants.
Cela crée donc des « ponts » confortables, d'une durée de cinq jours.
Même si ce n'est pas tout à fait régulier, l'ambassade et les services français, n'organisent, dans ces cas-là, qu'une simple permanence, avec un effectif très réduit, de sorte que les personnels français puissent également bénéficier d'un week-end très prolongé.
Edwige Avice ayant eu la mauvaise idée de choisir un samedi pendant une de ces périodes pour nous rendre visite, une petite faction de « réfractaires », entraînée par Catherine Laurent, a décidé de ne pas se soumettre à ce qu'elle considérait comme un caprice et n'a pas modifié les projets de week-end qu'elle avait formé l'occasion de ce grand « pont ». Rien n'y a fait et la mission de coopération n'était donc pas au complet lors de la visite du ministre. Cela a fortement déplu au chef de mission qui n'a pourtant eu d'autres solutions que de remercier et de saluer le sens du service qui animait la plupart de membres de son équipe, tout en fustigeant durement les autres.
L'anecdote a évidemment laissé des traces dans ce qui était déjà un peu le combat des modernes contre les anciens ou celui des jeunes contre les vieux.
Et, il est vrai que c'était presque une génération qui séparait la « rebelle » de son « patron ».

*

*   *

Cette période va aussi être marquée par la revalorisation de la fonction enseignante conduite par Lionel Jospin, ministre d'État, ministre de l'Éducation nationale, par le renforcement du dialogue social avec les enseignants, en particulier, par la création de l'Agence pour l'enseignement français à l'étranger (AEFE) et, enfin, par la réforme des modalités de suivi et de rémunération des coopérants, fixée par le décret de 1992.

C'est pendant mon séjour à Dakar qu'intervient la création des Commissions consultatives paritaires locales (CCPL) qui seront associées étroitement à toutes les questions intéressant l'enseignement en coopération ou l'enseignement français. Elles suivront de très près, notamment, les multiples listes d'aptitude établies pour l'accès aux nouveaux corps créés, en particulier tous les nouveaux échelons ou les corps hors classe. Mais, dans ce cas aussi, nos bases de données parfaitement actualisées, parfois mieux que celles communiquées aux représentants syndicaux par leur centrale, nous permettront de boucler l'opération, sans difficulté particulière.

La création de l'AEFE intéresse plus directement les services de la rue La Pérouse, puisqu'il s'agit d'un secteur qui concerne beaucoup plus les Français de l'étranger ainsi que la promotion de la langue et de la culture française, que la coopération proprement dite. Mais, gérer les personnels des établissements français fait partie de l'héritage du ministère de la Coopération. Avec la mise en place de cette nouvelle structure, nous voyons surtout une bonne clarification du statut des agents qui exercent dans les établissements français. En, effet, avant la création de l'AEFE, les personnels en poste dans ces établissements d'Afrique relevaient dans certains pays du décret de 1967 (agents de l'État français en service à l'étranger) et dans d'autres, dont le Sénégal, du décret de 1978 (coopérants). Cela créait des disparités importantes, en termes de rémunération notamment. Elles vont donc disparaître et c'est une bonne chose. Nous participons à la mise en place du nouveau dispositif, en procédant, en particulier, au suivi des recrutements des « résidents » et des « recrutés locaux », en étroite association avec la CCPL.

*

* *

Après la visite d'Edwige Avice, en 1991, c'est notre nouveau ministre Marcel Debarge qui vient au Sénégal et comme sa visite n'intervient pas pendant un jour férié, une grande réception est organisée en son honneur avec tous les coopérants en poste à Dakar.
Si ma mémoire est bonne, nous recevons simultanément, Jean Nemo, directeur de l'administration générale, et Jean-Michel Debrat, conseiller technique au cabinet de Marcel Debarge, notre nouveau ministre.
L'objet de leur venue est la présentation d'un nouveau décret qui doit, pour la gestion des coopérants, se substituer au décret de 1978, encore en vigueur. Jean-Michel Debrat en serait, dit-on, l'initiateur et le promoteur.

Le décret de 1992

Ce nouveau décret va bien au delà des seules modalités de rémunération des personnels. Il concerne de manière plus précise la situation administrative et financière des agents.

Dans son titre I, le texte fixe la mission et introduit la notion de lettre de mission. Celle-ci ne crée pas de droits au profit de l'agent mais elle indique le secteur d'activités et, le cas échéant, le projet où s'inscrit son action. Elle précise sa fonction, ses responsabilités, les objectifs de sa mission, les moyens mis à sa disposition, les résultats attendus. Cette lettre de mission est révisable en fonction d'évaluations périodiques.
Le décret précise que la durée de la mission de l'agent dans un même État de service ne peut pas excéder six années consécutives, quelle que soit la nature des fonctions exercées.

Dans son titre II, le décret introduit la notion de contrat et précise dans quelles conditions ce contrat peut être résilié par l'une ou l'autre des parties. Il définit une position d'appel spécial, au cas où l'agent, en raison de la situation politique ou des circonstances locales appréciées par le ministre de la Coopération, reçoit instruction de quitter le territoire où il est affecté ou de ne pas y retourner[159].

Enfin, dans son titre III, il fixe de nouvelles dispositions en matière de rémunération. L'ancienne IESS est remplacée par une prime de fonction, complétée le cas échéant par une prime de technicité, affectée d'un coefficient multiplicateur variable selon l'État de service. Le montant total de la rémunération est donc moins basé sur le corps d'appartenance ou d'assimilation de l'agent et sur son grade que sur la nature de la mission qui lui est confiée dans un projet de coopération. Ainsi, un instituteur, chef de composante dans un projet d'appui à un système éducatif, peut se trouver mieux classé dans le groupe des primes de fonction qu'un professeur certifié intervenant dans le même projet, à un simple niveau technique.

Le décret précise également que lorsque l'agent n'est pas logé gratuitement par l'État de service, il peut lui être attribué une indemnité de logement.
S'il ne s'agit pas d'une vraie révolution, les changements introduits justifient qu'une information générale très large soit assurée auprès des personnels et

---

[159] La situation politique des États de la compétence de la rue Monsieur a beaucoup évolué depuis quelques années et des situations difficiles à gérer sont apparues dans certains États. On sent aussi monter un climat d'instabilité politique un peu généralisé.

de leurs organisations représentatives. La présentation de ces nouvelles dispositions est alors poursuivie dans quelques États, après avoir eu lieu à Dakar.

*

*　　*

Le développement de l'informatique

A côté des petits « bricolages » réalisés à Dakar, pour automatiser certaines tâches répétitives dans la gestion des personnels, à partir du système SMART et d'une base de données strictement conforme aux informations utilisées à Paris par Jean Laglace, mon collègue Gérard Pourret, entreprend un travail de même nature pour la gestion des projets du FAC, à partir du système Dbase3 . Démarré au Gabon, il poursuit à Dakar la mise au point de cet outil de gestion. On passe d'une comptabilité tenue, projet par projet, sur des grandes fiches cartonnées, avec un crayon et une gomme, à un suivi informatique.
Michel Flesch arrive de Yaoundé, avec dans ses cartons les premières versions d'EXCEL, sous Windows, dont nous découvrons la puissance et la facilité d'utilisation.
Sans créer de vrais conflits, les jugements portés, par les uns et les autres, sur ces différents systèmes provoquent des sentiments exacerbés, voire passionnels, qui vont opposer leurs tenants respectifs. Au même moment, les services parisiens de l'informatique, concentrés jusqu'ici sur les gros systèmes, vont prendre en main de manière normalisée et pour tous les services du ministère, les formidables opportunités qu'offre le développement accéléré de la micro-informatique de bureau.

Autour de Philippe Righini, attaché d'administration centrale, en poste à la sous-direction de l'informatique depuis son arrivée rue Monsieur en 1981, et sous l'autorité de Gérard Sivilia, sous-directeur, une petite équipe de jeunes informaticiens se met en place en 1992-1993 et explore les diverses voies possibles pour rendre homogènes les outils de gestion un peu artisanaux, mis en place sur le terrain, les rendre plus performants et plus sécurisés. Cette activité sera conduite par Philippe Cohen, comme on le verra plus loin.

*

*　　*

Après ces quatre années à Dakar, je devais, en principe, être affecté à Cotonou, mais c'est finalement un poste à Yaoundé qui m'est attribué.

Conseiller à la mission de coopération et d'action culturelle de Yaoundé

C'est un vrai plaisir de retrouver dans une nouvelle équipe des visages connus et de découvrir de nouveaux collègues.

En 1992, la mission est dirigée par Jean Boulogne, que j'ai bien connu à l'administration centrale. En 1993, il est nommé à Abidjan et il est remplacé par Pierre Jacquemot. Au début de l'année 1996, c'est Christian Szernovicz, ingénieur agronome de la Caisse française de développement (CFD), qui prend la tête de la mission, Pierre Jacquemot ayant été nommé administrateur civil au tour extérieur[160].

Le reste de l'équipe est constitué de :
- Marc Janet, administrateur civil, adjoint et chargé du secteur économie et finance, puis Claude Fandre,
- Pierre Le Boul, maître de conférences, conseiller culturel,
- Sylvaine ..., attachée culturelle, puis Jean-Marie Lengley,
- Bernard Taquet, ingénieur agronome, puis Franck Humbert, vétérinaire inspecteur, chargé du développement rural et de la recherche,
- Denis Berthelot, ingénieur de travaux publics, conseiller multi missions « organisation méthode » pour les pays d'Afrique centrale,
- moi-même, chargé du personnel, puis à partir de 1993 du développement institutionnel.

C'est, comme à Dakar, une équipe bien structurée et les trois chefs de mission qui vont se succéder pendant mon séjour disposent tous d'une expérience éprouvée et animent cette équipe dans de très bonnes conditions que chacun d'entre nous se plait à souligner.

*

* *

La capitale du Cameroun, Yaoundé, présente encore en 1992 une particularité, en ce sens que seuls les vols longs courriers de la compagnie nationale, Cameroon Airlines (CAMAIR), sont autorisés à se poser sur la piste du nouvel aéroport international de Nsimalen.

---

[160] Christian Szernovicz avait déjà succédé à Pierre Jacquemot au poste de Ouagadougou.

Les compagnies UTA, dont le pavillon va bientôt disparaître, et Air Afrique ne disposent pas des droits de passage pour effectuer des vols sur Yaoundé et leurs avions ne se posent donc qu'à Douala. Habituellement, le trajet Douala Yaoundé se fait alors soit en voiture, soit sur un vol intérieur de CAMAIR. La mission de coopération dispose donc « historiquement » d'une antenne à Douala placée sous la responsabilité de Simone Audhuyt, depuis plusieurs dizaines d'années et sans doute depuis l'ouverture de la mission. D'un dévouement absolu au service, associé à une bonne dose d'autorité, elle assure la représentation de la mission dans la ville de Douala, dans toutes ses dimensions et notamment pour l'accueil, le logement, le suivi et la gestion des personnels d'assistance technique qui sont encore relativement nombreux dans la capitale économique du pays.

Au Sénégal, l'assistance technique en personnels représentait la majeure partie de l'aide bilatérale et peu de coopérants étaient directement impliqués dans la mise en œuvre des projets du FAC. C'est une situation inverse que l'on peut observer au Cameroun. On trouve ici de « gros » projets du FAC, qui « consomment » aussi beaucoup de coopérants. Notamment, dans le secteur de l'enseignement, on met en œuvre un projet d'appui au système éducatif camerounais qui comprend des centres de ressources pédagogiques, avec des conseillers dans les principales disciplines, répartis dans les principales provinces du pays. On appuie l'université et les grandes écoles d'ingénieurs : polytechnique à Yaoundé, l'ENSIAG qui forme des ingénieurs dans le secteur de l'agroalimentaire à Ngaoundéré, une école à Dshang pour l'agroforesterie. Dans le secteur de la santé, on intervient dans la gestion de l'hôpital général de Douala et de l'hôpital central de Yaoundé, tout en leur fournissant un appui technique avec des médecins spécialistes. Dans le secteur rural, on relève beaucoup d'activités menées avec le CIRAD, dont le projet d'aménagement forestier de Dimako. Sont également financés des projets d'appui dit institutionnel (justice, police, sécurité civile, décentralisation) et, bien sûr, comme dans de nombreux pays, un PAFIE (projet d'appui aux administrations financières et économiques).

Le panorama des secteurs d'activité couverts est très large et nous avons donc des coopérants dans tous les secteurs et dans toutes les provinces, sauf peut-être à Buéa. On trouve, ici aussi, des « figures » et des fonctions atypiques parmi les personnels d'assistance technique, tel ce vétérinaire affecté sur un projet de sauvegarde des grandes réserves naturelles du Nord. Ces réserves, situées aux confins du Tchad et du Cameroun, constituent une ressource touristique de très grande valeur. Pour assurer au mieux son travail d'observation et de surveillance des grands mouvements de la faune, l'intéressé s'est initié au pilotage d'un ULM. Il a obtenu la fourniture de ce type d'appareil sur le financement du FAC. Il est sans doute le seul coopérant à avoir pratiqué de l'ultra léger motorisé dans l'exercice de ses fonctions..

Contrairement à la manière dont le travail était généralement réparti, il n'y a pas à Yaoundé de conseiller spécialement chargé du FAC. Chaque conseiller est responsable des opérations pour son secteur. En liaison avec le coopérant intéressé, il définit le besoin puis se charge avec la cellule de gestion administrative et financière de passer les commandes nécessaires et d'en suivre l'exécution. Cette cellule réunit autour de Denise Lepage, Claudie Mouynh et Geneviève Chretien qui disposent de connaissances approfondies en matière de gestion des deniers publics. Denise Lepage sera remplacée par Michel Bergerot. La cellule assure le suivi des paiements avec la Caisse française de développement (ex CCCE qui vient d'être rebaptisée) pour les crédits du FAC et avec la paierie de France, pour les crédits du titre IV. Denis Berthelot, qui dispose d'une grande pratique et d'une longue expérience dans le domaine de la commande publique comme dans celui de la gestion du FAC, apporte son concours à la cellule si cela est nécessaire.

On retrouve cette forme de travail en équipe pour la gestion des coopérants. Cette première année à Yaoundé est celle du passage progressif des personnels dans le décret de 1992, au fur et à mesure de l'achèvement des contrats. Les lettres de mission sont préparées, en liaison avec les conseillers sectoriels. Des propositions de reclassement dans les grilles du décret de 1992 avec les simulations nécessaires sont préparées. L'important travail d'inventaire et de mise à jour, en termes de programmation financière du coût de l'assistance technique, que cela implique, est facilité par les échanges des bases de données que, comme à Dakat, nous poursuivons avec Jean Laglace. Les méthodes artisanales mises au point au Sénégal continuent à être appliquées à Yaoundé et j'installe sur les ordinateurs du service du personnel les outils correspondants que l'on peut encore utiliser avec SMART. Un premier réseau interne à la mission, sous Windows, est maintenant accessible sur tous les postes de travail.
De son côté, la cellule de gestion utilise pour le suivi du FAC le logiciel « BDFAC », mis au point par Gérard Pourret et qui tourne sur Dbase3.

Les conditions de travail et la vie quotidienne

L'ambiance générale du travail est excellente. Tous les conseillers de mission ont des responsabilités variées et doivent se rendre sur le terrain. Douala est à deux heures de voiture de Yaoundé, par une route de construction récente dite « l'axe lourd ». On peut également rejoindre les villes de l'ouest (Bafoussam, Dschang) par de bonnes routes bitumées. On s'y rend très souvent et le contact est fréquent avec les coopérants en poste dans ces villes-là. Il l'est un peu moins avec les agents affectés dans le Nord ou dans l'Adamaoua que l'on ne peut rejoindre que par avion.

Nous sommes, dans l'ensemble, bien logés dans des villas agréables dans le quartier du lac, proche de la mission et nous n'avons pas comme à Dakar à subir les embouteillages d'une grande métropole. Les écoles françaises, primaire et lycée, n'organisent pas de ramassage scolaire. Alors, les parents organisent entre eux des tournées communes ou bien font appel à un taxi régulier et digne de confiance.

Le bord de mer est assez éloigné et il faut au moins trois heures pour rejoindre Kribi. On y trouve quelques hôtels touristiques et l'on peut déguster près des chutes de la Lobé d'excellentes crevettes d'embouchure. On peut aussi y pécher, notamment le barracuda très présent dans la zone. Mais, vu la distance, il n'est pas possible d'y aller en dehors des week-ends prolongés. L'habitude est alors de se retrouver au club hippique de Yaoundé, que l'on soit ou non cavalier, et on y dîne fréquemment ensemble le dimanche soir, avec l'équipe de la mission de coopération et des représentants du secteur privé, généralement des commerçants. Ce n'est qu'à titre vraiment exceptionnel que l'on peut y rencontrer des personnels de l'ambassade.

Le logement des coopérants

La question du logement des coopérants est ici, comme un peu partout, un sujet de préoccupation. Les obligations qui incombent aux États sont de moins en moins bien respectées. Le décret de 1992 ouvre la porte à la possibilité d'octroi d'une indemnité spécifique conduisant l'agent à supporter lui-même les frais de son logement. A mon arrivée à Yaoundé, on effectue de très nombreuses simulations, selon diverses hypothèses et le travail est fort avancé. Mais, la formule, qui a failli voir le jour en 1994, ne sera finalement pas retenue, pour le Cameroun à tout le moins.

On maintient donc le statu quo et notre chef de mission, Jean Boulogne, demande alors une grosse enveloppe de crédits du titre IV « appui logistique » et « aide budgétaire » en faveur du logement des coopérants pour faire face aux situations les plus criantes.

Cependant, sur un plan pratique, c'est toujours le Cameroun qui est responsable de la question et nous n'intervenons qu'en substitution. Le ministère de l'Urbanisme et de l'habitat met donc à la disposition de l'assistance technique des logements administratifs soit propriété de l'État, soit propriété de sociétés publiques. Nous ne payons pas de loyers pour ces logements, mais nous en assurons l'entretien et prenons en charge les travaux de rénovation soit sur appui logistique soit sur la convention d'aide budgétaire. Le parc de logements administratifs étant insuffisant, le ministère de l'Urbanisme et de l'habitat loue des villas ou des appartements à des propriétaires privés. Les loyers sont remboursés sur les crédits d'aide budgétaire après paiement effectif par la Caisse autonome d'amortissement.

A Douala, la situation est spécifique et on dispose notamment de trois des quatre immeubles « Hersant », hérités de l'administration coloniale et transférés au gouvernement camerounais qui les a affectés au logement de nos agents. Situé dans un bon quartier, cet ensemble comprend des appartements très dégradés. En outre, faute de mur de clôture, son enceinte est parcourue et parfois même un peu « envahie » par un public qui n'a rien à y faire, qui la traverse pour prendre un raccourci, voire s'y installe pour pratiquer la vente de poisson, de légumes ou de fruits, etc.
Y installer les nouveaux coopérants pose à chaque fois des problèmes d'acceptabilité par les agents et leur famille. Il faut ajouter qu'en 1992, on sort à peine au Cameroun de la période dite « des villes mortes » qui a provoqué dans l'Ouest et dans la région de Douala, en particulier, beaucoup de mouvements de protestation populaire, complétés par une montée de la délinquance urbaine et de l'insécurité dont les effets perdurent.

La sensibilité de la question conduit donc à demander une dotation exceptionnelle au titre de l'appui au logement de l'assistance technique. Notre chef de mission Jean Boulogne qui, ne l'oublions pas, a été sous directeur du budget, obtient gain de cause et se voit donc attribuer une enveloppe généreuse.
Elle nous permet de préparer et de mettre en œuvre un plan complet de réhabilitation de l'enceinte « Hersant », avec la construction d'un mur de clôture de plusieurs centaines de mètres et la création d'une entrée unique, fermée et protégée par un gardien. Une remise aux normes des appartements et le renouvellement du mobilier sont entrepris simultanément.
Ce sont des coopérants en poste au lycée technique de Douala, spécialistes du bâtiment, qui font les études techniques préalables et qui assurent la maîtrise d'œuvre ainsi que le contrôle des travaux qui ont duré plus de six mois.
Le nouveau mobilier est fabriqué sur place, avec du bois local par les « Artisans de l'espace métier », groupement d'artisans camerounais réunis dans une structure professionnelle commune créée à l'initiative de la Caisse française de développement et soutenue par elle.
Le coût total de l'opération permet de dégager un petit reliquat qui est complété de manière à couvrir les frais de construction d'une piscine

collective et d'une paillote, réservées aux résidents et permettant l'organisation de réunions amicales.

En complément de l'opération, les coopérants occupant ces immeubles Hersant sont invités à se constituer en « association des résidents » de manière à couvrir les frais de gardiennage et d'entretien du terrain ainsi que de la piscine. Trois ans plus tard, lorsque j'ai quitté Yaoundé, l'association fonctionnait encore de manière satisfaisante, comme la piscine, fort appréciée d'ailleurs, comme on peut l'imaginer. Cet investissement a non seulement été effectué au profit de nos coopérants mais il a également bénéficié aux agents de l'État camerounais qui occupaient des logements de fonction dans le quatrième des immeubles, situé dans la même enceinte.

D'autres crédits sont également déployés sur Ngaoundéré ou des logements ont été construits, sur crédits FAC, en même temps que les bâtiments abritant l'Ecole Nationale Supérieure des Sciences Industrielles et Alimentaires (ENSIAG). Mais ils ont besoin d'un bon coup de remise en état et c'est le chef de projet, Patrice Rochegude, qui est chargé de la mise en œuvre de l'opération.

Nous recevons à la fin de cette première année d'activité la visite d'Alphonse Gauthier, chargé à Paris de la gestion de ces crédits d'appui logistique, qui vient faire le point sur les réalisations et les évaluer. Nous faisons ensemble un très beau périple en voiture de Yaoundé à Douala, puis nous rejoignons les villes de l'ouest en passant par Nkongsamba, Bafoussam, Bafang, Bangangte. Nous allons ensuite par avion à Ngaoundéré et cette tournée permet à Alphonse Gauthier de constater la bonne utilisation des moyens accordés. Impressionné par la qualité du mobilier fabriqué par les « Artisans de l'espace métier », il passera, quelques mois plus tard, la commande à cette structure d'un lot de mobilier destiné aux logements des coopérants à Malabo. Elle se substituera, dans des conditions qui nous semblent excellentes, à une commande précédemment envisagée auprès d'IKEA.

Objectivement, cette opération d'appui au logement de l'assistance technique qui a mobilisé une enveloppe importante de crédits, est une réussite sur le plan strictement matériel. En assurant un service minimum de qualité aux coopérants considérés comme des usagers du ministère de la Coopération, elle contribue beaucoup à en faire de bons acteurs de notre coopération. Mais, force est de constater que notre modèle d'assistance technique, mis au point il y a plus de trente ans, commence vraiment à montrer ses limites.

L'ensemble du système est un peu « sous perfusion ». La contribution financière prévue à l'origine par les accords de coopération n'est plus versée depuis longtemps, les moyens de travail nécessaires ne sont plus que rarement apportés par les États. Nous sommes alors amenés à fournir soit sur crédits d'appui logistique à l'assistance technique, soit sur les moyens des projets, des ordinateurs, des imprimantes, du mobilier de bureau. On prend en charge les consommables et les fournitures courantes. Les tâches confiées aux coopérants sur projet nécessitent généralement des déplacements. Alors, les voitures achetées sur projet sont transférées d'un agent à l'autre, à l'occasion des relèves. En fin de projet, elles ne sont que dans des cas rares remises, comme le voudrait la règle, aux autorités locales et elles sont réaffectées à un autre coopérant. Le carburant est pris en charge sur les crédits des projets, comme les frais de missions, alors que théoriquement c'est l'État d'accueil qui devrait couvrir toutes ces dépenses, obligations dont il ne s'acquitte plus depuis longtemps déjà.

Se pose en outre le problème de l'imposition des coopérants qui conformément aux accords de coopération les acquittent encore sur place.

Cette question a été abordée à plusieurs reprises avec les autorités camerounaises et depuis 1994, chaque année, en février mars, nous écrivions au ministre de l'Économie et des finances pour lui rappeler que :

> « En 1978, à la suite d'une première modification du calcul de la rémunération des coopérants, nous étions convenus, par échange de lettres, de retenir pour le calcul de la quotité imposable pendant la présence des agents au Cameroun, un pourcentage de l'ancienne solde de base réactualisée, de façon que la fraction imposable ne soit pas inférieure à ce qu'elle était sous l'empire des anciennes dispositions.
> Cet arrangement avait permis d'éviter une modification brutale du niveau d'imposition des personnels d'assistance technique.
> Il me paraît souhaitable de rechercher aujourd'hui une solution de même nature.
> Celle-ci n'aurait d'ailleurs qu'un caractère transitoire dans la mesure où par lettre en date du 4 mars 1994, dont copie ci-jointe, il a été proposé à la partie camerounaise de modifier les articles 15 et 17 de l'accord général de coopération pour aboutir à la rentrée prochaine à l'abandon de l'obligation de logement des coopérants par l'État camerounais et à l'imposition en France de ces personnels ».

Ces lettres étaient toujours restées sans réponse lorsque j'ai quitté Yaoundé. Nous avons donc unilatéralement continué à appliquer un coefficient réducteur à la rémunération brute des coopérants pour éviter qu'ils soient « surimposés » au Cameroun.

Selon nos informations, au niveau du paiement de l'impôt par les coopérants, les pratiques les plus discutables étaient monnaie courante. Il aurait été fréquent que l'agent camerounais chargé du calcul de la somme à payer, la minore de 50 %, moyennant la perception directe, sans reçu, d'une part de l'impôt. Mais, il délivrait le fameux « quitus » que devaient présenter les agents lors de leur sortie du territoire. Les contrôles de ce document, par la police à l'aéroport, se faisaient d'une manière très stricte.

Le rapatriement de l'impôt en France devait constituer sur ce plan un progrès important.

La mesure, très avancée, n'a finalement pas été prise, le ministère français des Finances ayant subordonné le changement de régime à la ratification, toujours en attente, par le Cameroun, de l'avenant à la convention fiscale du 31 mars 1994.

La question, abandonnée depuis deux ans, semblait rebondir lorsque j'ai quitté Yaoundé.

A la rentrée de septembre 1996, nous devions bénéficier pour nos agents de 113 appartements dits « administratifs », donc sans loyer, nous devions prendre en charge 67 baux privés souscrits au bénéfice des coopérants par les services du ministère de l'Urbanisme et de l'habitat et 24 baux dits « directs », souscrits par les agents eux-mêmes, soit en raison d'une situation familiale particulière, soit dans le cadre de l'héritage du passage avorté à l'indemnité de logement de fin 1994.
Après trois années de forte déflation des effectifs, on comptait encore 246 postes en 1996 et on devait passer à 216 (109 enseignants et 107 techniciens) l'année suivante. Le département avait alloué une somme de 2.4 MF d'aide budgétaire pour le logement, soit une moyenne d'environ 10 000 F par agent, à rapprocher de l'indemnité de logement dont le montant moyen envisagé s'élevait à 3 000 F par mois. Sur un plan strictement budgétaire, le statu quo s'expliquait mais le système était très contraignant à gérer et très déresponsabilisant pour les agents[161].

La gestion des projets du FAC

Après une première année consacrée à l'assistance technique, notre nouveau chef de mission, Pierre Jacquemot, qui dispose de grandes qualités de manageur et cherche toujours à obtenir le meilleur des capacités des

[161] Données extraites de mon rapport de fin de mission au Cameroun.

membres de son équipe, me charge de suivre les projets dits de développement institutionnel.

Nous en avons deux :
- un projet d'appui à la communauté urbaine de Douala, piloté par Christian Audibert, ingénieur des travaux publics de l'État,
- un gros projet à quatre composantes, « justice », avec Eric Seguin, magistrat, « urbanisme » et « décentralisation », avec Jean-François Cognac, ingénieur des travaux publics de l'État, Jean-Pierre Poccachard, architecte, et Philippe Garnier, attaché d'administration territoriale, « sécurité civile », avec un colonel du corps des sapeurs-pompiers, et « sécurité », avec M. Milhou puis Joël Balaud, commissaires divisionnaires de police, délégués successifs du SCTIP[162] à Yaoundé.

Je découvre ainsi et je m'initie aux spécificités qui s'attachent à la gestion des projets du FAC, fort aidé par Denis Berthelot. Mais quelques mois plus tard, c'est-à-dire en janvier 1994, c'est la dévaluation du franc CFA, dont la valeur passe de 0.02 à 0.01 F pour 1 FCFA.

La dévaluation du franc CFA et le Fonds spécial de développement

Plus ou moins imposée par le FMI, cette mesure de dévaluation du franc CFA de janvier 1994 avait pour objectif d'assainir une situation dégradée en matière de finances publiques, de relancer les économies de la zone et de les remettre sur le chemin de la croissance. Toutefois, il était évident que cette dévaluation devait entraîner des coûts sociaux importants dans les pays concernés. La question était, en particulier, sensible pour les médicaments, pratiquement tous importés, dont les prix allaient mécaniquement être doublés.

C'est sous l'impulsion de Michel Roussin, ministre de la Coopération à cette époque, qu'a été mis en place, dans l'urgence, un dispositif d'intervention exceptionnel, intitulé « Fonds spécial de développement », destiné à atténuer les effets sociaux et économiques qui allaient frapper les plus faibles.

Son objectif était de soutenir les populations touchées par les hausses de prix provoquées par la dévaluation. Les appuis devaient être ciblés sur les zones urbaines, favoriser l'emploi, l'éducation et la santé.

[162] Service de coopération internationale de police.

La mise en œuvre de ce Fonds spécial de développement (FSD) va être assurée conjointement avec la Caisse française de développement (CFD), dont l'agence locale est dirigée par Dominique Dordain.
C'est une enveloppe de 41 MF qui est allouée au Cameroun, avec un impératif affiché de décaissement rapide. Les objectifs poursuivis sont la lutte contre la pauvreté, en milieu urbain notamment, la distribution de revenus aux populations vulnérables, l'appui aux collectivités et à la société civile.

La mise en œuvre est totalement déconcentrée, les projets doivent être identifiés sur place et la décision de les financer doit également être prise sur place. Des modalités d'une telle souplesse n'existaient jusqu'ici que pour ce que l'on a successivement appelé les POD (petites opérations de développement), puis les CDI (crédits déconcentrés d'intervention), dont les enveloppes financières étaient fort minces et dont les projets devaient s'inscrire dans un plafond très bas. C'est donc un outil incroyablement souple qui est ainsi mis en place avec le FSD.

Dans les jours qui suivent l'annonce de la mise en place de ce fonds, Pierre Jacquemot crée un comité de sélection et de suivi des projets qu'il coprésidera avec la ministre camerounaise des Affaires sociales. Il prépare un modèle simple de fiche de présentation de projet et lance son équipe à la recherche d'idées répondant aux critères énoncés. En dehors des objectifs fixés, les projets ne peuvent pas excéder un plafond de 2 MF et ne peuvent pas se situer en dessous de 6 KF. L'éventail est largement ouvert.

Ce sont non seulement les conseillers de mission qui sont lancés dans l'identification d'actions susceptibles d'être financées, mais c'est également l'ensemble de la communauté des coopérants qui y est associée. On va donc voir surgir des projets dans tous les secteurs, plus ou moins bien pensés et répondant plus ou moins bien aux critères fixés. Un pré comité de sélection va donc jouer le rôle de filtre avant leur présentation au comité de sélection lui-même qui se réunit au début deux fois par mois.

Dans le secteur dont j'ai la charge, Jean-François Cognac et Christian Audibert vont jouer un rôle de premier plan, ainsi que Jean Yango, directeur des services techniques de la Communauté urbaine de Douala.
Il faut dire que les problèmes de gestion dans les grandes agglomérations du Cameroun ne manquent pas…
Alors, grâce au FSD et à la souplesse de son dispositif, on va s'attaquer très vite à des problèmes d'urgence tel le nettoyage des villes et à une question plus structurante, « l'adressage » de ces grandes métropoles.

Il s'agit d'un projet recommandé notamment par la Banque mondiale, à l'étude depuis plusieurs années, qui n'a pas encore connu de commencement d'exécution. Les plans sont dressés tant pour Douala que pour Yaoundé mais la réalisation est en attente de financement. Cette opération doit faciliter pour les habitants leur propre localisation dans la ville, permettre aux concessionnaires des services d'eau et d'électricité de localiser leur clientèle. A plus long terme, elle doit servir de matrice pour une fiscalité locale. Le système de numérotation retenu est le système métrique et les rues doivent faire l'objet d'une numérotation par rapport à la distance qui sépare chaque concession du début de la rue. On n'a donc pas des numéros 1, 3, 5, 7 d'un côté et des numéros 2, 4, 6, 8 de l'autre, mais 18, 25, 35, 48, 69, 92, etc. selon les largeurs occupées par chaque concession ou habitation.
Christian Audibert, Jean Yango et Jean-François Cognac lancent alors l'idée d'abandonner l'option initiale d'une exécution de type industrielle et suggèrent de faire réaliser le projet de manière artisanale, en faisant appel à des associations. Elles seraient chargées de former des jeunes et de leur confier l'exécution des tâches qui vont essentiellement consister à sérigraphier des plaques de rue et à peindre au pochoir le numéro de chaque entrée de concession. Le travail de peinture au pochoir est le plus long et il va occuper pendant plusieurs mois des centaines de jeunes dont le travail sera supervisé par des élèves ingénieurs de l'école Polytechnique.
Ces deux projets figurent parmi les premiers retenus et plus de 80 % des crédits affectés correspondront à des salaires, répondant ainsi directement aux objectifs assignés au FSD.
A Yaoundé, c'est l'Association française des volontaires du progrès (AFVP) qui interviendra en qualité d'opérateur rémunéré. A Douala, c'est une association supervisée par Jean Yango, l'Association d'initiatives pour le développement local (AIDL) qui en sera chargée. Le projet lui fourni des moyens de travail élémentaires, dont deux Peugeot 404 plateau pour transporter le matériel. Si on exclut ces deux véhicules et les quelques dizaines d'odomètres[163] nécessaires, la totalité des crédits consacrés à l'opération correspond à des dépenses sur place, affectées à de la main d'œuvre locale, à hauteur de plus de 80 %.

Ce type de projet répond donc de manière on ne peut plus directe à la consigne selon laquelle « Il faut agir vite et favoriser l'emploi d'une main-d'œuvre locale ».

S'agissant toutefois de financer des investissements publics, nous veillons à bien distinguer les vrais bénéficiaires et les opérateurs. C'est donc avec les délégués du gouvernement auprès des Communautés urbaines de Yaoundé et

---

[163] Appareils utilisés pour mesurer de manière très précise des distances au sol.

de Douala que sont signés les « protocoles de financement », ces mêmes protocoles précisant les conditions dans lesquelles interviennent les opérateurs.
A Douala, les choses sont simples, dans la mesure où le promoteur et le superviseur du projet est Jean Yango et qu'il est directeur des services techniques de la Communauté urbaine. A Yaoundé, c'est un peu plus complexe. Nous n'avons pas de coopération avec la ville et il faut plusieurs séances de travail avec le secrétaire général et avec José Torres, conseiller du délégué du gouvernement auprès de la Communauté urbaine, Basile Emah, pour préparer la signature du protocole. La signature de ce protocole conditionne bien évidemment le démarrage de l'opération. Celle-ci sera menée à bien et Basile Emah exprimera très officiellement sa satisfaction en fin de projet.

Après ces deux premiers projets d'un montant de 2 MF chacun, nous poursuivrons dans la même veine, avec un autre projet de 2 MF également pour le curage des caniveaux de la ville de Douala. Un moment envisagé, le même projet n'a pu se faire à Yaoundé, car il n'était pas réalisable de manière artisanale. De nombreux autres projets, dans le secteur du développement urbain, seront aussi financés : une gigantesque opération de ramassage manuel des ordures à Bafoussam, la construction d'un marché à Buéa, d'une plateforme de stationnement à Bertoua pour les poids lourds en transit vers la République centrafricaine et un champ de courses de chevaux à Guider. Sur ces mêmes crédits du FSD, la réhabilitation quasi complète du lycée technique de Douala a également été financée, sous la forme d'un atelier école, le travail de peinture notamment étant exécuté par les élèves, sous la direction des coopérants qui avaient suivi l'opération des immeubles « Hersant ».

Il y a eu aussi un appui ponctuel, à titre d'encouragement, à une petite association « Les volontaires de Mvog Ada » dont les membres balayaient la chaussée dans l'avenue montant vers le quartier du même nom. Elle avait été créée à l'initiative de Jérôme Kamdem, personnage haut en couleur, propriétaire d'un restaurant, club de loisir avec piscine et d'un débit de boisson situé juste au sommet de l'avenue de Mvog Ada. Je n'ai plus en mémoire la manière dont nous avons aidé son association à élargir le champ géographique de ses interventions, jusqu'ici limitées au voisinage de son bar. Je me souviens toutefois que « parrainé » par Jérôme Kamdem, je disposais d'un accès permanent et « sécurisé » dans son bar, sans être autorisé à payer ma consommation…
Cela pour sourire un peu, bien sûr.
Un autre secteur aussi aidé sur les crédits du FSD était celui du sport pour les jeunes notamment. Toujours avec Jean Yango, de nombreux petits terrains

polyvalents, de handball et de basket-ball, ont été aménagés, dans de nombreux quartiers de Douala, en travaux HIMO[164] et dont les buts, panneaux et paniers étaient façonnés par les « Artisans de l'espace métier ».
Toujours sur le FSD, une deuxième phase de l'adressage de la ville de Douala sera financée et à nouveau mise en œuvre par l'AIDL, ainsi qu'un projet avec la société nationale des eaux du Cameroun (SNEC) qui permettra d'étendre le réseau de distribution d'eau dans une zone périphérique de la ville, avec des bornes fontaines publiques, gérées dans un cadre de petites collectivités de quartiers.

La première enveloppe de 41 MF du FSD sera abondée d'une seconde d'un montant de 10 MF. En 1996, le fonds « spécial » est renommé fonds « social » et une nouvelle enveloppe de 15 MF est allouée au Cameroun[165].

Les relations avec l'ambassade

Les bureaux de la mission de coopération sont relativement éloignés de ceux de l'ambassade elle-même. Nous n'y allons jamais. En 1992, l'ambassadeur est Yvon Omnes. Il sera remplacé en 1993 par Gilles Vidal. Nous avons des relations amicales avec Jean-Michel Despax, le premier conseiller, mais nous ne rencontrons aucun des autres membres de l'équipe, qui est d'ailleurs fort réduite. Nous n'allons à la résidence qu'à l'occasion du 14 juillet ou, encore, mais c'est exceptionnel, lorsque notre ministre Michel Roussin vient au Cameroun.
En revanche, nous connaissons beaucoup mieux les consuls généraux à Douala (Lucien Géara) et à Garoua. Je les rencontre systématiquement lors de mes déplacements dans leur région. Il est en effet indispensable qu'ils connaissent parfaitement nos effectifs de coopérants et la composition de leur famille. L'immatriculation au consulat, si elle est fortement recommandée, n'est pas obligatoire. Nous pallions ainsi les éventuels défauts d'immatriculation et nous permettons aux deux consulats de tenir à jour le mieux possible la liste des citoyens français vivant dans la circonscription dont ils ont la charge, sur le plan de la sécurité notamment, sujet sensible au Cameroun.
A Yaoundé, nous ne connaissons pas le consul général. Il faut dire que c'est l'époque du « durcissement » de l'attribution des visas pour la France et la mission de coopération est un peu perçue comme une entité qui, avec les nombreuses bourses d'études ou de stages qu'elle accorde, produit un nombre anormalement élevé de demandeurs de visa, même si à priori il ne s'agit pas d'une population à problème.

---

[164] Appelés HIMO, pour travaux à haute intensité de main d'œuvre.
[165] Données extraites de mon rapport de fin de mission au Cameroun.

Avec le consulat, la situation va très heureusement s'améliorer avec l'arrivée au poste de consul général de Simon Santoni. C'est à la fois un ami, nous nous sommes connus à Ouagadougou en 1964, et c'est un vieil Africain. Il a été en poste à Luanda, à Nouakchott, à Tananarive, à Kinshasa. C'est son dernier poste et il va prendre prochainement sa retraite. On va, enfin, être en mesure d'entretenir, au cas où cela serait nécessaire, des relations personnelles et confiantes avec son service. Cela a été fort utile dans certaines occasions, tel le jour où Titus Edzoa, ministre de l'Enseignement supérieur, se trouvait à l'aéroport de Nsimalen, en attente d'un départ pour Paris où il devait participer à une conférence organisée par l'AUPELF (Association des universités partiellement ou entièrement de langue française), tandis que son chauffeur attendait au consulat de France, le passeport revêtu du visa nécessaire dont la délivrance avait un peu tardé... Le départ du vol de la CAMAIR a dû être retardé d'une petite demie heure. On aurait pu aller à un véritable incident diplomatique.

Avec l'arrivée, en 1995, de Philippe Selz, comme ambassadeur, on va assister à un virage à 180°. Philippe Selz s'intéresse beaucoup à la coopération et il va entretenir de très bons rapports avec les chefs de mission que ce soit Pierre Jacquemot ou Christian Szernovicz. Il sera très proche de toute l'équipe de la mission. En 1988, il a été directeur adjoint du cabinet de Jacques Pelletier, avant d'exercer comme ambassadeur à Port-au-Prince. Il connaît bien les problématiques de l'assistance technique et de la conduite des projets de développement. Conformément à de nouvelles recommandations du quai d'Orsay, il veut prendre connaissance du pays en profondeur et il effectue, accompagné chaque fois d'un des conseillers de la mission, des voyages de découverte des régions du Cameroun : Douala et l'Ouest, le Nord et le grand Nord, le Centre et l'Est. Nous y avons partout des projets.

Je suis chargé d'accompagner l'ambassadeur à Douala et dans l'Ouest dans sa découverte du pays et de nos nombreux projets. C'est un voyage extrêmement agréable et intéressant. Les étapes donnent lieu à chaque fois, à la réunion autour d'un « pot » amical de l'ensemble des coopérants en poste dans la ville ou à proximité ainsi qu'à la visite d'un ou deux sites d'exécution de nos projets. L'ambassadeur rencontre aussi des personnalités politiques, par exemple Adamou Ndam Njoya, maire de Foumbam, opposant politique « démocratique », qui représente une des forces de l'Ouest. Nous rendons également visite à une personnalité atypique, Claude Bergeret, prénommée la « reine blanche », parce qu'elle est la veuve d'un « roi » bamiléké et qu'elle continue à vivre dans la région avec deux enfants qui ont été scolarisés en partie à Douala et avec lesquels elle entretient une petite exploitation agricole. Elle est l'auteur d'un livre *Ma passion africaine*. Nous la

connaissons déjà un peu parce que Pierre Jacquemot a organisé un dîner en son honneur, il y a quelques mois.
A côté des coopérants et de personnalités comme Claude Bergeret, Philippe Selz veut aussi rencontrer les dirigeants du secteur privé. Nous allons ainsi rendre visite à Victor Fotso, l'homme d'affaires le plus puissant du Cameroun, dans sa résidence privée qu'il nous fait visiter. C'est un véritable petit village qui comprend de nombreuses habitations pour sa famille fort étendue. On y trouve aussi ses bureaux avec une salle de conseil d'administration superbement équipée et son futur tombeau, petite réplique de la crypte du tombeau de l'Empereur aux Invalides. Le lendemain, c'est le patron du groupe de brasserie concurrent qui nous reçoit, dans sa résidence privée aussi, bâtie en haute montagne près de Bafang. C'est un véritable nid d'aigle que l'on atteint par une route privée soigneusement gardée par des brigades d'hommes lourdement armés. Sa résidence est un vrai palais, couvert de marbres avec des baies vitrées qui ouvrent sur un paysage à couper le souffle. Bien sûr, comme chez Fotso, l'accueil est fort agréable et malgré l'heure encore matinale, c'est ici du champagne Moët et Chandon Dom Pérignon qui nous est proposé. Chez Fotso, le matin précédent, c'était du Laurent Perrier Grand Siècle...Toujours dans le même registre, nous avons ensuite été accueillis par les Brasseries du Cameroun, dans leur usine de Bafoussam. Nous sommes alors passés à la bière pression.

L'organisation des missions de coopération se normalise

A la suite du grand mouvement de déconcentration entrepris au milieu de la décennie précédente, les missions de coopération se structurent d'une manière plus formelle.
Alors que précédemment, la plupart des emplois de catégorie C étaient occupés par des agents recrutés sur place et rémunérés comme tels, ce sont aujourd'hui des agents titularisés qui sont en fonction. Afin de bénéficier des avantages de rémunération liés à l'expatriation[166], de nombreuses secrétaires[167] font alors acte de candidature lors des « transparences » de postes à pourvoir et sont ainsi amenées à changer d'État de service. De même, la double vocation étant maintenant attachée à tous les corps, ce sont des personnels de la centrale qui sont affectés dans nos missions de coopération, ou encore des personnels en service dans un État qui font acte

---

[166]Avantages qui ne leur étaient pas accordés s'ils restaient en poste dans l'État où ils avaient été recrutés et titularisés.
[167] J'emploie le féminin dans la mesure où à l'époque, on peut considérer que l'ensemble des personnels de catégorie C en poste dans les missions de coopération étaient des personnels féminins. La plupart de ces agents avaient été recrutés parmi des épouses de personnels expatriés du secteur privé, voire parmi leurs enfants ou parmi les enfants de personnels en poste dans les ambassades.

de candidature pour servir ailleurs. Ainsi, pendant mon séjour à Yaoundé, je retrouve Sylvie Jannelle que j'ai connue en poste à Dakar ou encore Nicole Thiercelin, que j'ai connue à Paris. Pour l'anecdote, nous partageons avec Nicole quelques points communs : notre ancienneté d'abord qui remonte à 1966 où, lors de mon retour à Paris, nous étions tous les deux en poste au 20 rue La Boétie. Notre date de naissance, le 29 novembre, mais elle est née dix ans après mois...Elle n'avait que 16 ans lorsqu'elle a été recrutée. Nous fêtons traditionnellement ensemble, à la maison, notre anniversaire.

Poursuivant toujours son effort de structuration, dans le cadre de la déconcentration, le ministère accorde une grande liberté aux chefs de mission pour organiser leur service. Il recommande toutefois de répartir équitablement la charge de travail entre les conseillers, sans s'attacher à un trop strict découpage sectoriel. Il promeut aussi la polyvalence des agents et la communication interne. Il recommande la création de cellules comptables regroupant tous les titres budgétaires (titres III, fonctionnement, titre IV, interventions et titre VI, FAC) de manière à disposer de tableaux de bord et d'assurer dans de bonnes conditions les liaisons avec la Caisse française de développement [168]et avec la paierie de France.
Déjà bien mise en œuvre par Jean Boulogne, ce type d'organisation sera renforcé par Pierre Jacquemot.

Les conditions de nomination dans les missions de coopération sont également « rationalisées ». Le ministère a édité un *Répertoire des emplois* et un *Fascicule sur la sélection et le recrutement des personnels du ministère de la Coopération*.

Les mouvements de personnels entre les postes sont mieux formalisés. L'alternance étranger/centrale est érigée en règle. Seuls deux séjours consécutifs à l'étranger sont autorisés et un séjour de trois ans au moins à la centrale est requis avant de postuler pour un nouveau départ. Une transparence des postes à pourvoir est publiée chaque année avant le 31 décembre. Les emplois à pourvoir sont attribués en priorité aux agents du ministère de la Coopération. Un second mouvement intervient alors en vue de pourvoir les postes encore vacants ou ceux qui nécessitent une technicité inexistante dans le vivier interne. Une commission de sélection créée en 1993 examine les dossiers et les retient selon plusieurs critères : statut (titulaire ou non titulaire), expérience de terrain[169], avec une priorité donnée aux assistants techniques. On retrouve donc alors, mieux structurée, la

---

[168] La caisse française est le comptable assignataire du FAC.
[169] Cette valeur, traitée de manière ironique par Julien Meimon, *Culte du terrain à la rue Monsieur, op. cit.*, est considérée comme très utile dans les cas d'espèce.

manière selon laquelle ont été présentées au chapitre précédent les conditions selon lesquelles les assistants techniques peuvent avoir accès aux emplois du ministère.

Le travail que suppose cette « normalisation » du fonctionnement des services extérieurs du ministère, est considérable. Il convient de réunir et parfois d'harmoniser, ou d'actualiser, un lot énorme de décrets, d'arrêtés, de circulaires ou d'instructions diverses prises dans une structure qui a été considérablement bousculée, comme on a pu le voir précédemment. Ce travail, entrepris depuis plusieurs années, va être achevé en 1997 par Eric de La Moussaye, chef du bureau des personnels des services extérieurs, sous l'autorité de Pierre Bobillo, directeur de l'administration générale. Il se traduit par l'édition du *Vade-mecum des services à l'étranger* qui expose sur plus d'une centaine de pages, les conditions de fonctionnement de ces services, complétés par deux cents pages environ de textes de références ou d'instructions. A une époque où l'on ne dispose d'aucun moyen pour accéder à la somme d'instructions et de textes officiels qui ont été pris pendant les trente-sept premières années de fonctionnement du ministère de la Coopération, ce vade-mecum constitue un formidable outil pour ceux qui ont la charge d'administrer les trente missions d'aide et de coopération culturelle, les quelque trente-cinq centres culturels et les centres médico-sociaux mis en place dans les pays disposant des effectifs les plus importants.

La montée en puissance de l'informatique de bureau

C'est un secteur en pleine croissance et qui connaît une accélération intense. L'équipe de jeunes informaticiens, animée par Philippe Cohen, sous la direction de Philippe Righini et du nouveau sous-directeur, Jean-Bernard Thiant, met au point plusieurs logiciels de gestion des crédits. Elle effectue ce travail en étroite liaison avec la direction de la comptabilité publique, de manière à ce que ces logiciels respectent les règles officielles, en la matière. Ces outils de gestion sont développés sous FoxPro[170].

Un nouvel outil, NALAFAC, se substitue alors à BDFAC.

NALAFAC est normalisé et automatise toutes les tâches relatives au suivi et à la consommation des crédits du FAC, projet par projet. Il gère les autorisations de programmes (AP), les crédits de paiement (CP). Il effectue les engagements de dépenses, édite les bons de commande ou les données

[170] FoxPro était un langage de programmation *"orienté procédure et un système de gestion de base de données basé sur du texte."*, utilisé par Microsoft, pour Windows, notamment. Ce système a été abandonné par Microsoft en 2007.

financières des contrats et des marchés et il suit leur exécution. Les ordonnances de paiement et les bordereaux d'accompagnement sont édités de manière automatique. Il édite également tous les documents relatifs à la clôture des projets et il comprend un module d'archivage donnant accès à toutes les opérations effectuées sur les projets clôturés. Cette dernière possibilité est évidemment fort appréciée lors des missions d'audit et de contrôle que font soit les services du ministère, soit la Cour des comptes. Enfin, un module de gestion prévisionnelle permet en fin d'année de présenter pour l'année suivante une demande de crédits de paiement argumentée, sur la base des engagements à solder et des engagements nouveaux à prendre pour la bonne exécution des projets, dans le cadre des chronogrammes d'exécution approuvés.

Parallèlement, sont développés selon la même architecture, deux autres logiciels de gestion : NALA et NALASP (pour les pays sans payeur). Ces deux outils sont utilisés pour la gestion des crédits du titre III (fonctionnement), du titre IV (interventions, qui concernent notamment les appuis logistiques au logement ou au fonctionnement de l'assistance technique ainsi que les aides budgétaires). Selon qu'un payeur de France est installé[171] ou non, dans le pays, c'est donc l'un ou l'autre des logiciels qui est utilisé. Ces deux logiciels sont évidemment plus simples que NALAFAC dans la mesure où ils ne servent qu'à la gestion de crédits annualisés. Ils comportent cependant aussi un module d'archivage qui permet de consulter les opérations exécutées au cours d'exercices budgétaires antérieurs.

Un groupe de travail est constitué pour la mise au point d'un logiciel de gestion de l'assistance technique

Aussitôt après la mise au point et le test de ces outils de gestion des crédits budgétaires et des crédits du FAC, la sous-direction de l'informatique s'attaque à la préparation d'un outil de même nature pour la gestion des personnels d'assistance technique. Il doit également être développé sur FoxPro qui associe la gestion de bases de données et de documents texte, un peu comme nous l'avions fait avec SMART à Dakar, pour un usage local. Il s'agit ici de mettre au point un outil qui sera utilisé dans l'ensemble des États.

[171] On trouve des paieries de France dans pratiquement tous les États francophones d'Afrique et à Madagascar. Dans les autres pays, inclus progressivement dans le champ du ministère de la Coopération, ce sont les régisseurs diplomatiques qui sont compétents pour exécuter les paiements correspondants. Les modalités d'exécution sont cependant différentes, s'agissant de régies et de paiement sur des crédits déjà ordonnancés au niveau central.

Un groupe de travail est constitué à cette fin. Il réunit autour de Philippe Cohen, de la sous-direction de l'informatique, Denis Berthelot et Daniel Duverger, respectivement conseillers multi missions « organisation méthode » pour l'Afrique Centrale et l'Afrique de l'Ouest, et moi-même, en raison de l'expérience dont je dispose en la matière.

Nous allons travailler pendant une année complète avec la société de service informatique qui, dans le cadre d'une sous-traitance, sera chargée du développement d'un logiciel que l'on baptisera SAGAIE[172]. Plusieurs réunions seront organisées à Paris, à Ouagadougou et à Yaoundé pour la mise au point du cahier des charges correspondant.
Cela a été un formidable travail d'équipe.

SOUS-TITRE Ier

Du congé administratif annuel

Art. 34. - La durée du congé administratif annuel est calculée à raison de quatre jours ouvrés au sens du décret du 26 octobre 1984 susvisé par mois de service effectif, toute fraction de mois ouvrant droit à un jour de congé pour sept jours de service effectif.

Sont considérés comme services effectifs en coopération et ouvrant droit à congé :

a) La présence au poste d'affectation ;

b) Les missions en France ou à l'étranger pour le compte du gouvernement français ou de l'Etat de service ;

c) Les stages de formation ou de perfectionnement tels que définis à l'article 6, sauf dans le cas prévu au 3° de l'article 27 ;

d) Les stages de spécialisation prévus à l'article 7, à l'exception de ceux effectués préalablement à un premier départ.

La liquidation des droits ouverts au titre d'un contrat s'effectue à la fin de celui-ci, compte tenu de la durée réelle des services effectués et des congés déjà pris.

Les congés non pris sont perdus.

Toutefois, en cas de cessation du congé avant son terme normal pour raison de service, le temps de congé restant à courir peut, sur décision du ministre chargé de la coopération et du développement, faire l'objet d'un report sur le contrat suivant.

Art. 35. - Le congé administratif annuel est suspendu lorsque :

1° L'agent effectue pendant ce congé :

a) Une période militaire d'instruction ou de réserve ;

b) Un stage de formation, de perfectionnement ou de spécialisation prévu aux articles 6 et 7 ;

c) Une mission pour le compte du Gouvernement français ou de l'Etat de service.

2° L'agent bénéficie d'un congé d'indisponibilité consécutif à un accident du travail, de service ou à une maladie professionnelle.

*

*   *

Après quatre années à Dakar et quatre années à Yaoundé, conformément à la règle de l'alternance, je me prépare à un retour à l'administration centrale. Je postule pour un des postes de chargé de mission qui devrait se libérer dans le cadre du mouvement de 1996.

Mais là, fin juin 1996, c'est presque un mystère, voire un miracle, alors que la règle de l'alternance s'applique de la façon la plus rigoureuse qui soit, le ministère me réserve une heureuse surprise et j'apprends que je suis désigné pour remplacer Daniel Duverger, une de nos grandes figures, sur le poste de conseiller multi missions « organisation méthode » pour l'Afrique de l'Ouest, en résidence à Ouagadougou.

---

[172] SAGAIE sera utilisé bien après la réforme de 1998, notamment dans les pays à gros effectifs de coopérants car le calcul des congés, cf. article 34 et 35 du décret de 1992 ci-dessus, était un vrai « casse-tête » et son automatisation sera fort appréciée jusqu'à la disparition dans les années 2003, des derniers agents soumis aux dispositions du décret de 1992. SAGAIE sera le seul de nos outils de gestion repris par le ministère des Affaires étrangères, après la réforme.

Je m'empresse d'accepter cette affectation. Il ne me reste qu'à changer l'étiquetage de mes cantines et je me prépare ainsi à rejoindre, après mes congés, le Burkina Faso que j'ai quitté trente années plus tôt.

Conseiller « multi missions » à la mission de coopération et d'action culturelle à Ouagadougou

Je rejoins donc Ouagadougou le 1er septembre 1996.

Les conseillers multi missions sont placés sous l'autorité des chefs de mission de chacun des pays de leur zone d'intervention et relèvent, pour leur gestion, du chef de mission de leur pays de résidence administrative.

L'aire géographique sur laquelle je vais travailler est constituée de huit États : Bénin, Burkina Faso, Cap Vert, Côte d'Ivoire, Guinée Bissau, Guinée, Niger et Togo. Ce sont les pays qui se sont exprimés comme « demandeurs » en Afrique de l'Ouest pour une intervention en matière d'organisation et de méthodes. Le Mali et le Sénégal n'ont pas exprimé de besoin dans ce domaine[173].

Je vais donc avoir huit patrons : Georges Dupuis à Ouagadougou, Jean-Michel Redon à Cotonou, Guy Bossy à Praia, Jean Boulogne à Abidjan, Michel Cuingnet puis Jean-Jacques Courtant à Bissau, Michel Bergassoli puis Alain Morel à Conakry, Daniel Astier puis Claude Trouard Riolle à Niamey, William Benichou puis Henri-Luc Thibault à Lomé.

L'équipe de Ouagadougou est constituée de :
- Jean-Luc Rondreux, conseiller culturel qui sera remplacé par Alain Le Guennou,
- Bernard Bressat, chargé du secteur économie et finances,
- Jacques Guillemin, chargé du développement institutionnel qui sera remplacé par Hugues-Antoine Suin, attaché d'administration centrale,
- Etienne Léandre, attaché d'administration centrale, puis Michel Mercier, chargé du secteur de la santé,
- moi-même.

173 C'est donc de manière quasi clandestine que j'interviendrai à Dakar, très fréquemment, à l'occasion d'escales obligatoires sur la route de Bissau ou de Praia. Toutefois, je serai demandé officiellement par le poste pour une mission en novembre 1998, à la suite de mutations intervenues à la cellule comptable.

En trente ans, la ville s'est bien sûr transformée. Mais en dehors de nouvelles grandes artères percées vers l'aéroport telle que l'avenue Kwame Nkrumah, le centre a peu changé. L'ambassade de France s'est entourée d'un mur de protection et la mission de coopération occupe toujours le rez-de-chaussée du bâtiment qui a été prolongé par une grande annexe. Un nouvel escalier intérieur permet d'atteindre une partie du premier étage, maintenant attribué à la mission.

Le parc de logements est toujours le même. Situé auparavant, en bordure de ville, il donne maintenant sur de nouveaux quartiers s'étendant vers l'est de la ville par une large avenue baptisée Charles de Gaulle. C'est la villa qui était occupée par René Guilbaud lors de mon premier séjour à Ouagadougou qui m'est attribuée. Elle a aussi connu un agrandissement notable et elle est entourée d'un très haut mur de protection qui encercle tout l'ensemble immobilier dans lequel a été construite la nouvelle résidence de l'ambassadeur.
Les relations avec l'ambassade et le consulat sont excellentes et, ici, tout le monde se connaît et se côtoie, ce qui est bien agréable.

Quels sont les éléments qui caractérisent à cette époque le ministère de la Coopération ?

La « résurrection » en 1988 de ce ministère qui, rappelons le n'était pas fait pour durer, a entraîné un gros effort de structuration et il est maintenant bien consolidé.

Les personnels

Le ministère dispose de corps pour toutes les catégories de personnels (A, B, C), avec la double vocation. A côté des administrateurs civils et des attachés d'administration centrale qui occupent des postes de chefs et de conseillers de mission, on trouve également des techniciens, généralement des fonctionnaires détachés, mais aussi beaucoup de contractuels. La situation de ces derniers et le déroulement de leur carrière sont maintenant fixés par l'arrêté n°000312 du 23 juillet 1992. Une circulaire du mois de novembre de la même année organise la progression de leur carrière, selon qu'ils servent à l'administration centrale ou à l'étranger, ou selon encore qu'ils passent d'une entité à l'autre. Une association des contractuels du ministère de la Coopération[174] déploie beaucoup d'activités pour préserver leur situation et rechercher les moyens les plus adaptés pour organiser leur titularisation, prévue par la Loi depuis le 11 janvier 1984.

---

[174] Dans l'animation de laquelle deux de mes anciens collègues : Marie-Claire Boulay et Gilles Lainé ont été particulièrement actifs.

Les moyens budgétaires dont le FAC

Un profond mouvement de déconcentration a été entrepris et les chefs de missions de coopération disposent d'une marge de manœuvres et d'initiatives plus étendues qu'auparavant dans la préparation et la conduite des projets. Ils sont aussi directement impliqués dans la définition des Orientations à Moyen Terme (OMT) qui constituent les premiers documents de « stratégie pays » du ministère. Les conditions d'exécution du FAC ont été réformées depuis bientôt dix ans. D'importantes dotations du titre IV, notamment des aides budgétaires, sont mises en œuvre par les missions.

Les outils informatiques

Ils sont en plein développement et en perfectionnement constant comme on l'a vu plus haut. On dispose non seulement des logiciels de gestion mais on a aussi des logiciels de programmation, tels PROGAT pour l'assistance technique et SCRIBE pour les bourses d'études et les bourses de stages.

Les résultats qui en découlent dans la pratique quotidienne

Si l'on observe les choses sur un plan plus pratique, on constate d'abord une nouvelle et très forte rotation des personnels des catégories B et C, qui, maintenant titularisés, sont invités à « bouger » d'un pays à l'autre. Il s'ensuit à ce niveau d'exécution, pourtant essentiel, une perte de compétences considérable.
Jusqu'à ces dernières années, on pouvait observer dans toutes nos missions de coopération, la présence d'agents en poste depuis des dizaines d'années qui assuraient tantôt la gestion des personnels, tantôt la gestion des crédits, essentiellement ceux du FAC. D'une manière générale, ces agents étaient très compétents, disposaient de la mémoire de ce qui s'était passé dans leur poste, au cours des années précédentes. Ils avaient « absorbé » les modifications apportées par le nouveau régime de rémunération des coopérants et par la « modernisation » du FAC, avec des mises en œuvre « P », c'est-à-dire par les postes et la création des cases de CEP[175].
Rompus au suivi de ces questions de gestion de base, lesdits agents faisaient, en réalité, fonctionner les missions sur le plan de l'intendance et les chefs de mission, comme les conseillers, pouvaient s'appuyer sur eux pour que la « boutique » tourne sans problème et sans « à coups ». Leur départ

[175] Ces "cases" distinguaient des rubriques (investissements mobiliers, fournitures, études, subventions, etc.) destinées identifier les types de dépenses engagées sur les projets du FAC et à respecter le grand principe de spécialité des crédits qui s'applique de manière générale à la gestion des deniers publics.

progressif, la titularisation de certains autres, s'accompagnant de mutations, a profondément perturbé ce support et ces fondations un peu informelles sur lesquels reposait le bon fonctionnement de nos missions de coopération.

Le développement de la micro informatique permet un bond de productivité mais il entraîne aussi une exigence accrue dans certains aspects de gestion.

La nature des projets financés sur le FAC et les modalités de leur mise en œuvre évoluent profondément et très vite. Beaucoup de petites opérations, peu coûteuses mais très « chronophages », remplacent les opérations de plus grand volume faisant l'objet de contrat avec des fournisseurs ou des opérateurs. Est-ce la nature des opérations ou les changements de personnels qui induisent ces nouvelles habitudes ? Un peu des deux sans doute. Cette évolution dans nos méthodes de travail va apparaître à l'occasion de la mise en place et du test des applications de gestion développées par le ministère et notamment avec NALAFAC.

Pour schématiser, à l'origine, sur le FAC, dans le secteur de l'éducation, on finançait la construction de lycées, puis celle d'écoles normales supérieures et ensuite d'écoles d'ingénieurs, en réservant une part de crédits plus réduite pour des appuis à leur fonctionnement ou à la modernisation des contenus de leurs enseignements. Dans le secteur du développement rural, on finançait de gros projets soit d'aménagement agricole ou de programmes étendus de vaccination des troupeaux ou encore de lutte contre les criquets. Dans le secteur de la santé, on construisait et on équipait des hôpitaux.

Aujourd'hui, on va appuyer des programmes de formation continue des enseignants, des actions d'harmonisation des programmes scolaires, des opérations de structuration des associations paysannes, des actions dans le domaine de la santé publique ou du recouvrement des coûts dans les hôpitaux, etc.

Dans ce cadre, ce sont souvent des réunions, des séminaires de formation, etc. qui sont organisés et qui impliquent généralement des frais de déplacement, soit de la capitale vers les provinces, soit des provinces vers la capitale, le versement d'indemnités, la location de salles pour les réunions, la rémunération de formateurs ou d'intervenants extérieurs, l'achat de fournitures diverses, etc.
Bref, nos anciens projets FAC d'investissement deviennent des opérations « d'épicerie » qui nécessitent une quantité incroyable de petites actions à préparer et à financer si l'on veut les mener à bien.

Se posent aussi de nombreuses questions de détail : le régime fixant le montant des indemnités de déplacement pour nos coopérants et pour les personnels nationaux amenés à se déplacer dans le cadre du projet[176], le montant des indemnités à verser aux « formateurs » dès lors qu'ils ne sont pas coopérants, etc. En l'absence d'une généralisation de l'accès au système bancaire, de nombreux paiements doivent intervenir en espèces. On doit alors mettre en place des PPMD[177].

Nous recommandons aux conseillers de mission de rechercher des opérateurs locaux capables de globaliser ces opérations, en leur confiant le soin d'organiser toute la partie matérielle qu'elles supposent, avec les convocations, le remboursement des frais de transport, la prise en charge de l'hébergement, le versement des indemnités de repas, la logistique courante, les fournitures, etc. Nous suggérons de leur confier le soin d'établir les listes de présence, de faire émarger les participants et cela bien sûr moyennant une juste rémunération. Dans de très nombreux cas, la structure nationale du projet dispose de la personnalité juridique et de l'autonomie financière, l'autorisant à jouer ce rôle. Dans le cas contraire, on pourrait encourager l'entreprenariat et favoriser la création de petites entreprises locales de services, comme il en existe beaucoup en France pour ce que l'on appelle « l'événementiel ». Dans ce domaine, j'ai très souvent prêché dans le désert et j'ai observé une sorte d'inflation des activités de ce type, conduites directement par la mission. On m'a souvent objecté que le contrôle était difficile, qu'il y avait des risques de détournement, mais sans jamais me convaincre.

Cette manière de travailler est en réalité tout à fait paradoxale. En effet, c'est grâce aux nouveaux outils de gestion, comme NALAFAC, et à l'automatisation de la plupart des tâches et de l'édition des documents, que les missions ont été à même de maîtriser ce nombre considérable de petits paiements qu'il n'aurait jamais été possible d'effectuer « à la main ». Le nombre de paiements effectués par les postes connaît une croissance exponentielle. Ainsi, dans sa réponse à la Cour des comptes sur ses observations au cours de la période 1996-1999, le ministère indique que pour la seule Côte d'Ivoire, ce sont plus de 14 000 paiements qui ont été effectués, sur le FAC uniquement.

---

[176] Théoriquement, tous les frais concernant les personnels nationaux devraient être pris en charge par l'État bénéficiaire mais il devient utopique de l'espérer et il faut donc trouver des palliatifs si l'on vent continuer à avancer.

[177] Ces PPMD, pour "Provisions Pour Menues Dépenses", sont des sortes de régies d'avance qui permettent de mobiliser des espèces lorsque les paiements par le système bancaire ne sont pas possibles.

Mais à côté de ce progrès objectif, en termes de productivité administrative, c'est, en fait, à un recul, en termes de coopération et de partenariat auquel on assiste.
Avant la réforme du FAC, des années 1980, qui a institué trois types de mise en œuvre : S (services centraux), P (poste) et E (État), la règle était la mise en œuvre État, c'est-à-dire que les commandes étaient passées par les services nationaux, avec un système de visa préalable des missions. Après exécution des travaux ou livraison des fournitures les services nationaux transmettaient les factures pour paiement à nos missions. Ce type de mise en œuvre qui à l'origine concernait la majorité des projets était pratiquement tombé dans l'oubli au milieu des années 1990.

On a ainsi beaucoup perdu en termes de qualité de partenariat et d'appropriation des projets par nos partenaires. Trop souvent des projets du FAC se sont un peu transformés en machine à verser des indemnités, voire dans certains cas à rémunérer des personnels nationaux ou à leur verser des compléments de rémunération.

*

* *

Le ministère avait recommandé la mise en place de cellules comptables regroupant la gestion de tous les crédits de manière à harmoniser les pratiques, à obtenir un suivi homogène des différents instruments mobilisés et à disposer d'un tableau de bord cohérent, aussi complet que possible.

C'est ce qui a été fait à Ouagadougou, où nous avons une cellule comptable au sein de laquelle oeuvrent Armelle Thomas et Myriam Nana-Tchoulfian. L'utilisation par cette cellule de NALA III et IV et de NALAFAC, avec les ajustements et les modifications de détail qu'appellent normalement tous les produits nouveaux, va constituer un précieux retour d'expérience et permettra de faire remonter les informations requises sur la sous-direction de l'informatique dont je suis le correspondant.

Notre service de gestion du personnel va de son côté tester en vraie grandeur l'application SAGAIE dont une version « pilote » nous a été confiée.

Ainsi, fort des enseignements tirés au Burkina Faso lors de leur première utilisation, je vais piloter le déploiement de ces applications dans les sept autres pays de ma zone de travail.
On commencera d'abord par NALA qui va permettre d'automatiser toutes les opérations et conduira les agents des cellules comptables à harmoniser leurs pratiques. Ces outils faciliteront aussi la « remontée » vers Paris d'éléments

homogènes de suivi, aptes à fournir à l'administration centrale une information précise sur la consommation des crédits.
Ce travail sera accompagné de la pédagogie du *Guide de la gestion locale*. Ce document très complet et régulièrement mis à jour est un excellent manuel des procédures comptables. Il réunit les instructions officielles et propose de nombreux exemples ou même des modèles de lettres de commande, de décisions, de contrats, etc.
NALAFAC est particulièrement utile dans les pays hors zone franc, comme la Guinée, la Guinée Bissau et le Cap Vert. C'est en effet la Caisse française de développement qui est le comptable assignataire du FAC. Elle applique pour ses paiements en monnaie locale le taux de change interbancaire du jour de l'opération et pas le taux de chancellerie, comme le font les régies diplomatiques. L'application recalcule donc automatiquement après les paiements la consommation en francs du crédit de paiement et réajuste, en plus ou en moins, selon l'évolution de la parité de la monnaie locale, le montant engagé en francs, seul pris en compte bien sûr.
NALAFAC offre aussi à l'utilisateur un module de gestion, de suivi et de reconstitution des PPMD.

Après ces applications de gestion des crédits, ce sera le système SAGAIE qui sera progressivement déployé dans l'ensemble des pays et dont la bonne utilisation nécessitera une formation en plusieurs phases.

*

* *

Cette période coïncide aussi avec la prise en main de l'archivage des dossiers de nos missions de coopération. Mon prédécesseur a initié un important travail dans ce secteur. Nous disposons à Paris d'un correspondant « archives » affecté rue Monsieur par la direction des archives du quai d'Orsay. Un petit logiciel spécialisé a été mis au point, selon les directives données par ce correspondant, par un VSN affecté à Abidjan. Des VSN spécialisés dans ce travail sont affectés pour des durées moyennes de six mois dans la plupart des « grands » pays du « champ ». Le travail est fort avancé en Côte d'Ivoire et un premier rapatriement d'archives traitées a déjà été effectué. Pendant mon séjour à Ouagadougou, un second rapatriement sera fait à partir de Niamey. A Cotonou, un VSN est affecté pour traiter la question et je vais l'accompagner, en lui soutenant le moral de mon mieux, à l'occasion de mes passages réguliers, dans cette tâche, particulièrement ingrate.

Un mémento des bonnes pratiques en la matière est élaboré et largement distribué car c'est un domaine d'activités qui a été négligé pendant longtemps. On apprend donc à identifier les documents à conserver et à ne pas les confondre avec l'importante « documentation » ou « littérature grise » qui encombre les bureaux et les salles d'archives.

On s'efforce de bien distinguer trois fonds d'archives :
- les dossiers des personnels,
- les dossiers thématiques,
- les documents éliminables à échéances fixes,

avec leurs trois âges :
- archives courantes
- archives intermédiaires,
- archives définitives, destinées celles-là à être rapatriées en France.

*

*   *

Le calme avant la tempête

Aux premiers jours de l'année 1998, après une grosse année d'activités et plusieurs missions dans les sept pays de ma zone d'intervention, l'image qui s'impose à moi à propos du ministère de la Coopération, est celle d'un ministère bien structuré et bien stabilisé, après les multiples soubresauts qu'il a connus, au cours des décennies précédentes. Les huit missions de coopération auprès desquelles j'interviens fonctionnent d'une manière standardisée. Elles disposent des textes, des instructions, des outils de programmation et de gestion adaptés à leurs besoins. Les personnels qui y servent ont de vrais statuts qu'ils soient titulaires ou non. Ils ont les capacités requises pour occuper les emplois sur lesquels ils sont affectés. Des actions de formation continue sont assurées par des consultants extérieurs et j'interviens également de mon côté, au fil de l'eau. L'alternance géographique organisée entre les postes et la centrale est effective. Les échanges et les rapprochements de données entre les postes et la centrale, comme ceux qui s'établissent entre la centrale et les postes, fonctionnent de manière satisfaisante[178].

Et, c'est à ce moment, alors que tout est enfin en place, que la « réforme » de la coopération qui « couvait » depuis quelques années, connaît une nouvelle « relance ».

---

[178] On notera, à ce propos, que les échanges, dans les deux sens, se font encore sous forme d'envoi de disquettes. Les premiers échanges de courrier par internet sont encore balbutiants. Ils ne permettent pas encore la communication de fichiers "lourds".

Au départ, pour nous qui sommes sur le terrain, cela fait tellement longtemps que l'on parle de ce serpent de mer que l'on n'y croit pas du tout ou que l'on y croit assez peu…

Cependant, le 4 février 1998, un décret n° 98-66, porte création du Comité interministériel de la coopération internationale et du développement (CICID) qui « répond à la volonté du Gouvernement d'ouvrir un espace de coordination, de réflexion, de débat et d'orientation de caractère global et politique sur la coopération internationale associant tous les ministères concernés, dont ceux des affaires étrangères et de la coopération. »

Pour comprendre comment les choses se sont passées, on peut se référer au très intéressant travail de David Sadoulet sur cette réforme et la manière dont elle a été préparée puis mise en oeuvre[179].
On y relève qu'une réunion interministérielle du 10 janvier 1998 a notamment décidé le :

> « […] regroupement des administrations centrales [des ministères de la Coopération et des Affaires étrangères] et en particulier le rapprochement de la direction du développement et de la direction générale des relations culturelles, scientifiques et techniques,
> …ainsi que l'intégration progressive des personnels relevant du ministère de la Coopération au sein du ministère des Affaires étrangères « dans des conditions à définir ». »

En clair, il s'agit donc déjà dans le cadre de la préparation de la création du CICID d'initier une prochaine fusion des deux ministères et de leurs personnels.

Encore une fois, sur le terrain, on ne mesure pas le caractère irréversible des mesures envisagées et des décisions en préparation. On a encore en mémoire la réforme promue sous l'impulsion d'Alain Juppé en 1995 qui fit même l'objet de déclarations ministérielles assez précises de part et d'autre détaillant les intentions de réformes.

---

[179] David , *La coopération au développement en France – Réforme et modernisation de l'État, op.cit.* p 129

Mais, comme le rappelle David Sadoulet [180] :

« Finalement, c'est cette fois encore par le chef de l'État que fut sifflée la fin de la partie :

> « Nous avons [...] des liens particuliers avec un certain nombre de pays [...]. Et ceci explique ou justifie que nous ayons une structure administrative et politique spécifique, c'est le ministère de la Coopération. [...] Je peux vous dire en tous les cas que pendant ce septennat cette structure ne sera pas modifiée. »[181]

Notre ministre de l'époque, de mai 1995 à juin 1997, est Jacques Godfrain et il a sans aucun doute, freiné autant qu'il le pouvait le projet de réforme.

Cette fois, cependant, la dissolution de l'Assemblée nationale était intervenue et c'était un gouvernement socialiste qui était en place. Or, depuis de très nombreuses années, le regroupement des deux ministères était inscrit dans le programme du parti socialiste[182].

Pour ceux qui en doutaient encore, la messe était dite.

Confirmation nous en a d'ailleurs été donnée à l'occasion de deux « journées rencontre » organisées en septembre 1998 à l'Hôtel IBIS de Paris Cambronne où avaient été réunis un certain nombre de conseillers de mission de coopération, pour leur présenter la réforme et son état d'avancement.
A cette occasion, en réponse à une question posée par un participant sur l'avancement des discussions concernant l'intégration de certains personnels de la coopération dans les corps des affaires étrangères[183], François Nicoullaud, co-responsable de la mission de pilotage de la réforme de la coopération, s'était borné à dire, d'une manière très sèche :

« - Il s'agit d'une décision politique et, cette fois, les obstacles techniques seront balayés ! »

Le ton et les mots ne laissaient donc plus la moindre place au doute…

---

[180]David Sadoulet *La coopération au développement en France – 1997-2004, Réforme et modernisation de l'État, op.cit*, page 52

[181] Jacques Chirac. Propos tenus lors d'une émission spéciale de TV5 à l'occasion du VIe sommet de la Francophonie à Cotonou le 3 décembre 1995.

[182] David Sadoulet *La coopération au développement en France – 1997-2004, Réforme et modernisation de l'État, op. cit.* page 110

[183] Les initiés avaient bien compris qu'il s'agissait de la pureté de certains corps qu'il ne fallait pas entacher.

A la même époque, une réforme des procédures comptables à l'étranger est en cours. Elle doit d'abord être expérimentée dans quelques États. Une circulaire interministérielle du 5 août 1997 est venue compléter celle du 27 décembre 1996. Alors que depuis l'origine, la Caisse centrale de coopération économique (CCCE), devenue la Caisse française de développement (CFD) est le comptable assignataire des crédits du FAC. Cette réforme organise une intégration des dépenses du FAC dans le circuit du trésor public. Cela veut donc dire que ce seront les payeurs de France, dans les pays où ils existent, ou les régisseurs diplomatiques qui assureront les paiements correspondants.
Dans les pays de ma zone d'intervention, cette réforme, une de plus, est perçue de diverses manières. Il faut préciser que contrairement à une rumeur, persistante dans les cercles des affaires étrangères, le paiement par la Caisse française de développement des crédits du FAC n'est en aucun cas synonyme de laxisme ou de « souplesse ». Au contraire, la Caisse assure une gestion très rigoureuse de ces crédits et applique les règles de la comptabilité publique comme le font les paieries de France pour les crédits du titre III ou du titre IV. Le passage d'un comptable public à l'autre n'a donc pas lieu de provoquer d'inquiétudes particulières. Certains y voient même une facilité, dans les pays hors zone franc où les paiements se feront sur la base du taux de chancellerie[184], alors que la CFD applique le taux de change interbancaire valable le jour du paiement.

Une fin d'année 1998 riche en événements à Ouagadougou

Cette dernière année à Ouagadougou va passer très vite. Elle sera marquée par l'ombre de la réforme dont on sent, dès le mois de septembre, que la mise en œuvre se fera au pas de charge.

Mais sur place, nous vivons trois événements particuliers :

- en octobre, une visite de la Cour des comptes qui vient à la suite du rapport public de 1996, qu'elle avait consacré à *La structure administrative et à la gestion des crédits du ministère de la Coopération*, procéder à l'examen sur pièces et sur place de l'organisation et du fonctionnement des missions de coopération et d'action culturelle de sept pays, dont le Burkina Faso.

[184] Le taux de chancellerie est un taux fixe, calculé par Paris et révisé deux fois par mois. Il rend donc très facile la conversion en F des paiements effectués en monnaie locale.

- en décembre, une « évaluation pays » conduite par un cabinet de conseil[185] qui va notamment servir lors de la commission mixte.

- la préparation de la 6ème Commission mixte franco-burkinabé qui doit se réunir début mars 1999.

L'ensemble de la mission se met donc en ordre de marche pour faciliter la préparation et l'exécution de ces trois événements. Il s'agit en particulier de répondre à toutes les demandes susceptibles d'être exprimées à cette occasion et de tenir à disposition tous les documents sur les actions en cours, les évaluations, la préparation et l'exécution des projets, la programmation, etc. Nous avons de la chance, à Ouagadougou, où un effort considérable a déjà été accompli, notamment à l'initiative de mon prédécesseur, Daniel Duverger, en termes d'organisation et de facilités d'accès à tout ce qui concerne les opérations réalisées dans le pays et leurs conditions d'exécution.

A l'issue de cette période d'intense activité, le chef de mission, Georges Dupuis, adresse le 8 mars 1999, une note à l'ensemble des agents, conseillers, assistants, secrétaires, plantons et chauffeurs de la mission pour remercier chacun de la manière dont il a exécuté sa tâche. N'ayant pas encore les résultats de l'inspection de la Cour des comptes, il manifeste son optimisme, même si, comme il le précise, ces avis sont plutôt là pour relever les anomalies que les actions conduites avec régularité. Il faut préciser que dans l'ensemble, le contrôle de la Cour s'est bien déroulé et que M. Olivier Delaporte qui dirigeait la mission a remercié toute l'équipe de Ouagadougou pour lui avoir donné tout au long de son contrôle, et sans une seule faille, accès à tous les documents qu'il souhaitait examiner.

*

*   *

A la même période, un avis de vacance de poste, à pourvoir en dehors du calendrier habituel de la « transparence », est publié. Il s'agit du poste de « conseiller et attaché humanitaire » à Kigali. Selon les renseignements qui circulent, pour ne pas parler de rumeur, le titulaire de l'emploi, Alain Le Ravallec, a été tout récemment victime d'une violente agression à main armée, en plein jour, alors qu'il circulait en voiture entre son bureau et son domicile. Touché par plusieurs projectiles, au cou notamment, il a réussi à rejoindre seul l'hôpital où les premiers soins lui ont été prodigués. Transféré ensuite sur Nairobi, il sera ensuite rapatrié en France. Si aucun mobile n'a été trouvé pour expliquer l'agression, sa cible a été parfaitement identifiée et il

[185] SOFRECO.

ne peut donc pas s'agir d'un accident ou d'une erreur sur la personne. Les jours d'Alain Le Ravallec ne sont plus en danger, mais le ministère estime qu'il serait inopportun qu'il revienne au Rwanda, même pour faire ses bagages. Le poste est alors mis à la transparence.

Ayant recueilli, pendant mes congés d'été, des avis peu encourageants sur le sort qui attend, dans le cadre de la fusion, les agents non titulaires ayant renoncé à demander à être titularisés[186], je décide de faire acte de candidature pour le Rwanda. Bien sûr, je suis hors norme, en termes de durée de séjour à l'étranger, mais je me dis que ma candidature a quelques chances d'être examinée dans le contexte flou qui entoure la réforme. Je pense aussi au caractère peu attractif que le Rwanda présente encore à l'époque et au contexte qui a entouré la libération de l'emploi à pourvoir.
L'avis de vacance du poste a été publié le 16 octobre et je fais acte de candidature, par la voie hiérarchique, le 19 octobre.

*

*   *

Il va s'ensuivre une longue période d'incertitude, pendant laquelle je vais encore effectuer sept missions dans les pays de ma zone.
A l'occasion d'un déplacement à Lomé, fin novembre, j'apprends, par téléphone, de manière officieuse, que ma candidature pour Kigali a été retenue et que je vais recevoir incessamment un ordre de mise en route sur Paris, d'abord, pour y signer un nouveau contrat avant de rejoindre le Rwanda.

Mais les choses n'avancent pas vite dans le nouveau contexte et sans doute faut-il attendre le décret n°98-1124 du 10 décembre 1998 pour qu'elles évoluent.
Ce nouveau décret porte organisation de l'administration centrale du ministère des Affaires étrangères.
Il abroge notamment le décret n° 86-1041 relatif à l'organisation du ministère de la Coopération qui avait « signé » la résurrection du ministère après la réforme Cot.
Début janvier 1999, c'est toujours le statu quo et je suis appelé par ordre à Paris, avec Denis Berthelot, mon collègue multi missions « organisation

---

[186] Je vais avoir 58 ans et les conditions qui semblent proposées pour le reclassement des contractuels ne sont guère attractives. Classé au 11e échelon des chargés de mission depuis le 16 décembre 1987, je suis déjà rémunéré depuis 11 années sur la base de l'indice plafond des contractuels à l'étranger, fixé par le décret de 1969, qui est un indice inférieur à celui de mon grade à la centrale. Je me vois mal faire un nouveau et « énorme » bond en arrière que je ne pourrai jamais rattraper, même si je reste en activité jusqu'à mes 65 ans.

méthode » pour des réunions de travail relatives à l'harmonisation de notre système de collecte des archives et à la mise au point du logiciel COREGE, appelé à se substituer très vite à NALAFAC pour la gestion des crédits du FAC, dont on apprend d'ailleurs qu'il sera très prochainement « réformé », pour tenir compte notamment des décisions du CICID et des recommandations de la Cour des comptes.
Nous avons donc vraiment confirmation que le ministère de la Coopération est ainsi, une nouvelle fois, supprimé.
Mais, cette fois, contrairement au phénix, il ne renaîtra pas de ses cendres.

*

*   *

La nouvelle administration des personnels dits « culturels » se met en place et absorbe le bureau des personnels des services à l'étranger dont nous relevions.

Il s'agit maintenant de vérifier mes aptitudes à occuper l'emploi. Je passe ainsi le 2 mars, par téléphone, un test de connaissance et de pratique de la langue anglaise. On vérifie ensuite mon aptitude physique et je me présente, à Ouagadougou, à la visite règlementaire auprès du médecin colonel, Romain Maurel, du service français de santé des armées, qui me déclare apte.

Le 9 mars le département donne son accord sur la date du 14 mars pour ma rupture d'établissement. Je quitte Ouagadougou le 14 mars au soir et je me présente le lundi 15 au matin à mon « nouveau » service du personnel.

On me précise alors que mon aptitude à servir à l'étranger doit être validée par le médecin du ministère des Affaires étrangères, car les certificats établis par la « coopération » ne sont pas « valables » (sic). Je prends donc rendez-vous auprès dudit médecin, je passe à nouveau les examens de laboratoire requis et le 19 mars, il me déclare apte.

Mon « recrutement » peut alors être entrepris puisqu'il ne s'agit pas d'une simple « mutation » et c'est finalement l'ancien bureau des personnels en service à l'étranger qui est chargé de l'établissement de mon nouveau contrat lequel est signé le 29 mars 1999. Heureusement, ce nouveau contrat est établi sur la base de l'arrêté du 26 septembre 1978 qui fixe les conditions d'application du décret de 1967 aux agents titulaires ou non titulaires du ministère de la Coopération. Ces dispositions seront modifiées à compter du 1er avril 1999, soit deux jours plus tard.

Pour les non-initiés, il s'agit d'un détail mais les dispositions qui s'appliquaient en matière de rémunération au ministère de la Coopération étaient exemptes de tout corporatisme et de tout ostracisme à l'égard des contractuels. Les chefs de mission étaient classés non pas en fonction de leur grade ou de leur statut, ni de leur corps d'appartenance, mais selon l'importance de la mission qu'ils dirigeaient. Quant aux conseillers de mission, ils étaient classés également selon l'importance du poste qui leur était confié.
Les conditions de classement des agents du quai d'Orsay ne répondaient pas à ces seuls critères de fonction mais elles faisaient référence à des « vocations » ou à des « sur vocations », c'est-à-dire à des correspondances entre nature des fonctions et grade de l'agent. On verra plus tard, dans les années 2000, que de nouvelles dispositions seront adoptées pour le classement des agents affectés dans les services de coopération et d'action culturelle, selon qu'ils sont non titulaires, titulaires du quai d'Orsay ou titulaires d'une autre administration.

Je ne vais pas dévoiler ici les secrets qui entourent le montant des indemnités de résidence. Je me bornerai seulement à indiquer qu'en termes de pourcentage, pour le même poste, le montant de cette indemnité pouvait être de 30 à 40% de plus pour un agent ayant le statut de diplomate, par rapport à n'importe quel autre agent titulaire ou non titulaire. Lorsque l'on sait que, selon la Cour des comptes, cette indemnité de résidence représentait à l'époque en moyenne 62% du traitement global, on peut prendre la mesure de l'écart qui sépare le montant total des rémunérations versées aux agents, selon leur statut.

*

* *

Dans l'attente de mon départ qui interviendra quelques jours plus tard, je prends connaissance des dossiers en cours, avec les différents services concernés de la rue Monsieur et notamment avec Jacques Guillemin qui vient de prendre, en qualité de chargé de mission géographique, la relève de Jean-Pierre Lahaye sur le portefeuille « Burundi, Rwanda, RDC ».

*

* *

Jacques Guillemin représente parfaitement ces agents si spécifiques et au parcours professionnel si varié qui ont fait la force de la rue Monsieur.
Fils d'un officier de gendarmerie, il a passé l'essentiel de sa vie en Afrique. Après avoir fréquenté l'école primaire à Bangui puis poursuivi ses études

secondaires et supérieures à Dakar, il n'a effectué un premier séjour en France que pour y présenter et obtenir sa thèse d'Etat en droit public.
Toute sa vie professionnelle a ensuite été consacrée au développement du continent africain. D'abord jeune professeur coopérant en Côte d'Ivoire, sous contrat local, il a été ensuite assistant technique au Niger, au Tchad et en République Centrafricaine, pays de son enfance où il a été directeur des études de l'école nationale de l'administration et de la magistrature (ENAM) de 1985 à 1991.
Après un autre poste en coopération à Brazzaville, il intègre le ministère de la Coopération, en qualité de conseiller de mission au Burkina Faso. C'est là que je l'ai connu et que nous avons travaillé deux années ensemble.
A la fin de ce séjour, et pour la première fois de sa vie, il va exercer des activités professionnelles en France, juste après la réforme, à la nouvelle DGCID, en qualité de chargé de mission géographique pour le Burundi, le Rwanda et la République Démocratique du Congo. Il m'aidera beaucoup pendant cette période puisqu'il sera mon correspondant privilégié à l'administration centrale lorsque je serai en poste à Kigali.
Nommé ensuite conseiller de coopération et d'action culturelle en Guinée Equatoriale, Jacques Guillemin exercera, en 2005, les mêmes fonctions en République Centrafricaine.
J'aurai le plaisir de le retrouver à Bangui, en janvier 2007, deux mois après avoir pris ma retraite, à l'occasion d'une mission d'évaluation à mi-parcours d'un projet du FSP dont j'avais été chargé par Véronique de Rohan Chabot, responsable pendant de nombreuses années du secteur de l'enseignement supérieur au ministère de la Coopération.
Malheureusement, Jacques Guillemin sera frappé par une maladie foudroyante tout début janvier 2008 qui l'emportera en moins d'une semaine et il mourra dans l'avion qui le rapatriait sur la France.
Comme il se plaisait à le dire en souriant : en quelque trente-cinq ans d'activités professionnelles, il n'en avait passé que trois en France.

Chapitre 6

Avril 1999 – août 2003 - conseiller de coopération et d'action culturelle à Kigali

Après les tragiques évènements d'avril à juillet 1994, le retour de la communauté internationale et de la France au Rwanda n'intervient que lentement et dans des conditions qui ne sont pas toujours faciles
Un nouvel ambassadeur a été nommé en février 1995 et deux conseillers et attachés humanitaires se sont succédés en 1996 et 1997.
Ils ont l'un et l'autre préparé des projets de coopération qui n'ont démarré que très lentement.
La réforme est intervenue fin 1998 et le ministère de la Coopération n'existe plus.
Recruté fin mars 1999 pour être affecté à Kigali, j'échappe à quelques jours près aux nouvelles dispositions beaucoup plus restrictives qui s'appliquent, depuis la réforme, aux personnels des services de coopération et d'action culturelle qui ont remplacé les anciennes misions de coopération.
Pendant près de quatre ans, nous allons travailler à Kigali comme si la réforme de 1998 n'était pas encore entrée en application. L'équipe du service de coopération et d'action culturelle est constituée d'anciens agents de la coopération. Huit coopérants sur dix ont déjà servi en assistance technique, dans d'autres États.
Le Rwanda ne fait pas partie des pays où va être expérimentée la réforme comptable. Nous n'observerons aucun changement profond avant la fin de l'année 2002, date à laquelle nous présenterons nos premiers projets sur le FSP qui a remplacé le FAC.
Nous allons vivre dans une sorte de stabilité à l'abri des remous et des difficultés de mise en oeuvre des nouvelles procédures qui apparaissent un peu partout.
Au moment de mon départ, ce « déjà ancien ministère » n'existe plus depuis bientôt cinq années.
Mais force est de constater que pendant cette période, « l'esprit de la rue Monsieur » a continué ici à souffler sur nous, sans rien perdre ce qui en faisait sa richesse.

Après quatre mois d'incertitudes, j'arrive donc à Kigali dans les premiers jours du mois d'avril 1999.

Je ne suis pas « conseiller et attaché humanitaire », comme mon prédécesseur, mais « conseiller de coopération et d'action culturelle », conformément à la nouvelle appellation du poste. Progressivement, à partir de 1999 et jusqu'en 2002, les chefs de mission vont, en effet, devenir des « chefs de service de coopération et d'action culturelle », puis ils deviendront des « conseillers de coopération et d'action culturelle »[187], tandis que les anciens « conseillers de mission de coopération » vont devenir des « attachés de coopération ».

L'équipe de l'ambassade est très réduite. Il faut dire qu'après les événements d'avril à juillet 1994, le retour au Rwanda de la communauté internationale ne s'est fait que très lentement et dans des conditions pas toujours faciles.

Premier bailleur de fonds, en volume, jusque là, la France en devient le plus petit, en 1999. Le Royaume-Uni qui n'était jusqu'ici représenté au Rwanda que par un consulat honoraire, y a installé un bureau du DFID (Department for International Developpment) qui emploie plus de cent personnes, à rapprocher de notre service de coopération et d'action culturelle qui ne réunit, quant à lui, qu'une petite vingtaine d'agents. Pour l'appui au seul secteur de l'éducation, les Britanniques mettent « au pot », chaque année, une somme représentant quatre-vingts fois la contribution au même secteur de l'ancien FAC qui sera bientôt le FSP.

Force est donc bien de constater au Rwanda une nouvelle et très forte concurrence du monde anglophone contre le monde francophone. Le rôle de la France, présenté comme « douteux » dans ce pays, est d'ailleurs soigneusement entretenu dans certains cercles. L'autorisation récemment donnée par le Conseil d'État, à François Graner, membre de l'association « Survie »[188], de consulter les archives de François Mitterrand est venue tout récemment encore réveiller la question[189].

Notre position officielle est exposée comme suit : « On peut regretter les erreurs d'appréciation et les erreurs politiques qui ont été commises ici et qui ont eu des conséquences absolument dramatiques. On ne peut cependant imputer à la France aucune responsabilité directe dans le génocide dont

---

[187] Un peu plus tard on les appellera les « COCAC ».
[188] Voir *La Françafrique*, François-Xavier Verschave, Stock.
[189] Voir le journal *Le Monde*, dans son édition datée du 17 janvier 2021.

l'attentat, qui coûta la vie au Président Habyarimana, est l'élément déclencheur. Quant à l'opération « Turquoise », si controversée, elle avait un caractère strictement humanitaire. Elle a été conduite sous mandat de l'ONU, au moment où aucune autre puissance n'acceptait d'intervenir après l'échec de la MINUAR[190] et l'assassinat de dix Casques bleus belges, chargés de la protection d'Agathe Uwilingiyimana, Première ministre ».

C'est la position que j'adopterai avec les autorités rwandaises dans les très nombreux contacts que j'aurai avec elles, pendant les quatre années et demie qui suivent, y compris lors du règlement de l'affaire de la « Maison du Loiret », dans un contexte politique local assez délicat.

*

*   *

Jacques Courbin a été nommé ambassadeur le 21 février 1995.
La mission de coopération, dont le dernier chef de mission était Michel Cuingnet, n'a pas été reconstituée. C'est un conseiller et attaché humanitaire, Guy Bossy qui a été placé, en 1996, directement sous l'autorité de l'ambassadeur. C'est lui qui a relancé notre coopération en préparant notamment plusieurs projets du FAC.
Il a été remplacé en 1997 par Alain Le Ravallec, avec lequel il a effectué une « permutation » sur le poste de Praia, où j'ai connu Guy Bossy. Au Cap Vert, le poste officiel de « chef de mission » a déjà été supprimé, comme à Bissau d'ailleurs et ce sont donc des « services de coopération » qui relèvent directement de l'ambassadeur.
Une seconde série de projets sera préparée par Alain Le Ravallec, entre 1997 et 1998.

*

*   *

[190] Mission des Nations Unies pour l'assistance au Rwanda.

A mon arrivée, début avril 1999, l'équipe en place est constituée de :

- Jean-Claude Brochenin, ambassadeur jusqu'en juin 2000, qui sera remplacé en août par François Ponge,
- Pierre Thiery, premier conseiller, remplacé en septembre 1999 par Hervé Rivière, lui-même remplacé en 2002 par Hugues-Antoine Suin, ancien de la coopération,
- Jean-Michel Antona, premier secrétaire, remplacé en 2002 par M. Renoult,
- Bernard Goislard, vice-consul, chef de chancellerie, remplacé en 1999 par Jean-Noël Monties, remplacé en 2000 par Christiane Rivière, remplacée en 2002 par Sabine Cuzin,
- Pierre Poli, attaché de coopération, qui a quitté Kigali la semaine précédant mon arrivée. C'est un vieil ami et je le rencontre la veille de mon départ. Il est remplacé en mars 1999 par Christian Fleitz, lui-même remplacé en septembre 2000 par Serge Casseri, tous trois anciens de la coopération,
- Daniel Derrien, directeur du centre culturel, remplacé en 2000 par François Devalière,
- Jean-Jacques Maizaud, responsable des cours de français, remplacé en 2000 par Michel Burnet,

Si l'équipe est réduite, les rotations se font, comme on peut le voir, à un rythme assez rapide.

L'ambassade est installée dans les anciens bureaux de la mission de coopération, bâtiment moderne qui jouxte les locaux très vétustes de l'ancienne ambassade qui est laissée à l'abandon.
Avec un effectif aussi réduit et des bureaux communs, les relations du service de coopération avec l'ambassade sont forcément fréquentes et, ici, elles sont très bonnes, même si parfois quelques problèmes personnels peuvent interférer, mais cela ne va jamais très loin.

L'ambassadeur organise des réunions de travail hebdomadaires où l'on ne parle pratiquement que de la coopération car il y a peu d'autres sujets qui peuvent être abordés dans un cercle comme celui-là. En raison de leur caractère particulièrement sensible, les questions politiques n'y sont pas abordées. Elles ne se traitent que dans le bureau de l'ambassadeur, en tête à tête.

Pendant la première année de mon séjour, ces réunions sont très utiles pour moi. Pour sourire un peu, elles me permettent souvent d'y apprendre des choses qui ne m'ont pas été communiquées par mon adjoint, Christian Fleitz. Il m'arrive aussi de découvrir ces mêmes choses sous un jour strictement

opposé à la manière dont il me les avait présentées ou dont il m'en avait rendu compte. A chaque fois, en m'en étonnant, je le lui fais bien évidemment remarquer, pendant la réunion. Avec la répétition fréquente de ce type de comportement et au bout d'un certain temps, cela finit par exaspérer l'ambassadeur qui exclura Christian Fleitz de ces réunions, pendant les derniers mois de son séjour à Kigali.
Toujours pour sourire, je dois ajouter qu'un autre élément avait aussi, à juste titre, irrité l'ambassadeur. Il lui était, en effet, revenu aux oreilles, de diverses sources, que l'intéressé se présentait comme l'ambassadeur de France, en province notamment, où Jean-Claude Brochenin ne se rendait qu'exceptionnellement et où son visage n'était pas connu. En réalité, comme Thierry Mesas et moi, nous avons pu le constater à plusieurs reprises, à Butaré notamment, il ne s'agissait pas d'une usurpation directe du titre mais d'une façon très particulière de se présenter. En serrant la main de ses interlocuteurs, il se présentait : Christian Fleitz, ambassade..e..e (en tirant longuement sur le « e ») de France. Son interlocuteur comprenait alors « ambassadeur de France » et lui donnait aussitôt du « monsieur l'ambassadeur », long comme le bras, sans être contredit un seul instant !!! En fait, Christian Fleitz était, sans le savoir, une sorte d'émule du chauffeur Mimoun que de nombreuses personnalités confondaient à l'Elysée avec un professeur ou avec un ambassadeur[191].

Sur le plan matériel, nos bureaux sont bien équipés et les moyens de communication sont très bons, notamment grâce à VSAT, ligne de téléphone satellitaire, qui nous permet de joindre Paris, par téléphone, dans le cadre d'un forfait couvrant toutes les communications sur la région parisienne, sans qu'il en coûte un franc supplémentaire à nos crédits. Nous pouvons donc non seulement joindre tous les services du ministère en direct, y compris ceux de Nantes, mais également tous les numéros de la région parisienne.
Nous avons aussi un petit réseau local entre les postes de travail du service mais il nous faudra attendre fin 2001 pour avoir un accès à la messagerie interne du Département.

Sur un plan personnel, je suis très bien installé et la résidence de l'ancien chef de mission m'est attribuée.
J'ai été très bien accueilli et l'équipe en place, je pense en particulier à Nadine Gueguen, a fait le maximum pour que cette très belle résidence, qui avait été un peu « cannibalisée » du fait de son inoccupation pendant sept mois, retrouve l'essentiel de son mobilier et ses très belles couleurs.

---

[191] Cf. chapitre 3 "un personnage au service du protocole"

Les activités de la coopération au Rwanda

Le contexte est vraiment particulier. Entre 1996 et 1998, notre coopération a été relancée, pour un montant de 7 927 000 €[192].
Nous avons huit projets (santé, éducation, francophonie, justice, aide aux réfugiés) en cours, dont les conventions de financement ont été signées entre juin 1996 et décembre 1997. Mais, seuls trois d'entre eux ont connu un petit commencement d'exécution. Huit coopérants pourtant sont en poste, dans le secteur de la santé, de l'éducation et de l'aide aux réfugiés.

Nous avons un certain nombre de bourses d'études en cours mais leurs bénéficiaires ont été jusqu'ici désignés dans un cadre franco-français. Ce sont, au mieux, des enfants de notables proches de l'ambassade ou de membres du gouvernement. Dès la rentrée 1999, le choix des bénéficiaires sera fait en commun avec le ministère rwandais de l'Éducation, sur la base de critères acceptés par les deux parties. Nous constituons pour cela une petite commission franco-rwandaise avec Calixte Kaysiré, le directeur de l'enseignement supérieur. Elle se réunira deux fois par an et nous privilégions les bourses de troisième cycle, en alternance, avec un retour obligatoire au pays et la poursuite d'une activité dans l'enseignement pendant une année au moins, avant de repartir avec une nouvelle bourse d'une année pour achever par exemple un doctorat.
Nous attribuons également beaucoup de bourses de stages, en particulier à l'Institut international d'administration publique (IIAP) dont les cycles courts sont très appréciés de nos partenaires rwandais. Ce sont généralement les correspondants de nos coopérants ou divers responsables avec lesquels ils travaillent qui en bénéficient. C'est un excellent moyen pour entretenir les affinités que beaucoup de fonctionnaires rwandais continuent à avoir avec la France et ses institutions.

En fait, il semble qu'avant mon arrivée, l'activité du service s'est concentrée, au cours de l'année écoulée, sur le transport de l'aide alimentaire qui représente au Rwanda une opération de grande ampleur à laquelle la cellule d'urgence du Département a été associée de très près. C'est d'ailleurs ce qui explique la présence à Kigali de Christian Fleitz qui a été envoyé par cette cellule d'urgence où il est affecté. Il est dépêché à Kigali « pour donner un coup de main » au poste, après le départ précipité d'Alain Le Ravallec. Et c'est ainsi qu'il a occupé ensuite l'emploi libéré par le départ de Pierre Poli.

---

[192] Par convention, à partir du présent chapitre, toutes les sommes citées seront exprimées en euros, même s'il s'agit de financement en décidés avant 2001. Les sommes citées seront donc des sommes converties de F en €.

Les marchés passés localement pour le transport de cette aide alimentaire ont été attribués dans des conditions qui ont fait couler beaucoup d'encre mais surtout beaucoup de salive. Elles ont ainsi donné lieu à des rumeurs et à diverses manœuvres plus ou moins avouables qui ont empoisonné la vie du service pendant une bonne année.

Je me suis très peu investi dans cette affaire qui, de toute manière, se trouvait derrière nous et je me suis attaché en priorité à relancer l'exécution des projets.

Un autre type « d'errements » constatés dans cette période un peu troublée « post évènements de 1994 » mérite d'être signalé, car il a occupé une grande place dans les rumeurs multiples qui circulaient dans les mois suivants mon arrivée.

C'est le cas de Rodica Prodan, agent comptable du centre culturel, arrivée à Kigali en 1998 et affectée ici dans des conditions que l'on n'a jamais clairement identifiées. Elles illustrent parfaitement la manière dont étaient opérés, dans certains cas, les recrutements pour les pays en faveur desquels les volontaires ne se bousculaient pas. Ainsi, dans le contexte très particulier qui présidait à tout ce qui avait trait au Rwanda dans les premières années suivant la reprise des relations entre la France et ce pays, Rodica Prodan avait été affectée auprès du centre culturel, en qualité d'agent comptable, alors qu'elle s'était déjà distinguée ailleurs par diverses malhonnêtetés.

Elle est fort appréciée et très généreuse avec le personnel du centre culturel qui lui est tout dévoué. Rodica Prodan est par ailleurs bien connue de la petite communauté expatriée de Kigali. Elle reçoit beaucoup et très bien. La langouste, le caviar, le champagne et les vins fins qu'elle propose font l'admiration et la délectation de ses invités.
C'est son homologue du centre culturel de Nairobi qui, découvrant par hasard qu'elle était en poste à Kigali, tire la sonnette d'alarme.
Nous recevons donc une visite d'inspection d'un agent de la trésorerie générale pour l'étranger qui plonge dans les comptes du centre culturel, établissement doté de l'autonomie financière dont les documents ne passaient pas par le service de coopération, l'agent comptable étant tenu de rendre directement compte au trésorier à Nantes. La somme gérée par cet agent comptable était cependant non négligeable et s'élevait à environ 160 000 €, par an, en moyenne, même si tout n'était pas mis en œuvre localement.

La visite du contrôleur est riche d'enseignements. Elle fait apparaître de très nombreuses écritures douteuses et beaucoup de surfacturations pour des prestations non contrôlables telles les opérations de nettoyage des baies

vitrées de la bibliothèque par exemple. Le pauvre directeur du centre culturel n'a rien pu voir, d'autant que l'agent comptable, excipant de son statut, se bornait à lui dire ce qu'il pouvait faire mais surtout ce qu'il ne pouvait pas faire ...!
Rodica Prodan apparaissait donc comme le gardien de l'orthodoxie financière dans la gestion du centre et personne sur place n'était en mesure, ni autorisé, à y mettre son nez.

Après la mise à jour de ces opérations irrégulières, la décision est donc prise de la relever de ses fonctions et de l'envoyer en France pour qu'elle s'explique devant les autorités administratives compétentes. Se sachant alors menacée, Rodica Prodan réalise un tour de force pour compléter le magot qu'elle avait commencé à constituer grâce à ses turpitudes.

Voici ce qu'elle avait imaginé comme dernier exploit avant de quitter le Rwanda.
Compte tenu de la situation encore embryonnaire du secteur bancaire, de très nombreux paiements se faisaient en espèces au Rwanda. Pour obtenir un taux de change plus favorable que le taux de chancellerie pratiqué par le régisseur diplomatique, Rodica Prodan avait l'habitude d'opérer ses retraits en liquide auprès d'un commerçant indien, bien connu sur la place de Kigali, qui remettait des espèces en francs rwandais, en échange d'un chèque en €, sans indication de bénéficiaire. Il s'agissait d'une pratique courante dans les cercles des expatriés. L'intéressée était bien connue de ce commerçant avec lequel elle pratiquait cet échange en confiance.
Et, un beau jour, c'était un vendredi, fin décembre 1999, je reçois, a sa demande, dans l'après-midi à l'ambassade, le commerçant indien en question. Il est à la recherche de Rocica Prodan et il m'explique ce qui lui est arrivé. Il me relate en détail la conversation téléphonique qu'il a échangée avec elle le matin même. Voici la conversation « restituée » :

- Bonjour comment vas-tu ?
- Très bien, merci et toi-même ?
- Ça va très bien, mais j'ai énormément de travail aujourd'hui. Je dois faire la paie du personnel en fin de matinée et le directeur vient de me donner trois factures qu'il avait laissé traîner sur son bureau et il me dit que les créanciers vont passer ce matin pour se faire payer. C'est toujours pareil, ces « artistes » n'ont aucun sens de l'organisation.
- Ça, tu peux le dire. Ils ne sont pas comme nous. Ils n'ont pas les pieds sur terre. Tu veux combien ?
- Six millions.
- Pas de problème, je te prépare cela. Fais-moi un chèque...attends, je calcule ...cela fait 5 021 €.

- C'est noté. Merci beaucoup, je t'envoie le chauffeur et pendant ce temps là, je monte à l'ambassade pour récupérer le carnet de chèques que j'attendais. Il est arrivé hier par la valise. Dès mon retour au centre je te renvoie le chauffeur avec le chèque et je pourrais ainsi payer les agents, avant midi. Un grand merci.
- Attends, là, excuse-moi, mais je préférerais que le chauffeur apporte le chèque avant que je lui remette l'enveloppe avec l'argent.
- Oui, je comprends bien, tu as raison. Mais aujourd'hui, on est vraiment pris par le temps et si je n'assure pas la paie avant midi, c'est très embêtant. En plus, tu me connais. On travaille en confiance depuis tellement longtemps maintenant. Il n'y a rien à craindre. Tu auras le chèque à midi, midi et demi, au plus tard !

Et voici la suite de l'histoire. L'argent fut remis au chauffeur. Il fut directement empoché par Rodica Prodan qui ne paya pas le personnel… Le chèque n'arriva jamais à son destinataire et la « coupable » disparut aussitôt dans la nature. Elle ne fut plus joignable par son correspondant qui, en désespoir de cause, se rendit à l'ambassade dans l'après-midi et c'est donc à l'occasion de cette visite qu'il m'expliqua sa mésaventure.
Nous fûmes nous-même dans l'incapacité de trouver l'intéressée. Le commerçant « banquier » dont la pratique de « change » était connue et non « critiquable » s'adressa alors à la police. Cette dernière, très bien organisée et très performante au Rwanda, retrouva très rapidement Rodica Prodan et l'interpella. L'intéressée n'avait pas le statut diplomatique mais l'ambassadeur obtint qu'elle soit « expulsée » sur la France[193] où une procédure d'interpellation serait lancée. Cette mesure d'expulsion intervint le lendemain soir et l'ambassadeur me dépêche à l'aéroport pour vérifier la réalité de son départ pour Paris via Bruxelles par un vol SABENA.
De la terrasse de l'aéroport, je peux très clairement identifier l'intéressée accompagnée d'un policier en civil la conduisant au pied de la passerelle d'embarquement. J'attends que la porte de l'appareil soit fermée et que l'avion commence son mouvement sur la piste pour quitter mon poste d'observation. Et, à ce moment, une personne en civil s'approche de moi pour me dire « Vous pouvez être rassuré, elle a vraiment embarqué. » Je peux une nouvelle fois constater que l'anonymat est un élément très relatif au Rwanda en 1999.
Mais l'anecdote ne se termine pas là. Au débarquement à Bruxelles, l'intéressée a réussi à échapper au comité d'accueil pourtant mis en place pour la cueillir et l'accompagner sur Paris. Sa trace a été retrouvée le surlendemain sur un vol qu'elle avait emprunté sur Amsterdam, après s'être

[193] Plutôt que de la voir jugée sur place et de lui faire courir le risque d'une détention provisoire, dans les conditions très difficiles que l'on peut imaginer.

cachée plus de 24 h dans l'aéroport. Ce n'est que trois jours plus tard qu'elle est arrêtée par Interpol à l'aéroport de Varsovie. Ramenée, cette fois sous bonne escorte, à Paris, elle aurait passé les fêtes de fin d'année en détention, avant de répondre de ses malversations.
Nous avons cessé, à partir de ce moment-là, de continuer à nous intéresser à elle. Elle a été remplacée dans ses fonctions par Louisette Marchadour, fonctionnaire du ministère de l'Économie et des finances, très compétente et fort sympathique qui s'est totalement intégrée dans notre petite équipe.

Le sens de l'équipe est une autre caractéristique de l'esprit de la rue Monsieur et nous avons su l'entretenir à Kigali.

La situation en 1999

Les Dr Yin Tol, Jacqueline Sow, un médecin de santé publique, le gestionnaire de l'hôpital (dont les noms m'échappent) et Christophe Rochigneux, pharmacien, tous cinq à Ruhengeri ainsi que Jean Schrieke, chargé du projet « Aide à la réinstallation des réfugiés », n'attendaient qu'un signal pour poursuivre ou lancer les actions déjà identifiées sur leurs projets. Les freins provenaient tout simplement d'une surcharge de travail des personnels du service de coopération, fortement mobilisés sur d'autres tâches de gestion (programmation, suivi de l'aide alimentaire, réponses aux demandes incessantes du ministère sur telle ou telle affaire de détail). A cela s'ajoutait une insuffisante maîtrise du logiciel de gestion NALAFAC. Or, ce logiciel est indispensable pour établir les engagements de dépenses et surtout pour mettre en forme les documents nécessaires au paiement des factures. En outre, les paiements correspondants sont faits par la Caisse française de développement qui n'a pas d'agence à Kigali. Les dossiers doivent donc être envoyés à Nairobi. Si les choses y sont donc moins simples que dans la plupart des pays, elles ne présentent pas de difficultés insurmontables.

Mais, en mai 1999, soit un mois après ma prise de fonction, une révision à la baisse de nos objectifs dans ce pays est décidée à la suite de l'intervention du Rwanda en RDC. L'enveloppe annuelle du FSP est divisée par trois et la coopération institutionnelle avec le gouvernement est suspendue, notre coopération se limitant alors à des interventions en faveur de la société civile, au bénéfice direct des populations ou encore à la francophonie.

Malgré cette décision, la machine étant lancée, nous accueillons au Rwanda de nouveaux coopérants à la rentrée de 1999 (Thierry Mesas, Joseph Lestrat, le Dr Renaud, Jean-Louis Larramendy)[194]. Les projets sur lesquels ils sont

[194] Il s'en est fallu d'un cheveu pour que ces recrutements soient annulés.

affectés doivent bénéficier directement aux populations ou favoriser la francophonie et il est donc admis qu'ils pourront travailler malgré le « recadrage » décidé en mois de mai.

Du côté de la justice, en dépit de ces mêmes décisions, la machine continue aussi à tourner et le département international de l'école nationale de la magistrature envoie en mission de très nombreux magistrats qui interviennent lors de sessions courtes de formation au centre national de formation judiciaire de Nyanza. Ces missions sont financées sur des crédits de l'Agence internationale de la francophonie (AIF). Dans la foulée et compte tenu des recommandations formulées à cette occasion, la décision est alors prise de recruter un assistant technique pour le projet en sommeil. L'équipe est alors complétée par Maddy Azzopardi.

Ainsi, tout en respectant l'esprit de la mesure, les projets se mettent en route et 1,8 M€ sont décaissés sur le FAC en 1999.

La fin de l'année 1999 donne aussi l'occasion de trouver une solution à l'affaire dite « La Maison du Loiret ». Il s'agit d'un très bel ensemble immobilier comprenant des salles de cours ou de réunions, de nombreuses chambres de passage et un bel appartement, situé à l'entrée de la ville de Butaré. Achevé au début des années 1990, ce bâtiment a été financé par le Conseil général du Loiret qui entretient des relations avec Butaré dans le cadre de la coopération décentralisée. Après les événements de 1994 et un changement politique dans le département, le nouveau président du Conseil général s'empresse de renoncer à ce type de coopération et fait « don » à la France de cette « Maison du Loiret ». Mais entre l'inauguration en 1993 par l'ancien Président Juvénal Habyarimana et l'époque de ce don, beaucoup d'événements se sont succédé. Des orphelins en lien avec des familles françaises de la région d'Orléans y ont été hébergés par une religieuse puis « exfiltrés » vers le Loiret où ils seront adoptés, dans des conditions un peu particulières. Elle a également servi de base à la MINUAR. Il y a donc tout un arrière-plan délicat. S'y ajoutent des actions malheureuses ou, en tout cas, maladroites, tel un gardiennage confié à des vigiles privés et commandité par un service de l'ambassade alors qu'il ne s'agissait en aucun cas d'un domaine « diplomatique » français. Cette « Maison du Loiret » était un bien privé dont la vocation première était de soutenir des actions de coopération, destinées par définition à revenir un jour ou l'autre au bénéficiaire final de l'opération, c'est-à-dire au Rwanda.
J'avais déjà entendu parler de ce dossier à Paris.
C'est une sorte d'abcès de fixation de la difficulté de la relation franco-rwandaise. Il cristallise beaucoup de rancoeurs et, comme le dit l'ambassadeur, il est pour lui un « caillou dans sa chaussure ».

Comme il faut bien en sortir, l'ambassadeur finit par accepter que nous montions, avec Thierry Mesas, sur crédits FSD un projet de création d'un centre universitaire franco-rwandais d'échanges, de recherches et d'accueil des professeurs de l'université nationale du Rwanda, « Maison du Loiret », adossé à un centre multimédia bibliothèque.
Ce sera donc une structure d'échange, d'accueil et d'hébergement pour les très nombreux enseignants effectuant des missions à l'université de Butaré.
Après de nombreuses visites au préfet et au recteur de l'université, j'arrive à dégeler, de part et d'autre, les crispations et à préparer un projet dont les objectifs et les modalités de mise en œuvre recueillent l'accord des deux partenaires. Nous avons ainsi réussi à passer d'un contexte consulaire de protection des biens français à l'étranger à un contexte partenarial et de coopération qui s'achève par la dévolution au pays bénéficiaire des investissements effectués par la France, même lorsqu'ils sont initiés dans le cadre de la coopération décentralisée.
La solution trouvée à cette question nous permettra de travailler par la suite dans un climat bien apaisé à Butaré, sur FSD notamment, avec le préfet Pierre Karemera et avec Emile Rwamasirabo, recteur de l'Université

En janvier 2000, nous avons une visite « éclair » du ministre Charles Josselin qui précise dans sa conférence de presse :

> « L'étape rwandaise revêtait à mes yeux une importance singulière car il est de notoriété que la relation entre la France et le Rwanda est délicate et méritait d'être revisitée. C'est ce que mon voyage avait l'ambition de faire. Bien entendu, à Kigali, comme dans les autres capitales, j'ai souhaité avoir l'analyse des responsables politiques locaux en l'occurrence le vice-président Kagamé, nous avons pu parler de la situation intérieure du Rwanda, des Accords de Lusaka et bien sûr, de la coopération entre la France et le Rwanda, une coopération d'ailleurs qui s'exerce, qui se développe normalement mais qui devrait je l'espère, connaître de nouveaux thèmes tels que la santé, la justice le logement, l'éducation pour ne parler que des principaux chapitres de cette coopération. »

En août 2001, c'est le ministre Hubert Védrine qui déclare :

> « Ce que je peux vous dire, c'est que j'ai trouvé à Kigali, aujourd'hui, des responsables rwandais qui m'ont semblé regarder vers l'avenir et qui reconnaissent le rôle éminent de la France par rapport à l'Afrique au sein de l'Union européenne, au Conseil de sécurité et qui sont désireux de voir la coopération avec la France se réintensifier. C'est

cela que je note, c'est ce qui paraît positif. Nous sommes là pour construire l'avenir. »

Cette position favorable à un retour à une coopération « non bridée » sera confirmée en janvier 2002, lors de la visite conjointe à Kigali des ministres britannique (Jack Straw) et français (Hubert Védrine). Il sera même décidé de la « renforcer », dans le secteur de la santé notamment et du FSD, lors de la visite de Dominique de Villepin, en septembre 2002.

Les relations avec l'ambassadeur

En juin 2000, c'est avec tristesse que toute l'équipe de Kigali voit partir Jean-Claude Brochenin, qui a atteint la limite d'âge. J'ai beaucoup apprécié cette année de travail, sous ses ordres, et nous conservons, ma femme comme moi, une réelle affection pour lui-même et pour sa charmante épouse Malou.

Son remplaçant est François Ponge, avec lequel je vais travailler pendant plus de trois années, avec beaucoup de plaisir également.

Les relations du service de coopération et d'action culturelle avec l'ambassadeur sont fondées sur un rapport hiérarchique qui, dans le cadre de la réforme, n'ouvre plus la voie à la moindre contestation[195]. Les deux ambassadeurs, sous les ordres desquels j'ai servi pendant quatre ans et demi, m'ont donné une délégation permanente de signature aussi large que possible et j'ai toujours été d'une loyauté sans faille à leur égard. De manière systématique, j'ai toujours soumis à leur décision toutes les opérations financées sur le FAC puis sur le FSP. Même pour les plus petits projets FSD, c'est toujours l'ambassadeur qui a validé, en dernier ressort, le choix des projets retenus.

Cependant, une fois les décisions prises, ils m'ont l'un et l'autre totalement délégué la mise en œuvre. Lorsque, pour les projets d'une certaine importance, une cérémonie officielle d'inauguration ou de remise s'imposait, j'ai toujours insisté pour que l'ambassadeur intervienne personnellement.

[195] Ce qui n'était pas toujours le cas avant la réforme. On a pu connaître des cas où certains chefs de mission contestaient l'autorité de l'ambassadeur, établie d'une façon peut-être moins directe mais qui était cependant déjà la règle.

Et la réforme ?

Au pays des mille collines, nous avons beau être loin de Paris et avoir un peu le nez sur le guidon dans la conduite quotidienne d'une activité qui est fort intense, nous suivons quand même l'avancement de la réforme.

Les personnels

On se souvient que c'est sur la fusion de personnels et l'intégration des titulaires des corps spécifiques de la coopération qu'avait avorté la réforme Cot. La question est en effet sensible pour ne pas dire « explosive », chaque « faction » campant sur ses positions. Mais comme l'avait dit François Nicoullaud en septembre 1998, les « obstacles techniques seront balayés ».
Les discussions avec la fonction publique, le budget et les syndicats vont, en fait, durer deux années. Il s'en est fallu d'un cheveu pour que la solution ne soit pas trouvée avant le 1er janvier 2000.
C'est en effet le 30 décembre de l'année 1999 qu'est publié au Journal Officiel le décret 99-1153 modifiant le statut particulier des agents diplomatiques et consulaires.
Ce décret occupe neuf pleines pages du JO et modifie l'appellation et la structure des corps des conseillers et secrétaires des affaires étrangères pour y permettre l'intégration des administrateurs civils et des attachés d'administration de la coopération. A côté du cadre général et du cadre d'orient, il crée un cadre d'administration pour les secrétaires des affaires étrangères. Ainsi est trouvée une « sortie par le haut » de l'impasse sur laquelle avaient débouché les consultations des personnels, il y a presque vingt ans. C'est une bonne mesure qui ne fera pas de perdants, ni dans un camp, ni dans l'autre.

La création du FSP

Presque une année plus tard, le décret n° 2000-880 du 11 septembre 2000 porte création du Fonds de Solidarité Prioritaire (FSP) qui se substitue au FAC, lequel est simultanément supprimé. Ce nouveau fonds est destiné à financer, sous forme de dons, des projets et programmes d'investissements matériels et immatériels, dans les domaines institutionnel, social, culturel et de recherche. Il concerne en priorité les pays de la zone de solidarité prioritaire, mais il peut financer, à titre exceptionnel, des opérations d'aide et de coopération situées le cas échéant hors de cette zone.

La zone de solidarité prioritaire (ZSP) regroupe au départ 56 pays, soit près du double du nombre de pays précédemment éligibles à des projets financés sur le FAC.

Dans son allocution à l'issue du Comité interministériel de la coopération internationale et du développement, le 28 janvier 1999, le Premier ministre, Lionel Jospin, avait précisé : « Pour lui donner cette cohérence, les principes de sélectivité et de concentration de l'aide au développement sur une zone de solidarité prioritaire (ZSP) ont été retenus ».

Le principe de « concentration » rappelé ici comme un élément de « cohérence » fait sourire, bien sûr, comme avait fait sourire la cohérence qui avait conduit, en 1982 lors de la première réforme avortée, à confier à des directions différentes le recrutement des coopérants pour un même établissement, selon qu'ils enseignaient le français ou une autre discipline.

Il est toutefois de bon ton d'éviter de trop s'épandre ou d'ironiser sur ces questions et sur ces choix de « haute politique », car on touche ici à un domaine où, après tant d'années, les diplomates qui ont enfin obtenu la suppression de la rue Monsieur, conservent une susceptibilité très vive.

Le décret portant création du FSP précise que le réseau du trésor public exécute les opérations relatives aux projets financés sur les crédits du fonds de solidarité prioritaire, mais qu'à titre provisoire et dans l'attente de la reprise de l'ensemble des opérations par le trésor public, c'est la Caisse française de développement qui continuera à être chargée de l'exécution des dépenses. Ainsi, selon les cas et les pays, parce que la réforme « comptable » n'a pas été appliquée partout simultanément, mais a été « expérimentée » dans quelques États, avant d'être progressivement généralisée, nos projets au Rwanda sont restés, jusqu'à début 2002, assignés sur la Caisse française de développement.

Les assistants techniques

Pour ceux-ci, les changements induits par la réforme vont être mis en place d'une manière encore plus lente.
Il faut, en effet, attendre le 18 février 2002 pour qu'un décret porte suppression des décrets de 1992 qui régissaient les coopérants et qu'un arrêté du même jour fixe leur classement dans les groupes d'indemnités de résidence du décret de 1967 qui est celui qui s'applique aux personnels français en service à l'étranger, auxquels ils deviennent donc, de fait, assimilés. Ce décret précise toutefois que « les agents qui ont souscrit avec le ministère chargé de la Coopération un contrat sur le fondement des décrets

du 18 décembre 1992 mentionnés à l'article 2 ci-dessus ayant pris effet avant le 1er mars 2002, sont régis par les dispositions desdits décrets jusqu'à l'échéance de leur contrat. » En clair, dans le cas de Kigali, et jusqu'à mon départ, en tout cas, tous les coopérants sont encore soumis aux anciens décrets et ils continuent notamment à être logés par l'État rwandais. Dans la pratique, ils occupent quelques-unes des dizaines de villas que la coopération française avait fait construire au cours des décennies précédentes et dont le statut, après les évènements de 1994, est fort incertain.

A Kigali, malgré la réforme, c'est « business as usual », comme au bon vieux temps de la coopération

Au plan quotidien, à Kigali, la réforme n'a concrètement encore aucun impact sur la vie du service de coopération, ni sur ses activités, ni sur l'action des coopérants.
C'est toujours l'esprit de la rue Monsieur qui anime l'équipe, presque essentiellement composée d'anciens de la coopération, réunis dans un ensemble qu'il faut qualifier comme étant assez extraordinaire.

A Ruhengeri, le Dr Yin Tol a exercé comme chirurgien au Tchad, le Dr Jacqueline Sow, médecin anesthésiste réanimateur, a servi longtemps en coopération au Sénégal et est « Leporsien porté »[196]. Faute de perdre tous ses droits elle a accepté d'être affectée à Ruhengeri. Christophe Rochigneux a fait son service national en coopération en RCA. Le Dr Cao, médecin de santé publique, y occupe un premier poste d'expatrié.
A Kigali, le Dr Renaud a servi très longtemps en RCA, Jean Schrieke a servi au Congo puis au Niger, Thierry Mesas a été en poste au Tchad puis au Gabon. Jean-Louis Larramendy a été en poste, en substitution, à Djibouti. Pour Maddy Azzopardi, greffière en chef, et pour Joseph Lestrat, proviseur, ce sont des premières affectations en qualité de coopérant. Mais l'une et l'autre s'intégreront très vite dans l'équipe en place et mèneront parfaitement jusqu'à son achèvement, le projet d'appui à la justice pour la première et le projet de carte scolaire pour le second.

Au niveau du service, avec Serge Casseri, ancien attaché d'administration centrale de la coopération et Yvonne Rossi, adjoint administratif de la coopération, ce sera, y compris après mon départ, une équipe d'anciens de la rue Monsieur que l'on trouvera en service à Kigali. Peut-être le pays n'attire-t-il pas les agents habitués à servir dans des pays de l'étranger traditionnel. Mais force est de constater que le « métissage » activement promu à la

[196] Bénéficiant des dispositions de la loi Le Pors, le ministère ne peut pas la licencier.

DGCID entre personnels du quai d'Orsay et personnels de la rue Monsieur, ne s'est pas réalisé ici. Au cours des années suivantes, ce sont en effet Nicole Thiercelin[197] qui rejoint Kigali pour occuper le secrétariat de l'ambassadeur et Myriam Nana-Tchoulfian[198] qui vient relever Andrée Couture, au service de coopération.

Les anciens de la coopération « occupent » donc le poste, en force et en nombre, tout en travaillant en parfaite entente avec celles et ceux qui ne font pas partie de ce cercle. Les hasards du calendrier font même qu'ici, avec Claude Bocquet du consulat, nous sommes trois à être nés le 29 novembre. Ainsi pendant deux années, nous pourrons, avec Claude et Nicole, fêter ensemble notre anniversaire à la maison.

Quant à l'exécution des projets, elle marche à « cent à l'heure » et nous allons décaisser sur le FAC plus de 5 M€ en deux ans. Indépendamment des gros projets qui s'achèvent, c'est sur le FSD que l'activité est la plus importante. Le « dégel » de notre aide s'est accompagné d'une enveloppe de 1,2 M€, sur laquelle vont être imputés une petite vingtaine de projets, après la mise en place d'un comité de sélection franco-rwandais et la mise à disposition pour ces projets du FSD de Jean Schrieke qui achève au ministère des Terres le projet de réinstallation des réfugiés (2.3 M€). Une seconde enveloppe de crédits FSD (0.915 M€) sera ouverte en septembre 2002 et conduira à financer une bonne dizaine de nouveaux projets. A côté de Jean Schrieke, presque tous les coopérants seront à l'origine de l'identification, en province notamment de projets avec la société civile.

Parmi les projets les plus emblématiques, on peut citer :
- le pavage de rues à Kigali. Il s'agissait de « recapitaliser » des populations non productives à travers des travaux à haute intensité de main d'œuvre, de créer des emplois durables dans de nouvelles qualifications et d'appuyer la mise en place d'unités de production associatives, par l'introduction et l'utilisation d'une technique, le pavage à sec, ayant fait ses preuves ailleurs, notamment au Burundi.
Ce projet réalisé au coeur de la capitale a eu un grand retentissement auprès des populations, en raison de sa visibilité. Il a même été cité en exemple par le Président Paul Kagamé dans une allocution radiodiffusée.
- la construction d'un théâtre de verdure à Butaré. Il a permis l'organisation de nombreux spectacles, de créations artistiques ou musicales, impulsées par Koulsy Lamko. Ce dernier a fondé le centre universitaire des arts de l'université nationale du Rwanda (CUA) et a enseigné le théâtre et la

[197] Ancienne de Paris et de Yaoundé cf. chapitres précédents.
[198] Ancienne de Ouagadougou cf. chapitres précédents.

création littéraire. À partir du CUA, il prend activement part aux stratégies culturelles pour la prévention et la gestion des conflits ainsi que la réconciliation dans le contexte post-génocide du Rwanda.
- L'aménagement et la construction d'un grand marché à Gikongoro. Il s'est agi ici, en appui et suite au projet de réinstallation des réfugiés, de créer au centre de la ville de Gikongoro un marché municipal, destiné à promouvoir une pratique commerciale moderne des produits locaux, se substituant aux habitudes informelles des commerçants ambulants, installés sur la chaussée ou en bord de route, régulièrement victimes d'averses ou d'orages conduisant à la perte ou à l'abandon forcés de leur production. Modèle de construction fondée sur l'utilisation de matériaux locaux (charpentes en bois local, donnant lieu à replantation systématique, fabrication locale de briques et de tuiles, terrassement à haute intensité de main d'oeuvre), la qualité de l'équipement et son impact sur la ville de Gikongoro a justifié qu'il soit inauguré par la Président Kagamé, en personne[199].

L'enthousiasme, la rapidité de décision[200], la parfaite entente de tous pour la conduite des opérations comme la qualité des relations entre tous les acteurs concernés qu'ils soient rwandais ou français, constituent pour moi, et je pense pour tous ceux qui y ont participé à l'époque, un souvenir assez exceptionnel. Tout cela caractérisait l'esprit de l'ancien ministère de la Coopération qui n'existait plus mais dont nous étions les « héritiers ». Cette ambiance orientée sur l'action était comparable à celle du bureau du cinéma dans les années 1960-1970 et à celle de la mise en œuvre du Fonds spécial de développement en 1994, au Cameroun, sous l'autorité de Pierre Jacquemot, dont je me suis toujours inspiré des méthodes de travail.

Mais, parmi toute l'équipe de Kigali, deux coopérants présentent plus que les autres les caractéristiques propres aux agents du ministère de la Coopération et à sa méthode de sélection des candidats telle qu'elle était pratiquée, c'est-à-dire relativement personnalisée et s'appuyant sur ce fameux culte du terrain[201]. Il s'agit de Jean Schrieke et de Thierry Mesas qui incarnent bien tout ce qui faisait la richesse du ministère de la Coopération, où l'esprit de caste et le corporatisme n'avaient pas leur place.

Instituteur de formation, Jean Schrieke, avait exercé en qualité de conseiller pédagogique dans le Pas de Calais et il s'était porté candidat au milieu des

---

[199] Il s'agit sans doute du seul projet financé par la coopération française dont l'inauguration a été faite par le Président rwandais.
[200] L'ambassadeur a toujours très rapidement donné son accord à ces financements qui s'inscrivaient parfaitement dans la stratégie définie pour notre coopération au Rwanda et dans son plan d'action qui avait été approuvé le 28 août 2001.
[201] Pratiques largement décrites par Julien MEIMON, *Le culte du terrain*, *op. cit.*

années 1980 pour un poste de coopérant « affaires étrangères » ouvert au Vanuatu, en appui à l'enseignement du français.
Après quatre années d'activités dans le Pacifique, il avait été recruté sur un poste de « formateur » dans le projet de développement rural « Opération villages centres » dans le nord Congo à Lekana, gros projet du FAC d'un montant de plusieurs millions d'euros.
Son engagement, dans un contexte très spécifique, dans une province reculée, à une journée de route de la capitale, son sens pratique, ses savoir-faire multiples et sa disponibilité, le désignent naturellement, après quelque temps, pour occuper le poste de chef de projet, après le départ un peu rapide des deux premiers titulaires du poste. Sous l'autorité de deux chefs de mission successifs, Jean-Bernard Thiant puis Bernard Millet, il s'acquitte parfaitement de cette responsabilité et clôture au mieux le projet dans le contexte très particulier de la première guerre civile qui a conduit à la suspension de nos activités de coopération avec le Congo.
C'est à cette époque que Michel Collin de Verdière, sous-directeur du développement rural au ministère l'avait rencontré et lui avait dit d'une manière un peu ironique :

- Ah, c'est vous, le seul instituteur qui ait jamais été chef d'un projet de développement rural !

Après son départ du Congo, Jean Schrieke est recruté à nouveau en coopération pour occuper un poste à Tahoua au Niger, dans un projet d'appui pédagogique. Et c'est là que Jean-Pierre Farjon qui avait été un de ses correspondants sur le projet Lekana, vient le « pécher » au moment où devait démarrer le projet « Aide à la réinstallation des réfugiés de retour au Rwanda ». La manière dont il avait animé le projet à « Villages centres » avait, en effet, été remarquée par le ministère et il était apparu comme le candidat idoine pour lancer au Rwanda, dans un contexte dont on savait qu'il ne lui ferait pas peur, un projet dont les objectifs et la philosophie n'étaient pas tellement éloignés de ceux du projet congolais. En effet, il s'agissait, entre autres, d'essayer ici aussi, de favoriser un développement local, en privilégiant un habitat regroupé sous forme de villages, par opposition à l'habitat dispersé traditionnel, peu favorable à la mise en place d'infrastructures publiques, dans le domaine de la santé et de l'éducation notamment.
En liaison avec des ONG rwandaises, Jean Schrieke assure une excellente mise en œuvre de ce projet.
A son achèvement et lors de son évaluation par Philippe Ospital, ils préparent ensemble une FPC (fiche de prise en considération de projet) en vue d'une nouvelle intervention qu'il est permis d'entrevoir, compte tenu du dégel des relations diplomatiques. Elle débouche sur le projet « Programme

d'appui au développement des populations rurales » d'un montant de 1 M€ dont la convention de financement a été signée le 22 juillet 2002. C'est le premier projet du FSP au Rwanda, tous les autres étant des projets de l'ancien FAC.
Sollicité, le ministre rwandais des Terres et de la décentralisation, auprès duquel est maintenant affecté Jean Schrieke[202] accepte de lui confier le soin de suivre les projets du FSD dont un grand nombre s'inscrivent dans une optique de développement local, en liaison avec les autorités décentralisées, préfets et maires.
Jean Schrieke dispose de ces fameuses « soft skills », faites ici de bon sens, de facilité de contact, de savoir être, de savoir-faire, de connaissances pratiques diverses et de capacité de conviction des interlocuteurs qui lui ont permis de nous aider dans l'identification des projets du FSD, leur préparation en partenariat avec leurs futurs bénéficiaires et leur exécution dans des délais très courts, avec une procédure originale adaptée au contexte. C'est ainsi que dans cette phase de reconstruction du pays, les autorités bénéficiaires des petits investissements financés (écoles, marchés, aménagements hydrauliques), généralement les maires, sont les signataires du protocole de financement et en même temps les maîtres d'ouvrage, ce qui était précieux pour une bonne appropriation du projet. Le protocole précise que l'appui sera fourni sous forme de subvention, généralement en deux tranches, versées sur un compte bancaire spécifique ouvert au nom de la commune et mobilisable sous double signature, celle du maire et celle de Jean Schrieke, conseiller technique au ministère des Terres et de la décentralisation. Nous conservons ainsi, conjointement avec le bénéficiaire, la maîtrise de la dépense et nous lui laissons le soin de conduire lui-même les opérations, comme cela se faisait d'ailleurs, au bon vieux temps du FAC, avec la mise en œuvre « État » qui était la règle et qui était « une bonne règle », en termes de coopération et de partenariat. Cela permet d'obtenir des résultats rapides et de qualité.

Le second, Thierry Mesas exerce dans le secteur de la francophonie, où notre centre culturel vivotait difficilement, en raison d'une mauvaise image auprès des autorités rwandaises, image dont il n'a jamais pu se défaire. Mais, nous avons le projet du FAC « Appui à l'environnement francophone au Rwanda » qui « cartonne », en raison notamment de la personnalité et du savoir-faire de son chef de projet, Thierry Mesas, lui aussi instituteur de formation. Précédemment en service au Gabon, après avoir servi au Tchad, Thierry Mesas était un autre « pur produit » parfaitement représentatif de la rue Monsieur.

---

[202] A l'origine, le projet de réinstallation relevait de la compétence du ministère de l'Intérieur.

Très bien intégré dans le cabinet du ministre de la Culture, très complice avec Emmanuel Bugingo, le fonctionnaire rwandais avec lequel il travaille en binôme, il a une idée nouvelle chaque lundi matin et dispose d'un réseau local très actif, tant à Kigali qu'en province. Cela va d'un concert de jeunes chanteurs avec l'édition d'un CD, à une création théâtrale avec Koulsy Lamko et le centre universitaire des arts de Butaré, à la promotion de bandes dessinées locales, en passant par l'édition d'un agenda culturel reprenant des textes produits lors d'un atelier d'écriture, etc.
Le théâtre de verdure de Butaré, cité précédemment constitue un point d'application privilégié pour de nombreuses activités du projet dont il a la charge.
Toutes ces opérations, comme le sport, répondent à la recherche d'une amélioration de la cohésion sociale entre les communautés et s'inscrivent dans la démarche de réconciliation nationale, entreprises en direction de la jeunesse en particulier.
Les remarquables résultats obtenus par ce projet de 762 000 €, dont des esprits chagrins prédisaient le naufrage en raison du poids pris par la langue anglaise dans le pays, sont constatés par Bernard Banos-Roblès, venu l'évaluer en 2002. Avec Thierry Mesas, ils préparent alors une FPC, acceptée en programmation et qui débouche sur un projet « Appui au développement culturel du Rwanda », d'un montant de 1,22 M€, présenté et approuvé très rapidement. La convention de financement a été signée par l'ambassadeur fin juillet 2003, quelques semaines avant mon départ du pays.

Pendant ce temps-là, à Paris, on s'active beaucoup

C'est surtout sur le FSP que vont se porter les efforts et sur la mise en place duquel le plus grand nombre de difficultés vont surgir.
La Cour des comptes avait, en effet, porté des jugements très sévères sur la gestion des crédits dans les missions de coopération et d'action culturelle et sur le manque de précisions dans la définition des projets. Il était impératif de réagir.
Le ministère va alors prendre à bras le corps, en même temps que se met en place le nouveau FSP, la modernisation des conditions de conception et de préparation des nouveaux projets, en proposant une formulation plus structurante des projets, fondée sur la méthode dite du « cadre logique », impliquant des objectifs précis, ainsi que des indicateurs de résultats et de succès.
C'est Robert Sorby puis Claude Trouard Riolle, tous deux anciens de la coopération, intégrés dans les corps des affaires étrangères, successivement chef du bureau du FAC puis du FSP, qui ont eu en charge cette remise en ordre et la mise en œuvre de la réforme de cet « instrument projet ». Ils ont

été secondés par Denis Berthelot, lui aussi ancien de la coopération, ingénieur des travaux publics de l'État, détaché du ministère de l'Équipement et par un consultant extérieur, Christian Dessallien. Cette équipe a mis au point de nouvelles instructions pour la préparation et la présentation des projets et modernisé les modalités de leur exécution.
Ces mesures avaient essentiellement pour but de tenir compte des observations formulées par la Cour des comptes et d'adapter les nouveaux projets aux dispositions fixées par la circulaire d'application qui avait accompagné le décret portant création du FSP.
L'équipe du FSP s'est aussi attachée à la mise en œuvre de la réforme comptable à l'étranger qui devait progressivement conduire à l'exécution des dépenses du FSP par le réseau du trésor public. Il faut souligner que ce réseau était lui-même en pleine réforme, que les payeurs de France, quand ils n'étaient pas supprimés, devenaient des trésoriers près des ambassades et que dans la plupart des pays de ZSP, c'étaient les régisseurs diplomatiques qui exerçaient cette responsabilité. Comme leur appellation le faisait bien ressortir, il s'agissait d'agents exécutant des dépenses sur régie, c'est à dire après ordonnancement dans le cadre d'une sorte d'avance reconstituée au fur et à mesure de la mobilisation de ses ressources. Les notions d'autorisations de programme (pluriannuelles) et de crédits de paiement (annuels) comme celles d'engagement préalable de dépenses et d'engagement juridique, étaient totalement étrangères à ces régisseurs. Il en était de même pour les subventions. En effet, avant cette réforme comptable, les ambassadeurs n'avaient pas la qualité d'ordonnateur secondaire pour les crédits du ministère des Affaires étrangères[203]. Les crédits du quai d'Orsay, y compris ceux de la DGRSCT, étaient, d'une manière générale, gérés par l'administration centrale du ministère qui mettait, après ordonnancement, des crédits à disposition du régisseur diplomatique pour payer les dépenses locales (personnels, énergie, location, entretien des véhicules, frais de réception, etc.). N'ayant pas la qualité d'ordonnateur, les ambassadeurs ou leurs délégués hors ceux du ministère de la Coopération, ne pouvaient pas attribuer de subventions. Ainsi, même sans tenir compte du FAC, les modalités d'intervention des services « culturels » du quai d'Orsay étaient, sur place, beaucoup plus limitées que celles dont disposaient les services de l'ancien ministère de la Coopération.

De nouvelles instructions, accompagnées de modèles prêts à l'emploi et de modèles annotés de conseils pour les fiches de prise en considération de projet (FPC) et pour les rapports de présentation de projet (RP), sont

[203] En revanche, ils étaient ordonnateurs secondaires des crédits du ministère de la Coopération mais il était convenu qu'ils délèguent cette attribution aux chefs de mission de coopération.

largement diffusées auprès des cinquante-six pays de la zone de solidarité prioritaire.
Une nomenclature, distinguant neuf rubriques de types de dépenses, appelées case de CEP[204], mise au point à la fin des années 1980, lors de la remise à jour du FAC est supprimée. Elle est remplacée par six classes de dépenses.

On a vu au cours de deux chapitres précédents, comment l'informatique avait permis des progrès considérables en termes de productivité, mais comment elle avait aussi entraîné une exigence nouvelle en matière d'outils de gestion, qui avait conduit à substituer aux premiers petits logiciels « bricolés » ici ou là, des logiciels de gestion, validés par la direction de la comptabilité publique, comme NALA (pour les crédits du titre III et du titre IV), puis NALAFAC, puis NALASP (pour les pays sans payeur).
Aujourd'hui, la sous-direction de l'informatique du ministère des Affaires étrangères, basée à Nantes, travaille sur la nouvelle application COREGE. Cette application est appelée à être déployée dans les 268 postes diplomatiques ou consulaires que compte le réseau du quai d'Orsay et à gérer tous les crédits y compris ceux du nouvel FSP qui va concerner un peu plus du cinquième de l'ensemble des postes.

Début 1999, nous avions Denis Berthelot et moi été appelés par ordre à Paris, en qualité de conseillers « organisation méthode », pour participer à des réunions de travail relatives à l'harmonisation de notre système de collecte des archives et à la mise au point du logiciel COREGE, destiné à se substituer très vite à NALAFAC. Mais l'harmonisation de ces logiciels qui se conjugue avec la réforme comptable et avec la mise en oeuvre pas si éloignée de la LOLF[205] s'avère plus complexe que prévue. L'ancienne équipe du ministère de la Coopération qui est encore en place développe alors très rapidement une version adaptée au FSP et à la réforme comptable de l'ancien logiciel NALA qui s'appellera FACREF. Ces deux logiciels vont co-fonctionner jusqu'à l'achèvement de tous les anciens projets du FAC.

La mise en œuvre du « nouvel » FSP à Kigali

Dès la fin de l'année 2001, après le passage du ministre Hubert Védrine, nous sommes autorisés à préparer de nouveaux projets sur le FSP. Cela tombe d'autant mieux pour le moral de l'équipe que plusieurs anciens projets du FAC sont maintenant pratiquement achevés.

[204] Cases d'exécution prévisionnelle (CEP).
[205] Loi Organique des Lois de Finances (LOLF).

Nous allons donc travailler sur des FPC et rédiger cinq rapports de présentation de projets (FSD, santé, français, développement local, culturel) qui seront approuvés par le comité des projets des 20/07/2002, 30/09/2002, 01/04/2003 et 23/07/2003, pour un montant de 5.8 M€.

Fin 2001, la lecture de télégrammes circulaires nous laisse supposer que le département manque cruellement de crédits de paiement et que dans certains États, les services ne sont plus en mesure d'honorer des engagements sur projets.
Nous observons cela d'assez loin, dans la mesure où nos projets du FAC sont encore assignés sur l'Agence française de développement et que la demande de crédits de paiement, en hausse, que nous avons récemment présentée, a même été acceptée par Nairobi et abondée par rapport à la dotation initiale. Cela nous permet de signer plus vite que prévu des protocoles de financement sur FSD, dont l'instruction est terminée et que nous envisagions de démarrer début 2002. Nous sommes ainsi en mesure de verser dès décembre 2001 des premières tranches de subvention, sans être obligés d'attendre l'arrivée des nouveaux crédits. Que s'est-il passé ? C'est un peu mystérieux, mais il semble que dans l'immense désorganisation que l'on constate dans plusieurs postes, certains disposent de trop de crédits sans le dire tandis que d'autres ont engagé des dépenses sans avoir les crédits, mais ce ne serait qu'une rumeur…

Pour nous, au Rwanda, ce sera la fin de l'année 2002 qui marquera l'entrée dans la réforme comptable, avec un premier projet dont la convention de financement a été signée le 27 septembre 2002. FACREF a été installé et est fonctionnel. Comme je l'ai déjà précisé, nous avons de très bonnes relations de travail avec la vice-consul, régisseur diplomatique. La mise en place des nouvelles procédures comptables ne lui pose pas plus de problème qu'à nous. Début 2003, nous présentons une demande prévisionnelle de crédits de paiement conforme à l'échéancier de nos projets et elle est satisfaite.

*

* *

Mais, cela fait maintenant plus de quatre ans que je suis en poste à Kigali. En mai 2001, au moment de la préparation de la « transparence » 2002, l'ambassadeur a demandé et obtenu, « dans l'intérêt du service », mon maintien à Kigali jusqu'en 2003.

Les nouvelles qui nous parviennent sur le fonctionnement du FSP et sur l'utilisation de ses crédits sont de plus en plus alarmantes. A plusieurs reprises, j'ai l'occasion d'en parler par téléphone avec Jacques Maury qui a remplacé Denis Berthelot au bureau du FSP. J'ai bien connu Jacques Maury lorsqu'il était conseiller à la mission de coopération de Niamey où nous avions souvent travaillé ensemble avec Claude Trouard Riolle. Jacques Maury émet alors la très bonne idée, à laquelle Claude Trouard Riolle se rallie, de demander mon affectation, en renfort, au bureau du FSP, pour assurer notamment des actions de formation. Le grand patron, chef du service de la stratégie, des moyens et de l'évaluation, François Sénémaud, donne son accord et il « décroche » l'emploi nécessaire.

*

*   *

Fin août 2003, je quitte définitivement Kigali, après quatre ans et demi de séjour. Ce départ ne se fait pas sans nostalgie, car je sais que c'est mon dernier poste à l'étranger. Je vais avoir 62 ans et je ne pourrai donc plus postuler pour un nouveau départ. De ce séjour au Rwanda, pays que l'on qualifie parfois de difficile, je conserve un souvenir assez exceptionnel. Dans un contexte qui n'était pas simple au départ, compte tenu de l'histoire récente et des difficultés de la relation franco-rwandaise, j'y aurai trouvé beaucoup de satisfactions professionnelles et personnelles. Elles tiennent sans doute à la qualité des relations que nous avions su créer et entretenir au sein de notre petite équipe, ainsi qu'à la très large confiance qui nous a toujours été témoignée par les deux ambassadeurs qui se sont succédés à Kigali. La qualité de nos contacts et de nos échanges avec les autorités rwandaises qui n'était pourtant pas acquise au départ, y compte aussi bien sûr pour une part fort importante.

Je retiens à nouveau que, plus que les structures ou les tutelles administratives, ce sont la force et la cohésion des équipes, avec la diversité des statuts et des corps d'appartenance de ceux qui les constituent, auxquelles s'ajoute une certaine foi dans l'action et dans le développement, qui « faisaient » le ministère de la Coopération. Au moment de mon départ, ce « déjà ancien ministère » n'existe plus depuis bientôt cinq années. Mais force est de constater que pendant cette période, « l'esprit de la rue Monsieur » a continué ici à souffler sur nous, sans rien perdre ce qui en faisait sa richesse.

On sent cependant et on va pouvoir l'observer en détail au chapitre suivant, que ce qui a été pour nous un « âge d'or », pendant plus de quarante ans, va très rapidement être « balayé », comme d'autres « obstacles techniques » qui s'étaient mis jusqu'ici en travers des réformes successives.

On ne vit pas « impunément » dans ces postes à l'étranger sans y laisser une part de soi-même et mon départ définitif de Kigali n'a pas été très facile à vivre. Heureusement, je n'ai guère eu le temps de m'apitoyer sur mon sort, puisque dès le lendemain de mon arrivée à Paris, j'étais au ministère des Affaires étrangères où j'ai été très bien accueilli, je dois le dire, à la direction générale de la coopération internationale et du développement.

Chapitre 7

Septembre 2003 – novembre 2006 - retour à l'administration centrale – à la DGCID

Après la relative stabilité connue malgré la réforme à Kigali, j'observe, dans ce qui est mon dernier poste, une accélération générale du mouvement.

Nous servons successivement sous l'autorité de trois ministres : Pierre-André Wiltzer, jusqu'en 2004, Xavier Darcos jusqu'en 2005, puis Brigitte Girardin.

Nous avons deux directeurs généraux à la DGCID : Claude Blanchemaison puis Philippe Étienne. Une réorganisation interne de la DGCID m'amène à occuper trois bureaux différents : boulevard des Invalides, d'abord, boulevard Saint-Germain, ensuite, rue Monsieur, enfin.

Ce retour aux sources est mon plus grand bonheur. La boucle sera bouclée.

Mais auparavant, je constate que ce mouvement est surtout une glissade pour ne pas dire une chute. Alors qu'il a tout mis en œuvre pour s'approprier les moyens du ministère de la Coopération et notamment l'ancien FAC et en avoir étendu la zone de compétence pour l'utiliser en dehors de l'Afrique, le ministère des Affaires étrangères n'aime, en définitive, pas ces moyens que l'on ne peut pas utiliser à sa guise puisqu'il s'agit de crédits « affectés ».
Cette contrainte est très mal supportée par les diplomates qui préfèrent, sur le terrain en particulier, être en mesure de « monter des coups » ou de saisir des « fenêtres d'opportunité ».

Le triste constat que l'on peut faire alors est que l'absorption des moyens de l'ancien ministère de la Coopération par le ministère des Affaires étrangères n'aura donné lieu qu'à une très grosse indigestion qui semble s'être naturellement terminée par le rejet de la matière ingérée, sans doute fort indigeste.

Un nouveau paysage

Le lundi 1er septembre, dès 9 h, je me présente au 54 boulevard des Invalides où se trouve le bureau du FSP. J'y rencontre Claude Trouard Riolle et Jacques Maury. L'un d'eux m'accompagne au 244 boulevard Saint-Germain où se situe notre hiérarchie : François Sénémaud, notre chef de service et Michel Prom, notre sous-directeur, auxquels je me présente.

Si la fusion des deux ministères a achoppé sur beaucoup de points, la répartition et l'affectation des locaux dans lesquels la DGCID a été installée en sont une bonne illustration.

Dans son livre sur la réforme[206], David Sadoulet l'indique de manière très claire :

> « Les services de la coopération étaient jusque-là localisés dans des bâtiments situés à proximité du 20, rue Monsieur[207]. Ceux de la DGRCST étaient tous situés 244, boulevard Saint-Germain. Le regroupement rue Monsieur était techniquement possible et relativement facile, mais conduisait à une installation des anciens services de la DGRCST dans des locaux moins confortables et prestigieux. Le regroupement boulevard St-Germain aurait nécessité de déménager le ministre de l'Équipement et quelques-uns de ses services, ce qui était difficilement envisageable. »

En outre, toujours selon David Sadoulet :

> « Il ne fallait pas toucher à la majesté des Affaires étrangères. »[208]
>
> « Le ministre [de la Coopération] était réticent pour aller boulevard St-Germain pour des raisons de confort personnel. L'hôtel était luxueux, avec son jardin. En plus c'était l'adresse traditionnelle. »[209]
>
> « Le boulevard Saint-Germain était devenu un des emblèmes du quai d'Orsay "Ainsi, finalement, le regroupement se fait-il a minima : la direction du développement et de la coopération technique de la DGCID, héritière de l'essentiel des services de la coopération, reste

---

[206]David Sadoulet, *La coopération au développement en France – 1997-2004, Réforme et modernisation de l'État*, L'Harmattan, *op. cit.*

[207] En parlant de cette proximité, il cite le Boulevard des Invalides.

[208] Entretien (coopération).

[209] Entretien (coopération).

localisée rue Monsieur, à côté de l'hôtel du ministre délégué à la coopération ; les autres services de la DGCID, auxquels sont fusionnés leurs homologues de la coopération (culture, coopération scientifique, coordination géographique, gestion administrative, etc.), restent boulevard St-Germain. Cette absence de regroupement a constitué un frein à la formation d'une nouvelle identité pour le DGCID. Elle a même contribué à maintenir une séparation ferme entre les deux communautés professionnelles que nous avons décrites, qui n'avaient pas même à se croiser". »

« L'erreur magistrale, qui peut sembler minime à première vue, c'est de ne pas avoir rassemblé sur un seul site [la DGCID]. [...] On avait un ministre de la Coopération qui était là et qui était un ministre délégué, et des gens qui faisaient partie de la coopération auparavant et qui ne se sont pas senti plus MAE qu'avant. »[210]

« La fusion des cultures nécessite du temps. Les mentalités évoluent beaucoup plus lentement que les structures. Pour créer un sentiment d'unité, nous voulions regrouper tout le monde, y compris le ministre, boulevard St-Germain. Le ministre [des Affaires étrangères] s'y est opposé : "si on met tout le monde dans un même bâtiment, la DGCID sera trop puissante par rapport au Quai". »[211]

Il est, par ailleurs, vraisemblable que Charles Josselin n'a pas manifesté un enthousiasme excessif pour abandonner « son » hôtel de Montesquiou-Fezensac. S'il n'a pas pu s'opposer à la réforme de 1998, il s'est efforcé d'adoucir, autant qu'il le pouvait, l'impact de la mesure sur les personnels. Selon des informations qui nous étaient parvenues dans les postes, Charles Josselin avait réuni tous les agents du ministère au *Miramar*, grande salle de cinéma de Montparnasse, susceptible d'accueillir l'ensemble du personnel où l'on jouait, qui aurait pu imaginer mieux, le *Titanic*. La coïncidence avait permis au ministre de déclarer : « *Titanic* nous fait assister à la fin tragique d'une histoire d'amour. Alors qu'entre nous, c'est le début d'une belle aventure »[212].
Selon d'autres témoignages, dont je n'ai pas trouvé confirmation, il aurait dans la même allocution ajouté :

[210] Entretien (coopération).
[211] Entretien (diplomatie).
[212] Tel que le rapporte Monique RISSER dans *Rue Monsieur*, L'Harmattan, 2003.

- Nous allons maintenant coloniser le quai d'Orsay…[213]

Mais, aujourd'hui, arrivant à Paris, je suis forcé de constater que les choses ont vraiment changé.
Les effectifs d'abord. Comptant 154 agents en 1964, le ministère de la Coopération était composé en 1996 de 637 personnes à son administration centrale et de 366 personnes dans ses missions de coopération[214], soit mille personnes environ.
Selon David Sadoulet, en 1998, sur 1029 agents du ministère de la Coopération, 184 n'étaient pas titulaires de la fonction publique et occupaient essentiellement des postes de cadres. Cela correspond à près d'un tiers des emplois de cadre : à cette même date, il y avait 119 postes de titulaires et environ 180 détachés d'autres ministères [document préparatoire à la réforme – non publié].[215]
Ainsi, selon des éléments concordants cités par François Pacquement et par David Sadoulet, l'effectif des agents de la rue Monsieur s'élevait bien à un millier de personnes (centres culturels compris), au moment de la réforme et de la fusion.
Au quai d'Orsay, ce sont à minima 10 000 agents qui constituent les effectifs de l'administration centrale et des postes à l'étranger. En outre, en 2001, ont été votés les crédits nécessaires à la rémunération de 5 783 personnels recrutés localement dans les postes diplomatiques et consulaires, ainsi que les crédits destinés aux subventions imputées sur le titre III ou sur le titre IV et versées à des établissements publics et à des associations qui ont ainsi permis de rémunérer 10 535 agents dans les centres culturels, les instituts de recherche, et les autres organismes cités ci-dessus, ainsi que des coopérants et des assistants techniques. Ces trois catégories représentent au total près de 26 000 personnes.[216]

Du fait de sa taille humaine, comme je l'ai indiqué à plusieurs reprises, la gestion des personnels et des affectations rue Monsieur, se faisaient, à la fois dans le strict respect des règles, mais aussi dans un esprit de « bon père de famille », afin d'éviter des erreurs de « casting » toujours susceptibles de se traduire par des situations professionnelles et personnelles difficiles[217].

---

[213] En repassant dans mes souvenirs les cinq années écoulées, c'est un peu ce que nous avions déjà fait à Kigali, en tout cas, de 1999 à 2003.

[214] François Pacquement, *Le système d'aide au développement de la France et du Royaume-Uni : points de repère sur cinquante ans d'évolutions depuis la décolonisation, op cit.*

[215] David Sadoulet *La coopération au développement en France – 1997-2004 -Réforme et modernisation de l'Etat, op. cit.* page 145.

[216] Cour des comptes, *Effectifs, rémunérations et gestion des personnels du ministère des Affaires étrangères*, 2004

[217] Le directeur de l'administration générale, Pierre Bobillo, qui avait précédemment été sous-directeur, puis directeur adjoint, y veillait d'ailleurs personnellement. Connaissant lui-même

La taille des effectifs et l'esprit qui président à la mise en œuvre de la gestion des personnels au quai d'Orsay, sont forts différents. A l'administration centrale et dans les postes, beaucoup d'agents sont affectés sur des emplois pour lesquels ils n'ont pas été préparés et vis-à-vis desquels ils n'ont aucune appétence, d'autant qu'un brassage « énergique » entre les deux anciennes entités est toujours la règle.

Tous moyens confondus, le paysage, c'est-à-dire les bureaux, les personnels et les modalités de travail avec notamment la messagerie interne, n'a plus rien à voir avec celui que j'avais abandonné rue Monsieur, en quittant le bureau du cabinet, 15 ans plus tôt.

C'est boulevard des Invalides que je vais travailler pendant 15 ou 16 mois, avant que le bureau du FSP ne soit scindé et installé boulevard Saint-Germain.

Après avoir vécu dans une « bulle » coopération pendant quatre ans et demi au Rwanda, je prends la vraie mesure des changements intervenus.

*

*   *

A peine âgé de trois ans, le FSP se porte déjà mal

Le 17 juin 2002, c'est Pierre-André Wiltzer qui a été nommé ministre délégué à la Coopération et à la francophonie, en remplacement de Charles Josselin. Ce dernier aura occupé le poste pendant près de cinq années, devenant après Yvon Bourges et Robert Galley l'un des détenteurs du record de durée dans l'emploi.

Le nouveau ministre choisit comme conseiller technique à son cabinet notre collègue Gilles Pommeret, récemment titularisé dans un corps des affaires étrangères. Il a été chef du bureau du FAC dans les années 1990 et il connaît donc bien « l'instrument ».

Le 30 avril 2003, Gilles Pommeret rédige une note à l'attention du directeur du cabinet, ayant pour objet « Le FSP et ses dysfonctionnements ». Son résumé est le suivant :

---

pratiquement tous les agents, il s'assurait que les services placés sous son autorité, tout en respectant les règles de mobilité et de transparence, traitaient dans l'esprit requis les mouvements des personnels et en particulier les affectations à l'étranger.

> « Les dysfonctionnements constatés dans le fonctionnement du FSP nécessitent un traitement de choc. Ils concernent les ressources humaines, les procédures, les structures et la mémoire du FSP ».

Il ajoute que cette situation est soulignée, dans un bel ensemble, par plusieurs parlementaires, de courants différents, dont Mme Brisepierre et M. Charasse.

> « Sur les ressources humaines, [il rappelle que] la mise en œuvre de nos actions de coopération internationale et le développement s'appuie sur de véritables métiers qui supposent, au minimum de fortes motivations, si possible des prédispositions, et, dans tous les cas, une bonne formation. La perte de savoir-faire, dans les postes d'abord, et à la centrale ensuite, devient critique. La grande majorité des agents chargés de la chaîne de dépense (contrôleur financier, ordonnateur principal, trésoriers et régisseurs) ne disposent pas de culture du développement. Les conséquences sur le terrain sont parfois catastrophiques avec des ralentissements dans l'exécution des projets, au pire, le blocage de l'exécution de projets, parfois pendant plusieurs mois, trop souvent pour de simples raisons d'interprétation restrictive des procédures, ou parfois même de leur méconnaissance.
>
> Sur les procédures et les structures, il indique que la réforme comptable, justifiée, a entraîné un certain "grippage" du mécanisme d'exécution des projets relevant du FSP du à la lourdeur et à la rigidité des procédures, à l'absence de culture de projet chez les agents chargés du contrôle de la dépense. Il recommande de simplifier les procédures et de former les hommes sur l'ensemble de la chaîne
>
> Sur la mémoire, il suggère de lancer la numérisation de toute la mémoire du FAC puis du FSP (compte rendu des comités directeurs et des comités de projet, rapport de présentation, évaluations…) sur les 40 années passées et la rendre accessible à partir du réseau Intranet du Département. »

Cette note porte ses fruits et c'est l'élément déclencheur d'un plan de formation ambitieux, porté par François Sénémaud et Michel Prom, soutenu par la cellule des ressources humaines (CRH) de la DGCID, qui dispose d'une dotation budgétaire importante dont elle assure elle-même la gestion.

La « bureaucratie » a pris le pouvoir

Peu de temps auparavant, ayant observé une difficulté récurrente de la DGCID à suivre l'exécution des projets du FSP, Gilles Pommeret avait fait signer par le cabinet du ministre délégué une instruction visant à transmettre

tous les six mois, au Département, une fiche de suivi des projets du FSP, reprenant tous les éléments structurants du projet, avec les dates significatives (conventions de financement, réunions du comité de pilotage, etc.) et précisant le niveau des engagements et des paiements effectués.
Dans l'attente de la mise au point des outils informatiques prévus pour permettre au bureau du FSP de suivre l'exécution locale des projets, ces fiches devaient constituer des éléments précieux d'information, tout en favorisant dans les postes une attitude constructive de suivi et d'élaboration de tableaux de bord.
Si ces fiches de suivi de projets ont un peu répondu à cette attente, elles ont été très vite dévoyées et elles ont surtout produit des effets pervers, entraînant la paralysie partielle du système.
En effet, bien qu'imputé sur un titre et sur un chapitre unique du budget, le 68-91, le FSP comprenait une nomenclature de catégories de dépenses qui permettaient un suivi de type analytique (investissement, fonctionnement, subventions, études, etc.), appelées « cases de CEP » ou classes de dépenses. Le logiciel NALAFAC puis son successeur FACREF, prenaient en compte cette classification au moment des engagements de dépenses et donc des commandes. Le manuel des procédures du FAC (tome rouge) qui avait été édité à la fin des années 1980, ouvrait la possibilité de transférer des crédits d'une case à l'autre, dans une proportion qui n'avait jamais été fixée officiellement. Il allait de soi qu'il fallait respecter la division des crédits des projets en « cases de CEP », dans l'esprit du projet, sans dogmatisme.
Mais, aussi bien dans les postes qu'à Paris, les « ayatollahs » étaient passés par là.
Dans les jours qui suivent ma prise de fonction au bureau du FSP, je découvre l'étendue de qu'il fallait bien qualifier de désastre.
Les cellules comptables de nos missions de coopération avaient été remplacées par des services communs de gestion[218] à la tête desquels se trouvait souvent un secrétaire général, seul habilité à viser les engagements de dépenses proposés par le service de coopération, y compris sur les projets du FSP.
Je me souviens ainsi parfaitement d'un cas, parmi mille autres, illustrant la manière dont Ubu s'était réintroduit dans le fonctionnement quotidien de notre nouvelle administration.
Il s'agissait d'un pays du Golfe de Guinée dont le secrétaire général du poste était pourtant un ancien attaché d'administration centrale de la coopération, récemment intégré donc dans le corps des secrétaires des affaires étrangères. Il ne s'était pas cru autorisé à viser une demande d'engagement de dépenses présentée par le service de coopération, portant sur une somme d'environ 3 000 €, destinée à l'achat, pour un chef de projet, d'un ordinateur, imputable

[218] Ces services ont eu plusieurs dénominations, plus ou moins différentes, selon les pays.

normalement sur la case 22 du CEP, dont le disponible était à peu près de 2 500 €. Le logiciel FACREF permettait, bien sûr de réabonder cette case par prélèvement sur la case 80 (divers et imprévus) sur laquelle le disponible s'élevait à 2 300 €. Cependant, aucune des deux cases ne permettant de passer l'engagement sans opérer de mouvement de crédits, le secrétaire général avait préparé un télégramme au département demandant l'autorisation d'effectuer ce mouvement d'une case à l'autre. A la réception du message, l'affaire avait été traitée avec tout le soin qu'elle requérait (il s'agissait d'un virement interne d'un montant de 500 €... !), par un des deux agents auxquels revenait le suivi de l'affaire. C'est ainsi que l'agent en question avait observé que le poste ne lui avait pas fait retour, depuis plus d'un an, de la fiche de suivi de projet qui aurait pourtant dû être établie tous les six mois. Il avait donc, sans trop tarder, préparé une réponse au poste lui indiquant que la demande d'autorisation de modification de la répartition des crédits entre les cases du CEP serait examinée après réception des fiches de suivis du projet attendues depuis une année. Cette réponse avait presque aussitôt été répercutée sur l'attaché de coopération, qui dans le cadre du mouvement annuel venait de prendre ses fonctions et découvrait, à cette occasion, l'existence de cette instruction qui semblait déjà avoir été perdue de vue. Il s'acquitta cependant de la demande et finalement, les fiches renseignées furent adressées au Département. Après examen de leur conformité, le bureau du FSP donna fin novembre son accord pour procéder à la modification des cases de CEP et l'ordinateur attendu par le chef de projet aurait donc pu être commandé, juste avant la date limite fixée pour les engagements de l'année en cours. Malheureusement, l'accord était parvenu trop tard et il a fallu attendre l'exercice suivant pour passer la commande. La perte sèche que représente pour un chef de projet, un défaut d'ordinateur pendant plus de quatre mois est telle qu'il vaut mieux ne pas essayer de la chiffrer. De même, tant que les données figurant sur ces fiches de suivi n'étaient pas reprises dans les systèmes informatiques, force était de reconnaître qu'elles n'avaient aucune autre utilité que de faire prendre conscience aux services de coopération de la nécessité d'assurer un suivi de leur activité, projet par projet. Pour le département, ces fiches manuelles ne servaient strictement à rien, non plus, compte tenu qu'il y avait quelque 536 projets opérationnels fin 2003, rendant impossible tout suivi manuel.

Deux chantiers prioritaires : la formation – l'informatique

La formation

La formation des agents tant à la centrale que dans les postes est considérée comme prioritaire après la note de Gilles Pommeret citée, ci-dessus. La DGCID dispose pour cela d'une masse considérable de crédits. Un plan de formation sur trois ans est alors établi par la cellule des ressources humaines de la DGCID et validé par la direction. Pour le mettre en œuvre, le ministère fait appel à un consultant extérieur, Christian Dessallien, qui a déjà travaillé avec Denis Berthelot sur la modernisation de l'outil FSP. Des sessions régionales sont prévues à l'étranger et à Paris, au cours de l'été, pour les nouveaux partants. Avec Christian Dessallien, Jacques Maury, et moi-même, à Paris ou à l'étranger (Cuba, Rabat, Beyrouth, Yaoundé, Vientiane), nous allons animer des sessions de formation. Elles ont pour objectifs d'apprendre à concevoir et à mettre en oeuvre des projets de qualité, conformes aux instructions et recommandations relatives au FSP. Entre septembre 2003 et août 2004, 49 journées de formation sont ainsi organisées, rassemblant au total 202 participants.
Les témoignages des participants sont assez consternants. D'une manière générale, on observe beaucoup d'incompréhensions entre les services de coopération et les services de gestion des ambassades. Il s'agit soit de jugements d'opportunité sur l'intérêt ou la nécessité d'engager telle ou telle dépenses, avec des questions ou des propos récurrents du genre « Est-ce vraiment utile ? » ou bien « Attention, c'est notre argent ! ». C'est un vrai choc de cultures surtout dans les nouveaux pays de la ZSP et ils sont nombreux puisque la zone comprend une petite soixantaine de pays alors que le FAC n'en couvrait qu'une trentaine. Les difficultés pour engager les dépenses sont fréquentes et très nombreuses. L'octroi de subventions est particulièrement mal compris par les régisseurs qui les confondent avec des achats de biens et de services. Les demandes de justificatifs sont souvent excessives ou mal ciblées. Ainsi, au Soudan, une malheureuse volontaire du service national est amenée à faire traduire en français des centaines de factures, constituant des pièces justificatives d'achat de médicaments écrites en arabe, pour obtenir le versement de la deuxième tranche de financement sur un petit projet du FSD en faveur d'un dispensaire qui exerce dans le secteur humanitaire au bénéfice de personnes déplacées. Le régisseur croit bien faire mais n'a nullement conscience que ce n'est pas l'achat de médicaments qui constitue le justificatif de l'action financée. En effet, le médicament acheté peut tout à fait être vendu ou détourné… Ce qui compte, ce sont les actions réalisées par le dispensaire en faveur des personnes

déplacées, et ce sont des rapports de visites, des chiffres de fréquentation et la constatation d'une activité réelle qui devraient servir de justificatifs.
Toutes ces sessions sont aussi l'occasion de faire la pédagogie du guide de la gestion locale de l'ancien ministère de la Coopération, avec ses textes règlementaires et ses modèles. Mais, comme je l'ai précisé au chapitre précédent, la validité de ce guide est assez fréquemment remise en cause, s'agissant d'un document « coopération ». Or, c'est le seul outil disponible sur lequel les services de coopération et les services financiers de l'ambassade peuvent s'appuyer.

En mars 2004, Xavier Darcos remplace le ministre Pierre-André Wiltzer, dont les instructions sur la priorité à donner à la formation passent ainsi très rapidement aux oubliettes.

A la rentrée de septembre 2004, les crédits « formation » que gérait la DGCID sont transférés au service de la formation de la direction générale de l'administration. Leur gestion va relever de Jean-Pierre Lafon avec lequel nous avons une réunion de compte rendu de leur emploi. On sent très vite que les formations pour le FSP ne présentent pas beaucoup d'intérêt à ses yeux.
A la même époque, Michel Prom part à la Cour des comptes et il est remplacé à la sous-direction par Aline Kuster-Ménager.

Les actions de formation spécifique sur le FSP sont alors, de facto, arrêtées aussi bien à Paris qu'à l'étranger et les crédits transférés sont redéployés sur d'autres secteurs.

L'informatique

Parallèlement aux actions de formation, le bureau du FSP s'est fortement investi pendant l'année 2004 dans le suivi informatique des projets. Commencées début 1999 les réunions de travail axées sur l'intégration du FSP dans le logiciel COREGE, se sont poursuivies avec Christophe Méry et Marc Dayras.
L'objectif était le déploiement du logiciel dans tous les pays de la ZSP avec une intégration automatique dans COREGE de tous les projets gérés par FACREF. Cette opération a pu être menée à bien selon un calendrier très serré qui a pu être respecté.
Il s'agissait de mettre à profit la fin de gestion annuelle pour vérifier la totalité des écritures en cours, leur conformité avec les éléments structurants figurant sur les bases informatiques, les confronter avec les données de fin de gestion de la trésorerie pour l'étranger, de manière à obtenir une situation

exacte des crédits encore disponibles pour engagement, projet par projet, afin de les faire migrer vers COREGE.
Cette opération a pu être menée à bien et achevée début février 2005, grâce notamment à un travail de fourmis, réalisé par Jacques Guérin au bureau du FSP, qui a pu confronter et aligner des données comptables absolument précises sur les quelque 500 projets, correspondant à plus de 650 M€.
Mais en attendant COREGE, nous avions pu, grâce à des passerelles de communication entre les postes et la centrale, parfois même sous la forme d'échange de disquettes avec certains pays, obtenir une photographie précise de la situation réelle d'avancement de nos projets. Les données ainsi disponibles avaient été utilisées pour dresser un bilan très précis de la situation réelle d'exécution des projets.

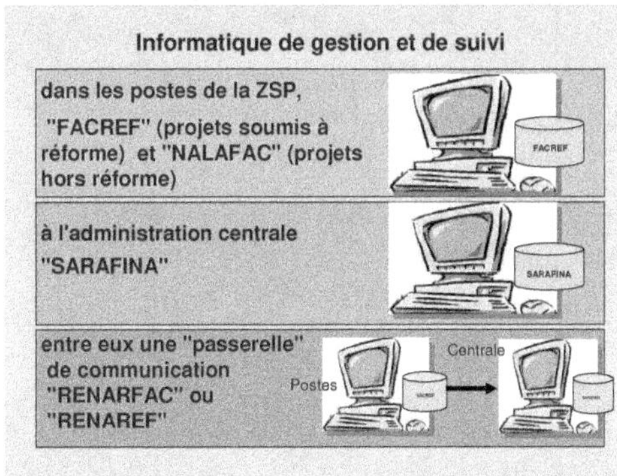

Elle donne lieu à une note adressée le 12 mai 2005 au directeur général, résumée ci-après.

Alors qu'il a cinq ans, la santé du FSP n'est pas brillante

Rappel du contexte

Entre 1999 et 2004, une évolution en « dents de scie » du niveau des autorisations de programme (AP) et des dotations de crédits de paiement (CP) constamment inférieurs aux besoins a entraîné la crise des CP de fin 2002 - 2003. En raison de l'ampleur de cette crise et de ses répercussions, relayées notamment par les parlementaires, un conseil restreint a décidé en mars 2004 l'octroi de 50 M€ de CP supplémentaires. En juillet de la même année, le CICID décide le transfert à l'Agence française de développement (AFD) de la part de l'aide projet du MAE affectée aux secteurs sociaux et productifs, le MAE conservant dans son périmètre la gouvernance prise au sens large, l'enseignement supérieur et la recherche, la francophonie et l'audiovisuel extérieur ainsi que l'appui aux organisations de solidarité internationales

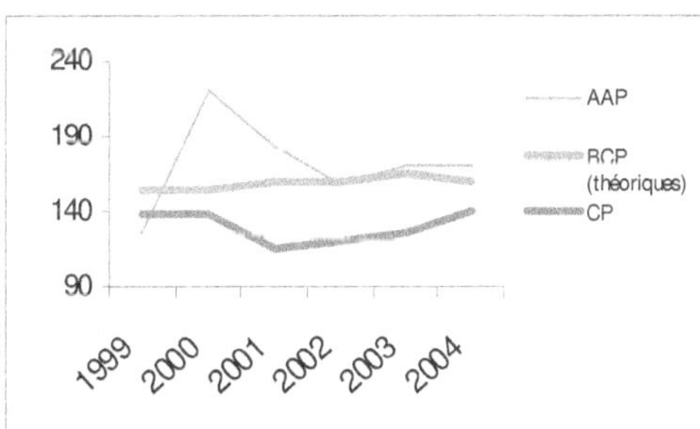

(OSI) et à la société civile. En application de cette dernière décision, une liste de 62 projets à transférer est arrêtée conjointement avec l'AFD.
Quel est le bilan de santé de ce qui reste chez nous.

Les mécanismes

Sur la base d'une observation en masse de 500 projets clôturés, le bureau du FSP constate que la durée moyenne de leur exécution est de l'ordre de 60 mois. L'analyse des décaissements dans trois pays fait ressortir que le rythme moyen d'étalement des paiements s'établit comme indiqué sur le graphique ci-contre.

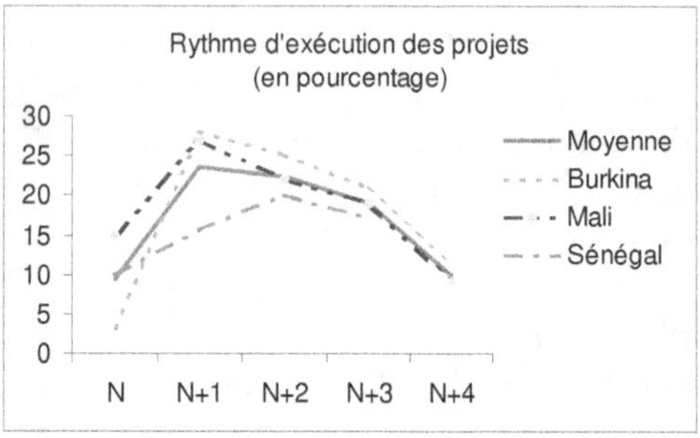

Le solde moyen d'AP non utilisées de 9 % (le calcul précis s'établit à 9.18 %) fait l'objet de réintégrations (après clôture, le solde d'AP d'un projet vient abonder l'enveloppe globale des AP du FSP).
C'est sur cette base que sont déterminés les « besoins de CP ».

La situation fin 2004

Jusqu'ici, les systèmes informatiques disponibles ne permettaient pas d'avoir une vision consolidée de la situation des décaissements réels des 416 projets soumis à réforme comptable, correspondant à 734 mises en œuvre pour un montant total de 673 M€. Pour la première fois depuis la mise en place de la réforme, le département dispose d'une information complète de la réalité de l'ensemble des décaissements au 31 décembre 2004.
Si l'on applique aux projets vivants le modèle de rythme de décaissement présenté ci-dessus et si on le compare à la réalité, on observe début 2005 une forte sous-consommation de CP.

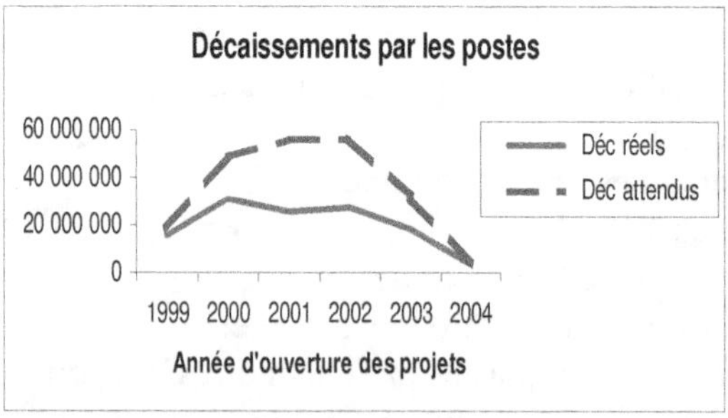

Globalement, il fait ressortir un déficit de 118 M€ pour les projets soumis à réforme. Bien qu'il ne soit pas le seul à prendre en compte, le niveau de décaissement d'un projet est sans doute le premier indicateur de performance intéressant à observer.

Jusqu'à l'an dernier, la coexistence de projets hors réforme avec ceux soumis à réforme comptable a masqué le faible niveau de performance des seconds en matière de décaissements.

Type de projet	AP ouvertes	Décaissements	Taux de décaissement
CD/FSD	68 334 127,89 €	33 104 366,72 €	48,4%
E	384 942 664,57 €	92 043 704,52 €	23,9%
IE	15 245 000,00 €	2 351 606,80 €	15,4%
Mobilisateurs	205 291 108,39 €	70 491 116,62 €	34,3%
Total	673 812 900,85 €	197 990 794,66 €	29,4%

Ce sont donc surtout les projets « pays » et « inter États » qui sont frappés par cette situation de sous décaissement.

Si l'on considère qu'un écart de 40 % entre le rythme des décaissements attendus et le rythme réel constaté (soit un indice de performance de 0,60) constitue un dysfonctionnement déjà important, on observe que 32 pays sur 57 concernés se trouvent ainsi « dans le rouge ».
Si l'on observe la situation des mises en œuvre par l'administration centrale et par les dix pays à plus fort encours de projets du FSP (représentant 71 % de l'encours total), on constate que 7 pays sur 10 se trouvent dans ce cas et que seuls l'administration centrale et le Burkina Faso atteignent ou dépassent un indice de 0,75. On observera, par ailleurs, que les remontées de fonds libres sur ce même groupe de pays ne représentent que moins de 1% des décaissements attendus.

Décaissements par l'administration centrale et par les dix pays à plus fort encours

	Dotations en AP	Poids spécifique	Niveau théorique des paiements	Décaisse-ments	Indice moyen de performance	Fonds libres
CENTRALE	299 617 136	44,47%	96 619 127	73 820 668	0,76	
VIETNAM	25 943 796	3,85%	17 865 504	7 682 696	0,43	183 000
BURKINA FASO	25 794 342	3,83%	17 384 420	12 973 482	0,75	0
SENEGAL	21 699 252	3,22%	16 451 867	9 874 397	0,60	0
MAROC	19 377 848	2,88%	11 033 778	2 896 234	0,26	1 738 000
NIGER	17 042 135	2,53%	7 625 943	2 471 359	0,32	0
BENIN	15 418 577	2,29%	9 798 543	7 271 280	0,74	26
CAMEROUN	14 304 581	2,12%	7 267 520	2 384 754	0,33	100 000
MADAGASCAR	14 073 415	2,09%	6 931 043	3 539 969	0,51	0
CONGO (REP. DEM.)	13 930 768	2,07%	8 068 107	3 919 222	0,49	0
MAURITANIE	13 776 512	2,04%	9 691 630	5 308 380	0,55	0
Total	480 978 363	71,38%	208 737 482	132 142 441	0,63	2 021 026

Comment en est-on arrivé là ?

Aux difficultés liées à des procédures complexes et contraignantes imposées au fil du temps à la gestion du FSP (par le MINEFI et la Cour des comptes) s'est ajoutée en 2004, l'erreur qui a consisté à procéder en avril mai à des arbitrages longs et fastidieux sur la répartition des crédits de paiement complémentaires, arbitrages qui n'avaient pas lieu d'être puisque ces crédits sont globalisés et qu'il aurait fallu les gérer avec la souplesse requise pour optimiser leur mobilisation.
Du fait de la lenteur de ces arbitrages, la seconde tranche de crédits de paiement qui aurait dû (et qui aurait pu) être déléguée beaucoup plus tôt n'a été mise en place qu'en juin, au moment où nos agents partent en vacance, et n'a donc été mobilisée qu'en septembre octobre.
Certains postes ont bénéficié de dotations trop importantes, d'autres se sont trouvés à nouveau en situation de cessation de paiement. La confiance a donc disparu, y compris entre services dans les postes. Souvent, une certaine « frilosité » à passer des contrats pluriannuels avec des opérateurs, qui devrait pourtant être la règle pour l'exécution des projets, est apparue et s'est substituée à la volonté d'entreprendre. Parallèlement, on observe que la pratique de l'achat public et notamment les conditions de passation de contrats avec des opérateurs français ou locaux sont de plus en plus mal maîtrisées dans la plupart des postes comme à l'administration centrale. Enfin, les difficultés à estimer les besoins sont parfois égales à celles d'utiliser les crédits.

	Crédits demandés	Crédits alloués	Crédits consommés
Postes	141 M€	78.3 M€	65.4 M€
Administration centrale	110 M€	46 M€	48.2 M€
Total :	251 M€	124.3 M€	113,6 M€

Il s'agit là d'un problème de ressources humaines récurrent, accentué par le taux élevé de renouvellement des agents et par le transfert de responsabilités administratives et financières à des équipes mal ou pas préparées pour les exercer.

*

*   *

Ces données chiffrées sont des remontées informatiques, elles ne sont donc pas susceptibles de contestation.
Il s'agit évidemment d'un constat douloureux et peu encourageant pour l'avenir.
On sent aussi, à ce moment-là, que le ministère des Affaires étrangères qui pendant des années a tout mis en œuvre pour s'approprier les moyens du

ministère de la Coopération n'aime pas ou plutôt n'aime plus du tout le FSP qui n'est pas une sorte de grosse tirelire dans laquelle on peut puiser comme on veut. Ce sont, en effet, des crédits « affectés » par le comité directeur du FSP au financement d'opérations dont les objectifs sont définis et dont les activités susceptibles d'être financées pour les atteindre sont, elles aussi, décrites dans les rapports de présentation des projets et cela pour toute leur durée, c'est-à-dire trois quatre ou cinq ans.
Cette contrainte est, en définitive, très mal supportée par les diplomates qui préfèrent, sur le terrain en particulier, être en mesure de « monter des coups » ou de saisir des « fenêtres d'opportunité ». Il est rare qu'un chef de poste diplomatique puisse lancer lui-même une idée de projet sur FSP et la voir se réaliser, compte tenu de la procédure d'instruction et de préparation des projets que la réforme s'est d'ailleurs employée à rendre plus complexe. Leur préférence va donc aux autres moyens que sont les bourses, les invitations, les missions d'experts ou les « autres » moyens d'influence.
Mais, cette perception du FSP concerne surtout les sphères hautes de l'administration du quai d'Orsay. Au niveau de l'exécution, dans les postes sans payeurs surtout, la mauvaise compréhension du mécanisme du FSP et de son caractère pluriannuel est catastrophique. On parle par exemple de « monnaie de singe », à propos des autorisations pluriannuelles d'engagement dont le montant ne correspond pas à celui des crédits de paiement alloués pour l'année. Ou encore, un peu plus tard, avec la LOLF et la globalisation des crédits de paiement, on entendra des agents se targuer de pouvoir utiliser les crédits du FSP (assimilés à l'ancienne coopération) pour régler des dépenses hors FSP, méconnaissant ainsi le fait que pour utiliser un crédit de paiement il faut d'abord disposer d'une autorisation d'engagement.
Des discussions ainsi menées soit à l'occasion de sessions de formation, soit au cours de missions d'appui, il ressort un niveau encore élevé d'analphabétisme, fort difficile à corriger.
Le triste constat que l'on peut faire alors est que l'absorption des moyens de l'ancien ministère de la Coopération par le ministère des Affaires étrangères semble avoir donné lieu, en définitive, à une très grosse indigestion qui se serait naturellement terminée par le rejet de la matière ingérée, trop indigeste.

La fin du bureau du FSP

Le mois suivant, le bureau du FSP qui était resté avec toutes ses archives regroupé boulevard des Invalides est transféré et dispersé dans cinq ou six bureaux boulevard Saint-Germain. Quelques semaines plus tard, François Sénémaud est sur le départ. Une réorganisation des services est entreprise. Le bureau du FSP est supprimé et il est remplacé par une cellule des projets FSP, dont la responsabilité est confiée à Marie-Paule Géron, ancienne du ministère de la Coopération, titularisée dans le corps des secrétaires des affaires étrangères. Elle a longtemps travaillé au bureau du FAC avant d'effectuer plusieurs séjours à l'étranger dans les missions puis dans les services de coopération et elle connaît parfaitement l'outil. Elle est la personne idéale pour assurer le suivi et l'évolution du FSP[219], dont la haute hiérarchie sait déjà qu'il sera mis à mal prochainement. Il est, en effet, vraisemblable que les premiers transferts de compétences de la DGCID à l'AFD seront suivis par d'autres. Il est clair aussi que le ministère de l'Économie et des finances qui a obtenu satisfaction pour un premier transfert des compétences d'opérateur à l'AFD va poursuivre en ce sens. On sait aussi qu'il veut s'attaquer au caractère pluriannuel des autorisations d'engagements des projets du FSP que le ministère des Affaires étrangères maîtrise, à l'évidence, peu pour ne pas dire très mal.

*

*   *

Force est aussi de constater que, dans ce nouveau contexte, l'Agence française de développement est mieux armée que le ministère des Affaires étrangères pour assurer la poursuite du travail en faveur du développement de l'Afrique que le ministère de la Coopération a conduit, avec elle, pendant quarante ans.

Ce transfert de responsabilité et de compétences est très clairement exposé par Julien Meimon[220] dans son article *Que reste-t-il de la coopération française ?* Il faut ajouter que l'AFD n'a jamais été frappée par l'afro-pessimisme qui règne au quai d'Orsay et qu'elle fait un excellent travail en matière de développement des pays d'Afrique pour :

> « …accompagner et accélérer les transitions vers un monde plus juste et durable. Climat, biodiversité, paix, éducation, urbanisme, santé, gouvernance… : ses équipes sont engagées dans plus de 4 000 projets dans les outre-mer et 115 pays. Nous contribuons ainsi à l'engagement de la France et des Français en faveur des Objectifs de développement durable (ODD) »,

comme elle le précise à la rubrique accueil de son site.

---

[219] Et elle s'en occupera, du mieux qu'elle pourra, pendant de nombreuses années.

[220] Julien Meimon, *Que reste-t-il de la coopération française ?* - Politique africaine - , Editions Karthala, numéro 105, mars 2007, pp 27-50.

Elle obtient de très bons résultats en matière de lutte contre la pauvreté et dans tous les secteurs qui sont maintenant de sa compétence : santé, éducation, développement rural, infrastructures, gouvernance.

L'Afrique est, en outre, un continent mal aimé au quai d'Orsay et si l'on excepte les moyens de l'ancienne coopération qu'il a toujours voulu s'approprier, les pays d'Afrique eux-mêmes exercent peu d'attraction sur ses personnels qui rechignent à y être affectés, comme l'illustrent des extraits de l'annexe de l'article de Julien Meimon [221] :

> *Entretien avec L. membre d'une direction du ministère des Affaires étrangères, janvier 2007*
>
> « Ces carrières mono-africaines concernent surtout des gens plus âgés du ministère ?
>
> Ce n'est pas sur les postes d'ambassadeurs. Ce que je constate aussi, c'est qu'il y a beaucoup de gens entre guillemets brillants du ministère qui se disent : "tiens, maintenant, j'arrive à l'âge et au grade où je pourrais avoir un premier poste d'ambassadeur, je vais prendre un poste en Afrique, parce que de toute façon, il faut que je commence par un truc pas très gros. Et en Afrique je vais être assez visible finalement, plutôt que d'aller m'enfermer au fin fond de l'Amérique latine ou je sais pas où. Parce qu'il y a des crises et donc les gens vont lire mes télégrammes".
> En revanche, si tu regardes les postes de n° 2 en Afrique, là tu vois le problème de ressources humaines : il y a tous les bras cassés dont on ne sait pas quoi faire. Donc on se dit, on va le mettre dans un pays francophone, où il y a plein de personnel, surtout de personnel local, où il y a un gros Cocac [Conseiller de coopération et d'action culturelle], il ne fera pas trop de bêtises.
>
> Mais comment fait le Quai pour pourvoir les postes ?
>
> [...] Tous les ans, la DRH offre des postes de n° 2 en Afrique à des agents en mobilité, parce que c'est là qu'elle a le plus de mal à les pourvoir. Donc elle va prendre des gens du Conseil d'État, ou des administrateurs civils issus d'autres ministères qui veulent faire leur mobilité aux Affaires étrangères... D'ailleurs il y a des expériences pas mal. Celui qui ne fait qu'un... un one shot, il a envie de le faire bien, et ça donne des résultats. On ne leur donne pas Washington à ceux qui

---

[221] Julien Meimon, *Que reste-t-il de la coopération française ?* op. cit. Annexe, *L'Afrique vue du Quai d'Orsay*, pp 52 et 53

veulent faire leur mobilité au Quai ! Parce que là, il y a pléthore de candidats. »

*

* *

En septembre 2005, Claude Trouard Riolle part à la direction du développement (DPDEV), comme chargé de mission auprès du directeur. Jacques Maury est remis à disposition de « France Télécom » son administration d'origine. Au même moment, un second poste de chargé de mission auprès du directeur du développement se libère, par le départ à la retraite de Pierre Bacheré. Serge Tomasi, directeur adjoint, me propose de rejoindre la DPDEV pour occuper cet emploi, ce que je m'empresse d'accepter.

*

* *

A la direction des politiques du développement (DPDEV)

C'est évidemment un grand bonheur pour moi de me retrouver pour une dernière affectation (je vais avoir bientôt 64 ans), dans ces locaux de la rue Monsieur et dans cette direction qui incarnent tout ce qui a été le ministère de la Coopération.
Au moment de la réforme, la DPDEV était dirigée par Pierre Jacquemot, à qui a succédé Mireille Guigaz et c'est aujourd'hui Jean-Christophe Deberre qui en est à la tête.

Je vais, pendant 15 mois, suivre les affaires générales de la direction, c'est-à-dire les questions de personnels et l'entrée en janvier 2006 dans la LOLF, avec le suivi et l'exécution du premier budget, présenté sous ce nouveau format.

Pour les personnels et les bureaux, c'est Monique Estournet qui est à la manœuvre et c'est relativement lourd. Mais, elle est très efficace. Nous avons 129 bureaux et 150 agents. A la rentrée 2006, nous comptons 33 sortants et 24 entrants ; la relève et la mobilité sont la règle. On retrouve parmi tous ces agents, l'engagement, l'enthousiasme et une foi évidente dans l'intérêt de leur travail que, pour certains, la LOLF ne rend pas toujours facile, car elle confie en effet aux agents de la DPDEV des missions dont les caractéristiques sont loin d'être homogènes.

En effet, la mise en place de la LOLF au ministère des Affaires étrangères aurait pu être plus simple. Mais pourquoi faire simple quand on peut faire compliqué ? Dans ce cas, la meilleure manière de procéder consiste à faire appel à une société de conseil extérieure pour « proposer » et « éclairer » les choix qui doivent être faits par l'administration. C'est ainsi que la mise en place de la LOLF aux affaires étrangères a été préparée par le cabinet KPMG dont les conclusions ont abouti pour la DGCID à une répartition des tâches, non pas selon les compétences sectorielles ou spécifiques des uns et des autres mais selon un découpage géographique, avec deux blocs : les pays bénéficiaires de l'APD au sens du CAD de l'OCDE, d'un côté, et les pays qui ne figurent pas sur cette liste, de l'autre côté. Les décideurs ont ainsi pu s'abriter derrière les recommandations de ces « experts » pour justifier leur choix. L'essentiel était d'éviter le maintien ou la reconstruction d'un petit ministère de la Coopération au sein de la nouvelle DGCID, ce que faisait déjà un peu la DPDEV, occupant pratiquement toute la rue Monsieur, avec un ministre délégué dans l'hôtel de Montesquiou-Fezensac…

Dans la LOLF, le ministère s'est ainsi trouvé en charge de deux missions :

- Une mission en propre : la mission « action extérieure de l'État », découpée en trois programmes :
Programme 105 : Action de la France en Europe et dans le monde (le ministère et les ambassades),
Programme 185 : Rayonnement culturel et scientifique (l'ancienne DGRCST),
Programme 151 : Français à l'étranger et étrangers en France (l'action consulaire et l'AEFE[222]).

- Une mission interministérielle, partagée avec le ministère de l'Economie et des finances : « aide publique au développement », comprenant un programme spécifique pour le ministère des Affaires étrangères, le programme 209 : Solidarité avec les pays en développement.

Le directeur général de la coopération internationale et du développement (DGCID) est responsable des programmes 185 et 209.

Le programme 185 a pour objet :
- la coopération avec les États membres de l'Union européenne et les grands pays industriels du monde développé ;
- le service d'enseignement public français à l'étranger.

---

[222] A partir de 2007, le budget de l'AEFE sera intégré dans le programme 185.

Le programme 209 opère selon quatre axes majeurs :
- il met en oeuvre l'aide bilatérale envers les 77 pays les plus pauvres de la planète, dont les 55 pays de la Zone de Solidarité prioritaire (ZSP) ;
- il coopère avec les principaux pays émergents, du Brésil à la Chine, en veillant au positionnement des intérêts français ;
- il participe aux enjeux globaux et au renforcement du caractère européen et multilatéral de l'aide ;
- il aide les pays touchés par les crises, qu'elles résultent de catastrophes naturelles ou de conflits politico-militaires.

Si la mise en œuvre de l'aide bilatérale avec 77 pays pauvres réclame une certaine compétence, elle n'est pas bien différente de celle qui était requise pour travailler avec les trente pays couverts par l'ancien ministère de la Coopération. Mais peut-on demander de la même manière à un « développeur » d'aborder une coopération avec l'Allemagne, l'Ukraine ou les pays de l'ancienne Yougoslavie ? Ainsi, dans le découpage de ces programmes, les agents de la DPDEV vont être chargés du suivi de dossiers relevant tantôt du programme 209, tantôt du programme 185.
Dans le secteur de la justice, par exemple, ils sont chargés de la mise en œuvre et du suivi du projet OHADA[223] et, en même temps, de la modernisation de l'administration en Ukraine ou encore de la mise à niveau des pays candidats à l'entrée dans l'Union européenne, ce qui ne correspond pas tout à fait au même référentiel.

Toute cette problématique est très richement traitée par David Sadoulet dans le 4ème chapitre de son ouvrage sur la réforme de la coopération[224].
Il y expose aussi clairement la façon dont la direction générale de l'administration a pris le contrôle des moyens.

> « La DGA, dont les responsables sont des diplomates de carrière, disposait en effet d'un rôle central dans l'affectation et la mobilisation des moyens. La réforme lui a en outre transféré la gestion des personnels du réseau de coopération qui s'ajoutait à sa compétence dans la préparation du budget et de la programmation de son exécution. La DGA a ainsi disposé d'un pouvoir important sur la DGCID. Dans le cadre de la réforme, elle a poursuivi un objectif explicite de ré-allocation des moyens hérités du ministère de la Coopération vers d'autres domaines de l'activité du MAE déficitaire, comme les services consulaires.

[223] Organisation pour l'harmonisation du droit des affaires en Afrique
[224] David SADOULET, *La coopération au développement en France – 1997-2004, Réforme et modernisation de l'État, op.cit.*

Pour un cadre de la DGCID :

> “Il y a eu une deuxième fusion : celle des moyens administratifs. Là, c’est objectif que le Quai a attendu la manne et pendant trois ou quatre ans a absorbé des moyens au profit de son propre dispositif. Ça concerne les postes budgétaires et les moyens de fonctionnement“ »[225].

Ce sont en réalité beaucoup de regrets qui sont exprimés, encore à cette époque, tant du côté des diplomates que du côté des anciens de la coopération. On les retrouve aussi bien dans les témoignages recueillis par Julien Meimon[226] que dans les nombreux entretiens qu'a pu avoir David Sadoulet qui, affecté à la DPDEV, a occupé un poste d'observation tout à fait privilégié.
Mais heureusement, on trouve aussi encore beaucoup d'enthousiasme et d'engagement personnel parmi les agents d'origines si diverses, que réunit cette direction des politiques du développement. Elle représente l'héritage de notre ancien ministère qui a continué à naviguer malgré les orages et parfois des vents contraires.

Le mercredi 29 novembre 2006, j'atteins mes 65 ans, la limite d'âge. Je quitte la rue Monsieur, en faisant valoir, comme on le dit, mes droits à la retraite.

J'achève ainsi, rue Monsieur, mon parcours professionnel et je suis heureux de l'achever ici même. J'ai retrouvé pendant ces quinze derniers mois, l'esprit qui a toujours animé la rue Monsieur.

La rue Monsieur, c'est une équipe pluridisciplinaire où pratiquement tous les ministères y ont été ou sont encore représentés et où l'on côtoie tous les métiers. C'est aussi une équipe solidaire, engagée fortement dans l'action, impliquée dans son travail, capable de faire face aux difficultés et n'abandonnant jamais la poursuite des objectifs qui lui sont fixés. Ici, depuis plus quarante ans, on cultive les vertus que sont le goût du travail bien fait, la nécessité de lier l'action à la parole, l'art du « faire » plutôt que l'art du « paraître ». On y cultive aussi la fraternité. Le corporatisme y est inconnu ou, en tout cas, n'y a pas sa place.

*

*   *

---

[225] Entretien avec David SADOULET.

[226] Julien Meimon, *Faire carrière en coopération*, op.cit.

Mais, la fin définitive de cette petite épopée de la rue Monsieur n'interviendra que deux ans plus tard, avec une refonte - une de plus - de l'organigramme de la DGCID : la transformation de la DPDEV en deux nouvelles directions et l'abandon définitif du bâtiment de la rue Monsieur, pour une installation dans les locaux de l'ancienne imprimerie nationale, rue de la Convention, avec une entrée rue de Javel.

Le dernier directeur des politiques du développement est Régis Koetschet qui a remplacé Jean-Christophe Deberre en 2008. Il quitte son poste en même temps qu'il quitte la rue Monsieur et comme il est d'usage, il rassemble tous les agents de la direction pour un pot amical, auquel pour une raison un peu mystérieuse, mais avec beaucoup de plaisir, je suis convié plus de deux années après avoir pris ma retraite.

Pour la même raison un peu mystérieuse, on m'a communiqué le texte de l'allocution que prononce le dernier directeur du développement le 5 février 2009. La restitution intégrale de son allocution me parait constituer la fin idéale pour terminer *Un itinéraire au ministère de la Coopération : une histoire*.

> « Chers amis,
>
> Je me sens un peu comme Eddy Mitchell chantant « La dernière séance » avec ses « Chocolats glacés, sa défense de l'opprimé et le rideau rouge est tombé » pour ceux qui se souviennent des paroles.
>
> Mireille Guigaz nous a écrit, dans un mail d'amitié et de solidarité à l'occasion de ce pot de départ, que « Ce déménagement est plus qu'un déménagement ».
>
> C'est effectivement une adresse qui se ferme, une histoire qui s'interrompt.
>
> Nous avons travaillé ici, rue Monsieur, dans un bâtiment construit en 1951 par l'architecte Martin, apparemment sur l'emplacement d'une église néogothique édifiée avec un cloître par les Bénédictines de l'adoration perpétuelle du Saint Sacrement, propriétaires du site jusqu'en 1938. A cette date, l'État s'est porté acquéreur de l'ensemble avec bien sûr l'Hôtel de Montesquiou. Les bâtiments ont été utilisés par l'ORSTOM puis, dès 1960, sont devenus le siège du ministère de la Coopération.
>
> 1. Nous avons souhaité, alors que se tourne cette page de l'histoire de la rue Monsieur et au delà de la relation entre la France et ses partenaires du Sud, passer un dernier moment ensemble, nous, agents de la DPDEV, avec la présence bienveillante d'Anne et de Jérôme.

Jean-Marc Chataigner qui nous a adressé un petit mail d'amitié - Il est aujourd'hui à Tunis – parle de ces lieux qui ont « toujours abrité un esprit particulier ».
Mireille Guigaz, comme je l'ai dit, nous a envoyé un message, tout comme d'autres anciens comme Bérengère Quincy. Elle évoque cette adresse très particulière : « S'y rencontraient des personnages hauts en couleur, lestés d'une expérience inimaginable de nos jours et d'une motivation d'acier. Souvent aussi des personnes courageuses, acceptant des expatriations dépassant parfois l'entendement. Et puis des « sachants » de tout poil, spécialistes absolus des « phares et balises » (sic), du cacao, du café, des « périmètres irrigués », de la vaccination élargie, de l'éducation primaire, de la viande de brousse aussi bien que du lait caillé des chamelles… Ne demandant qu'à vous faire partager leur passion ».
Mireille Guigaz, dans cette description échevelée, parle de vous tous.

2. Je souhaiterais ajouter quelques qualités qui m'ont beaucoup frappé :

- une capacité à jouer collectif
- une exigence de qualité même si elle a parfois conduit à une tendance à l'exhaustivité qui a pu nous être reprochée
- une grande loyauté
- un sens de la proximité
- une humanité, simple et partagée, frottée aux réalités du terrain, de la solidarité et de la lutte contre la pauvreté.

Autant de qualités qui font la force d'une diplomatie.
Bien sûr, tout ne fut pas parfait au cours de ces dix années. Des questionnements, des interrogations, des occasions ratées, des échecs, des reculs.
Des souffrances même, pour reprendre le terme d'André.
Mais, j'ai la conviction que cette aventure de la DPDEV valait le coup d'être vécue et qu'à juste titre nous en sommes fiers.

3. François MAURIAC disait qu'il aimait tellement l'Allemagne qu'il en voulait deux. Nos collègues allemands d'échange me pardonneront cette boutade.

Je note que le Département aime tellement la DPDEV qu'il en crée deux dans le cadre de la direction générale de la mondialisation, une pour les Biens publics mondiaux, l'autre pour les stratégies de développement.
Ceci montre, s'il en était besoin, l'importance de nos dossiers et de ce que nous avons fait dans le cadre de la DPDEV,
Pour mieux comprendre notre monde
Pour mieux répondre à ses crises, à ses problèmes, à ses défis.
C'est le monde au quotidien, c'est le monde du quotidien qui est le vôtre.
Cet esprit de la DPDEV s'est aussi celui qui doit animer la réforme, lui donner son axe et si j'ose dire, son supplément d'âme.

Gardez en toute circonstance et en tout lieu ce « souffle d'engagement et de conviction » dont parle Jean-Marc Chataigner dans son mail.

4. J'ai été le capitaine de la dernière traversée.
Vous l'avez compris, ça n'a pas été le Vendée Globe, pas une course en solitaire.
Pas non plus la galère, ni le paquebot de croisière.

Sous la protection du navire amiral du Bd Saint-Germain, nous avons assuré la ligne.
Dans les tempêtes tropicales.
Les remous du changement climatique.
Le pot au noir de l'APD.
Les pirates du développement solidaire.
Les baleines de Bercy.
Les sirènes de l'AFD.
Les grandes profondeurs de l'Europe.
Les bancs de sable du multilatéral.
Les SOS des cabinets.
Les bordées à la cantine.
Les Robinsons de l'assistance technique.
Les écueils de la réforme...

Bref, on a ramé.

Si le bateau accoste aujourd'hui Quai de Javel, c'est grâce à vous. A vous tous.
Les officiers de marine de G.
Les fins skippers de S.
Les vieux loups de mer de P.
La passerelle du 3e étage. Michel un immense merci.
La salle des machines avec la cellule gestion et le CAD.
Hélène, une nouvelle fois, mille félicitations pour le ruban rouge.

Et puis, il y a eu nos équipières.
C'est à elles que va mon dernier mot.
Elles constituent la mémoire de la DPDEV, sa force.
Elles ont, au quotidien, avec infiniment de dévouement, de rigueur et de gentillesse, mis du vent dans les voiles, fait ce que la DPDEV a été.

Voilà, le rideau de la dernière séance d'Eddy Mitchell tombe :
- sans nostalgie
- car notre envie de croquer le monde et plus immédiatement le sandwich au pâté n'attend pas.

Merci et bon vent à toutes et à tous./. »

*

*   *

Cette allocution très chaleureuse est écoutée avec beaucoup d'attention, d'émotion et des paupières humides. Comme cette « fin de séance » empruntée à Eddy Mitchell par Régis Koetschet, elle signe la fin définitive de la rue Monsieur.

Le bâtiment, non entretenu depuis plusieurs années dans l'attente de son abandon, est très dégradé.
Le rideau est tombé.
La flamme qui éclairait les lieux s'est éteinte.
Les « outils » de la rue Monsieur sont dispersés.

Il s'est écoulé presque cinquante ans, jour pour jour, depuis la signature des décrets de mars 1959 qui avaient donné naissance au ministère de la Coopération.

Un itinéraire au ministère de la Coopération : une histoire prend ainsi fin, ici.

Epilogue

Un poète a dit : « Les plus beaux souvenirs sont ceux que l'on s'invente et l'imagination ne me fait pas défaut ».
Or, parmi la somme de souvenirs que rassemble *Un itinéraire au ministère de la Coopération : une histoire*, certains s'y retrouveront et ils pourront constater que l'imagination y tient peu de place et que, même si ce sont, dans l'ensemble, de très beaux souvenirs, ceux qui le seraient moins, ont été totalement oubliés pour ne pas dire occultés.
Il en est toutefois un, parmi ces souvenirs, qui est peut-être le produit de mon imagination. Il s'agit d'un propos que je n'ai pas entendu moi-même mais qui m'a été rapporté. C'est celui qu'aurait tenu Charles Josselin au cinéma le *Miramar*, dans la salle où se jouait *Titanic*. Après avoir parlé de la fusion des deux ministères comme de la fin d'une belle aventure, il aurait ajouté : « Nous allons maintenant coloniser les affaires étrangères » ou quelque chose d'approchant...
Ne pourrait-on pas dire que sa prédiction s'est parfaitement réalisée ?

Dans la dispersion des moyens et des personnels de l'ancien ministère de la Coopération, les moyens, ceux du FSP notamment, sont partis à l'Agence française de développement (AFD) tandis que les personnels ont été intégrés dans les corps des affaires étrangères. Et, tels de nouveaux colons, ces personnels ont, de fait, imposé une refonte importante de ces corps pour y trouver la place qui leur revenait.

Dans ce nouveau cadre, certains anciens administrateurs civils de la coopération sont devenus directement ministres plénipotentiaires ou ont intégré le corps des conseillers des affaires étrangères. Les anciens attachés d'administration centrale de la coopération ont intégré les corps des secrétaires ou secrétaires principaux des affaires étrangères. Plusieurs d'entre eux ont été promus conseillers des affaires étrangères.

Et on ne compte plus parmi les anciens et les anciennes de la rue Monsieur, avec une place importante occupée par des femmes, celles et ceux qui ont été nommés ambassadeurs. Je pense à François Mimin, Patrick Roussel, Jean-François Desmazières, Mireille Guigaz, Louise Avon, Jean-Bernard Thiant, Pierre Jacquemot Jean-Marie Bruno, Michel Reveyrand, Michel Flesch, Evelyne Decorps, Jacques Gérard, Eric de La Moussaye et Véronique Brumeau.

J'en oublie sûrement d'autres, mais néanmoins « Chapeau pour la rue Monsieur ».

Bibliographie

Julien Meimon, *Culte du terrain à la rue Monsieur. Les fonctionnaires de la France d'outre-mer et de la coopération*, Afrique contemporaine, 2010/4 (n°236)

Guy Hennebelle, *Entretien avec Jean-René Debrix*, *L'Afrique littéraire et artistique*, N° 43 - 1er trimestre 1977

David Sadoulet, *La coopération au développement en France – 1997-2004, Réforme et modernisation de l'État*, Editions L'Harmattan

Yves Chalier, *La République corrompue*, ROBERT LAFFONT

Julien Meimon, *Se découvrir militant, Le cabinet Cot à l'épreuve de la Coopération,* (1981-1983) *Politix* 2005/2 (n° 70)

Miche Aurillac, *L'Afrique à cœur*, BERGER LEVREAU

Pierre Biarnès, *La fin des cacahouètes,* Editions L'Harmattan

Pierre Jacquemot, *Cinquante ans de coopération française avec l'Afrique subsaharienne - Une mise en perspective,* De Boeck Université | *Afrique contemporaine,* 2011/2 - n° 238

Julien Meimon, *Faire carrière en Coopération. - Les logiques contrariées de la professionnalisation des "développeurs" (1959-1998)*, In Outre-mers, tome 101, n°384-385, 2014

La Françafrique, François-Xavier Verschave, Stock

Julien Meimon, *L'invention de l'aide française au développement - Discours, instruments et pratiques d'une dynamique hégémonique,* Questions de recherche / Research in question – n° 21 – Septembre 2007 - Centre d'études et de recherches internationales Sciences Po.

Monique Risser, *La rue Monsieur*, Editions L'Harmattan

Annexes

Annexe 1

AMBASSADE DE FRANCE

MISSION PERMANENTE D'AIDE ET DE COOPERATION
DE HAUTE VOLTA

DECISION

N° 58 /MAC/HV

VU la loi 52/0322 du 15 Décembre 1952 instituant un Code de Travail dans les Territoires relevant du Ministère de la France d'Outre-Mer,

VU la circulaire N° 53 du 29 Mai 1959 donnant les modalités d'engagement du personnel décisionnaire des Bureaux du Gouvernement de la Haute Volta,

VU le décret 540/PRES/FP/SE du 31/12/1960 fixant la rémunération, les indemnités et avantages divers alloués aux agents temporaires des Administrations et Etablissements Publics de l'Etat

VU la lettre N° 257/DEF/ORD du 29 Février 1960 de Monsieur le Ministre de la Coopération réglementant la gestion des Centres Culturels Français,

LE CHEF DE LA MISSION PERMANENTE D'AIDE ET DE COOPERATION,

DECIDE

ARTICLE PREMIER – Est engagé, pour compter du 1er Décembre 1962, en qualité de Chef de la section audio visuelle du Centre Culturel Franco-Voltaique (AMBASSADE DE FRANCE) à Ouagadougou, Monsieur José GOHY.

L'intéressé percevra un salaire mensuel de 45.000 Frs CFA (QUARANTE CINQ MILLE FRANCS C.F.A.)

ARTICLE 2 – La présente dépense est imputable au Budget F.A.C. – Titre III – Article Premier – Dépenses de fonctionnement des Centres Culturels.

ARTICLE 3 – L'intéressé est autorisé à accomplir éventuellement des heures supplémentaires, calculées sur les bases suivantes :

Heures supplémentaires effectuées un jour normal	:	225 Frs CFA
Heures supplémentaires effectuées un jour férié	:	360 Frs CFA
Heures supplémentaires effectuées de nuit	:	450 Frs CFA

ARTICLE 4 – La présente décision sera enregistrée, communiquée et publiée partout où besoin sera.

FAIT A OUAGADOUGOU LE 6 DECEMBRE 1962

Le Chef de Mission

J. AUDIBERT

AMPLIATIONS :

Intéressé	:	2
C.C.C.E	:	1
Dossier	:	2
Archives	:	1

Annexe 2

TERE DE LA COOPERATION

tion de la Coopération
turelle et Technique

Paris, le 31 DEC 1964

N O T E   D E   S E R V I C E

Objet : Organigramme du Service de la Coopération Culturelle

Le Service de la Coopération culturelle et Technique comprend les Divisions et Bureaux suivants :

Chef du Service de la Coopération Culturelle : M. GENTOT

Chargé de Mission auprès du Chef de Service : M. RICHARD

Secrétariat du Service

M. CANAPE : Comptabilité des engagements de dépenses pour l'ensemble du Service de la Coopération Culturelle - Diffusion de la presse périodique

Mme FRANCOIS : Secrétariat du Service - Enregistrement et classement du courrier

I - DIVISION DES ECHANGES CULTURELS

Chef de la Division : M. TOULOUSE

Le Chef de la Division des Echanges Culturels est chargé d'animer les différents services et organismes qui sont, en Afrique, les relais de la coopération culturelle ; il met au point les programmes de diffusion et de production des différents moyens nécessaires à notre politique de coopération culturelle et d'éducation populaire.

Il dispose pour cela de 4 Bureaux :

a) Bureau de l'Animation Culturelle (M. LEONI - assistante : Mlle SAULNIER)

Le Bureau de l'Animation Culturelle transmet les directives du Département à tous les organismes qui, à un titre quelconque, remplissent en Afrique des

.../...

tâches de coopération culturelle et contrôle leur mise en oeuvre.

Son action s'exerce particulièrement dans 3 secteurs :

- Relations avec les conseillers culturels, établissement de relations permanentes entre les différents services culturels ; édition et diffusion d'un bulletin de liaison et d'information des centres culturels destiné aux conseillers et aux directeurs de centres culturels ; établissement de contacts par l'intermédiaire des conseillers culturels avec tous les correspondants en Afrique qui participent à notre action culturelle (enseignement public et privé, clubs, foyers, moniteurs ruraux, etc...), organisation de réunions de conseillers culturels et de directeurs de centres
- Diffusion dans le Service de la Coopération Culturelle des informations à caractère culturel ; centralisation des renseignements statistiques sur notre activité culturelle en Afrique, mise au point de programmes d'études dans les secteurs culturels et contrôle de ces études
- Contrôle des activités des associations subventionnées par le Département

b) Bureau des Services Culturels (M. BARGES) —

à la DEF.

Le Bureau des Services Culturels est chargé de la gestion administrative et financière des services culturels des ambassades, des centres culturels et des annexes de ces centres culturels, en liaison avec la Direction des Affaires Economiques et Financières ;

M. le Sénéchal - Budget, équipement.

- Il met au point les programmes d'équipement et d'investissement des centres culturels et contrôle l'exécution de ces programmes ;

M. DIDIER -

- Il assure le recrutement et la gestion administrative du personnel des services culturels en Afrique.

c) Bureau du Livre et des Publications (Mlle ROGER-MACHART - assistante : Mlle D'ESHEVAL)
290 rue Saint Jacques.

Le Bureau du Livre assure la diffusion non commerciale du livre non scolaire au bénéfice des services culturels français et des organismes publics ou privés à caractère culturel ; il prend l'initiative de toute opération destinée à faciliter la diffusion du livre : établissement de bibliographies et de fiches techniques, formation de bibliothécaires, études sur les réseaux de distribution, etc...

- Il rassemble toutes les informations nécessaires sur la diffusion commerciale du livre dans les pays africains et met au point toutes les procédures permettant d'utiliser les réseaux commerciaux aux fins de notre politique de coopération culturelle. Il peut être appelé, éventuellement à susciter la création d'un réseau de points de ventes (librairies populaires, librairies-coopératives, aide au fonctionnement de certains circuits privés) ;

.../...

- Il prospecte le marché du livre français et sélectionne les productions adaptées à l'Afrique qui peuvent éventuellement faire l'objet de subventions de la part de ce Département. Il peut aussi assurer directement ou indirectement la production d'ouvrages destinés aux Africains ;

- Il est aidé dans sa tâche, pour certains secteurs, par le Club du Lecteur d'Expression Française sur lequel il exerce un contrôle dans la mesure où cette association est subventionnée par le Département.

- Le Bureau du Livre peut, à la demande et selon les directives du Service de l'Enseignement, effectuer tout ou partie des opérations ci-dessus définies concernant le livre scolaire.

d) Bureau des Echanges Artistiques (M. VISINET DES PRESLES)

Le Bureau des Echanges Artistiques arrête, sur proposition de l'Association pour le Développement des Echanges Artistiques et Culturels, les programmes de tournées, de conférences et d'expositions en Afrique. Ces programmes sont ensuite exécutés par l'A.D.E.A.C. qui en rend compte au Bureau des Echanges Artistiques.

Le Bureau des Echanges Artistiques est chargé de l'assistance technique en matière artistique : recensement des troupes théâtrales existantes, formation de techniciens du théâtre, organisation de manifestations africaines, développement des activités culturelles africaines (théâtre, musique, danse et arts plastiques).

II - DIVISION DE L'INFORMATION

Chef de la Division : M. X...

La Division de l'information est chargée d'informer l'opinion publique française sur les problèmes de la coopération et l'opinion africaine sur les différents aspects de la vie française.

La Division de l'information est chargée de l'assistance technique pour toutes les questions relatives à l'utilisation des moyens d'information ; (aide en personnel et en matériel, formation et stages).

La Division est en outre chargée de diffuser les informations administratives, juridiques et politiques au bénéfice des différents Services de la Direction de la Coopération Culturelle et Technique, du Département et de toute personne ou organisme intéressé par la coopération.

La Division comprend 3 Bureaux :

a) Bureau de l'Information sur la Coopération (M. WORLOCK - assistant : M. DE BREBISSON)

Le Bureau a pour tâche l'information de l'opinion française et éventuel-

.../...

lement internationale sur les problèmes de la coopération. Il met au point un programme d'information par la presse, la radio, la télévision, le film et les publications. Il prend les liaisons nécessaires à cet effet.

Il organise la participation du Ministère de la Coopération dans les différentes manifestations à caractère culturel ou économique, dans les foires et expositions (M. AURIMONT).

b) Bureau de la Coopération en matière d'information (M. GINESY - assistants : M. DARLEY, Mme OETTINGER et M. PERSEIL)

Le Bureau est chargé de tous les moyens d'information destinés à toucher les différents publics africains.

Il assure en particulier les relations de la Direction de la Coopération Culturelle et Technique avec l'Office de Coopération Radiophonique ; il rassemble toutes informations sur les réseaux de radiodiffusion en Afrique, sur la structure, la qualité et l'orientation des émissions ; il met au point les procédures permettant de faire participer les radios africaines aux tâches d'éducation populaire, il fait réaliser des émissions à caractère éducatif, il assure les liaisons nécessaires entre les spécialistes de la radio et les spécialistes des questions pédagogiques. Il centralise et contrôle toutes les études faites sur la radiodiffusion et son adaptation aux publics africains.

Le Bureau exerce un rôle analogue pour toutes les questions relatives à la presse, à l'imprimerie et à l'édition. Il est le correspondant de la Nouvelle Agence de Presse et de tous les organismes de presse à compétence africaine. Il assure les liaisons entre le ministère de la Coopération et la S.N.E.I.

Le Bureau assure, en outre, la diffusion en France et en Afrique de tous les périodiques, brochures et publications, à la demande des différents services de la Direction de la Coopération Culturelle et Technique. Il gère la Photothèque du Département.

Le Bureau est enfin chargé de l'assistance technique dans le secteur de l'information : aide en matériel, envoi de techniciens et formation de spécialistes africains.

c) Bureau de la Documentation, de l'Edition et de la Diffusion (M. BUOT DE L'EPINE Adjoint : M. GAUD)

Ce Bureau centralise la documentation générale au bénéfice des Services de la Direction de la Coopération Culturelle et Technique du Département et de toutes les personnalités et organismes des secteurs privé et public intéressés par la coopération (Mlles AUJAMES et HOUSSET).

A la demande des autres Bureaux de la Division de l'Information, le Bureau est chargé de la mise au point technique de tous les documents nécessaires à notre politique d'information ; il rédige les articles destinés à la presse française et africaine ; il répond aux demandes de renseignements statistiques ou autres sur les activités de la Direction de la Coopération Culturelle et Technique.

.../...

III - BUREAU DU CINEMA (M. DEBRIX - adjointe : Mme GAUDEZ)

Le Bureau du Cinéma assure la diffusion des films et du matériel cinématographique destinés aux centres culturels français en Afrique et aux organismes africains à caractère culturel ou social ; il est chargé de l'assistance technique en matière de cinéma :

- Le Bureau du Cinéma, avec l'aide de la Cinémathèque du Département, sélectionne les films adaptés à notre politique d'action culturelle et d'éducation populaire et assure leur diffusion en Afrique par l'intermédiaire des services culturels français. Il réunit tous les éléments d'information sur le réseau commercial de diffusion dans les pays africains et malgache.

- Le Bureau assure la prospection du marché pour le choix des appareils et accessoires de projection cinématographique et l'équipement des salles de projection des centres culturels et des organismes culturels et sociaux.

- Le Bureau est chargé de la production des films qui doivent être réalisés pour le public africain ; il assure, par le Consortium Audiovisuel, la production et la diffusion d'actualités filmées ; il met au point les programmes de production de films éducatifs et culturels et des films d'éducation de base.

- Le Bureau est enfin chargé de l'assistance technique en matière de cinéma ; il est en liaison avec toutes les sociétés africaines publiques ou privées qui sont intéressées par la production et la diffusion de films ; il prend toute initiative pour assurer la formation et le perfectionnement des techniciens africains du cinéma et assurer le développement d'un cinéma africain de langue française.

J.P. DANNAUD

Annexe 3

Jeune Afrique n° 772 – 24 octobre 1975

CINEMA

La palme aux Africains

■ Né en 1969 à Dinard (France), le Festival international du film d'expression française (FIFEF) se proposait à l'origine de promouvoir le cinéma des pays appartenant à la communauté francophone. Mais cette conception du FIFEF apparut vite dépassée et l'unité linguistique cessa d'être le ciment de la manifestation. Alors naquit le Festival international du film de l'ensemble francophone. Cependant, le succès du FIFEF et son prestige demeurent toujours aussi grands. Cette année, c'est à Genève que, du 26 septembre au 4 octobre, se sont tenues les journées cinématographiques 1975 du FIFEF (voir JA n° 770).

Jeune, plein de dynamisme, de talents et de promesses, le cinéma africain s'est taillé la part du lion dans le palmarès de Genève puisque, sur les quatre prix décernés par le jury, trois ont été attribués à des cinéastes africains.

Ainsi, le Grand prix du long métrage a été décerné au film *Muna Moto* du Camerounais Jean-Pierre Dikongue Pipa ; le Prix spécial du jury à *Kaddu Beykat* (Lettre paysanne) de la Sénégalaise Safi Faye ; et le Grand prix du court métrage à *Samba Tali* du Sénégalais Ben Diogaye Bey. Il faut noter que ces trois films ont été montés par la même technicienne, française, Mme Andrée Daventure.

Un beau succès pour l'Afrique et une récompense méritée pour le Bureau du cinéma des services de la coopération à Paris, que dirige M. Gohy depuis le départ de M. Debrix.

JOURNALISME

Coopération multinationale

Annexe 4

PREMIER MINISTRE

Secrétariat d'Etat aux Relations
avec les Etats de la Communauté
Direction des Affaires

Economiques et Financières
(Administration Générale)
DEF/G3

A R R E T E 1° 195

fixant les dispositions applicables aux personnels contractuels de l'Administration Centrale du Secrétariat d'Etat aux relations avec les Etats de la Communauté n'appartenant pas à la fonction publique en qualité de fonctionnaire titulaire

LE SECRETAIRE D'ETAT AUX RELATIONS AVEC LES ETATS DE LA COMMUNAUTE

Vu le décret du 8 janvier 1959 portant nomination des membres du Gouvernement, ensemble le décret du 5 février 1960 relatif a la composition du Gouvernement,

Vu le décret n° 60-155 du 18 février 1960 relatif aux attributions du Secrétaire d'Etat aux relations avec les Etats de la Communauté,

ARRETE :

Article Premier.- Les personnels contractuels de l'Administration centrale du Secrétariat d'Etat aux relations avec les Etats de la Communauté qui n'appartiennent pas à la fonction publique en qualité de fonctionnaire titulaire, sont engagés dans les formes et aux conditions définies par le présent arrêté.

Section 1ère : du recrutement des agents contractuels.

Article 2.- Les nominations aux emplois contractuels de l'Administration Contrais du Secrétariat d'Etat aux relations avec les Etats de la Communauté sont prononcées par arrêtés. Ces nominations ne confèrent ni la qualité de fonctionnaire public, ni le droit d'être nommé dans les cadres réguliers ou permanents d'une Administration.

Lors de leur recrutement, les agents contractuels sont invités à prendre connaissance des dispositions du présent arrêté et à les accepter par écrit. Dès l'arrêté de nomination, elles font la loi des parties.

Article 3. - Si les nécessités du service, dont elle est seul juge, empêchent l'Administration de confier à un agent contractuel l'emploi auquel il est nommé, celui-ci s'engage à remplir aux mêmes conditions toutes fonctions similaires qui lui seront confiées soit au début soit en cours de contrat.

Article 4. - Les agents contractuels sont recrutés pour une période allant du 1er janvier, ou de la date de leur prise de fonctions si celle-ci est postérieure, au 31 décembre de l'année considérée, A l'issue de cette période les agents en cause sont soit maintenus en fonctions par arrêté pour une nouvelle période d'un an, soit licenciés sans indemnité.

Article 5. - Pendant une période de six semaines considérée comme période d'essai, l'Administration comme les agents peuvent rompre l'engagement moyennant un préavis de huit jours , si des agents contractuels renoncent à leur emploi après ce délai, ils doivent en aviser le Secrétaire d'Etat à un mois à l'avance.

Section II : des droits pécuniaires des agents contractuels

Article 6. - Les conditions de rémunération des agents contractuels sont fixées par les arrêtés qui prononcent leurs nominations. Des indemnités peuvent être accordées aux agents contractuels. Le montant et les modalités d'attribution de ces indemnités sont déterminés par l' Administration.

Article 7. - Dans le cas où des agents contractuels seraient appelés à se déplacer pour des raisons de service, ils auraient droit aux avantages correspondant à ceux dont bénéficient les fonctionnaires de même catégorie.

Article 8.- Les agents contractuels sont soumis au régime général de la sécurité sociale.

Section, III : des congés.

§ 1.- du congé annuel.

Article 9.- Les agents contractuels ont droit à un congé payé d'un mois par année de présence à prendre suivant les nécessités du service. En ce qui concerne la première année le droit à ce congé n'est acquis qu'après six mois de service au minimum.

Si la fin de fonctions intervient avant que cette période de six mois soit accomplie, le congé est de 1 jour 1/2 par mois de service, toute fraction de service supérieure à 15 jours étant comptée pour un mois.

§ 2.- des congés de maladie.

Article 10.- Les agents contractuels peuvent bénéficier par période de douze mois, sur présentation d'un certificat médical, de congés de maladie dans les conditions suivantes :

a) après six mois de service : 1 mois à plein traitement et 1 mois à demi traitement ;

b) après 3 ans de service : 2 mois à plein traitement et 1 mois à demi traitement ;

c) après 5 ans de service : 3 mois à plein traitement et 3 mois à demi-traitement ;

Article 11. - Le point de départ du calcul de l'ancienneté dos agents contractuels au jour de l'attribution du congé de maladie est apprécié en tenant compte de la date de la première prise de service des intéressés dans un organisme ou une collectivité publics.

La date de la première prise de service est établie au vu des pièces officielles versées par les intéressés à leur dossier.

La durée totale de l' ancienneté des agents contractuels est calculée en cumulant, au jour de l'attribution du congé de maladie, les périodes de service successives effectuées dans les divers organismes publics.

§ 3. - des congés de maternité.

Article 12. - En cas de maternité, les agents contractuels du sexe féminin peuvent obtenir, après 6 mois de présence, un congé d'une durée totale de 15 semaines. Pendant les 14 premières semaines, les agents contractuels perçoivent la totalité de leur rémunération. La 15e semaine n'est pas rémunérée.

Article 13. - Avant 6 mois de service, les agents contractuels du sexe féminin peuvent également bénéficier d'un congé de maternité d'une durée totale de 15 semaines mais dans ce cas ils perçoivent exclusivement pendant ce congé les prestations journalières servies par la Sécurité Sociale.

L'ancienneté des intéressées est déterminée dans les conditions fixées à l'article II ci-dessus.

Article 14. - Si un agent contractuel n'est pas on mesure de reprendre son service à l'expiration da congé de maladie ou du congé de maternité, il peut obtenir, sur production d'un certificat médical, une prolongation de congé sans traitement d'un mois au maximum. A l'expiration de ce délai, il est mis fin à ses fonctions.

§ 4. - des congés pour convenances personnelles.

Article 15. - Les agents contractuels peuvent solliciter un congé pour convenances personnelles sans rémunération d'une durée limitée à un mois ; ils doivent présenter toutes justifications utiles à l'appui de leur demande. L'Administration apprécie les justifications fournies et dispose du pouvoir d'accorder ou de refuser ce congé.

Section IV : du licenciement.

Article 16. - Le licenciement par mesure disciplinaire intervient sans préavis ni indemnité. Une telle mesure peut notamment être prise à l' encontre d'un agent qui ne rejoint pas son poste à la première réquisition du Secrétariat d'Etat, commet une faute grave, travaille pour le compte d'un tiers ou encourt une condamnation.

Article 17. - Le licenciement à l'expiration de la période pour laquelle l'agent a été recruté ou maintenu on fonctions s'effectue également sans préavis ni indemnité.

Article 18.- L'Administration peut mettre fin aux fonctions d'un agent contractuel dans tous les cas où ses services cesseront d'être utiles pour quelque cause que ce soit. Si l'agent licencié n'est pas reclassé dans un emploi public équivalent, il a droit à un préavis et à une indemnité de licenciement dans les conditions fixées par le décret N° 55-159 du 3 février 1955.

x

x x

Section V : du contentieux.

Article 19. - Les difficultés ou contestations qui pourraient s'élever pour l'interprétation des dispositions qui précèdent, ainsi que les réclamations que les agents contractuels pourraient présenter seront d'abord soumises au Secrétaire d'Etat aux relations avec les Etats de la Communauté puis, s'il y a lieu, jugées par le Tribunal administratif de Paris.

Article 20.- Le présent arrêté prend effet à compter du 1er janvier 1961.

Fait à Paris, le 15 mars 1961

Signé : J. FOYER.

Annexe 5

M. Goly

MINISTERE DES AFFAIRES
ETRANGERES

Secrétariat d'Etat aux affaires
étrangères

DECISION N° 1265

portant affectation de personnels au service de la coopération culturelle, scientifique et technique

LE SECRETAIRE D'ETAT AUPRES DU MINISTRE DES AFFAIRES ETRANGERES,

VU le décret 69-233 du 14 mars 1969 relatif à l'organisation du ministère des affaires étrangères,

VU l'arrêté du 23 mai 1969 portant organisation de la direction de l'administration générale et du personnel du ministère des affaires étrangères,

VU le décret du 20 juin 1969 portant nomination du Premier ministre,

VU le décret 69-745 du 24 juillet 1969 relatif aux attributions du secrétaire d'Etat aux affaires étrangères,

VU l'arrêté du 27 mai 1969 relatif à l'administration des personnels et du budget des services de coopération,

VU l'arrêté du 27 mai 1969 relatif à l'organisation des services de la coopération avec les Etats africains et malgache,

VU l'arrêté n°483 du 9 septembre 1969 relatif à l'organisation des services rattachés au Cabinet du secrétaire d'Etat aux affaires étrangères,

VU l'instruction n°1229 du 4 septembre 1969 relative au fonctionnement de l'administration des services de coopération avec les Etats africains et malgache,

VU l'organigramme du service de la coopération culturelle scientifique et technique approuvé par décision n°1261 du 25 septembre 1969,

DECIDE :

Article unique: Les personnels dont les noms suivent sont affectés au service de la coopération culturelle, scientifique et technique.

.../...

I.- SERVICE DE LA COOPERATION CULTURELLE, SCIENTIFIQUE ET TECHNIQUE

M. Jean POUDEROUX, chargé de mission

Mlle Claude RICHARD, secrétaire

Mme Sylvie GUIRCHOUN, secrétaire

Mme Chantal NOURRIT, responsable du bureau d'ordre

Mme Gisèle DOUDET, secrétaire

Mlle Chantal PETIOT, secrétaire,

M. Célestin ACHER, huissier

M. André MEMMI, huissier

M. Jacques LEGER, chauffeur

Bureau des programmes

M. Jean POUDEROUX, chef de bureau

Mme Jeanine STUCHLIK, secrétaire

II.- SERVICE DE LA COOPERATION TECHNIQUE

M. Jacques DEQUECKER, chef du service

M. René CAPILLON, adjoint

Mme Nicole DERT

Bureau règlementation - études

M. André LAURENT, chef de bureau

M. André DUVAL, assistant

M. Jacques ROQUEBERT, assistant

M. André ROCHE, assistant

Mlle Christiane ZALAY, secrétaire

Mme Yvette LEDWOROWSKI, secrétaire

Mlle Marcelle DITTE, secrétaire

Bureau des emplois d'assistance technique

M. René CAPILLON, chef de bureau

M. Alfred SCHNEIDER, assistant

Mme Bénédicte TAUZIA, secrétaire

Bureau de recrutement

M. Michel PEAN, chef de bureau

M. Jacques BELLAMY, assistant

Mme Jacqueline LAURENT, secrétaire

Mlle Anne CHEMINAN, secrétaire

.../...

_ Secteur technique

M. Pierre DUBOIS, chef de secteur

M. Raymond BONNELLE, assistant

M. Martial POUGNARD, assistant

M. Guy ROUCHAUD, secrétaire-rédacteur

Mlle Maud LELAIDIER, secrétaire

Mlle Marie-Noëlle CHAVANNE, secrétaire

III.- SERVICE ENSEIGNEMENT ET FORMATION

M. André CLERICI, chef du service

M. Charles TOUSSAINT, chef du service adjoint

M. André GUENA, chef du service adjoint

Mlle Françoise VINCENT, assistant

Mme Fernande ALLEGOT, secrétaire

Mme Monique BEAUVILAIN, secrétaire

Mlle Annie ROUSSELET, secrétaire

M. Georges SEGUIN, chargé de mission

M. Albert VUARCHEIX, chargé de mission

M. François FOLLSCHWEILLER, chargé de mission

M. Sixte de MENTHON, chargé de mission

IV.- DEPARTEMENT D'ENSEIGNEMENT SUPERIEUR

Mme Nicole RELIER, chef du département

Mlle Luce LAMY, secrétaire-rédacteur

Mme Denise BOZINIS, secrétaire

V.- DEPARTEMENT DES ENSEIGNEMENTS

Mme Pierrette BONNAUD, chef de département

Mme Jacqueline CHAPOTEL, secrétaire

_ Bureau de recrutement _(commun aux 3 départements)

Mme Gisèle GOUGES, chef de bureau

Mme Madeleine MONVILLE, assistant

Mme Marie-Thérèse BARRAT, assistant

M. Jacques DENHEZ, secrétaire-rédacteur

Mme Irène AUTRAND, secrétaire-rédacteur

Mme Marguerite BONNET, secrétaire-rédacteur

Mlle Julia ADDA, secrétaire-rédacteur

.../...

Mlle Nicole LOURDIN, secrétaire

Mlle Monique LOURDIN, secrétaire

Mme Monique CORNELIS, secrétaire

Mme Lucienne GARDIN, secrétaire

Mme Hélène FROGER, secrétaire

Mme Françoise BALLAND, secrétaire

Bureau des méthodes pédagogiques

M. Francis BARBEDOR, chef de bureau

Mlle Jocelyne TORRES, secrétaire

Bureau de l'aide aux établissements privés

M. Luc DARIOSECQ, chef de bureau

Mlle Monique TARI, secrétaire-rédacteur

Mlle Monique HAMMICHE, secrétaire

VI.- DEPARTEMENT DE LA FORMATION

M. Philippe DELORGEY, chef de département

M. Philippe LHERBIER, adjoint

Mlle Sonia VACHER, secrétaire

Bureau formation technique et professionnelle

M. Philippe LHERBIER, chef de bureau

M. Marc VENE, chargé de mission formation professionnelle

Mme Gisèle DORMEAU, chargé de mission formation professionnelle

Mlle Nicole CHARPENET, assistant

Mlle Germaine FOUQUET, assistant

Mme Véronique BLAZY, assistant

Mme Françoise DUJEAN, assistant

Mlle Monique DETOUCHE, secrétaire

Mlle Martine CHOURLAY, secrétaire

Mlle Jacqueline DUGAST, secrétaire

Bureau éducation permanente - Animation promotion humaine

M. Joseph GRELLIER, chef de bureau

Mlle Marie DURIN des ROZIERS, assistant

Mlle Nicole THIERCELIN, secrétaire

.../...

Bureau éducation physique, jeunesse et sports

M. Christian DUJEAN, chef de bureau

Mlle Annie DREUZET, secrétaire

Bureau des bourses et stages

M. Lyonel HENRIET, chef de bureau

M. René RENAULT, assistant

M. Jacques DARJO, assistant

Mlle Monique RISSER, secrétaire

Mme Simone DUVELLE, secrétaire

VII.- SERVICE DES AFFAIRES CULTURELLES

M. René MOREAU, chef de service

M. Philippe CHESNEL, adjoint

Mme Yvonne CABRELLI, secrétaire

Mlle Françoise HEVIA, secrétaire

Bureau des centres culturels

Mlle Martine ROGER-MACHART, chef de bureau

M. Louis BARGES, chargé de mission

Mme Reine TCHEN, secrétaire

Bureau des moyens de diffusion culturelle

Mlle Nicole RENAUDIN, chef de bureau

M. Robert PERSEIL, assistant

Bureau des échanges culturels

Mme Monique POINOT, secrétaire-rédacteur

Bureau de l'aide culturelle et artistique

M. Raymond PIETTON, chef de bureau

Mlle Nicole RENAUDIN, assistant

Mlle Agnès DUFOUR, secrétaire

Secteur du livre

Mme Régine FONTAINE, chef de secteur

Mme Simone BOUYAT, secrétaire

Mme Annie ROUSSEAU, secrétaire

Mlle Thérèse PARAGOT, secrétaire

.../...

Secteur cinéma

M. Jean DEBRIX, chef de secteur

M. José GOHY, assistant

M. Lucien PATRY, assistant

Mlle Colette DELOUTE, secrétaire

Mme Annick HAMEL, secrétaire

Bureau de la coopération dans le domaine de l'information

Mlle Genviève DINDIN, chef de bureau

M. Maurice COHEN, secrétaire-rédacteur

Mme Noayé FORGEON, secrétaire

VIII.- SOUS-DIRECTION DES PERSONNELS DE LA COOPERATION

M. Roger COUROT, sous-directeur

M. Jacques LESTRINGANT, adjoint

Mlle Claudine MUSTIN, secrétaire

Mlle Elyane COEYTAUX, assistant

Mlle Renée PY, assistant

M. René LESUEUR, huissier

Bureau gestion des personnels enseignement

M. Jean MANO, chef de bureau

Mme Lysiane DIDIER, secrétaire

Section personnel 1er degré et formation

M. Paul LUCIANI, chef de secteur

M. Constant FRANCOIS, secrétaire-rédacteur

Mme Odette CALMET, secrétaire-rédacteur

Mme Suzanne RONCORONI, secrétaire-rédacteur

Mme Micheline LEGARES, secrétaire

Mme Sylvie BAUDOUIN, secrétaire

Mme Paulette BOUILLON, secrétaire

Mlle Chantal FLUTRE, secrétaire

Mme Solange GUERAND, secrétaire

.../...

Section personnel 2ème degré

M. Jean MAURIN, chef de secteur

M. André SEDILEAU, assistant

Mme Anne-Marie FABRE, secrétaire

Mme Josette GRANNEL, secrétaire

Mme Marie-Claire RENGASSAMY, secrétaire

Mlle Nicole PHILIPPE, secrétaire

Section personnel - enseignement technique

Mme Huguette MAINGUY, chef de secteur

Mme Régine THOMAS, secrétaire-rédacteur

Mme Geneviève de CASTELNAU, secrétaire

M. Jean DUPARQUET, secrétaire

Mlle Francine WALDER, secrétaire

Mme Marie-Claire DROUIN, secrétaire

Bureau des personnels de coopération technique non enseignants

M. Jean MISTRAL, chef de bureau

Mme Annick EHRET, secrétaire

Section administration générale

M. Pierre MAHE de la VILLEGLE, chef de secteur

M. Paul HAASZ, secrétaire-rédacteur

Mlle Lucienne VERDIER, secrétaire

Mlle Mauricette BOZIER, secrétaire

Section infrastructure

M. Bernard PASQUINE-GALAN, chef de secteur

M. Gabriel DIETLIN , assistant

Mme Marylène SEGARD, secrétaire

Mlle Monique DUVAL, secrétaire

Mlle Nicole SANNE, secrétaire

Secteur santé

M. René TRILLAUD, chef de secteur

Mme Alice HUGONET, assistant

Mlle Jacqueline RADET, secrétaire

Mlle Chantal SEGHETTI, secrétaire

.../...

Secteur Service National

M. Félix DAVIGNON, chef de secteur
M. Louis ISRAEL-ACAJOU, secrétaire-rédacteur
Mme Andréa SAMATH, secrétaire
Mme Colette SEGURON, secrétaire

Bureau des passages

M. Michel VERITE, chef de bureau
M. René MARTIN, assistant
Mlle Patricia FERRE, responsable du bureau d'ordre
Mlle Leïla DERRADJI, secrétaire
Mlle Geneviève PHILIPPINE, secrétaire
Mme Claude COULOMBIER, secrétaire
Mme Jacqueline BOUGHRARA, secrétaire
M. Justin RAVELOARY, secrétaire

Bureau du contentieux

M. Jacques LESTRINGANT, chef de bureau
Mme Anne DUPUCH, assistant
M. Emile DECOUX, assistant
Mlle Jacqueline FOUQUE, assistant
M. Georges BARON, assistant
Mme Jeanine CROUZILLAT-REY, secrétaire
Mlle Paulette PAOLACCI, secrétaire

IX.- DIVISION DE LA SANTE PUBLIQUE ET DE L'ACTION SOCIALE

Médecin Général Louis CAILLARD, chef de division
Médecin-Colonel Henri JOURNIAC, adjoint
Mme Annie TREVILY, secrétaire

Bureau technique

Médecin 1ère classe Claude DOINEAU , chef de bureau
Mme Annick DALILA, secrétaire

.../...

Bureau de recrutement

Médecin DROUVILLE, chef de bureau

Mlle Marie-Ange DALILA, secrétaire

Bureau de l'action sociale

Mme Andrée AUDIBERT, chef de bureau

Bureau pharmacie

Mlle Marie-Claude FANOVARD ,secrétaire

Fait à Paris, le 25 septembre 1969

Pour le secrétaire d'Etat et par délégation
Le Directeur de Cabinet

Albert TRECA

Annexe 6

Michel Aurillac défend Nucci

Les suites de l'affaire du Carrefour du développement

NOUVELLES VAGUES

Yves Chalier, ex-directeur de cabinet du ministre socialiste Nucci, porte de nouvelles accusations mettant en cause plusieurs dirigeants du PS. Ceux-ci démentent et portent plainte

Par ailleurs, deux factures, datant de février et mars 1986 et portant sur 163.000 francs et 167.000 francs, adressées par Ronjat à l'OFRES (l'Organisation française des relations extérieures sociales) et qui n'ont pas été réalisées, sont actuellement étudiées par la police. Elles ont été retrouvées, lors d'une perquisition, le 22 juillet, au siège de cette société. L'OFRES, qui édite des publications à l'intention des collectivités locales dirigées par le Parti socialiste, a été récemment mise en cause dans une affaire d'extorsion de contrats publicitaires pour le compte de « l'Unité », l'hebdomadaire du PS.

Louis Mermaz dément « catégoriquement » les accusations d'Yves Chalier : « Pas un centime n'a financé les affiches, ou quelque opération que ce soit dans la campagne que j'ai conduite dans le département de l'Isère. » Il a déposé deux plaintes, l'une pour « diffamation » envers le secrétaire d'Etat aux Rapatriés, André Santini, qui avait parlé de l' « Isère-connection », l'autre contre X pour « faire la lumière », dit-il, sur la lettre d'Yves Chalier.

De son côté, Christian Nucci, parlant hier soir sur Europe 1, s'est contenté de déclarations dont le flou et la tonalité défensive constituaient le caractère dominant. L'ex-ministre a opposé des démentis catégoriques aux affirmations de Chalier, accusant celui-ci d'avoir imité sa signature, notamment sur les documents qui avaient permis à la Promotion française, association présidée par Chalier, d'obtenir la garantie de l'Etat pour

POLITIQUE

Le principal inculpé de l'affaire « Carrefour du développement » est en fuite depuis quatre mois.

La vraie vie d'Yves Chalier, fin diseur et homme de l'ombre

Enfant de chœur timide, militaire bien noté, chef de cabinet modèle, l'ancien bras droit de Christian Nucci se retrouve au cœur d'une formidable affaire de détournement de fonds publics.

CARREFOUR DU DEVELOPPEMENT YVES CHALIER, LE « HEROS » DE L'AFFAIRE, A FAIT UNE REAPPARITION SPECTACULAIRE, HIER, SUR EUROPE 1. « LE MATIN », DE SON COTE, A RETROUVE DEUX TEMOINS IMPORTANTS QUI PORTENT L'UN ET L'AUTRE DES ACCUSATIONS GRAVES

Chalier parle, les autres aussi

PAR FRANCK JOHANNES

25 Juillet 86

Annexe 7

RÉPUBLIQUE FRANÇAISE RC pour diffusion

MINISTÈRE DE LA COOPÉRATION

Le Ministre

COPIE

PARIS, LE 20 AVR. 1988

20, RUE MONSIEUR, 75007 PARIS

003322 DAG/D

M. Baron

M. Guillou

DIR/CAB -

Le Ministre de la Coopération

à

Monsieur le Chef de la Mission de Coopération et d'Action Culturelle

à

S/c de Monsieur l'Ambassadeur de France

OBJET : attributions du conseiller culturel.

Comme suite à la réunion des chefs de mission de coopération et d'action culturelle et des conseillers culturels de septembre dernier, il me paraît opportun de vous rappeler et préciser les attributions du conseiller culturel dont le titre est rétabli au sein de la mission dont vous avez la responsabilité.

Relèvent des attributions du conseiller culturel

- la coopération dans le domaine de l'enseignement et de la formation : projets éducatifs, programmes, examens, équipements, bourses, diffusion du livre scolaire, appuis pédagogiques...

- l'application des règles du ministère de l'Education nationale français pour agréer et subventionner les écoles à programme français ;

- les examens de droits français ;

- les centres culturels et les alliances francaises ;

.../...

4576

- les activités artistiques (expositions, théâtre, cinéma, musique, danse, arts plastiques, etc...) ;

- les actions de diffusion et de production du livre : bibliothèques pédagogiques et de lecture publique, abonnements, publications, aide à l'édition et à l'impression ;

- les actions relatives au patrimoine ;

- la coopération dans le domaine de la radio, de la télévision et de la presse écrite et les relations, sous votre couvert, avec les organismes français responsables ;

- la coopération relative à la jeunesse et au sport ;

- les actions relatives à la francophonie (et notamment au suivi des conférences des chefs des Etats ayant en commun l'usage du français), dans la mesure où elles ne relèvent pas explicitement d'un domaine d'activité autre que ceux qui sont énumérés ci-dessus ;

- le suivi technique et la formation du personnel affecté aux actions de coopération ci-dessus, quel que soit son statut.

Ces attributions, dans les pays du champ où le soutien de francophonie est au centre de notre politique de coopératio font du conseiller culturel un collaborateur privilégié du ch de mission. Concrètement cette situation particulière manifeste par l'importance et la spécificité des moyens dont est doté. Ces moyens lui confèrent une certaine autonomie que vous demande de respecter car elle est indispensable à son acti culturelle qu'il vous appartient de soutenir. Je vous rappel enfin que vous restez, sous le contrôle de l'Ambassadeur, le se responsable, tant auprès des autorités locales que l'administration centrale, de la conduite de l'ensemble de coopération.

.../...

4576

Les définitions qui précèdent correspondent à la situation que le Département entend voir prévaloir dans les postes le plus rapidement possible. Il pourra bien entendu être ménagé des étapes dans la mise en application, en tenant compte, à titre provisoire, des spécificités locales, en tant que de besoin ./.

Michel AURILLAC

4576

Sigles

AAC Attaché d'administration centrale
ACAD Association carrefour du développement
ADEAC Association pour le développement des échanges artistiques et culturels
ADFE Association démocratique des Français de l'Etranger
ADPF Association pour la diffusion de la pensée française
AEF Afrique équatoriale française
AEFE Agence pour l'enseignement français à l'Etranger
AFD Agence française de développement
AFVP Association française des volontaires du progrès
AIDL Association d'initiatives locales
AOF Afrique occidentale française
APCI Association pour la promotion communale internationale
ASECNA Agence pour la sécurité de la navigation aérienne en Afrique et à Madagascar
AUDECAM Association universitaire pour le développement de l'éducation en Afrique et à Madagascar
AUPELF Association des universités partiellement ou entièrement de langue française
BDPA Bureau pour le développement de l'agriculture
BLACT Bureau de liaison des agents de coopération technique
"BQ" Bulletin quotidien
C.A.I. Consortium audiovisuel international
CAD Comité d'aide au développement
CCCE Caisse centrale de coopération économique
CCFV Centre culturel franco-voltaïque
CCPL Commission consultative paritaire locale
CCPM Commission consultative paritaire ministérielle
CEP Case d'exécution prévisionnelle
CER Centre d'éducation rurale
CFD Caisse française de développement
CICID Comité interministériel de la coopération internationale et du développement
CIRAD Centre de coopération internationale en recherche agronomique pour le développement
CLEF Club des lecteurs d'expression française
CNC Centre national de la cinématographie
COCAC Conseiller de coopération et d'action culturelle
CPDCET Centre de perfectionnement pour le développement et la coopération économique et technique
CSFE Conseil supérieur des Français de l'étranger

CUA Centre universitaire des arts
DAM Direction des affaires africaines et malgaches
DFID Department for International developpment
DGCID Direction générale de la coopération internationale et du développement
DGRSCT Direction générale des relations culturelles, scientifiques et techniques
"DG" Idem
DPDEV Direction des politiques du développement
ENA Ecole nationale d'administration
ENFOM Ecole nationale de la France d'outre-mer
FAC Fonds d'aide et de coopération
FIDES Fonds d'investissement et de développement économique et social
FIFEF Festival international du film d'expression française
FOM France d'outre Mer
FPC Fiche de prise en considération
FSP Fonds de solidarité prioritaire
HIMO Travaux à haute intensité de main d'œuvre
IFAN Institut français d'Afrique noire
IIAP Institut international d'administration publique
LOLF Loi organique des lois de finances
MAC Mission d'aide et de coopération
MAE Ministère des Affaires étrangères
MCAC Mission de coopération et d'action culturelle
MINEFI Ministère de l'Économie et des finances
MINUAR Mission des Nations Unies d'assistance au Rwanda
OCORA Office de coopération radiophonique
OHADA Organisation d'harmonisation du droit des affaires en Afrique
ORSTOM Office de la recherche scientifique et technique outre-mer
PMA Pays les moins avancés
PMI Protection maternelle et infantile
RP Rapport de présentation
SATEC Société d'assistance technique et de crédit
SCAC Service de coopération et d'action culturelle
SCIC Société centrale immobilière de la Caisse des dépôts
SCTIP Service de coopération technique internationale de police
SORAFOM Société de radiodiffusion de la France d'outre-mer
VSN Volontaire du service national en coopération
ZSP Zone de solidarité prioritaire

Index des Noms cités

En Haute-Volta

1963 - Au lac de Bam, de gauche à droite : Marc Bied-Charreton, José Gohy et Jean-François Garnier.

De gauche à droite : un ministre voltaïque, Robert Thomas, conseiller culturel, l'ambassadeur de France, Francis Levasseur, José Gohy et Raymond Pietton, directeur du centre culturel.

Les projets du FAC en Haute-Volta

Le FAC finance d'importantes dotations d'équipements lourds. Ici, la remise en 1963 au ministère voltaïque des Travaux publics d'un important lot de camions, pick-ups, bulldozers, scrapers et graders.

Au centre : l'ambassadeur Francis Levasseur. A sa droite : le ministre voltaÏque des Travaux publics. A sa gauche : René Blanchard, chef de la mission de coopération.

La grande salle du centre culturel franco-voltaïque a été financée sur des crédits du FAC.

Indépendamment des séances de cinéma, elle accueille dans la journée un public de jeunes friands de lecture de la presse française. Elle permet aussi d'organiser des expositions.

Le ciné bus en route vers un village pour une présentation test des films éducatifs.

Avec Pierre Viala (à droite), « diseur de textes » envoyé en tournée par l'ADEAC. Nous mettons à profit son intervention à Banfora, pour aller admirer les chutes de la Comoé, avec Jean-Alain Brault (au centre).

Le club hippique est un des lieux de loisirs préféré à Ouagadougou.

L'épisode du « lion ». Aurée d'Esneval et Jean-Alain Brault. La jeep s'est embourbée jusqu'au moyeu.

Au bureau du cinéma

Avec Jean-René Debrix (au fond à droite) et la première génération des cinéastes africains : Paulin Soumanou Vieyra (*Afrique sur Seine*) et Jean Paul N'Gassa (*La grande case bamiléké*), tous deux à ma droite, le visage du second est caché par le verre de son voisin.

Décembre 1970 à Madagascar – Revue à mi-parcours du projet FAC « Centre malgache de production de films éducatifs ». A droite, le coopérant, chef opérateur affecté sur le projet.

Cabinet du ministre et bureau du cabinet

A gauche : André Canals, chef de cabinet de Robert Galley.
A centre : Jean Sriber, directeur du cabinet.

Jacques Chraye, chef du bureau du cabinet, à son « pot » de départ à la retraite.
A droite : Robert Galley.

Exceptionnellement, lorsque Robert Galley recevait rue Monsieur de très hautes personnalités, on ouvrait les grilles du boulevard des Invalides.
Ici, on vérifie avec le service de sécurité que tout est en ordre.

De gauche à droite : Claudine Thomas, Paulette, Robert Thomas.

Paulette et Laura.

L'équipe du bureau du cabinet. De gauche à droite : Michèle Venelle, Claude Minier, Bernard Gautier, José Gohy, Mme Noël, Mme Nabart, Mme Chaix, Hélène Clerc, Edith Dufournier, Véronique Dorryhée, Alain Denouhier, Isabelle Baccarini, Franck de Saint-Tigny.

Remise par Christian Nucci de la Légion d'honneur à un responsable d'un collectif d'ONG. De gauche à droite : le récipiendaire et son épouse, Yves Chalier, François Capelle, Jean-François Cordet, Christian Nucci, José Gohy.

De gauche à droite : Christian Nucci, José Gohy, Philippe Moulinet, François Louf, Claude Andrieux.

Réception dans le parc du ministère, organisée par Yves Chalier et offerte par Christian Nucci, à tous les agents, en juillet 1985. Avec Eric Dorryhée à gauche et Claude Calin, à droite.

Avec Saïdou Thiam et son épouse.

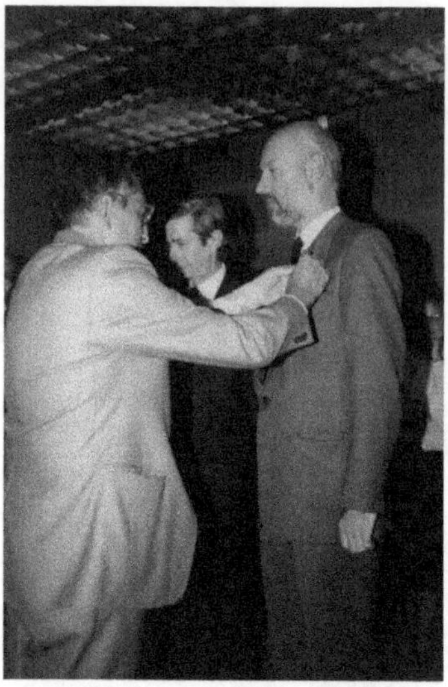

Remise de l'ordre national du Mérite par Michel Aurillac à José Gohy et Jean-Claude Quirin.

De gauche à droite : Françoise Pillot, Jeannine Boismaigre, Norbert Chauvelin, Noëlle.

Jean-Claude Raynaud, chef de cabinet et Mme Noël, le jour de son « pot » de départ à la retraite, le 11 mars 1987.

Au Sénégal

De gauche à droite : François Chappellet, chef de mission, le Dr Fournier, conseiller du ministre de la Santé, José Gohy et Gérard Pourret.

Avec François Chappellet.

Avec Jean-Marie Tarrieu.

Dominique Perreau, ambassadeur de France à Dakar.

Avec Noëlle et Pierrick Kernen.

De gauche à droite : Alain Deray, Noëlle, Yves Marlières, José Gohy, Philippe Bas et son épouse, Denis Fleitz.

Avec Alain Boucher, lors d'une session d'accueil des nouveaux coopérants.

De gauche à droite : Fernand Nakache, conseiller du ministre, André Sonko, ministre de l'Éducation, José et Noëlle Gohy.

Un samedi midi à « L'abreuvoir » avec son président, le docteur Jean-Claude Bernou (à gauche).

Notre cabanon à Ngaparou.

Décembre 1988, dans la réserve du Djoudj,

Aurélia et Annabelle sur la plage de Bargny. Aurélia a profité des vacances de Noël, après un premier trimestre à Sciences Po Paris, pour venir au Sénégal faire le plein de soleil avant de reprendre son dur labeur.

Sibylle à Dakar où elle vient de passer son baccalauréat, au Lycée Jean Mermoz.

La maison à Fann.

Au Cameroun

Pierre Jacquemot, chef de mission. A droite, Michel Pipelier, sous-directeur des personnels, en mission à Yaoundé.

De gauche à droite, Philippe Garnier et Christian Szernovicz, chef de mission.

Avec Pierre et Mariama Le Boul.

De gauche à droite : Claudie Mouynh, José Gohy, Martine et Denis Berthelot.

L'ambassadeur Philippe Selz, en déplacement dans l'Ouest du Cameroun.

La maison à Yaoundé. En bas, Annabelle avec Mokolo.

Au Burkina Faso

La maison occupée par René et Denise Guilbaud en 1962, m'est affectée en 1996.

Au Rwanda

L'équipe du service de coopération.
De bas en haut et de gauche à droite : Michel Burnet, Myriam Nana-Tchoulfian, Nicole Thiercelin, Jean Schrieke, Serge Casseri, José Gohy, Louisette Marchadour, Maddy Azzopardi, Georges Nana, les parents d'un coopérant en visite à Kigali, Dr Jacqueline Sow, Noëlle Gohy, Joseph Le Strat, Dr Tol Yin, le mari du Dr Cao, Antoine, en visite au Rwanda, François Devalière, Jean-Yves Rigal, Annick Burnet, Dr Cao, Christophe Rochigneux.

Le jardin de la résidence.

Le chantier du marché de Gikongoro. Tous les matériaux ont été fabriqués localement. Au sol, les milliers de tuiles en attente de pose.

Lors de l'inauguration du marché : le Président Paul Kagamé. Au centre, l'ambassadeur François Ponge.

A l'école française de Kigali,
avec son directeur, Georges Nana (à l'extrême droite).

Le ministre de la Culture, François Ngarambé avec l'ambassadeur François Ponge. A gauche, le préfet de Butare, Pierre Karemera.

La directrice du développement, Mireille Guigaz, avec Jean Schrieke.

Le ministre de la Justice, Jean de Dieu Mucyo et l'ambassadeur François Ponge.

Mireille Guigaz, à la maison avec Noëlle.

Au mariage d'Innocent, notre cuisinier.

Au « pot » de départ organisé pour les personnels de la résidence et leur famille.

Un stage organisé au centre culturel par Thierry Mesas (en bas à gauche).

En visite sur un projet du FSD.

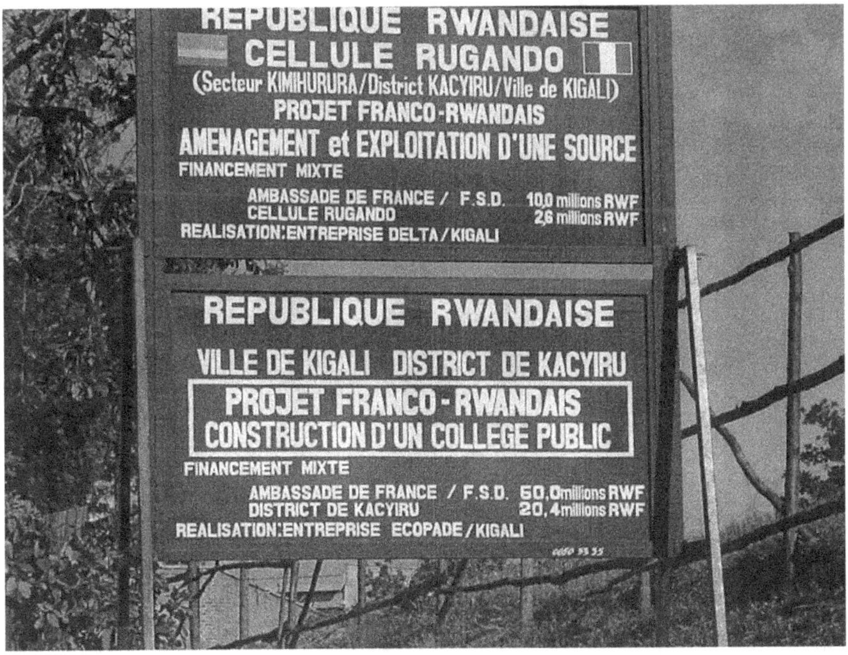

Le collège de Kacyiru, construit dans le cadre d'un projet FSD.

Un dernier week-end à Kibuye, au bord du lac Kivu, juste avant notre départ du Rwanda, en fin de séjour.

Table

Structures éditoriales du groupe L'Harmattan

L'Harmattan Italie
Via degli Artisti, 15
10124 Torino
harmattan.italia@gmail.com

L'Harmattan Hongrie
Kossuth l. u. 14-16.
1053 Budapest
harmattan@harmattan.hu

L'Harmattan Sénégal
10 VDN en face Mermoz
BP 45034 Dakar-Fann
senharmattan@gmail.com

L'Harmattan Cameroun
TSINGA/FECAFOOT
BP 11486 Yaoundé
inkoukam@gmail.com

L'Harmattan Burkina Faso
Achille Somé – tengnule@hotmail.fr

L'Harmattan Guinée
Almamya, rue KA 028 OKB Agency
BP 3470 Conakry
harmattanguinee@yahoo.fr

L'Harmattan RDC
185, avenue Nyangwe
Commune de Lingwala – Kinshasa
matangilamusadila@yahoo.fr

L'Harmattan Congo
67, boulevard Denis-Sassou-N'Guesso
BP 2874 Brazzaville
harmattan.congo@yahoo.fr

L'Harmattan Mali
ACI 2000 - Immeuble Mgr Jean Marie Cisse
Bureau 10
BP 145 Bamako-Mali
mali@harmattan.fr

L'Harmattan Togo
Djidjole – Lomé
Maison Amela
face EPP BATOME
ddamela@aol.com

L'Harmattan Côte d'Ivoire
Résidence Karl – Cité des Arts
Abidjan-Cocody
03 BP 1588 Abidjan
espace_harmattan.ci@hotmail.fr

Nos librairies en France

Librairie internationale
16, rue des Écoles
75005 Paris
librairie.internationale@harmattan.fr
01 40 46 79 11
www.librairieharmattan.com

Librairie des savoirs
21, rue des Écoles
75005 Paris
librairie.sh@harmattan.fr
01 46 34 13 71
www.librairieharmattansh.com

Librairie Le Lucernaire
53, rue Notre-Dame-des-Champs
75006 Paris
librairie@lucernaire.fr
01 42 22 67 13

www.ingramcontent.com/pod-product-compliance
Lightning Source LLC
LaVergne TN
LVHW050431061026
849532LV00013B/221